# 일본 대중지의 원류

## 메이지기 소신문 연구

**저자 쓰치야 레이코**(土屋礼子, Tsuchiya Reiko)는 일본 나가노[長野]현 출생으로 히토쓰바시[一橋大学]대학 대학원에서 사회학 박사학위를 받았다. 1998년부터 오사카[大阪] 시립대학 문학연구과의 교원을 역임한 후 2010년부터 와세다[早稲田] 대학 정치 경제학술원의 교수이다. 전공은 미디어사·역사사회학·대중문화. 저서에 『오사카의 니시키에신문[大阪の錦絵新聞]』, 『대일선전 삐라가 말하는 태평양전쟁[対日宣伝ビラが語る太平洋戦争]』 등과 『메이지의 미디어 달인[明治のメディア師たち]』, 『百貨店の文化史』, 『미디어 속의 '제국'[メディアのなかの'帝国']』 등 다수의 공저와 역서가 있다.

**역자 권정희**(權丁熙, kwon Jung-hee)는 성균관대학교 국어국문학과를 졸업하고 일본 도쿄대학 총합문화연구과 초역문화과학전공 비교문학비교문화 코스에서 학술박사학위를 받았다. 성균관대학교 동아시아학술원 BK박사후연구원을 거쳐 현재 성균관대학교의 강사이다. 저서에 『『호토토기스』의 변용—일본과 한국에서의 텍스트의 '번역'』, 공저에 『한국 근대문학과 일본』 등이 있고 「'생명력'과 역사의식의 간극」, 「'고향'에서 '조선의 얼굴(朝鮮の顔)'로」 등 다수의 논문이 있다.

일본 대중지의 원류 메이지기 소신문 연구

—

**초판 인쇄** 2013년 7월 25일 **초판 발행** 2013년 7월 31일
**지은이** 쓰치야 레이코 **옮긴이** 권정희 **펴낸이** 박성모 **펴낸곳** 소명출판 **출판등록** 제13-522호
**주소** 서울시 서초구 서초동 1621-18 란빌딩 1층
**전화** 02-585-7840 **팩스** 02-585-7848 **전자우편** somyong@korea.com **홈페이지** www.somyong.co.kr

—

값 27,000원
ISBN 978-89-5626-896-5 93070

## 니시키에신문〔錦繪新聞〕의 호외의 예

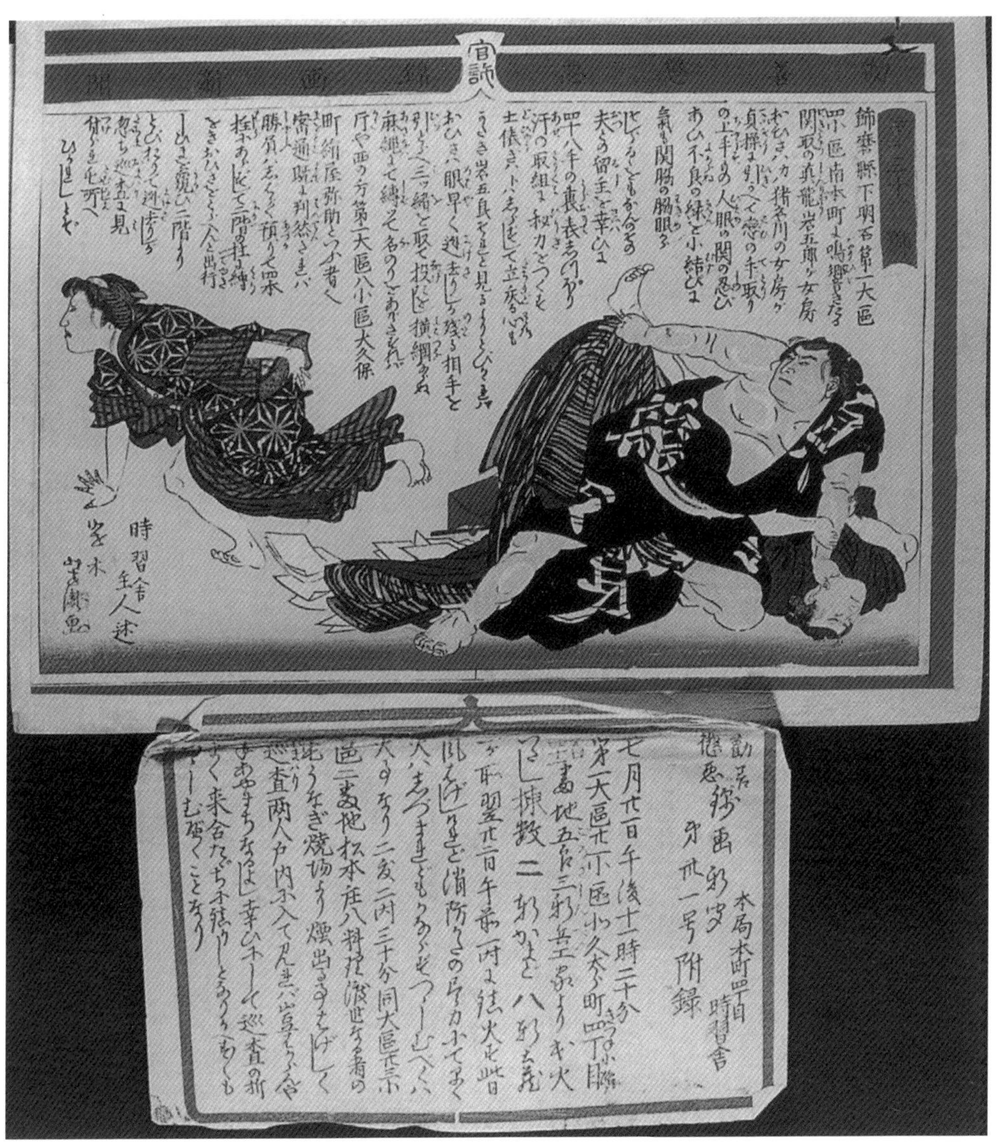


**『권선징악니키시화신문』 31호와 부록**

『권선징악니시키화신문[勧善懲悪錦畫新聞]』은 오사카[大阪] 발행의 니시키에신문.
하나의 사건을 한 장의 다색판화의 그림 니시키에[錦絵]와 후리가나를 달아 설명하는(작성자—시습사(時習舎))
니시키에신문의 부록에는 화재 사건이 보도되었다. 『마이니치신문[毎日新聞]』 신옥문고소장.

## 소신문의 삽화와 니시키에신문의 대응 예

동일한 제재를 니시키에신문과 소신문이 다루는 방식의 차이에서 메이지 초기의 시각미디어인 니시키에신문에서 소신문으로 연결되는 관계의 연속성을 살펴볼 수 있다.

**니시키에판 『도쿄일일신문』 1046호**

대신문인 『도쿄일일신문[東京日日新聞]』의 기사를 제재로 한 니시키에판[錦絵版] 『도쿄일일신문』이 발행되었다.

**『히라가나회입신문』 15호 삽화**

소신문인 『히라가나회입신문[平仮名絵入新聞]』은 니시키에신문과 마찬가지로 그림과 후리가나를 달아 평이하면서도 시간이 걸리지 않는 단색 인쇄로 속보성에서 니시키에신문을 압도했다. 도쿄대학 법학부 부속 메이지신문잡지문고소장.

## 『야마토신문』 부록

소신문인 『야마토신문[やまと新聞]』(1886(M19)년 창간~1945)은 부록으로 대형 니시키에 근세인물시리즈를 월 1회 배포하는 등 소신문 개혁을 주도했다. 우키요에 화가 쓰키오카 요시토시[月岡芳年]를 삽화가로 기용했다. 일본신문박물관소장.

**『왜가부구담(倭歌敷鴝譚)』 2호 1886(M19)년 11월**

그림의 인물은 가부키배우 나카무라 시칸[中村芝翫]의 아내

**『실설천일방(實說天一坊)』 5호, 1887(M20)년 2월**

그림의 인물은 막부 말 메이지시대 무사 정치가 에도 신페[江藤新平]

# 일본 대중지의 원류

## 메이지기 소신문 연구

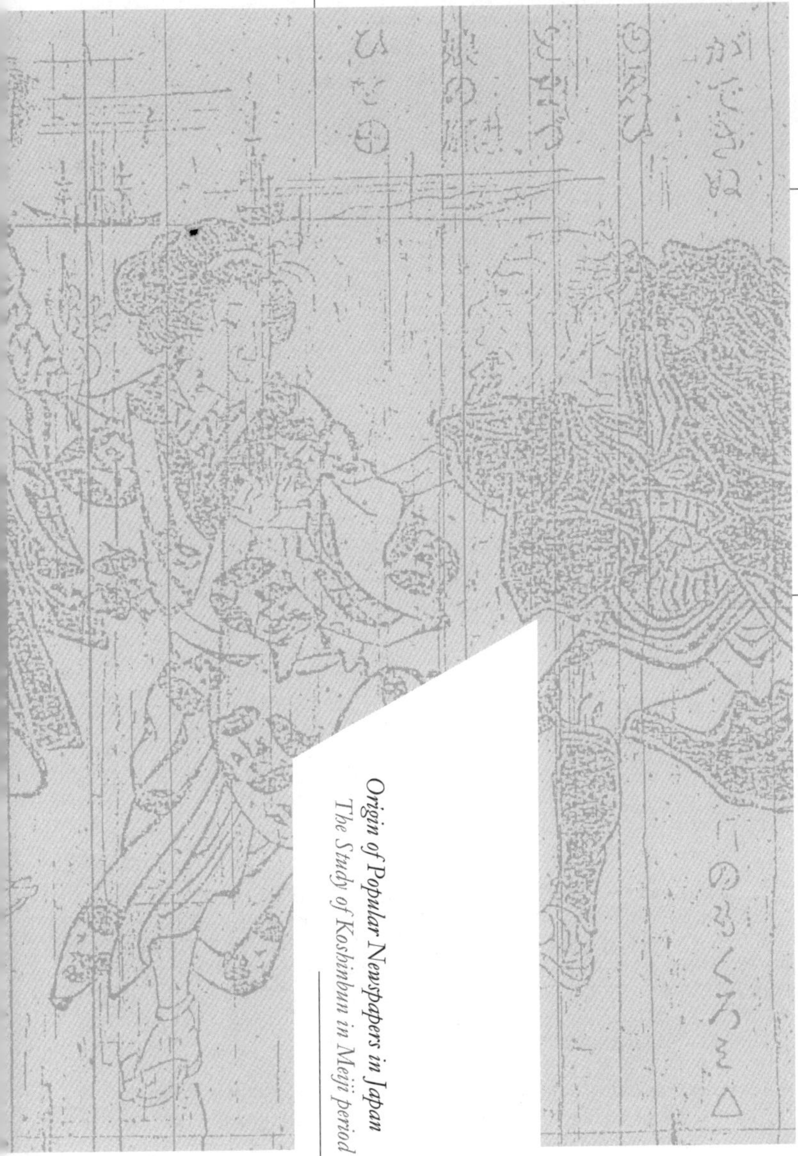

*Origin of Popular Newspapers in Japan*
*The Study of Koshinbun in Meiji period*

쓰치야 레이코 지음 | 권정희 옮김

소명출판

## 일러두기

1. 이 책은 土屋礼子, 『大衆紙の源流－明治期小新聞の研究』(世界思想社, 2002)를 완역한 것이다.
2. 일본어 고유명사는 외래어 표기법에 따라 한글로 표기하되 관행으로 굳어진 표기에 한해서는 이에 따른다. 본문은 한글 표기, 각주는 한자 표기를 원칙으로 하되 초출의 경우와 필요에 따라서 한자 표기와 한글 표기를 병기했다. 또한 일본어 고유명사의 한자를 음독하는 경우는 한국어 한자음으로 훈독하는 경우는 일본어 발음대로 한글로 표기하는 것을 원칙으로 하되 일본어 음의 한글 표기로 원문의 정보를 상실하는 경우 한국어 한자음으로 표기했다.
   예) 『아사히신문[朝日新聞]』 『미야코신문[都新聞]』 『개진신문(改進新聞)』
3. 한글표기와 한자표기의 음가가 다른 경우 [ ], 같은 경우 ( )를 사용했다.
4. 연도는 서기 표기를 원칙으로 하여 다이쇼[大正](1912~1926)와 쇼와[昭和](1926~1989)는 서기로 표기하고 이 책의 분석 시기인 메이지[明治](1868~1912)의 연호는 괄호 안에 병기한다. 예) 1905(M38)
5. 역주는 원문의 각주와 구별하여 서술의 서두에 【역주】임을 표시했다.
6. 후리가나는 생략을 원칙으로 하고 필요에 따라 덧말 넣기로 표기했다.
7. 일본어 외래어 표기인 가타카나[片仮名]는 영어 표기를 병기할 수도 있다.
8. 인용문의 '○' 표시는 기사의 서두를 뜻한다. 1885(M18)년 이후 일부 신문에서 기사의 서두를 '●'표시로 사용한 경우는 이에 따른다.

## 차례

# 서장

이른 아침 문밖에 배달된 신문을 집어 식탁에 펼친다. 혹은 해질 무렵 전철역 매점에서 신문을 구입해 전철 안에서 읽는다. 이러한 행위가 누구에게나 친숙한 일상적인 풍경이 된 일본은 세계 제일의 신문왕국이다. 1999년 일본의 신문 연간 발행 부수는 약 7천 200만 부로서 2위인 미국의 약 5천 600만 부를 훨씬 상회하는 발군의 기록으로 세계 일위이다. 인구 천 명당 발행 부수에서도 노르웨이 582부에 이어 573부로 2위이다. 특히 『요미우리신문[讀賣新聞]』, 『아사히신문[朝日新聞]』은 800만 부 이상의 경이적인 기록으로 이 두 신문을 필두로 하는 5대 전국지가 일간지 발행 부수 전체의 거의 절반을 차지한다.

그러나 세계 손꼽히는 발행 부수를 자랑하는 대기업으로 성장하여 번영을 구가해온 일본의 신문은 현재 크나큰 기로에 직면해 있다. 위성방송이나 인터넷이라는 새로운 미디어의 등장과 인쇄문화의 위기가 고조되면서 미디어가 재편되는 시대의 격랑에 신문도 휩싸여있는 것이다. 아직까지 신문은 여전히 권위 있는 미디어의 지위를 견지하지만 서양에서 신문의 독자수가 날로 격감하는 상황을 감안하다면 지금까지 확장을 거듭한 탄탄대로의 일본 신문의 장래도 결코 낙관할 수 없다.

그렇다 해도 신문을 쇠락하여 수명을 다한 과거의 미디어로 결론 내리는 것은 성급한 일이다. 무엇보다 신문은 최초의 매스 미디어로서 한 세기 이상의 기나긴 역사를 지니며 민주주의 사회·시민사회 혹은 국민국가 형성이라는 정치적 과제와 긴밀하게 결부되어 왔을 뿐만 아니라 사람들의 읽기쓰기 능력과 독서습관, 언어의 통일, 사상과 풍속의 규칙과 보급, 또는 문예나 문화의 진흥 등 다방면에 걸쳐 폭넓게 사람들의 사유와 감정에 커다란 영향을 미쳐 왔다. 이러한 경험에는 향후의 미디어의 존재 방식을 고민하는 데 값진 시사를 줄 수 있는 실로 풍성한 지혜가 축적되어 있다.

특히 이 책의 분석 대상인 소신문은 두 가지 의미에서 주목된다. 첫째, 소신문은 일본 신문의 역사 초창기에 등장하여 약 140년에 걸쳐 신문의 대중화에 공헌한 일련의 신문군(新聞群)을 가리킨다. 이 가운데 현재의 일본 신문사업의 중핵을 이루는 『요미우리신문』, 『아사히신문[朝日新聞]』이라는 전국지가 탄생했다는 점이다. 뚜렷한 정치적 입장을 표명하지 않는 불편부당을 표방함으로써 전 계층을 독자층으로 확장하여 방대한 발행 부수를 내기에 이른 이들 신문을 야마모토 다케토시[山本武利]는 일본을 특징짓는 '일본형 신문'의 전형으로 간주했다.[1]

1 야마모토 다케토시[山本武利], 『新聞と民衆』, 紀伊國屋書店, 1973, 종장.

그러나 '일본형 신문'이라는 명명으로 그 특수함만을 강조하는 것은 문제가 있다. 서양의 신문에 견주어 일본의 신문이 특수한 것은 틀림없지만 이것을 일본사회와 문화의 특수성의 틀로 가두는 것이 아니라 정론을 위주로 하는 지식인 대상의 고급지가 존재하지 않은 세계의 여러 국가와의 비교를 통해 일본의 특징은 한층 분명해질 것이다. 이와 같은 비교로 향하기 위하여 필자는 정치적 중립성을 내세우며 전 사회 계층에 읽혀지는 보도와 오락을 축으로 한 이들 신문을 '국민형 대중지'로 호명하고자 한다. 즉 여타의 대중지와의 연속선상에서 이들 신문을 고찰할 것을 제언한다.

대중지라는 어감 혹은 『요미우리신문』과 『아사히신문』을 대중지라고 하기에는 다소 위화감이 있을지도 모른다. 실제 대중지의 개념은 그다지 명료한 것은 아니다. 예컨대 대중지는 1840~50년대에 미국에서 탄생한 『뉴욕 트리뷴(*New York Tribune*)』이나 『뉴욕 타임즈(*The New York Times*)』와 같은 페니 신문(penny paper)으로 일컬어지는 값싼 보도지를 말하기도 하는가 하면, 19세기 말 허스트(William Randoph Hearst)와 퓰리처(Joseph Pulitzer)가 전개한 황색 저널리즘(yellow journalism)이나 영국에서 노스클리프 혁명으로 부르는 『데일리 메일(*Daily mail*)』의 성공, 혹은 1920년대 서양의 타블로이드 저널리즘을 가리키기도 한다. 여기에는 정론이 아니라 보도나 오락 중심의 신문 보도 · 오락지와 저급한 센세이셔널리즘이 가득한 통속지, 이익을 극대화하기 위한 자본주의적 상품으로서의 상업신문의 의미, 그 결과 수백만의 발행 부수를 올려 수많은 독자를 획득한 대규모 부수의 신문의 의미가 담겨져 있다.

대중지의 반대 개념은 고급지로서 영국의 경우 발행 부수는 그다지 많지 않지만 권위와 품격 있는 언론으로 영향력 있는 『더 타임스(*The Times*)』와 같은 정론지가 전형적인 고급지로 꼽힌다. 즉 고급지는 상업적 이익을 추구하기보다는 해박한 지식과 이지적이고 냉철한 판단으로 여론과 정치를 주도하는 힘을 발휘하는 신문의 이념형의 의미이다. 역사적으로는 서양과 일본에서도 지식인을 대상으로 하는 정론지가 선행한 뒤에 대중지가 성립하여 고급지-대중지의 이중 구조를 형성했다. 일본에서는 대신문과 소신문으로 부르는 두 가지 신문군이 이와 유사한 층을 이룬다.

그러나 서양의 고급지-대중지의 이중 구조는 현재까지 존속하는 데 비해서 일본의 대신문-소신문의 이중 구조는 메이지 후반까지의 짧은 시기에 소멸해버린다. 이를 대체한 것은 대신문-소신문의 양쪽의 요소를 도입한 '중신문화'한 국민형 대중지이다. 그것은 1920년대 『오사카마이니치신문(大阪每日新聞)』과 『오사카아사히신문(大阪朝日新聞)』이 100만부 돌파를 선언한 시점에서 모습을 드러냈다.

이 국민형 대중지의 성립을 계기로 일본의 신문 연구는 본격적으로 전개되었지만 대중지는 동시대의 양심적인 지식인 그룹으로부터는 비난의 대상으로 고급지 본연의 모습을 일탈한 저급한 통속성을 단죄하는 가치 판단에서 평가되었다. 그 한편에서 대중지는 신문의 발달사관의 견지에서 일정한 발전단계를 나타내는 현상으로 언급되었다. 말하자면 정론 신문에서 영리 신문, 상업 신문으로 진화하는 관점에서 대중지는 다수 독자를 선취한 경제적 성공 케이스로서 상찬되어 왔다. 그러나 그 대중성의 내실에 관한 논의는 역사적인 시점에서 어느 정도의 깊이 있는 이해에 도달한 것인가.

대중지 혹은 뉴스의 대중성이란 무엇인가를 단도직입적으로 묻는다면 역사적 연구는 모호하고 막연한 형태를 반복해왔다고 할 수 있다. 예컨대 대중지의 원류로 간주되는 메이지 초기의 소신문과 관련하여 오노 히데오[小野秀雄]는 "정론 위주의 대신문에 대하여 오락 위주의 소신문"[2]으로 정의하고 지면의 크기, 후리가나의 사용·삽화·기사내용·기자층·독자층 등의 지표를 열거했다. 그러나 메이지 후기에 아카[赤]신문[3]으로 불린 『요로즈초호[萬朝報]』나 국민통제조직화한 전시중의 대중지, 혹은 현대의 석간·스포츠 신문 등으로 부르는 신문군까지 시야에 넣는다면 신문의 대중성과 그 지표는 시대적으로 변화하여 이들을 비교하여 관련짓는 분석이 충분히 이루어졌다고 하기 어렵다.

여기에서 이 글에서는 대중지 연구의 일환으로서 소신문을 대상으로 일본 대중지의 원류를 해명하면서 신문의 대중성이란 무엇인가라는 화두를 제기한다. 동시에 대중지의 문제는 대중 저널리즘, 대중 미디어 및 대중문화의 일부이기도 하다. 고급지-대중지의 짝은 고급문학-대중문학의 짝과 병행하여 영화나 만화, 텔레비전 등의 대중 미디어와 인접한다. 그러나 이러한 매체별로 구획되는 매스컴 연구의 틀로 재단한다면 복수의 미디어의 횡단을 종횡무진 넘나드는 사람들은 포착되지 않는다. 대중 미디어로서의 대중지에서 중요한 것은 대중이란 누구인가, 대중성이 발견되는 계기란 무엇인가라는 대중을 둘러싼 근본적인 질문을 공유하는 것이고 이러한 공통적인 기반에서 신문을 읽는 '대중'독자란 과거에는 어떠한 존재였는가를 질문하는 것이다.

---

2 小野秀雄, 『日本新聞發達史』, 大阪毎日新聞社 · 東京日日新聞社, 1922, 제7장.

3 【역주】 폭로 기사를 중심으로 하는 신문.

이러한 독자의 시점을 견지한다면 소신문의 흥미로운 또 다른 면면이 부각된다. 즉 소신문은 신문이 매스미디어로서 확립되기 이전, 미디어의 과도기에 세상에 첫 선을 보인 신문이 사람들에게 받아들여지기 시작할 무렵, "도대체 신문이 뭐야?"라고 호기심어린 사람들을 대상으로 여러 혼란과 다양한 기획이 이루어지는 최전선의 장(場)이었다. 달리 말하자면 도쿠카와[德川] 막부시대에서 메이지 이후의 근대 국가로 변모한 일본 사회의 미디어와 커뮤니케이션 문화의 단절과 연속의 문제인 것이다. 그것은 과거의 신문잡지가 이룩한 인쇄문화로부터 이륙하려고 하는 현재의 우리들이 직면한 과제와 역방향이지만 또한 중첩되는 것이다.

그러므로 소신문 연구는 일본 사회의 소통과 문화의 근대화를 다시 질문하는 의의를 필연적으로 내포한다. 우리들은 여기에서 그 이후의 현실에서는 이어질 수 없었던 가능성의 단편을 발견할 수 있다. 예를 들면 소신문은 국어의 성립, 즉 일본어의 표준어화 추진에 앞서 문장의 구어화를 시도하고 전부 후리가나를 다는 방식으로 도전했다. 이러한 문체는 훗날 언문일치 운동을 거치면서 부정되고 망각되어 버렸지만 언어와 미디어라는 현대의 관심사에서 본다면 자못 신선하다. 또한 소신문은 보도기사에 삽화를 도입하여 시각적으로도 독자를 끌어들이려 했지만 오늘날의 보도사진에 해당하는 그 삽화는 에도시대의 풍속화 우키요에[浮世繪]를 담당한 화가들이 그렸다. 서구에서 수입된 사실주의 맥락에서는 유치한 기법에 불과하지만 실제로 일어난 사건의 실재인물을 그린다는 리얼리즘의 정신은 우키요에의 모험에서 빛을 발한다.

요컨대 소신문을 과거의 역사적 현상으로 봉인하는 것이 아니라 미디어의 과도기에 잃어버린 가능성으로 재발견함으로써 현재와의 연속적인 문제로서의 새로운 지평을 여는 것, 이점이 이 글에서 소신문을 논하는 두 번째 목적이다. 이러한 방향은 신문을 둘러싼 현재의 고정관념을 벗어나 사회적인 관계의 배치에서 미디어를 분석함으로써 미디어를 사회사의 일부로서 파악하려는 것이다.

이와 같은 관점에서 이 글은 소신문을 실증적으로 그 실태를 규명하는 연구이다. 구체적인 방법으로는 현존하는 소신문의 신문 지면을 중심으로 소신문의 세계 그 자체에 밀착하여 소신문을 만드는 주체와 독자가 어떻게 신문이라는 미디어에 관여하고 또한 그 미디어를 사회적인 공간으로 구성하는가를 다양한 각도에서 면밀하게 탐색할 것이다. 속악(俗惡)하고 저급하다는 주관적인 평가나 편견에 사로잡히지 않고 이러한 가치관 자체도 상대화하면서 소신문 내부의 측면에서 신문과 사람들의 관계를 재검토하는 작업이야말로 대중지 및 대중저널리즘 연구에서 가장 중요한 기본적인 사안이기 때문이다.

마지막으로 이 책의 구성은 다음과 같다. 제1장 '소신문이란 무엇인가'에서는 기존의 소신문 연구사를 뒤돌아보면서 기본적인 개념과 정의 및 이 글의 문제 설정을 기술한다. 제2장에서 제6장까지는 초기의 소신문을 대상으로 그 성립 배경과 소신문이 개척한 소통 세계를 다면적으로 분석한다. 제2장에서는 소신문의 독자와 당대 언어계층의 관계를 주로 리터러시(literacy)의 조사를 바탕으로 규명한다. 제3장에서는 소신문의 문체를 그것이 생성하는 언어 공간과 상관성 속에서 입체적으로 분석한다. 제4장에서는 니시키에[錦繪][4]라는 오랜 전통의 시각미디어와 소신문의 관계를 해명하여 삽화 신문의 장르가 생성되는 과정

을 논한다. 제5장에서는 소신문의 투서란에 주목하여 초기 소신문의 문예 살롱적인 성격을 조명한다. 제6장에서는 소신문 필화의 실태를 대신문과 대조하여 당대 사회의 소신문의 성격을 고찰한다. 제7장부터는 지금까지 실증적으로 깊이 있게 논의되지 않았던 중기 및 후기의 소신문을 검토한다. 제7장에서는 자유민권운동기의 대표적 소신문의 하나인 『이로하신문[いろは新聞]』을 제8장에서는 도쿄의 정당계 소신문을 대상으로 소신문의 변모를 추적한다. 또한 제9장에서는 오사카의 소신문을 중심으로 왜 오사카에서 국민형 대중지가 탄생했는가를 고찰한다. 또한 제10장에서는 다이쇼[大正]·쇼와[昭和] 초기까지 존속한 『미야코신문[都新聞]』, 『야마토신문[和新聞]』의 초기를 대상으로 소신문이라는 범주의 변화 양상과 그 종언의 과정을 논의한다.

4 【역주】 다색도 판화의 풍속화. 1765년 스즈키 하루노부[鈴木春信]를 중심으로 조각과 인쇄공의 협력에 의해 창시된 화려한 다색인쇄 우키요에 판화.

# 제1장
# 소신문이란 무엇인가

## 1. 소신문의 연구사

### 1) 노자키 사분의 소신문의 정의

일본 최초로 소신문의 명명과 개념을 대신문과 대비하여 체계적으로 정립한 이는 노자키 사분[野崎左文]이다. 1905(M38)년 5월 발행된 잡지 『명성(明星)』에 게재된 「옛 신문이야기」라는 제목의 회상록이 그것이다. 노자키 사분을 인터뷰하는 형식을 취한 이 글은 뒤에 수정되어 「메이지 초기 신문소설」이라는 제목으로 1927년 간행된 저작 『내가 본 메이지 문단[私の見た明治文壇]』에 수록되었다.

여기서 우선 주목하고 싶은 것은 메이지 30년대 후반, 즉 소신문의

접근이 이루어져 이른바 '중신문'으로의 전환[1]이 시작되었다고 간주되는 러일전쟁(1904~1905) 직후의 시점이다. 1887(M20)년경에서 20여 년이 경과한 이 시점에서는 대신문과 소신문의 대비를 회고담으로 설명할 필요가 있을 만큼 대신문과 소신문의 구분은 일반적으로는 망각되었다. 예컨대 대신문 소신문의 구별은 그 실체와 함께 일단 사라진 뒤 그 시점에서 재구성된 것이다. 물론 『이로하신문[いろは新聞]』을 필두로 『우키요신문[有喜世新聞]』, 『나니와신문[浪華新聞]』 등에서 소신문기자로 활약하던 노자키 사분[野崎左文]에게는 당시부터 익숙한 용어이지만 이것을 청일전쟁(1894~1895) 이전의 과거의 것으로 그는 다시 되묻는 것이다.

또 한 가지 주의해야 할 것은 1905(M38)년 간행된 최초의 논문과 1927년 개고에서는 대신문과 소신문의 비교 내용이 미묘하게 달라진다는 점이다. 양쪽 모두 비교표를 제시하여 대소신문의 특징을 명확히 하고 있으므로 이것을 비교해보자.

먼저 전자는 "당시 신문은 대신문과 소신문의 두 종류로 대별되었습니다. 이 대소의 구별은 지면의 대소에 의해 명명되었지만 실제로 대신문이라고 하면 오직 정치 법률에 관한 딱딱한 사항을 다루는 신문, 소신문은 부녀자도 이해하기 쉬운 '속담평화(俗談平話)'[2]로 주로 사회의 사건을 쓰는 신문"으로 설명하면서 〈표 1-1〉의 열 가지 항목을 들어 비교한다.

---

1 西田長壽, 『明治時代の新聞と雜誌』, 至文堂, 1961, 149면.

2 【역주】 문장어나 아어(雅語)에 대해서 일상적으로 쓰이는 언어를 뜻하는 속어(俗語), 구어를 사용한 문체로 요미우리신문의 창간 이듬해 1875(M8)년 '속담평화(俗談平話)(일상 이야기, ふだんのははし)'로 명명. 그 이전의 신문이 채택한 문어체가 아닌 구어적인 '담화체(談話体)'를 말한다. 바쇼[芭蕉]가 속어나 일상의 말을 뜻하는 속담평화(俗談平話)를 사용하여 아어에 필적할 만한 예술성을 추구하는 하이카이[俳諧]론을 주창한 것에서 유래되었다. 이에 대해서는 제3장 참조.

3 【역주】 사회의 사건이나 실태를 그 현장에 가서 살피고 진상을 파악함. 메이지시대 탐방자

〈표 1-1〉 1905(M38)년 초출(初出)의 비교표

| | 대신문 | 소신문 |
|---|---|---|
| 체재 | 지금의 요로츠초호나 이륙신문과 같이 2절 4면이 많았음 | 양면 인쇄 2면이 되었음(단, 후에 4면형 개정도 있음) |
| 후리가나 | 후리가나 달지 않음(단, 어려운 한자에 한하여 부분적으로 훈을 단 것이 있었던 것으로 기억) | 기사 전부 후리가나를 달았음(포고 포달류 및 관명 인명 월일의 숫자까지 훈을 달았음) |
| 논설 | 매호 정치 등을 논의하는 사설 게재 | 정치 논설을 일절 게재하지 않았음 |
| 경찰 재료 | 강절도·살상·소란 등의 경찰 재료에 냉담 | 강절도·살상·소란 등 경찰 재료에 중점을 두었음 |
| 연애 기사 | 유흥가의 염정 기사·연극·스모 그 밖의 연예 기사에 냉담 | 유흥가의 염정 기사·연예 등에 관한 기사를 환영하고 이 방면의 탐방[3] 에만 주력 |
| 연재소설 | 소설의 연재물을 게재하지 않고 그 회화를 삽입하지 않았음 | 매호 삽화 있는 쓰즈키모노[續き物][4] 게재(요미우리신문만은 장기간 이것 없었음) |
| 기자층 | 정치·법률·경제 등의 논객 및 서생·한학자 | 게사쿠[戲作][5] 작자·국학자 및 교겐[狂言][6] 작자·교카시[狂歌師][7] 등의 유예(遊藝)문학자[8] |
| 외보 | 외보의 일람을 만들어서 해외의 사건을 보도하거나 로이터[9] 전보를 번역 | 모든 외국의 사건에 무관심 |
| 독자층 | 구독자는 중류 이상의 인종 | 구독자는 중류 이하의 인종 또는 중류 이상의 아녀자, 자매 등 |
| 광고 | 많았음 | 적었음 |

이에 대해서 후자에서 열거된 것은 〈표 1-2〉의 여덟 가지 항목이다. 실제로 이것은 전후의 문장에 의해 보완된 부분이 있으므로 이것만을 비교하는 것은 적절하지 않지만 이러한 수정을 고려하면서 다음과 같은 사안을 지적할 수 있다.

첫째, 양자에 공통적으로 확인되는 것은 ① 신문 크기의 차이 ② 후

로 불리는 취재기자가 도쿄 시내에서 발생한 사건을 취재하기도 했던 취재 실태가 반영됨.

4 【역주】 몇 회에 걸쳐 완결하는 소설·강담(講談) 등.

5 【역주】 에도시대 발달한 속문학. 요미혼[讀本]·닌조본[人情本] 등 모든 종류의 속문학의 총칭으로 특히 소설류 지칭.

6 【역주】 일본 최고(最古)의 전통 예능극. 골계적인 흉내, 모방의 예(芸)를 중세 무로마치시대[室町時代]에 지금의 형식으로 정착시킨 희극(喜劇).

7 【역주】 일상을 소재로 해학 익살 풍자 등을 담은 비속한 단가(短歌)인 교카[狂歌]를 읊는 것을 직업으로 하는 자. 에도시대 중기부터 유행.

8 【역주】 취미로 하는 문학.

9 【역주】 Reuters Limited. 1851년 로이터(Paul Julius Reuter)가 런던에 개설한 영국의 통신사. 세계 4대 국제 통신사의 하나.

〈표 1-2〉 1926년 개고 비교표

| | 대신문 | 소신문 |
|---|---|---|
| 지면 | 폭이 넓었음 | 폭 약간 협소 |
| 정치사설 | 사설을 실어 정치를 논했음 | 사설을 싣지 않고 정론에는 거의 무관심 |
| 후리가나 | 사설 잡보 기고 그 밖의 기사에도 모두 훈을 달지 않았음 | 관령(알림) 잡보(이야기) 기고(보낸 글) 등에도 모두 후리가나를 달았음 |
| 기사의 내용 | 잡보는 오로지 정치 경제상의 사건을 보도하고 화류계 연극계 그 밖의 비속한 기사는 신문의 품위를 실추시키는 것으로 게재하지 않았음 | 정치적 기사는 극히 간단하게 다루고 주로 시정의 사건 화류계 연예계의 통신 및 선정 기사로 통칭되는 것을 게재했음 |
| 문체 차이 | 잡보의 문장은 대체로 '했다(した)', '~다고 함[せし由]' 등의 문장체였음 | 잡보의 문장은 '입니다[御座います]', '있었습니다[ありました]' 등의 속담평화체(俗談平話體)였음 |
| 연재소설 | 소설을 게재하지 않았음 | 연재물로 일컬어지는 소설을 연재했음 |
| 정가 | 한 장의 정가는 2전 이상이었음 | 한 장의 정가는 8리부터 1전 5리까지였음 |
| 판매방식 | 신문 판매원에 의한 요비우리[呼賣][10] 방식을 취하지 않았음 | 옛 요비우리 방식에 따라 "이것은 금일 발행한 아무개 신문이요"라고 외치며 다니는 판매 방식을 취함 |

리가나의 유무 ③ 정치를 논하는 사설의 유무 등의 세 가지가 대신문과 소신문의 차이를 결정하는 중요한 요소라는 점이다. 이 가운데 ① 신문 크기의 차이는 대신문 소신문의 호칭의 유래이기 때문에 양쪽에서 모두 가장 먼저 꼽은 데 대해서 ② 후리가나의 유무와 ③ 정치를 논하는 사설의 유무는 최초의 논문에서는 ② 후리가나의 유무 쪽이 선행하지만 개고에서는 ③ 정치를 논하는 사설의 유무가 선행하여 순서는 도치된다. 이러한 미세한 차이는 이 두 가지 사항이 길항하는 요소로서 대신문과 소신문의 변별과 관계함을 나타내는 한편 이 비중에 대한 인식이 20년 남짓한 사이에 미미하게나마 역전되었음을 말한다.

둘째, 전술한 세 가지가 신문 그 자체의 형식으로 발현된 대소신문의 특징이라면 여기에 더하여 ④ 잡보 기사의 내용 ⑤ 연재소설의 유무 ⑥

10 【역주】 큰 소리로 물건을 사라고 팔러 다니는 일. 특히 에도 막부시대 신문과 같은 가와라반(かわらばん)을 소리 내어 외치며 팔던 판매 방식을 말함. 이 책에서는 '가두판매'라는 표현도 사용함.

기자층의 차이 ⑦ 독자층의 차이와 여기에 연동한다는 점을 양쪽 모두 인정하는 것이다. 그러나 ⑤ 연재소설의 유무에 대해서는 1905(M38)년에는 삽화와 관련하여 언급되는 데 반해 개고에서는 이것이 없고 또한 ⑥, ⑦의 기자 및 독자의 사회계층에 대해서는 개고에서는 비교표에서 누락되어 지문에서 설명되는 차이가 있다.

셋째, 1905(M38)년에 기술된 ⓐ 해외 뉴스 기사의 유무 ⓑ 광고의 많고 적음의 항목이 개고에는 없으며 반대로 초출에는 없지만 개고에서는 ⓒ 문체의 차이 ⓓ 가격차 ⓔ 요비우리의 유무 등을 꼽을 수 있다.

이와 같은 차이를 1858년 태생의 노자키 사분[野崎左文]이 47세 때의 회상록을 69세 때 검토하면서 사실의 재확인에 의한 수정이 이루어졌을 것으로 단정하는 것만으로는 불충분하다. 아마도 여기에는 메이지 후반에서 다이쇼, 쇼와 초기에 이르는 일본 신문계의 변모에 따른 신문에 대한 의식의 변화가 작용한다고 하겠다. 이것을 검토하는 것은 노자키 사분에 의한 분석이 초기의 신문사 연구에 어떻게 받아들여졌는지에 관한 고찰을 전제로 한다.

### 2) 초기 신문사 연구의 소신문

신문사 연구에서 소신문에 관한 설명은 전술한 노자키 사분의 두 차례에 걸친 회상기 사이에 등장했다. 소신문의 명명은 1911(M44)년 아사쿠라 가메조[朝倉龜三]의 『우리나라 신문사[本邦新聞史]』[11]에서 최초로 이루어졌다. "시사문제를 격론시키는 사설을 게재하고 후리가나를 달지

않은 신문을 세상에서는 대신문이라 부르고 속담평화(俗談平話)를 주로 하여 전부 후리가나를 단 것을 소신문이라 칭했다"고 간단하게 정의하였는데 이는 노자키 사분의 비교와 거의 일치한다. 그러나 주목해야 할 것은 그 뒤에 이어지는 "소신문의 기원은 1873(M6)년 1월 25일 창간한 『도쿄가나서신문[東京假名書新聞]』, 동년 2월 15일 창간의 『마이니치히라가나신문(まいにち ひらかなしんぶんし)』 등에 발단을 두었다"는 견해이다. 이에 대해서는 후술할 것이지만 이러한 견해는 자신이 제출한 소신문의 정의와 모순된다. 왜냐하면 이 양신문은 '전부 후리가나'를 단 것이 아니라 '전부 히라가나'만으로 표기했기 때문이다. 또한 '속담평화(俗談平話)'를 주로 한다는 것도 문체상으로 보자면 의문을 발생시킨다.

노자키 사분의 회상기는 이 두 가지 신문에 대해서 언급하지 않는다. 그는 소신문에서 가장 오래된 것은 『요미우리신문』이라는 것 이상의 설명을 하지 않는다. 이것은 그의 경험에서 두 신문이 제외되어 있을 뿐만 아니라 당시의 소신문 기자에게는 이들 선행지와의 연계는 의식되지 않았다는 뜻으로 읽혀져야 할 것이다. 그럼에도 불구하고 자신이 내린 정의와 모순되더라도 같은 책에서 이 '히라가나만'의 선행지와 소신문이 결부되는 것은 어떠한 연유일까.

이러한 은폐된 의도를 밝힌 최초의 본격적인 신문사 연구는 오노 히데오의 『일본신문발달사(日本新聞發達史)』(1922)이다. 오노 자신에게도 최초의 연구서인 이 저서에서 그는 본격적으로 소신문을 다루어 가와라반[瓦版][12]이나 니시키에[錦繪]신문과 함께 처음으로 그것을 일본 신문

11 최초의 일본신문사는 小池洋二郎, 『日本新聞暦史』(嚴嚴堂, 1882(M15))이지만 여기에는 '소신문'의 용어와 이에 대한 해설이 없다.

사 속에 자리매김했다. 이것은 이후 현재의 신문사 연구에까지 신문의 평가에 커다란 영향을 끼쳤다고 하겠다.

먼저 「이른바 소신문의 창간」이라는 제목으로 16면에 달하는 제7장의 서두에서 저자는 메이지 초기에 발생한 『현대신문』에서 한편으로는 지식계급을 독자로 하는 정치신문과 다른 한편으로는 '시정의 속인(俗人) 부녀자'를 독자로 하는 오락신문의 두 종류가 발생했다고 기술하면서 당대의 언어로 말하자면 전자는 대신문, 후자는 소신문으로 부른다고 설명한다. 오노에게 '소신문'은 '이른바'라는 단서를 달아야만 하는 학문 용어로서 충분하게 정립되지 않은 용어로 받아들였던 것이 역력하다. 그러나 그는 이것에 대체하는 용어를 만들지 않고 그대로 '소신문'의 어휘를 유용(流用)했다.

그리고 "소신문의 기원은 1868(M2)년 4월 29일 내외신보의 편자인 하시쓰메 간이치[橋瓜貫一]가 도쿄에서 출판한 『개지신보(開知新報)』"라고 단정했다. 그 근거로서 서문의 "이 신문에서 하나의 신문을 얻은 때는 서양의 학설을 섞어서 일일이 그 원인을 부녀자 동몽(童蒙)에게도 이해되기 쉽도록 약도(略圖)를 만들어 한눈에 조리 있게 이해할 수 있도록 했"다는 부분을 인용하면서 "이 글에 있는 것 같은 부녀자 동몽의 이해에 주의를 기울인 점은 소신문의 출발점"이라고 서술했다. 즉 소신문이란 우선 "부녀자 동몽"이라는 "쿠사조시[草双子],[13] 그림책을 읽는" 문자 없는 '계급'이 이해하는 것을 목적으로 한 신문이라는 주장이다. 이

12 【역주】 에도시대 인쇄 뉴스 매체. 목판 한 장으로 인쇄하거나 또는 절반으로 접은 종이를 몇 장 묶은 것도 있다. 그림이 주가 되고 주변에 설명을 배치한 신문. 가두에서 판매.

13 【역주】 에도시대 그림이 있는 대중 소설의 총칭. 부인, 아이를 포함한 서민에 보급된 그림책.

에 따르면 삽화도 가나문자의 사용도 “부녀자 동몽”을 독자로 설정하기 위한 수단으로 간주되었다. 따라서 저자는 후일 『도쿄가나서신문』과 『마이니치히라가나신문』을 ‘과도시대’의 소신문으로 명명한다. 이것은 전술한 아사쿠라 가메조의 저작에서 암묵적으로 이미 설계된 도식으로 오노는 이것을 보다 명확한 형태로 제출한 것이다.

이어서 그는 비로소 소신문의 본질을 완전히 갖춘 신문으로 1874(M7)년의 『요미우리신문』, 이듬해 1875(M8)년의 『도쿄회입신문[東京繪入り新聞]』, 『가나요미신문[仮名讀新聞]』의 창간을 꼽으면서 『요미우리신문』이 이때 취한 방법으로 다음의 여섯 가지를 열거했다.

> 하나, 기사 쓰는 방식을 평이하게 하고 전부 루비를 사용한 것(관령에도 전부 후리가나를 달고 관령에 ‘알림’이라는 루비를 담)
> 둘, 관령 외에는 전부 언문일치를 쓸 것(이례적으로 통신문에는 문장체도 있음)
> 셋, 정치에 관한 논설 및 해외 기사를 싣지 않을 것
> 넷, 기사는 사회 신변잡기를 주로 하고 서식은 교훈적일 것
> 다섯, 기자는 국학자, 게사쿠[戱作] 작가를 중추로 할 것
> 여섯, 구막부 시대의 요미우리[讀賣] 방식에 따라 시내에서 소리 내어 가두판매할 것

이것은 전술한 노자키 사분에 의한 소신문의 특징과 거의 중첩된다. 단 후리가나를 ‘루비’라 하고 ‘속담평화(俗談平話)’가 아닌 ‘언문일치’를 쓴 점이 다르다.

나아가서 그는 대소 두 신문을 비교하여 1877(M10)년을 전제로 〈표 1

〈표 1-3〉 오노 히데오 『일본신문발달사』의 비교표

| | 대신문 | 소신문 |
|---|---|---|
| 신문 | 도쿄일일신문·우편호치신문·조야신문·아케보노신문·오사카일보 | 요미우리신문·도쿄삽화신문·가나요미신문·나니와신문 |
| 체재 | 4면 대형 | 4면 소형(대신문의 절반 정도) |
| 문체 | 한문 구어투 많고 사회 잡보 이외에는 루비 없이 가타카나 사용. 사회 잡보 부분적으로 루비 히라가나 사용 | 구어체에 히라가나, 전부 후리가나 담. 관령에는 가타카나를 쓰는 것 있음 |
| 관령 | 게재 항수 많고 원문 그대로 | 민중과 직접 관계있는 것만을 취한다 |
| 논설 | 있음 | 없음 |
| 잡보 | 정치·경제·해외 기사 중시 | 화류계·경찰기사·연예, 스모 등 중시(요미우리신문에는 화류계, 연예기사 없음) |
| 읽을거리 | 시사문제·해외 지식에 관한 것 | 잡보 모방한 읽을 거리 소설을 그림과 함께 게재(요미우리만은 그렇지 않음) |
| 투서 | 정치에 관한 것 많음 | 사회 잡다한 일에 관한 것 많음 |
| 기자 | 양학자·한학자·정치론자·학생 | 국학자·게사쿠작가·교카시[狂歌師] |
| 독자 | 중류 이상의 신사 많음 | 중류 이하의 자·부인·예인 등 |
| 판매법 | 판매법을 강구하지 않고 서점에서 나누어 우송직접배달도 함 | 다양한 광고 방식으로 요미우리 방식 행함.[14] 단 1879(M12)년 12월경부터 금지령으로 요미우리 방식 폐지 |
| 조례 | 정치 관계의 위반자 많음 | 없음. 단 1877(M10)년 이후는 풍속·파괴·문란, 참언 비방에 관한 법률에 저촉된 자 있음 |
| 부수 | 각종 신문 큰 차이 없음 | 각종 신문 정돈되지 않음 |

-3〉과 같은 일람표를 제시했다. 전 13항목에 걸쳐 매우 상세히 비교했다. 노자키 사분의 것과 비교하면 항목이 정리되어 투서나 조례, 부수의 새로운 항목이 부가된 반면, 광고란과 정가의 항목이 누락되어 있다. 무엇보다 문제점은 그가 이상과 같은 대신문과 소신문의 구별을 기술하면서 자신이 제출한 완전한 '소신문의 본질'이란 무엇인가에 대해 정면에서 논하지 않는 점이다. 여러 특징을 기술함에도 불구하고 어떤 것이 가장 중요한 것인가는 뚜렷하지 않는 것이다.

이러한 기술 방식에서 다음과 같은 의문이 제기된다. 만약 소신문이

14 **【역주】** 에도시대 사건 등을 가와라반(かわらばん)으로 인쇄한 것을 소리 내어 읽으며 팔러 다니던 일. 또는 그 사람 요비우리[呼賣] 방식과 같은 의미로 쓰임.
**가와라반** : 에도시대 찰흙에 글자나 그림을 새겨서 기와처럼 구운 인쇄판, 또는 그것으로 인쇄한 것. 신주[心中]사건이나 복수, 소문, 진담기문, 화재 등의 재해를 조루리나 가타리모노[語り物, 이야기에 가락을 붙인 것]의 노래, 속요의 가사를 바꾼 노래 등으로 쓰거나 그린 목판 한 장의 인쇄, 혹은 몇 장의 팸플릿류의 총칭.

'부녀자 동몽'을 독자로 하는 것을 목적으로 한 신문, 달리 말한다면 계몽을 위한 뉴스 매체라고 정의할 때 『개지신보(開知新報)』이하의 출판물만이 아니라 1868년에 펴낸 『강호신문(江湖新聞)』과 같이 삽화, 후리가나 달기 등의 계몽적인 편집 방침을 취한 것과 니시키에[錦繪]신문과 같은 인쇄물도 그 안에 추가되어야 하는 문제, 또는 『도쿄가나서신문』이나 『마이니치 히라가나신문(まいにちひらかなしんぶんし)』의 과도시대와 그 후의 단계를 구별하는 소신문의 본질이란 무엇인가에 대한 문제가 제기되는 것이다.

오노의 『일본신문발달사』에서는 제9장 제13절 「소신문의 일전기(一轉期)」에서 메이지 10년대 후반에 정당이 소신문에 미친 영향을 또한 제10장 「신문 개조의 시대」에서는 '제2기 소신문' 즉 1885(M18)년에서 1887(M20)년까지의 '소신문의 전성기'를 상술한다. 여기에서는 쓰즈키모노[續き物] 작자의 초빙·삽화의 개량·자수 행렬의 증가·물가상황(商況)란의 신설·지방통신원의 특약·휴일 다음날의 휴간 폐지·신문 가격의 인하·광고의 권유 모집·재난 피해자에 대한 기부금 모집 등 소신문이 솔선한 다양한 개량이 열거되었다. "신문 경영의 첨단이 이들 소신문에 의해 착수된 것"을 평가하면서 대신문은 "체재와 기품에 집착한 결과 독자의 범위는 그 후 조금도 확장되지 않음으로써 마침내 소신문은 신문계의 중심 세력이 되었다"고 기술했다.

이와 같이 신문의 산업화가 수행한 소신문의 역할을 평가하면서 오노는 "정론 본위의 대신문에 대해서 오락 본위의 소신문" 또는 "정론 본위의 신문"과 "잡보 본위의 신문"의 표현을 반복한다. 또한 이에 대응하는 형태로 '여론'과 '보도'의 어휘를 구사한다. 이러한 소신문의 담론을 통해 대신문 = 정론 본위 = 여론을 담당하는 신문, 소신문 = 오락본위 = 보도를 담당하는 신문의 대립적인 도식이 부상했다. 오노는 이 도식에 따라서 청일전쟁 이전 메이지 20년대의 신문을 대중소로 나누었다. 즉 『도쿄일일신문[東京日日新聞]』이나 『조야신문(朝野新聞)』 등의 대신문의 몰락과 대신문과 소신문의 중간 형태인 『국민신문(國民新聞)』이나 『도쿄중신문[東京中新聞]』의 새로운 절충형인 중신문형의 탄생과 소신문 『미야코신문[都新聞]』이나 『요로즈초호[萬朝報]』의 통속 독자층의 결집, 『오사카아사히신문[大阪朝日新聞]』이나 『요미우리신문[讀賣新聞]』의 소신문에서 중신문 대열에의 진입이라는 형세이다.

오노에 따르면 이러한 구분은 청일전쟁을 경계로 무화되었다. 대신문의 통속화가 가속화되면서 중소신문의 거리가 좁혀져 기존의 구분의 의미가 없어졌기 때문이다. 그 이후는 "비교적 품위를 중요시하여 통신설비가 완비된 것을 대신문, 품위보다도 시대의 유행에 영합하는 것을 주로 하는 것을 소신문으로 부르게 되었다(242면)"는 것이다. 이와 같은 대신문-소신문의 대립축의 전환이 그 뒤에는 경영규모의 대소로 전이해간 것이다.

이상과 같은 『일본신문발달사』의 소신문에 관한 서술은 이후의 그의 저작에서 미묘하게 변개되어 가는 양상을 확인할 수 있다. 예컨대 1948년 『일본신문사』에서는 메이지 10년대 후반에 정당의 영향을 받은 신문군을 가리키는 것으로 '정당계 소신문'이라는 명칭이 등장한다. 한편 '제2기 소신문'의 시대구분은 퇴각하고 이를 대체하는 것은 '일반 소신문의 발달'의 갈래에서 『야마토신문』이나 『아사히신문』의 발전이 기술된다. 또한 청일전쟁 후의 신문계의 경향을 진술한 대목에서 「소

신문의 신경향」의 항목으로 "청일전쟁 후 더욱 살벌해진 경찰의 기삿거리가 소신문계의 호재료로서 다루어지게"된 예로서 1897(M30)년 5월의 '오차노미즈[お茶の水] 사건' 보도를 들었다. 여기에서는 '삼면[15] 본위의 신문'이라는 표현으로 청일전쟁 전후의 소신문이 구별 없이 연속적으로 파악되었다. 러일전쟁 이후의 서술에서는 소신문에 관하여 언급되지 않으므로 『일본신문발달사』의 틀을 기본으로 하는 수정일 가능성도 있지만 이러한 차이에 관한 설명은 없다.

또한 1947년 『신문원론』(인용은 개정 증보판)에서는 소신문은 신문의 비속적 경향의 원조로서 그려진다. 예컨대 '보도소재의 본질'을 논의한 장에서 '독자의 무차별 욕망'에 아첨하고 발행자의 사리(私利)를 위해 신문을 만드는 악풍이 세계 각국의 공통적인 현상이라고 지적하면서 이와 관련하여 소신문에 대해 다음과 같이 말했다.

> 우리나라에서 이러한 종류의 신문의 발생은 1875(M8)년경까지 거슬러 올라갈 수 있다. (…중략…) 정론에 관심 없는 독자를 대상으로 한 이른바 소신문이 발생했다. 그 원조는 요미우리신문으로 말하자면 정론을 없앤 뉴스 해설식의 신문이었다. 그런데 그 뒤에 발행된 소신문은 연애·살상 등 흥미 본위의 기사에 주력하여 대중의 악취미에 영합했다. 『히라가나회입신문』, 『가나요미신문』, 『우키요신문』 등이 모두 그 유형이었다. 이러한 종류의 신문은 또한 실화풍의 쓰즈키모노[續き物]나 소설을 삽화를 곁들여 게재했다. 이것 모두 독자에 영합하기 위하여 그 내용 매우 비속했다.[16]

15 【역주】 잡보. 신문 사회면의 기사.

16 小野秀雄, 앞의 책, 70~71면.

그 뒤 여러 면에 걸쳐 오노는 『요로즈초호』와 삼면기사, 다이쇼 중기의 특종 경쟁, 혹은 서양의 황색 저널리즘 등의 구체적인 예를 나열하면서 청소년에 대한 악영향을 막기 위해서도 이들 신문의 본질적 사명을 벗어나는 기사를 자숙해야 한다고 주장했다. 또한 「신문의 본질」이라는 제목하에 1875(M8)년에서 1891(M24), 1892(M25)년 무렵의 소신문의 '신문의 사명'에 관한 근본 개념을 '이른바 최하 인민의 지식계발'로 총괄한다. 즉 오노에 따르면 소신문의 본질적 사명은 비지식인 독자층의 계몽계발에 있지만 소신문의 실태는 본연의 사명에서 일탈하여 비속하고 흥미 본위의 오락지로 전락했다는 것이다.

하지만 여기에서 그가 일탈한 소신문의 '원조'로서 지명했던 『요미우리신문』이야말로 앞서 『일본신문발달사』에서 오노가 '소신문의 본질을 완전하게 구비한' 최초의 신문으로 지목한 것은 매우 역설적이다. 그렇다면 '소신문의 본질'이란 센세이셔널리즘으로 치닫는 비속함 그 자체는 아닐까. 이와 같은 본질이 '본질적 사명'에서 일탈한 상태가 된다는 것은 어떠한 것인가. 실증적인 신문사와 윤리성이 요구되는 규범적 신문학 사이에서 모순을 드러내는 오노의 서술은 그의 신문 연구의 한계 지점을 들춰내는 것이다.

그렇다면 이와 같은 오노 히데오의 소신문론은 신문 연구 및 저널리즘 연구에서 어떠한 의미를 갖는 것인가.

### 3) 초기 신문학과 저널리즘 연구에서의 소신문

일본의 신문 연구·저널리즘 연구는 '신문학'의 명칭으로 메이지 30년대 신문 기자 및 정치가 양성의 일환으로 주창되기 시작했다. 여기에서는 주로 동시대 서양 제국의 선진적인 신문 상황을 비교하여 논의했다. 영국의 삽화신문이나 미국의 황색저널리즘이 소개되면서 신문의 대중성을 비판하는 용어로서 '신문학'이 도입되지만 일본의 신문사는 거의 다루어지지 않았으며 소신문의 용어는 등장하지 않는다.

'신문학'의 용어가 최초로 사용된 예는 마쓰모토 군페[松本君平]의 『신문학』(1899(M32))으로 박문관(博文館)에서 간행되었다. 마쓰모토가 1898(M31)년 간다[神田]에 설립한 도쿄정치학교의 교과강술서로서 신문사의 조직·약기법(略記法)과 탐방 기자·통신대 편성·편집사무기자의 항목으로 구성된 실용서이다. 서론 「근세 문명과 신문의 복음」이 표명하는 바와 같이 메이지 초기 문명의 이기로서의 신문의 틀을 계승했다. 이 가운데 제28장이 「삽화신문」의 항목에 할당되어 약 18면에 걸쳐 영국의 삽화신문이 상술된 것은 주목된다. 여기에서는 영국의 2대 삽화신문 『더 일러스트레이티드런던뉴스(*The Illustrated London News*)』와 『더 그래픽(*The Graphic*)』을 "품격 높은 삽화신문으로 성공시킨 것"으로 평가하고 이들의 발전 요인을 "일반 독자의 현저한 증가와 특히 광고 기관으로서 상업자의 신용을 넓힌 것"으로 분석했다. 그리고 이에 견주어 『마이니치신문』, 『국민신문』, 『미야코신문』 『시사』, 『태양』 등의 신문잡지의 그림에 단평을 달았다.

그러나 이러한 일본의 신문 잡지에 대한 언급은 신문학의 서적에서는 드물었다. 도마베치 지사부로[苫米地治三郎]의 『신문소관』(1902(M35))과 같이 신문학과 신문비평을 겸한 서적에서도 미국의 황색 저널리즘(yellow journalism) = 황색신문이라고 소개하지만 소신문에 대한 언급은 전무하다. 다이쇼기에 들어서 스기무라 고타로[杉村廣太郎]의 『최근신문지학』(1915), 오노세 후지도[小野瀬不二人]의 『최신실제신문학』(1915), 요시노 사쿠조[吉野作造] 편의 『현대총서신문』(1916), 대일본신문학회 편 『신문학전서』(1919) 등 실용학문으로서의 신문학을 주장하는 서적이 잇달아 간행되지만 대부분은 미국의 신문이나 신문학을 기반으로 신문의 편집이나 경영방침을 기술한 것으로 역사적인 서술도 소신문에 관한 기술도 찾아볼 수 없다. 여기에서는 오로지 사업으로서의 신문론을 전개했다.

이러한 신문학이 전환의 계기를 마련한 것은 1920년대이다. 당시 신문계에서는 오사카 계의 『오사카마이니치신문』, 『오사카아사히신문』 두 신문에 의해 전국 제패를 다투는 상업화의 경쟁이 정점에 달했다. 이 상황을 배경으로 새로운 신문학을 모색한 이들 가운데 한 사람이 나가요 시즈오[永代静雄]이다. 그는 『도쿄매석신문[東京毎夕新聞]』 등의 기자를 역임한 후 신문업계관계자의 협력을 얻어 1920년 9월 신문 연구소를 설립, 이듬해 10월 월간 잡지 『신문 및 신문기자』를 창간, 신문 연구회도 조직했다.[17] 그는 상업화를 진전시킬 만한 신문학이 아니라 사회의 신문사업의 질적인 향상을 꾀하는 신문 연구를 구상했다. 예컨대 이것은 1922년에 주최한 8일간의 신문학 강좌의 구성에도 엿보인다.

17 永代静雄의 업적에 대해서는 山本武利, 「『日本新聞年鑑』と永代静雄」, 『復刻版 日本新聞年鑑』 19, 日本図書センター, 1986 참고.

'조직학 / 논설학 / 취재학 / 기사편집학 / 통신기관학 / 경영학 / 광고학 / 판매학 / 공장학' 등의 업계에서 활약하는 인물로 구성한 강의안을 내용으로 한 이 강좌의 결론에는 영리주의를 부정하고 공공봉사를 외치는 신문 윤리학이 등장한다. 이때 강사는 석간지 『도쿄매석신문』의 주간으로서 미국 황색 저널리즘의 수법을 도입한 오노세 후지도이다.[18]

신문의 영리주의에 대한 비판과 신문의 질을 향상시키며, 윤리성이나 공익성을 중시하려는 움직임은 이제까지의 신문기자 혹은 신문사업 융성을 위한 실용 학문으로서의 신문학의 재검토를 요청했다. 이것은 신문의 사회적 기능에 관한 이론 및 신문의 역사적 발전 과정의 서술이라는 두 가지 방향에서 전개했다. 전자로는 후지하라 간지[藤原勘治]의 『신문과 사회문화의 건설』(1923), 후자로는 오노 히데오의 『일본신문발달사』가 꼽힌다.

이제까지의 신문의 역사적 연구는 주로 민간사학이라고도 할 형태로 신문업계나 아카데미즘 밖에 존재하는 사람들에 의해 영위되었다. 그들은 고신문 고잡지를 사모아 수집 보존하는 콜렉터이며 마을의 노인들로부터 막부 말이나 메이지시대의 옛날이야기를 듣고 기록하는 호사가이기도 했다. 이시이 겐도[石井研堂], 미야다케 가이고츠[宮武外骨], 이치지마 슌조[市島春城] 등이 그 선두주자이다. 전술한 아사쿠라 가메조의 『우리나라 신문사』도 그 흐름에 위치한다. 이러한 수맥을 신문학과 결부하여 새로운 신문 연구를 감행한 자가 오노 히데오의 『일본신문발달사』였다. 이 저작은 민간사학의 축적에 학문상의 정통성을 부여

---

18 新聞研究所, 『新聞學研究講座速記錄』, 新聞研究所, 1923.

하는 한편, 도쿄일일신문사의 50주년 기념사업으로 간행됨으로써 신문업계의 보폭에 정통성을 부여하는 역할을 수행했다.

한편, 오노의 저작이 출판되기 전 해에 다른 시점에서 기술된 일본신문사 연구가 시카고에서 영어로 출판되었다. 가와베 기사부로[川邊喜三郎]에 의한 『일본의 신문과 정치(*The Press and Politics in Japan*)』(1921)가 바로 그것이다. 가와베는 시카고 대학에서 사회학을 공부하고 로버트 바크(R. E. Park)를 중심으로 하는 시카고 학파의 영향 하에 박사논문으로 정리한 것이다. 이 저서에서 그는 신문을 근대 독립국가에 불가결한 사회제도로서 파악하여 신문에 의한 여론이 융성하여 정치적인 힘으로 전화되는 과정으로서 가와라 판에서 1918년의 쌀 소동까지를 논했다.

이 가운데 소신문은 가나문자 표기의 대중지(大衆紙, popular paper)로 "Small-News paper(소신문)"이라 부르는 데 대해서 가나를 사용하지 않고 정치적 논설을 다룬 신문은 "Great-Newspaper(대신문)"이라 불렀다고 설명한다.[19] 흥미로운 것은 1890년대 추문을 쫓는 센세이셔널리즘을 추구한 『요로즈초호』 등에 대해 하층계층의 관심을 불러일으킴으로써 'yellow' journals(황색신문)이 신문의 대중화에 기여했다고 기술한 점이다.[20] 그는 대중지의 일부, 혹은 하나의 단계로서 소신문을 파악한다. 이러한 시각은 여론 연구의 맥락에서 출현했다고 할 수 있겠다.

가와베의 서적은 일본에서는 직접적으로 영향을 미치지 않았던 것으로 보이나 그와 같은 관점은 1930년대 일본의 지식인들에게도 공유되었다. 이러한 관점은 신문만을 유일한 연구 대상으로 한 신문 연구에

---

19 kisaburo Kawabe, *The Press and Politics in Japan*, University of Chicago Press, 1921, p.43.

20 *Ibid.*, p.105.

서 잡지나 사진, 라디오 등 다양한 미디어를 대상에 포함하는 저널리즘 연구로 전개되는 과정에서 공유되었다. 1930년부터 간행된 『종합저널리즘 강좌』 전 12권은 당시의 이러한 동향을 집대성한 획기적인 시리즈이다. 그 제1권의 권두를 장식한 것이 하세가와 뇨제칸(長谷川如是閑)의 '부르조아 저널리즘'이다.

하세가와는 이미 1928년부터 「신문의 사회적 동기와 그 몰각」, 「자본주의 사회의 신문의 변질」 등의 논문에서 신문 본연의 사회적 기능이 자본주의의 상품화로 왜곡된 심각한 모순을 발생했다고 주장하여 '대립적군의식(對立的群意識)'에 의한 신문론을 전개했다. 이 논문에서는 이러한 인식을 한층 구체적으로 논하여 '후리가나신문' = 소신문을 신문 상품화의 원류로서 자리매김하며 다음과 같이 기술했다.

> 일본 초기의 신문은 대략 본래의 신문 기능을 갖지만, 메이지 10년대 상품신문이 발생하여 전자는 '대신문'으로 후자는 '회입신문(繪入新聞)' 또는 '후리가나신문(振り仮名新聞)'으로 칭했다. 대신문에는 일체 이른바 루비를 달지 않았지만 (…중략…) 오늘날은 신문이 전부 '후리가나신문'이 됨으로써 자연 모든 신문이 상품화했음을 나타낸다. 이른바 '대신문' 즉, 비자본주의 신문은 메이지 30년대 말까지 일본의 자본주의가 대두하는 역사와 함께 완전히 멸망해 버렸다. 이제까지는 '대신문'이라고 하면 신문의 기능을 엄정함에 두고 상품적 기능을 현저하게 결여한 신문이라는 인식이 있었지만, 그 이후는 대자본 조직의 신문을 '대신문'으로 부르게 되었다.

이렇게 해서 메이지 말 이후 본래 '대립적군의식'에 의해 이루어지는 신문이 불편부당이나 엄정중립을 내건 자본주의를 추진한 결과 필연적으로 센세이셔널리즘을 전략으로 하는 황색신문=옐로 저널리즘이 발생한다. 이러한 상황을 하세가와는 다음과 같이 소묘한다.

신문 자본주의에 의한 신문은 사회적 감각을 대신하여 대중에 대한 흡인력 있는 신문을 제작하려는 것이다. 이른바 '황색'신문이 그것이다. (…중략…) 그것은 영양가 없는 식물에게 미각에 쾌감을 줄 만큼의 성질을 갖게 하는 것과 마찬가지로, 신문의 가치 없는 신문을 대중의 미각에 알맞은 기호품과 같은 것으로 하려는 것이다. 이 점에서는 일본의 신문은 아마도 세계 제일이라 해도 좋을 것이다. 신문답지 않게 연재물이 풍부한 것도 그 예이거니와, 기사는 전부 사회적 감각에 호소하기보다는 보편적 일반감각에 호소하도록 구성하는 방식도 미국 신문에 뒤지지 않는다. 활자의 크기·조판 방식·삽화 그 밖의 것에 의하여 시각에 호소하는 방법이 발달한 것도 그 때문이다.

예컨대 하세가와는 당대의 일본 신문을 소신문으로 출발한 상품화가 궁극에 달한 상황으로 인식했다. 이것은 당대의 좌익 지식인을 대표하는 도사카 준戸坂潤에게도 공통적인 인식이었다. 그러나 도사카는 한층 예리하게 이데올로기적 시각에서 신문을 논했다. 『현대철학강화』(1934)에서 그는 소신문과 현대의 신문을 다음과 같이 관련짓는다.

우선 첫 번째로 이데올로기성을 띠고 자각하고 동시에 표방하는 신문과 그렇지 않은 신문 — 자각해도 표방하지 않거나 또는 자각도 표방도 하지 않은 신문 — 의 두 가지로 나뉜다. 이것은 개념상의 구별이 아니라 사실상의 구별이다. 과거 우리나라에는 정치신문을 지향한 신문 — 당시의 — 대신문과 시정신문을 지향한 이른바 소신문과의 구별이 통용되었지만 이것이 바야흐로 지금 말한 우리들의 구별에 상당한다.[21]

예컨대 신문의 일반성은 인간의 일상생활이 갖는 정치성과 시정성에 연유한 것으로 "정치성과 시정성에 무릇 상당한 것이 옛날의 이른바 대신문과 소신문"이었다. 이것은 신문의 질과 양의 대소와는 관계가 없는, 일반성의 개별적인 측면이라고 한다. 따라서 대신문은 정치적 이데올로기를 지닌 정치신문, 정당지이고 궁극적으로는 계급 이데올로기에 귀착한다. 그렇지만 "자본주의적 기업으로서 약진해 온 오늘날의 의미에서의 근대적 대신문은 원래 시정의 신변잡기를 다룬 이른바 소신문이 발달한 것이다." 이러한 "자본주의적 대신문-대중신문"은 시정성에 뿌리를 두면서 계급적 이념의 색채를 띠지 않으며 "자신을 일반 사회의 여론기관으로서 자각"하여 "본래 정치적이었던 여론이 정치적인 것에서 시정적인 것으로 이행한 것이 오늘날의 이른바 저널리즘"이다. 이것이 한층 '말초 감각에 호소하는 쇄말주의(trivialism)'로 경사하면 신문은 "가장 추상적이고 비정치적인, 이데올로기를 초월한 것으로 보이는 긍정적으로 보자면 보편인간적인 센세이션의 기관"으로 변모하는 것이다.

도사카는 이와 같이 자본주의적 신문의 형성 과정을 분석하면서 신문의 상품화와 검열제도가 '부르조아 신문의 본질'에 속한다고 규정한다. 그에 따르면 신문의 논설 기능의 축소와 보도 기능의 확대는 상품

---

21 戶坂潤, 「現代哲學講話」, 『戶坂潤全集』 3, 勁草書房, 1934 참조.

화의 필연적 결과이며 센세이셔널리즘은 그 연장에 지나지 않는다.

> 보도(News) 기능을 신문지가 과장하는 것은 비평(Views) 기능을 그만큼 제한하는 것이다. 그러므로 신문출판기업이 자본주의적으로 발달하고 그 경영형태가 자본주의적으로 합리화하면 할수록 신문 비평의 위치는 낮아진다. 비평은 센세이셔널한 감상적 기사에 전면적으로 압도되어 버린다. (…중략…) 그렇지 않으면 사실 신문지는 팔리지 않는다. (…중략…) 여기에서 보도의 상품화 ─ 광고주의 ─ 로부터 필연적으로 대두되는 센세이셔널리즘 및 선정적인 황색의 기조를 가능한 ─ 광고주의를 파괴하지 않을 정도로 ─ 제한하는 것이 신문인의 도덕적 의무라고 하게 된다.

그는 신문의 윤리화 운동을 사회 제도 안의 자본주의적 발달의 모순이 나타난 것으로 인식했다. 소신문을 신문 상품화의 출발점으로 바라보는 하세가와의 논의에 비하면 도사카는 소신문의 성격을 상품화의 과정과 분리하여 분석, 한층 심화된 논의를 전개한다. 이러한 하세가와와 도사카의 신문론에서 관동대지진 이후 급속히 현재화한 신문의 자본주의화를 둘러싼 논의가 급증하는 가운데 당대의 센세이셔널리즘 비판에 대한 역사적 투영으로서 소신문이 중요한 표상으로 작동하게 된다.

동시에 소신문을 논한 오노 히데오의 입장도 분명해질 것이다. 오노는 자본주의화하는 신문 업계를 옹호하고 긍정하는 측에 섰다. 오노는 『아사히신문』을 위시한 주요지가 소신문에서 출발했지만, 소신문은 이미 청일전쟁 전후에 소멸한 범주이며 현대의 신문이 이것을 어떻게 탈피했는가를 역사적으로 연구했다. 그러나 현재까지도 만연한, 과거의 소신문과 같은 '사리를 위한 신문을 만드는 악풍'은 교정되어야 하며, 이를 위해서는 신문의 사명인 공익성으로 돌아갈 것을 설파한 것이 그의 이론 연구이다. 여기에는 자본주의의 상품으로서 신문을 산업으로서 긍정하면서 동시에 문화로서 부정한다는 이중성과 함께 이것이 소신문을 계몽의 기관으로 상찬과 동시에 통속화의 상징으로 단죄하는 모순을 내포한 서술로 표출되었다.

이러한 오노의 사상은 전술한 노자키 사분의 소신문에 관한 두 가지 기술, 곧 1905(M38)년과 1925년에 발표한 회상기의 차이에 영향을 미쳤다. 소신문의 특징으로 든 항목 가운데 초출에서는 기술되지만 개고에서 삭제된 항목 ⓐ 해외 뉴스의 유무 ⓑ 광고의 많고 적음 혹은 연재소설의 삽화는 직접 쇼와 초기의 대중지와 메이지기의 소신문을 연계하는 요소이다. 또한 반대로 초출에는 없지만 개고에 등장한 세 가지 항목 ⓒ 문체의 차이 ⓓ 가격차 ⓔ 가두판매의 유무 등은 어느 것이나 쇼와 초기의 신문에는 없는 무관한 사항이다. 예컨대 개고에서는 당대의 신문과 과거의 신문을 멀리해야 할 것으로, 양자를 결부하는 요소가 주도면밀하게 제외되었다. 이것이 어느 정도 의식적으로 행해졌는가의 여부는 알 수 없다. 그러나 『내가 본 메이지 문단』의 간행이 오노도 참가한 메이지문화연구회의 활동을 배경으로 한 것은 사실이며 결과적으로 오노의 소신문에 대한 시각에 따라 서술된 것은 분명하다.

### 4) 전후의 신문 연구의 소신문

소신문 표상이 미디어의 자본주의화에 대한 문제의식에 호응하여 부상한 1930년 전후의 신문론이나 여론 연구는 전후 1950년대 활발하게 전개된 대중사회론이나 매스커뮤니케이션 연구로 이어졌다. 이 가운데 소신문은 계몽적인 의도보다도 기사 내용의 통속성·오락적 성격만이 중시되는 방향에서 언급되었다. 이 경향은 주로 좌파적 입장에서 신문의 상업주의에 대한 비판이 대량의 발행 부수·보도중심주의·불편부당성을 특징으로 하는 신문 및 그 독점에 대한 비판으로 전개되면서 강화되었다.[22]

예컨대 야마모토 후미오[山本文雄]의 『일본신문발달사』(1944)에서는 소신문은 중류 이하의 사회층을 대상으로 하는 극히 통속적인 신문[23]으로 표현되었다. 또한 스즈키 히데사부로[鈴木秀三郎]의 『일본신문의 기원』(1959)에서 소신문이란 프랑스에서 통속화 상업화한 신문을 소신문(la petite presse)으로 부르는 것과 같은 의미이고 "소신문의 소시[草紙][24]적 에로티시즘이 신문 대중화에 크게 기여했"다고 평했다.[25]

이에 대해서 니시다 다케토시[西田長壽]의 『메이지시대의 신문과 잡지』(1961)는 오노 히데오의 논의를 답습하면서 실증적 연구를 바탕으로 정밀한 논의를 제시했다. 그는 소신문을 "평이한 문장으로 세상의 사

---

22 清水幾太郎, 日高六郎, 荒瀬豊, 香内三郎 등이 제각기 대중지의 문제를 당시의 신문에 대한 비판과 중첩시켜 논했다.

23 山本文雄, 『日本新聞發達史』, 伊藤書店, 1944, 81면.

24 **【역주】** 에도시대 삽화가 있는 통속적인 읽을거리의 총칭. 대부분 단편.

25 鈴木秀三郎, 『本邦新聞の起源』, クリオ社, 1959(新版, ペリカン社, 1987), 279~305면.

건 보도를 주로 하는 가나를 단 신문"이라고 정의하면서 "소신문의 특성은 시정인의 계몽과 선정주의"라고 명쾌하게 두 가지 요소를 지적하며 이들 "소신문적 요소"는 메이지 원년의 각종 신문에도 존재했음을 입증했다. 그러나 "본격적인 소신문의 탄생"에 대해서 오노 히데오와 마찬가지로 1874(M7)년의 『요미우리신문』의 창간에 두었다. 다만, "내가 여기서 본격적이라는 것은 그 지면이 비속하게 흐르지 않고 적당하게 시정인의 호기심을 부추기면서 그러나 독자 계몽의 의도를 지면에서 자연스럽게 읽어낼 수 있기 때문이다"라는 설명과 같이 오히려 소신문의 계몽성이 강조되었다.[26]

그러나 오락적 성격과 계몽적인 성격을 상호 대립시키는 개별 요소로서 논하는 것은 소신문의 전체상을 파악하는 데 적합하지 않다. 우치카와 요시미[內川芳美]가 지적한 바와 같이 근대적인 신문에서는 사회정치적 기능과 영리성이 밀접하게 결부되므로 이 구조를 문제 삼지 않으면 안 되는 것이다.[27] 여기에서 소신문의 사회정치적 기능으로 간주되는 계몽활동이 어떻게 오락과 연계되는가에 대한 상세한 논의는 쓰카네자와 도시히로[津金澤聰廣]의 「소신문 성립의 사회적 기반」(1965)에서 이루어졌다. 그는 소신문이 메이지 정부에 의한 민중 교화 통제의 일환에서 권선징악 이념을 방편으로 연재물이나 투서 등의 회로를 통하여 신문의 대중화·오락화를 이끌어냄으로써 대중저널리즘의 한 획을 그었다고 평했다. 또한 소신문의 상업적인 성공이 정론지에 대해서 실질적인 우위를 점하면서 일본의 신문 발전을 떠받치는 근간을 이룩했다

26 西田長壽, 앞의 책, 54~55면.

27 內川芳美, 「近代新聞史研究方法論序說」, 『東京大學新聞研究所紀要』 3, 1954.3, 57~66면.

고 규정했다.

이러한 논의를 바탕으로 야마모토 다케토시[山本武利]는 『신문과 민중』(1973)에서 소신문은 "정부의 문명개화정책을 추진시키는 매체로서의 자부심"을 무기로 선전하지만 실제로는 "문명개화 활동보다도 '소신문'을 특징짓는 신문활동은 권선징악적인 오락활동"이라고 단정하고 『아사히신문』으로 대표되는 소신문의 계보가 지배적인 흐름을 형성하여 훗날 불편부당성을 표방하는 '일본형' 신문의 핵을 형성했다고 주장했다.[28]

이러한 전후의 연구는 1930년대의 문제의식을 느슨한 형태로 지속시켜 대중 저널리즘의 원류로서의 소신문을 발견하면서 전국지를 중심으로 하는 일본신문사 연구의 영역을 크게 벗어나지 않았다. 그러나 소신문의 의미의 자장은 기존의 통시적 연구사라는 틀에 머무는 것은 아니다.

예컨대 전쟁 직후 주요 신문사는 공공의 이익에 기여함을 취지로 하는 윤리강령을 선언하여, 전쟁 시기를 포함한 과거를 청산하고 망각하려 했기 때문에 이전과 같은 신문의 선정주의는 문제시되지 않았다. 하지만 동시에 전후 탄생한 스포츠지로 일컬어지는 일군의 오락지가 급성장하면서 신문 연구는 거의 제대로 다루어지지 않았다. 만약 신문의 오락성·대중성이 논의된다면 이들 스포츠지와 소신문의 비교 검토가 이루어져야 할 것이다. 혹은 19세기 후반의 페니(penny)신문, 19세기 말의 황색 저널리즘, 1920년대 영미의 타블로이드 저널리즘은 소신문의 오락성·대중성에 대응하는 예로서 자주 인용되지만 이들을 상호 관련지어 비교하는 논고는 충분하다고 하기 어렵다.[29]

---

28 山本武利, 『新聞と民衆』, 紀伊國屋書店, 1973, 34~43면, 종장.

29 大井眞二, 「센세이셔널리즘을 생각한다—아메리카·저널리즘사의 문맥에서[センセーショ

또한 잡지·라디오·텔레비전 등의 미디어의 대중성·오락성과 관련하여 소신문을 논하는 것은 미디어사 내지는 커뮤니케이션사라는 보다 커다란 틀이 필요할 것이다. 이러한 방향은 매체마다 분립하는 연구영역의 편성에서 벗어나 각 미디어를 횡단하는 논의의 가능성을 여는 것이다. 여기에서 관건이 되는 것은 문화 연구가 제창하는 '청중'에 대한 사유이다. 커뮤니케이션 연구의 모델로 간주할 수 있는 일방적으로 수동적이지 않은 수용자='청중'은 각각의 일상생활에서 다양한 미디어에 접하면서 해석을 생성하는 능동적인 존재로서 인식되었다. 독자는 생산자에 의해서 주어진 의미를 수용하는 것만이 아니라 자신의 생활 현장에서 적극적으로 해석하는 주체로서 커뮤니케이션 과정에 참가하는 행위 속에 모습을 드러낸다.

이와 같은 관점은 주로 발신자 연구이고 신문의 흥망사로 점철된 신문사 연구를 비판할 뿐만 아니라 독자에 대한 시각에서도 반성을 촉구하는 것이었다. 소신문의 계몽적 성격을 강조하는 논의는 리터러시 능력이 낮은 독자를 계몽해야 할 대상으로 파악했다는 비판적 시각이 그 예이다. 이때 기자는 비지식인에 대한 지도자로서 발신하는 반면, 소신문의 오락적 성격의 강조는 친근한 오락을 구하는 독자의 시점에서 발신한다. 이때 기자는 독자라는 뉴스의 소비자에 서비스하는 글을 파는 것을 업으로 한다. 이러한 독자-기자의 관계는 소신문의 독자를 지식인의 높이에서 내려다본다는 점에서 공통적인데 과연 소신문의 독자는 몰주체적 존재이며 제작 주체와의 일방적이고 수동적인 관계로서

ナリズムを考える―アメリカ·ジャーナリズム史の文脈から」, 『매스커뮤니케이션[マス·コミュニケーション]研究』 43, 1993.12 참고.

만 규정될 수 있는 것인가.

새로운 소신문 연구는 이러한 미디어를 둘러싼 사회관계를 당대의 독자와 제작자들에 가능한 보다 밀착하여 규명함으로써 소신문의 미디어의 기능과 의미를 실태에 입각하여 파악하는 것으로부터 출발해야 할 것이다. 여기에서 먼저 소신문이 등장한 메이지 전기의 사람들이 소신문을 어떻게 바라보았는가에 관하여 당대의 기술을 탐색하는 것으로 출발한다. 동시대의 독자와 제작자로부터 소신문의 존재를 발견해내는 작업은 지금까지 구축된 고신문 표상을 재조명하기 위한 발판이 될 것이다.

## 2. 소신문의 위치

### 1) '소신문'의 용어 등장

1874(M7)년 11월 『요미우리신문』의 창간 무렵 '소신문'의 용어는 아직 성립하지 않았다. 창간 직후의 『요미우리신문』의 다음과 같은 소신문에 관한 언급은 이와 같은 사정을 잘 나타낸다.

○ (이발소[髮結い床][30]의 손님이 신문의 평판을 시작하여) (…중략…) 지금까지는 여러 가지 신문도 있지만 사농공상(士農工商) 여자 아이까지도 쉽게 이해

> 가나쓰기 신문
>
> 하는 신문은 아직 없습니다만 그렇다고 해도 **가나서신문**[假名書新聞]도 너무 하단 말이야 라고 말하자 또 한 사람이 당신은 아직 요미우리신문을 모르는 것으로 보인다. 그것이야말로 위로는 태정대신으로부터 아래로는 수레꾼에 이르기까지 어려움 없이 읽을 수 있어 위아래 쉽게 아는 실로 유익한 것이라고 말하자 또 옆에 있던 한사람이 참으로 그 말대로입니다만 그 신문은 격일로 출판하지만 저것을 날마다 내게 하고 알림을 크게 한 글을 훈몽신문(訓蒙新聞)처럼 부탁하고 싶지 않은가 라고 말하자 모두 그래그래 하고 말했습니다. (1874(M7).12.14, 강조—인용자)

이발소에서 손님이 신문비평을 하는 형식을 취한 이 투서는 '무학문맹의 일용잡부'로 자칭하는 '교하시[京橋]의 미장이 아무개'로 명기되었지만 아마도 신문사 측의 입장을 대변하는 학식 있는 인물에 의한 조작된 기사로 추정된다. 1874(M7)년 말의 시점에서는 후속 『도쿄회입신문[東京繪入新聞]』도 『가나요미신문[仮名讀新聞]』도 아직 없었으므로 '가나서신문[仮名書新聞]'이 일반적 의미에서 '가나로 쓰인 신문'을 의미하는 것이 아니라 구체적인 신문을 가리킨다고 한다면 그것은 그 전해에 발행된 『도쿄가나서신문[東京仮名書新聞]』이나 『마이니치히라가나신문』이 유력하다.[31] 리터러시(literacy)가 낮은 계층을 독자 대상으로 상정한 『요미우리신문』과 그 선행지에 대해서 아직 일반적인 총칭이 성립하지 않은 단계라 해도 좋을 것이다.

---

30 【역주】 에도시대 남자의 머리를 묶거나 수염을 깎는 것을 업으로 하는 이발소.

31 말미의 '훈몽신문(訓蒙新聞)'은 구체적인 신문명인지 훈몽을 위한 신문을 뜻하는 일반적인 명칭인지 알 수 없다. 내무성의 통계에 따르면, 1874(M7)년에서 1875(M8)년 사이에 『訓蒙新聞紙』라는 신문이 발행되었지만, 현재 그 존재를 확인할 만한 자료가 없으므로 판단하기 어렵다.

『요미우리신문』에 이어 후리가나를 단 신문으로 이듬해 1875(M8)년 4월에 창간한 『히라가나회입신문[平仮名繪入新聞]』(이후 『도쿄회입신문[東京繪入り新聞]』으로 개제)에는 다음과 같은 호칭에 대한 언급이 있다.

○ 일신진사지(日新眞事誌)라는 훌륭한 신문 판매점에서는 요전번에도 요미우리신문을 괴롭혔습니다만 또 그제는 나와 같이 아직 갓 태어나 제대로 입도 열지 못하는 것과 같은 신문을 괴롭혀서 (…중략…) 어린아이인 주제에 어른에게 버릇없다고 화를 내시겠지만 비유하여 말하자면 개와 매는 같은 주인을 섬기는 친구와 같이 어렵지 않은 **히라가나신문[平がな新聞]** 어여삐 여겨 주셨다던대. (1875(M8).4.28, 강조—인용자)

『요미우리신문』과 『히라가나회입신문』을 아울러 '히라가나신문'으로 자칭했지만 이 용어는 예를 들면 세 번째로서 『가나요미신문[仮讀新聞]』 탄생시에도 사용되었다.

○ 요코하마신문사에서도 요미우리신문이나 회입신문과 같은 히라가나로 여자 아이도 쉽게 알 수 있는 재미있는 신문을 만들어서 (…중략…) 도쿄 요코하마로 팔러 다니는 데 어떠한 연유라도 시세에 맞지 않으면 행할 수 없습니다. 지금 일본나라의 수치를 나타내기에 상당한 것은 인력거와 **히라가나신문**이라고 합니다만 실로 이것들이 개화진보 초기 단계이지요. 이러한 신문은 많이 생기는 편이 나라를 위하여 좋겠습니다. (『도쿄일일신문』, 1875(M8).10.18, 강조—인용자)

세 가지 신문이 갖추어진 시점에서는 그 밖에도 '유치신문(幼稚新聞)',

‘아이신문[子供新聞]’, ‘가나부신문[假名附の新聞]’ 등의 명칭이 사용되었지만 아직 ‘소신문’으로 명명된 바 없다.

‘소신문’의 명칭이 처음 등장한 것은 그 뒤 1875(M8)년 11월 『하나노미야코여성신문[花の都女新聞]』, 동년 11월 오사카의 『나니와신문[浪花新聞]』의 창간 등 유사한 형식의 신문이 속속 발간되던 때였다. 그중 가장 빠른 일례로서 다음의 투서를 들 수 있다.

> 발기(發起)에 즈음하여 요미우리[讀賣]를 외치며 걸으면 신문 좋아하는 사람 비롯하여 무엇이냐 저것 화장터 방향의 장소 표지나 직무 변동 관리 명부 하고 팔러 다니는 행상인[野師][32]이 모여 댄 일이라고 저마다 입을 모아 말한 것이 속속 퍼져 이것 때문에 **큰 신문[大きい新聞]**을 보는 사람도 꽤 이쪽으로 바꾼 것이 많다고 합니다. 이것이 적중하여 또 동생 세 명이 태어나고 그다음은 자매신문(누이동생)이 태어나 점차 **소신문(小新聞)**(고신문)이 유행했습니다. (『요미우리신문』, 1875(M8).12.28, 마에지마 와쿄[前島和橋]의 투서, 강조—인용자)

‘화장터 방향의 장소 표지’란 과거 화재로 불탄 요시와라[吉原][33]의 안내 책자[細見][34]이며, ‘직무 변동 관리 명부’란 무가연감(武鑑)[35]의 일종으로 염가의 대중서적을 팔러 다니는 행상인의 미심쩍은 분위기에서 창

32 【역주】 축제일이나 번잡한 거리에서 물건을 팔거나 요술 등의 흥행으로 돈을 받는 노점상.

33 【역주】 에도시대 유곽. 1617년 시내 각지의 유곽을 니혼바시[日本橋]라는 지명의 특정한 구역에 집결하여 영업을 인가한 것이 근세 유곽의 특징. 이후 메이지의 법제 하에 유곽은 변형을 거듭하다 1958년 매춘방지법의 제정으로 폐지.

34 【역주】 에도시대 유곽에 대한 안내 책자.

35 【역주】 에도시대 막부의 무가 관리의 계보·가문·격식·직무·거주하는 성·봉록 등을 기록한 서적의 총칭으로 매년 개정하여 출판.

간 당시의 『요미우리신문』에 대한 편견을 엿볼 수 있다. 이러한 증언에서도 선행하는 지식인 대상의 신문에 대한 '대신문'이라는 명명과 이것과 대비한 '소신문'의 명칭이 일반화되지 않았다는 정황을 살필 수 있다. 또한 이 시기에는 '대신문'을 '중대한 뉴스, 대사건'을 뜻하는 의미로 사용한 용례도 산견된다.

'대신문'과 '소신문'이 뚜렷하게 대립적인 의미로 사용되기 시작한 것은 세이난[西南] 전쟁[36] 전후로 한 『가나요미신문』지상에서이다. 이것은 『요코하마마이니치신문』과 『가나요미신문』의 두 가지 신문이 같은 요코하마 마이니치신문사에서 발행되었다는 사정이 작용했을 것으로 추측된다. 예컨대 다음과 같은 예를 들 수 있다.

귀사의 대소신문[37](『가나요미신문[仮名讀新聞]』, 1876(M9).4.5 투서)

○ 당사 인쇄장과 기자를 겸한 고야마 다이사부로[小山代三郞]는 (…중략…) 이번 같은 국 요코하마신문사로 부임하게 되면서 간절히 원하는 바대로 같은 회사에 자리를 물려받아 어제 출항하는 길에 여러분에게 잘 부탁한다는 전언이 있었습니다. **소신문**에서 **대신문**의 기자로 오른 그의 명예 이것도 전적으로 공부 실력으로 신문국내 일동 이별잔의 자리……. (『가나요미[かなよみ]』, 1877(M10). 7.9 사보, 강조—인용자)

○ 요전번 오랜만에 온 사람과 신문이야기를 시작한 것이 그 남자가 말하기에

---

36 【역주】1877(M10)년의 사이고 다카모리[西鄕隆盛]의 반란. 메이지 정부에 대한 불평 사족의 반란.

37 【역주】『요코하마 마이니치신문[橫浜每日新聞]』, 『가나요미신문[仮名讀新聞]』을 가리킴.

는 **대신문**, **소신문**도 이들 모두 예기(藝妓)의 사건이 아무것도 없는 날은 없지만……. (『가나요미신문』, 1877(M10).8.16 투서, 강조—인용자)

위의 인용은 ‘대신문, 소신문’의 명명이 같은 회사에서 발행한 두 가지 신문을 지칭하는 경우에 한해서 사용되었음을 나타낸다. 이 무렵, ‘대신문’의 호칭은 굳어졌지만 ‘소신문’은 아직 일반적이 아니었던 듯 오히려 ‘방훈신문(傍訓新聞[후리가나신문])’이라는 용어로 많이 사용되었다.

대신문은 말할 것도 없고(다만 사설투서는 읽을 수 없으니까 잡보만을) ‘방훈신문(후리가나신문)’을 모아 읽는 중에……. (『도쿄회입신문』, 1877(M10).1.21 투서)

○ 네 개 사의 대신문사의 **후리가나신문[振仮名新聞]**을 비롯하여 여러 신문을 사로잡아……. (『가나요미신문』, 1877(M10).8.11, 강조—인용자)

○ **방훈신문**(후리가나신문)의 본가 총 전 스즈키다[鈴木田]씨는 도라노몬[虎の門][38]에 요미우리의 미명을 천리에 떨치게 하여……. (『요미우리신문』, 1878(M11).5.23 투서, 강조—인용자)

○ **방훈신문**(후리가나신문)은 민심영향의 새벽 종……. (『가나요미신문』, 1879(M12).9.28, 강조—인용자)

---

38 【역주】 에도성 외곽문의 하나. 도쿄 미나토구[港區]의 지명으로 남아 있다.

○ 오는 23일에 고비키쵸[木挽町] 일번지의 신양정[39]에서 방훈신문(후리가나신문)의 투서가가 월례 친목회를 개최합니다. (『요미우리신문』, 1879(M12).11.16)

열거한 인용에서 보는 바와 같이 '대신문'의 호칭은 명확하지만 '소신문'의 용어는 사용되지 않았고 이에 상응하는 것으로서 '傍訓新聞(후리가나신문)'의 용어가 쓰였다. 이후 점차 투서에서는 '소신문'의 용례가 빈출하지만 신문마다 편차가 있다. 즉 잡보기사나 특히 편집측이 자사의 신문을 가리키는 경우 『가나요미신문』에서는 '소신문'의 용어를 적극적으로 사용하는 것과는 대조적으로 『요미우리신문』 등에서 동일한 예는 거의 발견되지 않는다. 여기에는 '소신문'의 용어가 '작은 신문가게(『가나요미신문』, 1878(M11).5.29)'와 같은 비하의 뜻이나 혹은 속된 언변이라 하여 꺼려졌을 것으로 사료된다. '후리가나신문' 외에도 '가나신문', '가나 단소신문', '삽화신문', '염가신문' 등의 표현이 있지만 일반적으로 메이지 10년대 중반 무렵인 1880년대는 주로 '후리가나신문[傍訓新聞]'이 사용되면서 이와 병행하여 '소신문'의 용어도 혼용되었다고 할 수 있겠다.[40]

같은 시기 발행된 신문사의 효시 고이케 요지로[小池洋二郎]의 『일본신문력사(日本新聞暦史)』(1882(M15))에서는 대신문 소신문 구분하지 않고 모두 동일한 신문으로서만 취급된다. 또한 1883(M16)년 4월 21일부터 12회에 걸쳐 『우편호치신문[郵便報知新聞]』에 게재된 「세계의 신문 역사 및 부론」에서는 '후리가나신문[傍訓新聞]'에 관한 다음과 같은 기술을 참

39 【역주】 각종 신문을 두어 이용자에게 제공하는 신문종람소[新聞 縦覧所] 가운데 하나.

40 이 두 가지 어휘의 변별과 그 비율을 명확하게 단정할 수 없지만 공적인 장에서 언급할 때는 '후리가나신문[傍訓新聞]'이 게사쿠[戯作] 출판물에서는 '소신문'쪽이 많이 사용되었다.

고할 수 있다.

> 생각건대 1875(M8)년은 우리나라 신문에 지대한 개량이 가해진 시기일 뿐만 아니라 신문사업의 융성함을 나타낸 하나의 기한인바, 소위 방훈신문(傍訓新聞)(후리가나신문)과 같은 요미우리신문 처음 나타나 이러한 기이하고 이상한 소식을 알리는 글을 읽고 파는 풍습으로 인하여 날마다 출간하는 신문을 길거리 가두에서 소리 쳐서 파는 같은 종류의 신문이 서로 어울려 출간됨으로써 겨우 가나를 읽을 수 있는 하등인종에 이르기까지 상세히 신문이란 것을 알게 되어 신문의 세력을 일반사회에 확충하는 단서를 열었다. (제9고)

무기명의 이 기사는 서양의 신문 역사에서 일본 신문의 발단과 현황까지를 기술한 내용으로 보아 당시 호치사[報知社] 사장인 야노 분조[矢野文雄]가 집필한 것으로 추정된다. "가나를 읽을 수 있는 하등인종에 이르기까지"신문의 존재를 알게 한 소신문에 대하여, 신문 사업의 융성은 문명의 척도이고 국가 세력의 지표라는 소박한 문명사관에서 적극적으로 평가한다. 이때 소신문을 가리키는 용어로서 사용된 것은 '후리가나신문[傍訓新聞]'이다.

### 2) 멸칭으로서의 '소신문'과 소신문론

'소신문'의 명칭은 1885(M10)년 이후 하나의 전환을 맞이했다. 『아사히신문』, 『요미우리신문』, 『도쿄회입신문』 등이 지면을 확대하고 논설을 게재함으로써 부수를 늘리는 한편, 자유당이나 입헌 개진당 등 정당의 기관지로 굳어진 정론 신문이 각각 『회입자유신문(繪入自由新聞)』, 『회입조야신문(繪入朝野新聞)』, 『개진신문(改進新聞)』 등 후리가나를 단 신문을 발행하게 되면 '소신문'의 용어는 예컨대 다카세 시바미네[高瀨紫峯]의 저서 『전국신문잡지평판기』(1883(M16))에 볼 수 있는 바와 같이 총칭으로서 통상적으로 사용하게 되었다.

그러나 한편으로 '소신문'은 실제 학교 등에서 열람 금지되는 등 세간의 멸시와 비판의 대상이 된 신문의 대명사로 "소신문은 오히려 놀림감이 되었다"[41]는 평가가 확산되었다. 이에 대해서 소신문의 개량과 옹호론도 제기되었다. 특히 정당계의 소신문은 후리가나신문은 결코 경멸해야 할 것이 아니라 대신문과 당당히 어깨를 나란히 하거나 그 이상으로 영향력을 가질 수 있는 존재라고 선언하여 현실적으로 소신문의 틀을 타파하는 시도를 전개했다. 이것과 병행하여 신문 지상에는 종종 소신문의 존재 방식에 관한 논의가 피력되었다. 이 가운데 이른 시기부터 소신문에 대한 차별을 비판하고 소신문의 가능성을 옹호한 저널리스트는 나루시마 류호쿠[成島柳北]이다. 그는 『회입조야신문』이 『조야신문』의 경영하에 편입되자 즉시 「신문 대소의 다름은 무엇인가」라는 제목의 소신문론을 『회입조야(繪入朝野)』에 기고했다.

신문은 하나이라 무엇이냐 대소의 다름 있어야 하는가. 그런데도 근년 언제부터인가 대신문소신문의 칭호 나뉘어 호치일보[報知日報] 조야(朝野)와 같은 유

41 『今日新聞』 창간호, 1884.9.25, 발간의 취지.

형은 대신문이라 하고 傍訓新聞(방훈신문)은 일반적으로 소신문이라 한다. (…중략…) 세상 사람은 물론 기자 선생 가운데에도 소신문은 대신문과 성질이 전혀 다른 것처럼 여겨 각별히 그 식견을 낮추어보거나 그 논의를 저속하게 하여 우리들 소신문 기자와 같은 자는 게사쿠[戱作]작가와 마찬가지지요 라고 분명하게 말하는 사람 있었는가 물었다 정말로 한탄스럽지 않은가. (…중략…) 소신문이란 무언가 식견을 높게 하여 힘써 세상의 눈과 귀로서의 책임을 다해야 하지 않은가 그 대신문과 달라야 할 곳은 그 문장을 알기 쉽게 논의를 쉽게 하여 아이 부녀자도 이해하기 어렵지 않도록 하는 한 가지일 뿐……. (1883(M16).5.14)

예컨대 신문 대소의 구별은 지면 규격과 문장 표현이 다를 뿐 신문으로서의 목적은 동일하며 소신문도 식견을 높이 갖추어 사회의 눈과 귀의 책임을 다해야 한다고 설파했다. 『우편호치신문』의 기자 후지타 모기치[藤田茂吉]도 마찬가지의 주장을 같은 개진당계의 소신문 『개진신문』의 개제에 즈음하여 다음과 같이 술회했다.

금일 세상에서 신문의 체재에 대해서 두 가지 호칭이 있는 것 같이 소위 대신문 소위 소신문 대신문이라는 것은 오늘날 정치상 사회상 크게 세력이 있어 거의 세상의 사물을 지배하는 것이라 소신문이라 하는 것은 곧 후리가나신문[傍訓新聞]으로 개진신문과 같은 것 이것이라 이를 나누어 대소의 이름으로써 한다면 더욱 구별이 있을지라도 그 원류로 거슬러 올라가면 결코 구별 있지 않고 지금의 대신문이라 하는 것도 그 시초는 모두 소신문으로 하여 그 체재를 금일의 소신문에 비교한다면 거의 그것보다 훨씬 아래로 내려오는 것이라……. (『개진신

문』, 1884(M17).8.3)

당시 32세의 그는 『우편호치신문』을 비롯한 대신문도 모두 "옛날은 실로 보기 어려운 소신문"이었다고 짧은 신문의 역사를 회고하면서 근년 소신문의 개량이 추진되어 소신문은 옛날의 소신문과는 다르다고 주장한다.

> 지금의 대신문은 곧 옛날의 소신문이 성장한 것이고 지금 소신문은 점점 개량하여 대신문이 되고자 함 예컨대 대신문이라 하지 않을 수 없는 것도 대소의 사이에 하나의 위치를 차지하여 중신문의 칭호를 달아 구별하는 바 없으면 안 된다. (후지타 모기치[藤田茂吉] 연설, 「축사」, 『개진신문』, 1884(M17).8.5)

여기에서 '소신문'의 용어는 마침내 대신문에 이르러야 하는 연속선상에서 파악된다. 마치 그 구별은 단지 체재 = 크기의 차이밖에 없는 것처럼 언급되면서 동시에 '중신문'의 개념이 새로운 신문 지표로서 제출된다. 즉 대소신문의 차이를 해소하는 방향에 대한 의식에서 '후리가나신문[傍訓新聞]'이 아니라 '소신문'의 용어가 채택되었다.

그러나 일본 신문의 짧은 역사에 정통한 나루시마[成島]나 후지타[藤田]가 이와 같이 역설하지 않으면 안 될 정도로 실제로 '소신문'의 용어는 일종의 멸칭으로서 이 시기 일반에 정착했다. 소신문은 지면 수를 늘림으로써 대신문을 능가할 만큼 융성하여 신문계의 실질적인 중심세력으로 괄목할 만한 성장을 이룩했다. 한창 번영을 구가하던 1885(M18)년에도 소신문 기자를 무겁게 짓누르는 우울한 평가를 자유당의 소신문『자유등』의 기자 사카자키 시란(坂崎柴瀾)은 다음과 같이 탄식했다.

> 그런데 이렇게 금일 사회는 대략 대신문의 독자보다 소신문의 독자가 다수를 점하는 것에 틀림없거니와 다시 말하면 금일 사회는 소신문의 사회로 칭하는 것도 부당한 억측이라 할 수 없을 것이다. (…중략…) 그런데도 도쿄 여러 소신문의 기자는 도대체 어떠한 지위로 사회에 경애를 받지 못하는가. (…중략…) 다른 상류사회 사람들이 소신문을 보는 것을 마치 경박재자(輕薄才子)의 소굴로 하기까지, 점차 그 중생제도의 공덕과 같이 놓는 것을 불문하여 마침내 그 지위에 맞추어 이것을 경멸하기에 이르니 어찌 개탄스럽지 않을 수 있는가. (「도쿄 소신문기자의 지위 무위진인」, 『자유등』, 1885(M18).9.1)

소신문 기자는 사회의 일대세력을 짊어지므로 평소 몸가짐을 신중하게 해야 한다며 기자 스스로 낮은 평가에 안주하지 않고 몸을 조율하도록 설득하는 논조를 펴는 한편, "모대신문기자가 첩선거회를 알선하는 역할을 맡는 것 같은 추태는 딱 질색"이라고 대신문기자를 비판했다.

이러한 주장과 함께 소신문을 옹호하기 위해 서양의 삽화가 있는 소신문을 자주 언급했다. 예를 들면 사카자키는 파리에서 발행된 '쁘띠 죠르날(petit Journaux, 소신문)'에 대하여 신문세를 피하기 위하여 문학기사만을 실어 1860년대 출발한 이 신문이 근년 정치적인 기사도 게재하게 되면서 하루에 83만 장의 매상고를 자랑한다고 전했다. 또한『자유등』도 이와 같은 '사회의 동기(動機) 세력을 갖게'될 때가 도래할지 모른다고 소신문의 가능성을 전망했다.[42]

그러나 소신문의 독자수의 우위에도 불구하고 낮은 평가의 불균형은 오래도록 해소되지 않았다. 오히려 현실에서는 소신문과 대신문의 격차가 점차 좁혀짐에 따라 '소신문'은 경멸적인 호칭의 의미로 확산되어 뿌리내렸다.

### 3) '소신문' 범주의 소멸과 전환

이후 실질적으로 지면에서 '대신문', '소신문'의 구별은 형해화되어 간다. 그 결정적인 전환은 1886(M19)년 9월에 실시된 『우편호치신문』의 대개혁이다. 영국에서 신문계를 시찰하고 귀국한 야노 후미오[矢野文雄]의 제안으로 후리가나 채용·연재소설 게재·가격 인하 등의 개혁이 실시되고 타 신문도 이를 따르게 된다. 이와 같은 상황에서 '후리가나신문', '삽화신문'의 호칭은 신문 전체로 광범위하게 확산되어 신문을 구별하는 기능으로서는 유효하지 않게 된다. 여기에서 신문의 성격을 유형화하는 표현으로 '소신문'의 어휘가 남게 된다. 예컨대 1886(M19)년 11월에 출판된 스에히로 뎃쵸[末廣鐵腸]의 정치소설 『설중매』(하)에서 '소신문'에 관한 주인공의 다음과 같은 발화를 참조할 수 있다.

> 요즘 소신문에는 형체도 없는 것을 자신이 보고 온 것처럼 써대고, 나중에 잘못을 바로잡는 것이 종종 있으므로 신용할 수 없습니다. 아무래도 소신문 안에는 사람을 비방하는 것을 좋게 여기는 기자가 있는 것에는 질려버렸다.[43]

---

42 「小新聞の勢力 無爲眞人」, 『自由燈』, 1885.9.25.

43 越智治雄 解說·山田有策·前田愛 注釋, 『日本近代文學大系二 明治政治小說集』, 角川書

이 글의 바로 앞 다른 등장인물의 "아무래도 대신문은 진지한 일만 써서 재미없습니다"라는 발화에도 그 대비는 분명하다. 즉 성실하고 재미없지만 신뢰할 수 있는 품격 있는 신문 = 대신문, 재미있지만 신뢰성이 낮고 중상을 즐겨 다루는 신문 = 소신문의 도식이다. 계몽적인 역할도 독자층이 다른 것도 고려하지 않은 채 단적으로 말하자면 선정주의가 '소신문'의 어휘로 표현되는 특색으로 남게 되었다.

이러한 상황에서 대신문과 소신문의 구분을 무효화 하는 선언을 내린 것은 『요미우리신문』의 다카다 소묘[高田早苗]이다. 「대신문과 소신문」이라는 제목의 논설에서 그는 대신문과 소신문을 나누는 문제를 제기한다. 지면 크기의 대소·삽화의 유무·소설의 유무·후리가나의 유무·지면의 중심이 정치 혹은 사회 기사인가 등의 논점을 따져 어느 것이나 현재는 적당한 표식이 될 수 없다고 설파하고 "과거의 관습에 얽매여 대소신문의 구별을 두는 것은" 부당하므로 "신문에 대소의 구별 있다는 사상을 뇌리에서 지워버"릴 것을 제안했다. 이와 같은 주장이 제기되는 것 자체 '대신문', '소신문'의 용어가 이 시점에서 살아있다는 것을 방증한다. 즉 다카다가 여기에서 척결하고자 하는 대상은 '소신문'의 어휘에 남겨진 낮은 평가와 편견인 것이다.

그 뒤 신문계가 재편성되면서 『국민신문』이 자사를 "독립독보적인 삽화가나 대신문"으로 형용하거나[44] 우편의 두 글자를 삭제한 『호치신문』이 "고등한 삽화 신문이 되었다(1894(M27).12.26)"고 선언하는 등 잔존하는 대소신문에 대한 의식을 부정하는 표현이 적극적으로 나타나

---

店, 1974.

44 有山輝雄,『德富蘇峰と國民新聞』, 吉川弘文館, 1992, 11면.

게 된다. 더 이상 동시대의 신문을 대신문, 소신문으로 구별하는 분류 체계는 유효하지 않게 되었다. 또한 '소신문'이 완전히 과거의 어휘로 퇴각한 것은 청일전쟁 후로 구체적으로는 『요미우리신문』과 『시사신보(時事新報)』가 신문지조례개정에 관한 전국기자동맹의 중심이 된 때일 것으로 사료된다. 단 '소신문'의 용어 자체는 그 이후에도 자주 사용되었다. 이 무렵 '소신문'은 예컨대 마사오카 게요[正岡藝陽]의 『신문사의 이면』(1901(M34))에 기술된 바와 같이 세력이 미약한 소규모의 약소신문이라는 의미로 전용되어 본래의 질적인 차이를 지닌 함의를 상실했다.

또한 사전에서 '소신문'의 용어에 대한 채록을 조사하면 오쓰키 후미히코[大槻文彦]의 『언해(言海)』(초판 1891(M24)년), 야마다 비묘[山田美妙]의 『일본대사서(日本大辭書)』(1892(M25)), 오와다 다테키[大和田建樹]의 『일본대사전』(1896(M29)) 및 오치아이 나오부미[落合直文]의 『말의 샘[ことばの泉]』(1898(M31))에는 '소신문', '대신문', '후리가나신문'이 전부 구사되지 않았다. 그러나 오치아이 나오부미의 『언천(言泉)』(1921)에는 세 가지 항목이 표제어로 기재된다. 단 '후리가나신문-振假名新聞'은 '소신문(小新聞)과 동일'한 것으로 '소신문(小新聞)'의 항목에는 다음과 같은 설명이 있다.

> ① 메이지 初, 지면이 작고 사회 기사를 주로 한 신문
>
> : 도쿄회입신문 · 요미우리신문 · 우키요[有喜世]신문 · 후리가나신문[振假名新聞]의 유형(대신문에 대해서)
>
> ② 지면이 작음, 또한 세력 없는 신문

이로써 대소신문의 실질적인 구분이 소멸한 뒤 노자키 사분의 회상

록이 발표된 메이지 말 이후 '소신문'은 역사적 용어로서의 지위를 획득했을 것으로 추정된다.

이상과 같이 '소신문'의 용어는 세이난[西南]전쟁 전후에 성립하여 '후리가나신문[傍訓新聞]'의 용어와 병행하여 사용되었다. 그러나 대다수의 신문이 후리가나를 채용하고 대신문, 소신문의 구별이 해소되어가는 과정에서 부정되어야 할 신문의 유형을 나타내는 어휘로서 '후리가나신문'보다도 '소신문' 쪽이 적당한 것으로 일반에게 확산되었다. 즉, 메이지 후반에서 쇼와 초기까지 신문의 입장에서 보자면 "우리들 신문은 확실히 후리가나 단 후리가나신문[傍訓新聞]이지만 옛날의 저 경멸해야 할 소신문과는 다르다"는 의식이 있으며 또한 국민으로서의 일체감을 환영하는 독자의 입장에서도 '소신문'의 어휘는 지지되는 문맥이었다.

한편, 이 글에서는 '소신문'의 용어를 1874(M7)년 『요미우리신문』의 창간부터 1886(M19)년 『우편호치신문』이 후리가나를 채용하기에 이르는 사이에 창간된, 전부 후리가나를 단 신문을 가리키는 의미로 사용한다. 이와 같이 한정하는 것은 '방훈신문(傍訓新聞)'이라는 호칭이 표명하는 바와 같이 전부 후리가나를 다는 방식이 명확하게 신문의 대소를 구별하는 표식으로 작동했던 시기였기 때문이다. 이것은 또한 '소신문'의 용어에 부여된 부정적 평가와 단절하여 객관적으로 그 실태에 접근하기 위한 적절한 분기점일 것이다. 이러한 정의를 바탕으로 다음 장에서는 소신문의 성립 배경과 전개 양상을 규명할 것이다.

# 제2장 소신문과 식자계층

## 1. 신문과 리터러시(literacy)

소신문은 왜, 어떠한 과정에서 성립한 것일까. 이 장에서는 먼저 소신문의 성립을 촉구한 요인을 검토하는 것으로 논의를 시작하자.

통상적으로 미디어 역사는 고속윤전기의 도입으로 대량의 인쇄가 가능해졌다는 기술결정론의 관점에서 서술되곤 한다. 고속기계의 등장이 한 시간에 몇 만 장도 인쇄할 수 있는 비약적인 신문의 발전을 이룩하게 한 것은 분명하다. 그러나 이러한 기계의 개발이 어떠한 방식으로 진전되었는가를 묻는다면 그것은 우연이나 자연적인 소산이 아니라 고도의 기술을 욕망하고 필요로 하는 사회적 요청에 의해 촉발된 것으로 답할 수 있다. 고속윤전기의 도입은 이미 그것을 받아들이는 사람들 사이에서 이러한 기술에 대한 요망이 높았던 것이라고 할 수 있다.

기술문명사를 더듬어 올라가면 필요라는 사회 구성원의 욕망이 없는 한 뛰어난 기술일지라도 방치해 버리게 되는 예는 무수히 많다. 일본의 활판 인쇄가 바로 그 전형적인 예이다. 조선 반도나 유럽으로부터 선교사들을 통하여 활판 인쇄기술이 일본에 전해진 16세기 말에서 17세기 초, 신부판(キリシタン版)[1]이나 고산반[五山版][2]으로 지칭되는 활판 인쇄물이 생산되어 유통되었다. 그러나 활판 인쇄는 도쿠가와 막부 시대에는 발전하지 못하고 목판의 출판업이 융성했다. 활판인쇄기술은 일본에는 뿌리를 내리지 못한 채 망각되었다. 그로부터 약 2세기 후 막부 말에서 메이지 초 다시 활판기술이 일본에 도입된 것은 기술 그 자체의 우수함보다도 그 기술을 향한 사람들의 욕구가 변화했기 때문이다.

19세기 후반 일본의 활판인쇄기술의 도입은 명백하게 정치적 사상적 이유에서 비롯되었다. 즉 구미 국가와 같은 문명국으로 도약하기 위한 발판으로 활판인쇄기술을 도입함으로써 신속하고 정확한 지식과 정보를 전하는 신문 잡지와 같은 정기간행물의 필요에 직면하게 된 것이다. 메이지 정부는 1871(M4)년 신문지조례 이후 적극적으로 활판 인쇄기술을 도입하여 활자를 불하하거나 신문을 관청에서 구독하는 등 신문 발행을 장려했다. 그러나 위로부터의 정책에 따라 발행된 신문은 그다지 성공하지 못했다. 이들 초기의 신문은 오래 지속되지 못한 채 단명한 신문이 많고 또한 『요코하마 매일신문』이나 『도쿄일일신문』과

---

1 【역주】 근세 초기, 예수회의 선교사들이 일본에서의 포교 활동을 위해 간행한 활자본의 총칭. 주로 규슈 지방에서 활발하게 이루어짐.

2 【역주】 가마쿠라[鎌倉] 말기~무로마치[室町] 시대, 교토·가마쿠라의 고산[五山]을 중심으로 선승(禪僧)에 의해 출판된 서적의 총칭.

같이 정착한 신문이라도 1872~1874(M5~7)년경의 한 호당 발행 부수는 1천~7천 부 정도로 당시 3천 500만이라는 일본 인구 중 극히 일부의 사람들에게만 읽혀졌다.

이와 같은 상황을 타파하여 독자를 확대하려는 시도에서 소신문이 발행된다. 그 방법으로서 채용된 것이 전부 후리가나를 다는 방식이다. 왜 이러한 방식에 착목한 것인가. 그 이전의 가나만으로 표기한 신문, 즉 『도쿄가나서신문』이나 『마이니치히라가나신문』은 왜 단명으로 끝나고 전부 후리가나를 단 소신문은 수많은 독자를 획득하게 된 것인가. 쓰가네자와 도시히로[津金澤聰廣]는 이들 '히라가나신문의 실패'를 논하면서 그 이유를 "한어를 주체로 하는 문어문을 오로지 히라가나로 대체하는 것으로는 민중에게 열려진 언어로 될 수는 없었"기 때문이라고 기술하여 사족과 그 밖의 신분과의 언어적 격차를 원인으로 지목했다.[3] 그렇다면 언어적 차이를 소신문의 후리가나 방식은 어떻게 극복한 것인가. 선행 연구는 이러한 의문에 충분히 답할 수 없었다. 첫째, 기존 연구는 당대의 언어적 차이의 구체적 양상과 그 실태를 해명하지 못했다. 예컨대 신문의 독자층 연구에서는 리터러시와 사회계층과의 관련이 일찍부터 지적되었지만 기초적인 리터러시 조사의 부족으로 언어적 차이의 문제는 면밀하게 검토되지 않았다. 둘째, 소신문의 문체 연구에 대한 깊이 있는 분석이 이루어지지 못하거니와 후리가나라는 표기 방식에 대한 고찰이 부족했다. 언어 연구, 특히 언문일치 운동 혹은

---

3 津金澤聰廣, 「小新聞成立の社會的基盤—日本マスコミュニケーション史研究ノート(1)」, 『關西學院大學社會學部紀要』 11, 1965.8, 89~101면(『現代日本メディア史研究』, ミネルヴァ書房, 1998, 3장에 수록).

구어 문체의 성립을 고찰하는 작업에서 소신문이 분석 대상이 되기도 했지만 언어와 사회 계층의 대응 양상과 관련하여 설명되지 않았다. 이들 선행 연구에 대해서 후술할 것이지만 소신문과 언어 상황과의 상관성을 깊이 있게 논의하지 못한 것으로 요약된다.

이와 같이 선행 연구를 정리하면서 이 글에서는 언어적 차이와 사회 계층 및 미디어의 차이를 결부하는 논의의 틀에 대한 검토를 선결 과제로서 제기한다. 신문이라는 미디어에서 리터러시, 즉 식자(識字)는 미디어 성립의 전제 조건으로 때로는 신문 보급의 정도가 식자율에 대한 긍정적 인식을 반영한다고 간주되었다. 그러나 신문 발행 부수의 증가가 반드시 식자율의 상승을 말하는 것은 아니다. 사람들이 문자를 읽을 수 있다 하더라도 경제적 여유가 없으면 구독할 수 없거니와 금전적 여유가 있다 하더라도 신문에 흥미나 특별한 가치가 있다고 여기지 않으면 신문은 사지 않고 외면할 것이다.

역으로 문맹인 사람이 신문을 사지 않는다고 단언할 수는 없다. 삽화나 도판 등에 대한 관심에서 구독하여, 문자를 읽을 수 있는 이에게 읽어 달라거나 설명을 들을 수도 있을 것이다. 또한 신문의 가치를 인정한다면 흥미 있는 기사를 읽기 위하여 문자를 배우려고 할지도 모른다. 그렇다면 흥미를 북돋우는 신문의 존재가 식자율을 끌어올리는 동기를 부여하게 되는 셈이다. 그러나 이 경우에도 적어도 초기 단계의 문자 교육을 어딘가에서 받지 않으면 리터러시 능력을 갖추기란 어렵다. 물론 문자를 전혀 읽지 못하는 자가 신문을 구독하는 경우는 극히 드물다. 대개 인간은 교육을 통해서 익힌 읽기쓰기 능력 범위에서 익숙한 미디어를 받아들이기 쉽기 때문이다. 따라서 신문이 대중 미디어로서 기능하

기 위하여 식자는 필요조건이지만 충분조건은 아니라고 할 수 있다.[4]

리터러시(literacy), 즉 읽기쓰기 능력은 사회의 근대화에 필요한 의사소통 능력으로서 구미로부터 도입된 개념이다. 산업 발전과 민주 사회의 형성에는 초등 교육 보급에 따른 식자율 향상이 필수불가결한 것으로 인식되었다. 따라서 초기 식자 조사에서 명확해진 바와 같이 식자자(識字者)와 비식자자(非識字者)를 구별하여 일본에서는 '무필·문맹'으로 부르는 비식자자의 비율을 낮추고 국민의 식자율 100%를 달성하는 것이 근대 교육의 목적 가운데 하나였다.

일본에서는 의무 교육이 철저하게 실행된 이후 교육 목표에 근접한 99%의 식자율에 달했다는 인식이 정착하는 한편 근세에도 일본의 식자율은 상당히 높은 수준에 있다는 견해가 확산되었다. 이러한 견해는 근세 이후 남겨진 다량의 문서, 습자 학원이나 학교의 높은 취학률, 혹은 외국인의 견문기, 출판업의 융성과 함께 일본의 산업적·경제적 성공 등이 뒷받침되면서 한층 신빙성 있는 것으로 간주되어 식자 문제는 완전히 과거의 것으로 치부되었다.[5] 그러나 이러한 주장은 과연 타당한 것인가.

여기에서 문제는 두 가지이다. 첫째, 한 마디로 읽기쓰기 능력이라고 하여도 실제로는 상당한 진폭이 있다는 점이다. 단지 문자를 아는 기초 수준, 문자는 읽을 수 있지만 뜻을 모르거나 읽어도 쓸 수 없는 단계부터 신문을 읽고 문서 장부를 기록하고 편지나 법률문서도 자유자

---

4 Michael Schudson, *Discovering the News－A Social History of American Newspapers*(Basic Books Inc., 1978, pp.35~39)의 리얼리티에 관한 논의 참조.

5 식자율 신화에 대한 비판적 논의로서 J.Marshall Unger, *Literacy and Script Reform in Occupation Japan*, Oxford University Press, 1996(奥村睦世譯, 『占領下日本の表記改革』, 三元社, 2001). 근세사의 입장에서는 八鍬友廣, 「近世民衆の識字をめぐる諸問題」(『日本教育史研究』 12, 日本教育史研究會, 1993,8, 101~109면) 등 참조.

재로 쓰는 수준에 이르기까지 모두 식자로 통칭하는 것은 실제 사회생활에 대한 적응 여부를 고려한다면 매우 거칠고 편차가 있다. 이러한 이유에서 최근에는 단지 문자를 아는 수준의 식자가 아니라 근대 사회의 정치적·경제적 활동을 하기에 충분한 읽기쓰기 능력을 가리키는 '기능적 식자'개념이 제창되었다.[6]

그런데 기능적 식자 수준을 구체적으로 어떻게 설정할 것인가는 사회나 언어에 의해 논의가 엇갈린다. 분명한 것은 일본어 문어에는 한자와 가타카나와 히라가나의 세 종류의 문자가 사용되었으며 더욱이 한자가 한어의 지식과 함께 권위 있는 문자로서 쓰였다는 역사적 사실이다. 가나 문자는 교양이 낮은 사람들, 여자들이 사용하는 '편의적 문자[仮の文字]'[7]이며 교육 초기 단계에서는 가나 문자를 배워도 고등교육을 받은 교양 있는 남자는 한자를 쓰고 한적을 읽고 이해하는 능력이 요구되었다. 따라서 "같은 '리터러시'라고 하여도 알파벳 세계와 한자 세계란 질적인 차이가 있다."[8] 예컨대 가나와 한자라는 시스템이 다른 문자를 사용하는 일본어 표기 방식에서는 가나를 아는 것만으로는 "유럽식으로 말한다면 결코 문맹은 아니지만 일본 사회에서는 반 문맹에 가깝다"[9]는 식자의 계층 차이가 존재하는 것이다.

---

6 기능적 식자에 대해서는 Florian Coulmas(eds.), *Linguistic Minorities and Literacy*(Mouton Publishers, 1984)참조. 기능적 식자 개념의 규범성에 대한 비판적 논의로는 菊池久一, 『'識字'の構造』, 勁草書房, 1995, 17면 참조.

7 【역주】 한자를 '진정한 문자[眞の文字]'로 하는 개념에 대립되는 표현. 문자의 진정성이 한자에 있다는 가치 체계에서 상대적인 개념으로 가나를 '가문자[仮の文字]'로 명명했다. 일본어 '가(仮)'는 임시와 가짜의 중의적 의미가 있다.

8 田中克彦, 「差別としての文字」, 『日本語學』, 明治書院, 1991.3, 4~10면(『ことばのエコロジー』, 農山漁村文化協會, 1993).

9 위의 책 참조.

이와 같은 식자의 계층차는 전술한 바와 같은 모든 언어에 상정되는 초보적인 식자에서 기능적 식자에 이르는 식자의 단계적인 차이로 포괄적으로 사고할 수 있다. 그러나 알파벳을 사용하는 언어에서는 주로 교양과 어휘의 차이로서 문제되는 식자의 차이가 일본어에서는 한자와 가나라는 질적으로 전혀 다른 차이가 있는 문자 습득의 문제로서 독립적으로 나타난다.[10] 예컨대 전혀 문자를 읽고 쓸 수 없는 비식자층과 가나를 읽고 쓰지만 한자를 읽고 쓰는 것이 능숙하지 않은 준식자층,[11] 그리고 한자와 가나 양쪽을 읽고 쓸 수 있는 식자층이라는 세 층위를 설정할 수 있다.[12] 이러한 식자 계층은 구어와 문어를 포함한 언어적 격차, 언어계층과 무관한 것은 아니지만 다소 차이가 있는 별도의 인식 체계에서 조정된다.

이와 같이 식자 계층차를 주목하면 두 번째의 문제가 부상한다. 일본의 식자 계층차를 고려한 식자 조사 데이터가 적다는 것이다. 근세 민중의 식자를 조사한 야쿠와 도모히로[八鍬友廣]에 따르면 근세의 식자율을 전국적으로 산정할 수 있는 자료는 존재하지 않는다.[13] 메이지시대에는 1897(M30)년 이후 오사카부[大阪府]·교토부[京都府] 등에서 실시된 장정

10 비식자층은 아니지만 완전한 식자층이라고도 할 수 없는 중간층에 대해서는 Carlo·M·Cipolla, 佐田玄治 譯, 『讀み書きの社會史』(お茶の水書房, 1983), R. B. Le Page, "Sociolinguistic aspects of literacy"(kingsley Bolton·Helen Kwok(eds.), *Sociolinguistics Today－International Perspectives*, Routledge, 1992), ロバート·E·パーク, 「新聞の博物學」(W. シュラム 編, 學習院大學社會學研究室譯, 『新版マス·コミュニケーション－マス·メディアの總合的硏究』, 東京創元新社, 1968, 5~6면) 등 참조.

11 1948년 점령군의 지휘 아래 이루어진 리터러시 조사의 보고서인 讀み書き能力調査委員會編, 『日本人の讀み書き能力』(東京大學出版部, 1951)에서는 이 층을 '불완전 문맹'이라 명명했다.

12 이처럼 문자 습득을 세 단계로 나누는 가정은 이미 進藤咲子, 「明治初期の言語の生態」(『言語生活』 90, 1959.3)에서도 제출된 바 있다.

13 八鍬友廣, 앞의 글.

교육 조사나 수형자 조사, 방적직공의 조사 등이 있지만 성별·연령층·지역 등이 편중되어 지역적으로 제한적인 문제점이 있다.[14] 과학적인 조사 수법을 동원한 대규모의 정밀한 전국적 조사로서 신뢰할 만한 것은 점령기인 1948년 연합군의 민간 정보교육국의 지원을 받아 실시된 조사, 그리고 1955~1956년에 문부성에서 실시한 식자조사이다.[15]

흥미로운 것은 이 두 가지 조사에서는 한자 가나 혼용의 신문 문장을 바탕으로 작성된 문제가 시행되어 동일한 결과가 산출되었다는 점이다. 즉 완전한 비식자층(가나도 포함하여 단 한 자도 읽을 수 없는 '완전 문맹'과 한자를 전혀 읽을 수 없는 '불완전 문맹'을 합한 수치)은 0.1~3.7%의 극히 소수로 외국과 비교해도 매우 저조한 편이다. 한편, 충분한 읽기쓰기 능력이 있으며 일상생활에 지장이 없을 것으로 인정되는 완전한 식자층은 2.1~6.2%로 1할도 되지 않는다. 대부분의 사람들은 읽고 쓰기 능력이 충분하지 않을 것으로 판단되며 그중에는 일상생활에 지장 있는 자도 약 10할에서 20할 정도로 추정된다. 예컨대 의무 교육인 초등학교 6년간의 취학률이 100%에 가까워도 한자의 읽기쓰기와 문장의 이해력에 문제 있는 자는 적지 않다.[16] 아마 제2차 세계대전 후에 불거진 식자 신화는 비식자율의 저조한 측면만을 확대한 주장이겠지만, 이것은 한

---

14 1891(M 30)년 이후의 식자 조사에 대해서는 山本武利, 「明治後期のリテラシー調査」(『近代日本の新聞讀者層』, 法政大學出版局, 1981), 淸川郁子, 「リテラシーの普及と壯丁教育調査」(川合隆男 編, 『近代日本社會調査史』 2, 慶應通信, 1991) 참조.

15 전자는 15~64세까지 약 만 6천 명을 대상으로 조사한 讀み書き能力調査委員會, 앞의 책에 정리되었다. 후자는 15세에서 24세까지 약 2천 명을 대상으로 실시되어 文部省 編, 『國民の讀み書き能力』(大藏省印刷局, 1961년)으로 간행되었다.

16 네스토프니의 '한계 있는 식자(restricted literacy)'의 표현은 비식자층은 아니지만 읽기·쓰기에 문제 있는 일본어 사용자가 2~5할에 이르는 상태를 가리켰다. J.V.Neustupny, "Literacy and Minorities－Divergent Perceptions", Florian Coulmas(eds.), *op cit.*, pp.115~128.

자와 가나문자를 포함한 식자의 계층차를 무시한 논의라고 하겠다.

이처럼 리터러시 수준을 단지 취학률로 추측하는 것은 위험하다. 교육 기간의 길고 짧음에 따라 문자 습득에 차이가 발생하는 것은 사실이다. 여기에서 메이지 초기 교육과 식자 계층의 대응관계에 대해서 대략적인 틀만을 고찰해 두자. 학제 발족 이전의 교육을 고려한다면 처음 가나 문자를 배우는 초보적인 학습을 거친 다음 '천자문' 등으로 기초적인 학자를 익히고 나서 한적(漢籍) 등의 소독(素讀)[17]의 단계로 나아가는 것이 당시의 일반적인 문자 교육의 순서였다. 이러한 단계 과정을 전제한다면 비식자층은 문자 교육 기간이 전혀 없거나 거의 없는 사람들, 준식자층은 초등교육 1~4년 정도, 식자층은 5~8년 이상의 중등교육 이상의 자를 각각 상정할 수 있다. 의무교육제도가 확립되기 이전, 준식자층은 이른바 데라코야[寺子屋][18]에서 읽기쓰기 교육을 받은 자에 해당하고 식자층은 한학숙(漢學塾) 등의 사숙(私塾)[19]이나 가정교사로부터 교육을 받은 사람들로 봐도 좋을 것이다. 이 취학자의 비율은 신분·성별·직업에 따라 상당한 격차가 있다.

이러한 식자 계층과 교육 계층의 대응 틀에 따라서 미디어 계층성을 가정할 수 있다. 비식자층에서는 문자에 의거하지 않는 매체, 즉 오로지 그림과 음성(노래와 이야기) 으로만 향유된다. 준식자층에서는 가나를 사용한 출판물을 이용할 수 있다. 쿠사조시[草双紙]나 요미혼[讀本][20]이 이에

17 【역주】 서적, 특히 한문에서 문장의 뜻은 생각하지 않고 문자만을 소리 내어 읽음.

18 【역주】 에도시대 서민 교육 시설. 승려·무사·신관·의사 등이 교사가 되어 읽기·쓰기·주판 등을 가르쳤다. 메이지 이후 의무 교육이 보급되면서 소멸.

19 【역주】 에도시대 주로 유학자·국학자·양학자가 개설한 민간 교육 기관. 일반적으로 데라코야[寺子屋]보다 높은 정도의 교육 실시. 막부 말 학교 제도가 정비되지 않은 단계에서 정규적인 학문 교육의 장으로서 기능. 천자문·사서오경·수학.

해당한다. 식자층에서는 사서오경을 비롯한 한적류나 국학 양학 서적이 읽혀졌다. 이것을 뉴스 매체로 간주한다면 네덜란드풍설서[オランダ風説書][21]나 그 후신격인 『관판바타비아신문[官板バタビア新聞]』[22]또는 회역사(會譯社)에서 발행한 『중외신문(中外新聞)』을 읽는 식자층, 대부분 가나문자를 사용한 요미우리 가와라반[讀賣瓦版]이나 쿠사조시[草双紙]로 정보를 얻는 준식자층, 니시키에[錦繪]나 구두 해설·소문 등으로 뉴스를 확인하는 비식자층으로 대별할 수 있다.

메이지의 근대적 신문 발행은 먼저 식자층 대상의 대신문에서 출발하여 소신문은 준식자층을 독자로 확보하려고 했을 것이다.[23] 또한 니시키에·니시키에신문은 준식자층이나 비식자층을 독자로 상정했다고 추측된다. 다만 이와 같은 미디어의 계층성에 대한 가설은 식자와 교육 계층의 대응 관계만큼 견고하지 않다는 점에 주의해야 한다. 즉 한자를 읽고 쓸 수 없다면 『중외신문』은 읽을 수 없지만, 『중외신문』을 읽을 수 있는 사람은 쿠사조시도 읽을 수 있으며 소문이나 세상 돌아가는 이야기도 나눌 것이다. 또한 자신은 읽을 수 없지만 타인이 읽어주거나 설명을 듣는 경우도 상정할 수 있으므로 향유 방식에 따라 그 경계는 확대된다. 일반적으로 식자층은 모든 미디어를 이용할 수 있

20 【역주】그림책·이야기에 가락을 붙인 곡(曲)·노래 책 등에 대하여 읽을거리를 주로 하는 문예서의 총칭.

21 【역주】에도시대 나가사키[長崎]에서 네덜란드선과 무역, 외교하며 매년 1회 네덜란드 상관장이 막부에 제출한 해외 뉴스. 쇄국의 시기에 유일한 공식적인 해외 정보원이었음.

22 【역주】바타비아(Batavia)는 인도네시아 수도 자카르타의 네덜란드령 시대의 이름. 에도 막부의 양학 연구 기관 양서조소(洋書調所)의 학자가 네덜란드 정부가 발행한 주간신문에서 발췌한 기사를 번역하여 발매한 신문.

23 "한적 국서를 읽는 계층과 쿠사조시와 같은 그림책을 읽는 계층으로 크게 두 가지로 분류했다. 정치신문은 전자를, 오락 신문은 후자에 그 독자를 구했다." 小野秀雄, 앞의 책(1922), 99면.

는 능력이 있지만 준식자층이나 비식자층은 식자 능력의 범위에 한정된 미디어밖에 이용할 수 없는 것이 보통이다.

그렇다면 식자에 의한 계층과 사회적인 계층이 어떻게 대응했는가를 이제까지 기술된 바를 정리해 보자.[24] 먼저 식자층을 이루는 신분으로서 화족·사족과 평민 가운데 사족 계급과 지주·대상인이라는 평민 상층부가 해당하며 그 이하의 평민은 준식자층·비식자층일 것으로 생각된다. 다만, 남녀의 성차를 감안하면 같은 신분이라도 남성보다 여성 식자층은 미미했을 것이다. 직업적 차이에 대해서는 관리나 상인은 대부분 준식자층·식자층, 농민이나 장인의 다수는 비식자층에 속했을 것으로 추정된다.

또 한 가지 염두에 두어야 할 것은 지역적인 차이이다. 학제 이전에는 식자 및 교육의 지역 격차가 커서 도쿄·오사카와 같은 도시에서는 초등 교육의 보급으로 타 지역에 비해 식자·준식자층이 높았을 것이다. 소신문이 이 두 대도시에서 발생하여 번창하게 된 원인은 식자 계층 분포가 타 지역과는 다르기 때문은 아닐까 추측된다. 이것은 민간 교육 기관 등의 분포나 취학 상황, 출판업의 동향에서도 가늠할 수 있는 바이다.[25]

이상과 같은 식자를 기반으로 한 계층성의 가설을 간략화한다면 〈표 2-1〉로 정리된다.

---

24 內川芳美, 「明治初期の新聞と讀者」, 『言語生活』 99, 1959.12, 18~25면; リチャード・ルービンジャー, 「識字能力の東西—19世紀のヨーロッパと日本について」, 梅棹忠夫·小川了 編, 『ことばの比較文明學』, 福武書店, 1990, 215~244면 등 참조.

25 小木新造, 『東京庶民生活史研究』, 日本放送出版協會, 1979.

〈표 2-1〉 메이지 초기 식자 계층 모델

| 식자 계층 | 교육 정도 | 미디어의 계층성 | 사회적 계층 |
|---|---|---|---|
| a. 식자층(가나 + 한자) | 중등교육 이상 | 대신문 | 사족·대상인·지주 |
| b. 준식자층(가나) | 초등교육 | 소신문 | 평민(상층) |
| c. 비식자자(문자없음) | 없음 | 니시키에(錦繪)신문 | 평민(하층) |

다음 절에서는 이와 같은 가설을 검증하기 위한 시론으로서 먼저 메이지 초기의 리터러시 조사를 검토하여 당시의 언어적 계층 시각에서 소신문의 위치를 규명할 것이다.

## 2. 메이지 초기의 리터러시 조사

일본의 메이지 초인 1870년에서 1880년 무렵의 식자율에 대하여 가장 체계적인 정리는 허버트 파신(Herbert Passin)의 『일본 근대화와 교육』에서 이루어졌다. 파신은 메이지 초기의 식자율 추정을 〈표 2-2〉의 형태로 정리하여 제출한 바 있다. 그에 따르면 취학률에서 남자의 읽기 쓰기 능력은 평균 40~50%로 추정한다.[26] 이것은 일본 근대화의 제반의 조건이 메이지 초기에는 어느 정도 정비되었다고 주장하는 논의에서 제시된 것으로 주목을 모아, 식자율이 비교적 높았다는 통설을 뒷받침

26 Herbert Passin, 國弘正雄 譯, 『日本近代化と教育』, サイマル出版會, 1969, 68면. 또한 R. P. ドーア도 막부 말에는 남자의 40~50%,여자의 15% 정도가 어떠한 형태로든 정규 교육을 받았다고 한다. Marius B. Jansen 編, 細谷千博 譯, 『日本における近代化の問題』, 岩波書店, 1968, 106면.

하는 것이었다. 그러나 이 수치는 단편적인 자료와 취학률로 추산하여 저자 자신도 인정하는 바와 같이 입증된 것은 아니다. 여타의 구체적 자료와 함께 신중하게 검토해야 할 가설의 하나일 것이다.

구체적인 식자 조사로서는 『문부성연보』의 제5연보부터 제21연보에 걸쳐 게재된 시가현[滋賀縣]·오카야마현[岡山縣]·가고시마현[鹿兒島縣]·아오모리현[青森縣]·군마현(群馬縣) 등의 식자율 조사가 있다. 이 조사에 관해서는 제8연보의 다음과 같은 해설을 참고할 수 있다.[27]

> 전국문화의 현황을 면밀히 관찰하여 교육이 미치는 정도를 파악하는 것이 시정상의 가장 긴요한 것임은 원래부터 말할 나위 없으니 이것으로써 근래 구미 각국에서는 이들 조사에 착수, 그 성적에 이바지하여 학정(學政)시설의 방침으로 하였다 고로 우리나라에서 교육 정도를 소상히 알기위하여 먼저 일정한 교육 조사법을 만들어 가장 필요한 것은 식자(識者)라는 것 이미 명확히 아는 바이지만 아무리 하여도 사무 시행의 순서 기타 제반 정상(情狀) 등 있어 아직 각 지방으로 하여금 마침내 이것을 거행하게 하는 것 운에 달하지 않은 것을 오직 시가현[滋賀縣]만은 1877(M10)년부터 이미 이것을 실시하여 그 성적을 보고하는 것 수차례 또한 시마네현[島根縣]에서도 1879(M12)년부터 이 조사법을 시행하여 올해 그 성적을 보고했지만, 그 연령의 구별에 따라 상세하지 않아서 이에 그 통계수치를 들 수 없음을 가장 유감으로 하는 바이라. 올해는 군마현(群馬縣)에서도 또한 만들어져 이것에 착수하여 그 조사표의 사정을 해명했다. 단 군마 시가의 양현(縣) 하에서 거행된 조사 방법도 오로지 간단하고 편리 위주로 하여

27 『日本帝國文部省第八年報』, 文部省, 1882(M15), 9면.

그 세목과 같은 것은 아직까지 이것을 상세하게 할 수 없지만 지금 얼마 동안 양현의 보고서로부터 조사했던 것을 채택 기술한바 〈표 2-2〉와 같음.

〈표 2-2〉 허버트 파신(Herbert Passin)에 의한 메이지 초기 추정 식자율

| 사회 집단 | 추정 식자율 | 인구비율 |
|---|---|---|
| 무사(무사집안 여성) | 약 100% (50%) | 7% |
| 대도시 상공업자(町人) | 70~80% | 3% |
| 소도시와 지방 상인 | 50~60% | – |
| 대도시 장인 계층 | 50~65% | 2% |
| 소도시 장인 계층 | 40~50% | – |
| 촌장 | 약 100% | 87% |
| 지방 관리 | 50~60% | – |
| 소작인 | 30~40% | – |
| 벽지의 소작인 | 20% | – |

문부성에서는 구미에서 처음 시행된 식자조사를 의식했지만 통일된 방법에 의한 조사는 실시되지 않고 각 현이 독자적으로 조사를 시작한 셈이었다. 그 내용도 소관구내의 6세 이상을 대상으로 하여 자신의 이름을 쓸 수 있는가의 여부를 조사하는 간단한 것이었다.

이 조사에 대해서는 이미 야쿠와 도모히로의 「19세기말 일본의 식자율 조사」[28]에서 자세하게 검토된 바 있다. 이에 따르면 각 현의 식자율은 〈표 2-3〉과 같다.

이 논문에서 지적한 바와 같이 이 조사 결과, 남자의 식자율보다 여자의 식자율이 20~50%나 낮았고 또한 그 이상으로 지역 격차가 큰 것으로 나타났다. 또한 이들 격차와 학제 실시 후의 취학률과의 상관관계도 시사되었다. 그러나 이 조사는 전술한 바와 같이 비식자층의 확정에는 기여하지만 준식자층과 식자층을 뚜렷하게 구별하지 못한다.

28 蛯原八郎, 「19世紀末日本における識字率調査—滋賀·岡山·鹿児島縣の調査を中心として」, 『新潟大學教育學部紀要人文·社會科學編』 32(1), 新潟大學教育學部, 1990.10, 15~25면.

〈표 2-3〉『문부성연보』의 각 현(縣) 식자율(%)

| 연도 | 시가현[滋賀縣] | | | 가고시마현[鹿兒島縣] | | | 기타 | | |
|---|---|---|---|---|---|---|---|---|---|
| | 남 | 여 | 전체 | 남 | 여 | 전체 | 남 | 여 | 전체 |
| 1877(M10) | 89.23 | 39.31 | 64.13 | — | — | — | — | — | — |
| 1878 | 88.99 | 43.39 | 66.28 | — | — | — | — | — | — |
| 1879 | 88.09 | 48.92 | 68.74 | — | — | — | — | — | — |
| 1880 | 88.58 | 51.48 | 70.02 | — | — | — | — | — | — |
| 1881 | 87.50 | 47.33 | 67.67 | — | — | — | 79.13 | 23.41 | 52.00—群馬縣 |
| 1882(M15) | 90.58 | 50.15 | 70.42 | — | — | — | 37.39 | 2.71 | 19.94—青森縣 |
| 1883 | 90.79 | 55.43 | 73.23 | — | — | — | — | — | — |
| 1884 | 91.61 | 58.50 | 75.45 | 33.43 | 4.00 | 18.83 | — | — | — |
| 1885 | 90.14 | 58.49 | 74.65 | 36.80 | 4.12 | 20.16 | — | — | — |
| 1886 | 90.56 | 54.60 | 73.06 | 42.71 | 6.86 | 28.75 | — | — | — |
| 1887(M20) | 87.11 | 53.48 | 70.23 | 38.50 | 5.99 | 22.72 | 65.64 | 42.05 | 54.38—岡山縣 |

※ 여기에서의 식자율은 6세 이상의 인구 가운데 자신의 성명을 쓸 수 있는 자의 비율을 나타낸다. 단 아오모리현[靑森縣] 의 조사는 대상 연령이 명확하지 않다.

자료 : 蛯原八郎, 「19世紀末日本における識字率調査ー滋賀・岡山・鹿 兒島縣の調査を中心として」(『新潟大學敎育學部紀要 人文・社會科學編』 32(1),1990.10)에 의거하여 작성. 단 1888년 이후의 조사에 대해서는 제2장의 논의와 직접 관계없으므로 생략했다.

보다 상세하게 식자계층을 조사한 흥미로운 기록으로서 1881(M14)년 나가노현 기타아즈미노군조반촌[長野縣北安曇野群常磐村]의 식자 조사가 있다. 고바야시 게이다네[小林惠胤]의 '1881(M14)년의 식자 조사'에 따르면 이 조사는 현재 나가노현 오마치오지조반[長野縣大町市大字常盤]으로 바뀐 기타아즈미노군조반촌[北安曇野群常磐村], 전국 호수 526호, 인구 2천 507명(이 중 남자 1천 247명, 여자 1천 260명) 가운데 여성과 만 15세 미만을 제외한 남성 882명을 대상으로 실시되었다. 이 조사의 특징은 식자계층을 8단계로 분류하여 각각의 분류에 해당하는 자의 성명과 연령을 기록한 점이다. 같은 논문에서는 연령 별 분포가 뚜렷하므로 이것을 제시해 둔다(표 2-4 참조).

이 분류 가운데 ⓐ와 ⓑ는 분명히 비식자층이다. 준식자층과 식자층

〈표 2-4〉 1881(M14)년 기타아즈미노군조반촌[北安曇野群常磐村]의 식자계층

| 식자계층 | 연령 계층 | | | | | | | |
|---|---|---|---|---|---|---|---|---|
| | 15~19 | 20~29 | 30~39 | 40~49 | 50~59 | 60~69 | 70세 이상* | 계 |
| ⓐ 백치 | 0(0) | 0(0) | 0(0) | 0(0) | 0(0) | 0(0) | 0(0) | 0(0) |
| ⓑ 숫자 및 이름과 거주지를 읽고 쓸 수 없는 자 | 24(24) | 43(23) | 70(35) | 48(34) | 66(48) | 38(51) | 23(57) | 312(35.4) |
| ⓒ 이름 거주지를 읽고 쓸 수 있는 자 | 40(48) | 98(52) | 78(39) | 62(43) | 46(33) | 22(30) | 9(24) | 363(41.2) |
| ⓓ 일상 수납 장부를 쓸 수 있는 자 | 20(20) | 25(13) | 37(19) | 18(13) | 17(12) | 8(11) | 3(7) | 128(14.5) |
| ⓔ 보통의 서한과 증서류를 읽고 쓸 수 있는 자 | 3(3) | 9(5) | 9(5) | 9(6) | 2(1) | 4(6) | 3(7) | 39(4.4) |
| ⓕ 보통의 공공문서에 지장 없는 자 | 2(2) | 5(3) | 2(1) | 3(2) | 4(3) | 1(1) | 0(0) | 17(1.9) |
| ⓖ 관령 포달을 읽고 쓸 수 있는 자 | 0(0) | 2(1) | 0(0) | 0(0) | 3(2) | 1(1) | 2(5) | 8(0.9) |
| ⓗ 관령 포달 및 신문 논설을 해독할 수 있는 자 | 3(3) | 6(3) | 2(1) | 3(2) | 1(1) | 0(0) | 0(0) | 15(1.7) |
| 합계 | 100<br>(100) | 188<br>(100) | 198<br>(100) | 143<br>(100) | 139<br>(100) | 74<br>(100) | 40<br>(100) | 882<br>(100.0) |

※ 수치는 해당 명수, ( ) 안은 %를 나타낸다.
원문에서는 식자계층을 1~8까지 한자 숫자로 표기했지만 여기에서는 알파벳으로 바꾸었다.
* 원표에서는 70년대와 80년대를 구분했지만 일괄하여 실었다. 또한 식자계층이 ⓑ인 연령 무기입자 1명도 여기에 부가했다.
자료 : 小林惠胤, 「明治14(1881)年の識字調—当時の北安曇野群常磐村の場合」(『長野縣近代史研究』 5号, 1974.6)에 의거하여 작성.

의 경계는 미묘하지만 ⓒ와 ⓓ를 준식자층, ⓔ에서 ⓗ를 식자층으로 간주할 수 있다. 이에 따라 비식자층 35.4%, 준식자층 55.7%, 식자층 8.9%라는 수치가 된다. 이 세 가지 층의 연령 계층에 따른 분포에서 비식자층은 연령대가 낮아질수록 감소하는 반면, 연령대가 낮을수록 준식자층이 현저하게 증가하는 경향을 띤다. 한편, 식자층에서 이러한 변동은 눈에 띄지 않는다. 또한 순농촌 지역인 이 지역에서 최고의 식자계층 ⓗ에 속한 사람들의 실태는 '그 마을의 대농으로 과거에 마을의 호장 부호장을 지낸 경력이 있는 자가 대부분을 차지' 하고 그 밖에 학교교원이나 사립 수학 시설의 선생·신사를 주관하는 신관(神官)·의사 등이 포함되었다.

이 조사는 여성을 대상에서 제외했는데 아마도 남성보다도 훨씬 낮은 식자율이 예상되어 여성을 포함한 평균치는 보다 낮아질 것으로 예측된다. 이것을 앞서 『문부성연보』에 의한 식자율과 대조해보면 오카야마현[岡山縣]이나 군마현(群馬縣)의 수치에 가깝다. 그러나 이 조사에

서 중요한 것은 식자층이 10% 미만이며 더욱이 이 층에는 거의 변화가 없어 준식자층의 확대와 이에 대응하는 비식자층의 감소가 전체적인 식자율을 상승시키는 방향에 있다는 점이다. 이것은 전국적으로도 적용할 수 있는 동향이라고 추측된다.

또한 신문 미디어를 거론한 점도 중요하다. 같은 논문에서 지적한 바와 같이 당시 기타아즈노미군[北安曇野群]의 이장은 『마쓰모토신문[松本新聞]』의 전신 『신비신문(信飛新聞)』 편집장 구보다 구로오[窪田畔夫]인데[29] 이 신문은 『도쿄일일신문』이나 『우편호치신문』과 같은 대신문을 가리키는 것으로 간주된다. 당시 이 논설을 읽을 수 있었던 사람이 1.7%였던 것은 농촌 지역의 대신문 보급이 어느 정도였는가를 뒷받침하는 귀중한 자료이다.

## 3. 도쿄의 리터러시 조사와 소신문의 독자층

이상에서 살펴본 각 지방의 식자 조사에 대해서 도쿄를 대상으로 한 식자 조사가 있다. 이것은 『도쿄부 관내 통계표』 1876(M9)년에 수록되

29 1872(M5)년에 신슈[信州] 마쓰모토[松本]에서 창간된 『신비신문(信飛新聞)』은 외양은 대신문에 속했지만 『요미우리신문』(1876(M9).4.26)에 따르면 1876(M9)년 4월 15일부터 3~4명의 신문 판매원이 가두에서 소리 내어 파는 방식을 취했다고 한다. 도쿄·오사카 이외에서 외치며 파는 가두판매 방식을 채용한 희귀한 신문이지만 이것은 구보다 구로오의 식자에 대한 관심과 관련 있을 것으로 생각된다.

어 있지만 유감스럽게도 조사에 관한 설명이 없고 관련 자료도 발견되지 않아서 자료에 대하여 비판적으로 접근하기란 쉽지 않다.[30] 그러나 소신문의 성립 기반이 된 수도의 조사일 뿐만 아니라 신분별·남녀별 통계가 제시되어 매우 흥미롭다. 또한 지금까지 학계에서 이 조사를 인용한 문헌이 전혀 없다는 점에서도 소개할 만한 가치가 있다는 것이 필자의 소견이다. 원표는 제1부터 제6의 학교별로 나뉘어있지만 여기에서는 일괄하여 제시했다(표 2-5 참조).

문제는 '책을 읽고 글자를 쓸 수 있는 자'라는 조건을 어떻게 해석할 것인가에 달려 있다. 추측컨대 자신의 이름으로 서명할 뿐만 아니라 서적도 읽을 수 있는 능력, 즉 전술한 조반촌[常磐村] 조사의 식자계층 분류 방식으로 말하자면 계층 ⓓ 이상으로 가정하는 것이 타당할 것이다. 그렇다면 조반촌의 23.4%에 비하여 남성의 평균 식자율 81.0%는 월등하게 높은 수준이다. 남녀 차이도 10% 내외로, 전술한 타 지역에는 볼 수 없을 정도로 여성의 식자율이 높아 남성의 수치에 접근해 있다.

이것을 앞에서 든 허버트 파신(Herbert Passin)의 논의와 비교한다면 구무사계층에 해당하는 화족·사족이 거의 100%에 달한다는 점은 일치하지만 여성의 식자율이 50%에 이를 것이라는 예측과는 달리 90% 이상이 읽기쓰기 능력을 갖추었다. 평민의 73.6%라는 숫자는 대도시 초닌[町人][31]의 70~80% 및 대도시 장인 계층 50~65%라는 추정 범위 안이다. 그러나 여성에 대해서는 사족 여성보다 평민 여성 편이 약 22% 식자율이

30 이 조사는 『東京府管內統計表明治9年』(1877(M10).11 간행) 중 제31항, 학사 편에 수록되었다. 이와 같은 조사는 이듬해 이후로는 볼 수 없다.

31 【역주】 에도시대 도시에 사는 상·공업자의 총칭.

〈표 2-5〉『도쿄부관내통계표 1876(M9)년』의 식자 인구

| 구분 | 성별 | 화족 | 사족 | 평민 | 합계 |
|---|---|---|---|---|---|
| 20세 이상 글을 읽고 문자를 쓸 수 있는 자 | 남 | 654(0.1) | 36,269(6.0) | 213,243(35.1) | 250,166(41.2) |
| | 여 | 762(0.1) | 30,181(5.0) | 180,611(29.7) | 211,554(34.8) |
| | 계 | 1,416(0.2) | 66,450(11.0) | 393,854(64.8) | 461,720(76.0) |
| 글을 읽고 문자를 쓸 수 없는 자 | 남 | 0 | 1,016(0.2) | 57,594(9.5) | 58,610(9.6) |
| | 여 | 0 | 3,295(0.5) | 83,944(13.8) | 87,239(14.4) |
| | 계 | 0 | 4,311(0.7) | 141,538(23.3) | 145,849(24.0) |
| 합계 | 남 | 654(0.1) | 37,285(6.2) | 270,837(44.6) | 308,766(50.8) |
| | 여 | 762(0.1) | 33,476(5.5) | 264,555(43.5) | 298,793(49.2) |
| | 계 | 1,416(0.2) | 70,761(11.7) | 535,392(88.1) | 607,569(100.0) |
| 신분별 식자율(%) | 남 | 100 | 97.3 | 78.7 | 81.0 |
| | 여 | 100 | 90.2 | 68.3 | 70.8 |
| | 계 | 100 | 93.9 | 73.6 | 76.0 |
| 본적 인구 | 남 | 1,184 | 34,934 | 411,593 | 447,711 |
| | 여 | 1,313 | 34,861 | 406,796 | 422,970 |
| | 계 | 2,497 | 69,795 | 818,389 | 890,681 |
| 호적 수 | – | 380 | 16,628 | 212,849 | 229,857 |
| 한 가구당 평균 명수 | – | 6.6 | 4.2 | 3.8 | 3.9 |

※ ( ) 안은 조사 대상 명수 전체를 100으로 한 경우의 비율
자료 : 『東京府管內統計表 明治九年』(1877(M10).11)에 의거하여 작성

저조하고 "대도시 초닌 집안 여성의 문맹률은 무사 집안 여성의 문맹률보다 높다"[32]는 추정은 맞지만 68.3%로 반수를 넘어 예측을 빗나갔다. 즉 이 조사는 남성 신분 계층 차에 대해서는 허버트 파신의 추측을 뒷받침하지만 여성에 대해서는 상당히 차이가 있는 답을 제출했다.

부언하자면 이 식자 조사의 대상은 도쿄에 적을 둔 자 외에 타 지방에서 상경한 이른바 체류[寄留]인구[33]를 포함했을 것으로 생각된다. 왜냐하면 참고를 위해 〈표 2-5〉에 부가된 본적 인구에서 드러나는 바와

32 Herbert Passin, *op. cit.*

33 【역주】 일시적으로 타 지역, 또는 타인의 집에서 사는 인구.

〈표 2-6〉 1876(M9)년 도쿄도의 대신문 소신문 발행 부수와 추정 독자 수

| 대신문 | 1876(M9)년 발행 부수* | 1877(M10)년 발행 부수** | 1877(M10)년 발행 부수 중 도쿄부내에서의 발매 부수 | 1호당 발매 부수 (1년간300호로산출) | 추정 독자 수 (1부당 4인) |
|---|---|---|---|---|---|
| 『도쿄일일신문』 | 3,285,238 | 3,422,792 | 1,205,000 | 4,017 | – |
| 『우편호치신문』 | 2,393,444 | 2,970,509 | 932,513 | 3,108 | – |
| 『조야신문』 | 5,319,510 | 2,058,763 | 893,793 | 2,979 | – |
| 『도쿄아케보노신문』 | 1,934,368 | 1,934,368 | 752,338 | 2,508 | – |
| 소계 | 12,932,560 | 9,486,432 (46.7%) | 3,783,644 (18.6%) | 12,612 | →X4 = 50,448 |
| 소신문 | 1876(M9)년 발행 부수 | 1877(M10)년 발행 부수 | 1877(M10)년 발행 부수 대 도쿄부내에서의 발매 부수 | 1호당 발매 부수 (1년간300호로산출) | 추정 독자 수 (1부당 4인) |
| 『요미우리신문』 | 5,456,723 | 6,189,673 | 4,721,956 | 15,740 | – |
| 『도쿄회입신문』 | 1,848,590 | 1,872,000 | 996,200 | 3,321 | – |
| 『가나요미우리신문』 | 1,561,120 | 2,771,250 | 2,210,550 | 7,369 | – |
| 소계 | 8,866,433 | 10,832,923 (53.3%) | 7,928,706 (39.0%) | 26,430 | →X4 = 105,720 |
| 합계 | 21,798,993 | 20,319,355 (100.0%) | 11,712,350 (57.6%) | 39,042 | →X4 = 156,168 |

※ ( ) 안은 대신문과 소신문의 발행 부수의 합계에 대한 비율.
* 『內務省年報』에 의한 1876(M9)년 7월부터 1877(M10)년 6월까지의 연간 발행 부수.
** 『東京府統計表』에 의한 1877(M10)년 1월부터 12월까지의 연간 발행 부수

같이, 조사 대상에서는 19세 이하가 제외되어 있으므로 표의 '합계'란의 인구는 본적 인구를 밑도는 수준일 터이지만, 사족 인구는 그렇지 않다. 유감스럽게도 동년도의 체류 인구는 통계가 없어 그 실정을 알 수 없지만 1872(M5)년의 통계에서는 남성 약 4만 5천 명, 여성 약 2만 5천 명, 합계 7만 명 정도가 체류인구로 집계되어[34] 1876(M9)년에 격증했을 것으로 추정된다.

그런데 1876(M9)년에는 대신문과 소신문이 나란히 간행되어 발행 부수와 이 조사에 따른 식자 인구를 비교 검토할 수 있다. 다만 1876(M9)년의 발행 부수로는 도쿄 안팎의 발행 부수를 별도로 나눈 데이터가 없으므로 그 구분이 설정된 이듬해 1877(M10)년의 발행 부수를 들기로 한다(표 2-6 참조).

34 小木新造, 앞의 책, 44면.

먼저 당시 도쿄에서 발행한 대표적인 대신문 4종『도쿄일일신문』, 『우편호치신문』, 『조야신문』, 『도쿄아케보노신문[東京曙新聞]』과 소신문 3종『요미우리신문』, 『도쿄회입신문』, 『가나요미신문』의 발행 부수를 추려 합계를 냈다.[35] 이 발행 부수의 합계에서 대신문과 소신문은 별반 차이가 없다. 그러나 도쿄 내에서의 발행 부수(도쿄 밖이나 외국에 대한 별도판매를 제외한 분)는 소신문이 대신문의 2배 이상에 달한다. 즉 대신문 중 도쿄 대상은 4할인 데 비해서 소신문의 7할 이상은 도쿄를 대상으로 하여 소신문은 도쿄라는 도시에 의존하는 경향이 뚜렷하다.[36]

다음으로 1년 사이에 약 300호를 발행했을 것으로 어림 계산하여 한 호당 부수를 산출, 당시 대표적인 대신문 4종과 소신문 3종의 도쿄에서의 발행 부수를 합하면 각각 1만 3천 부와 약 2만 6천 부로 총계 약 3만 9천 부이다. 메이지 초기 신문은 보통 음독되었으므로 독자 자신이 직접 읽지 않더라도 귀로 신문을 듣는 독자가 다수 존재했다.[37] 이와 같은 간접적인 독자를 고려하지 않더라도 당시 신문은 결코 저렴한 제품이 아니어서 공동 구입 대상이 될 정도였다.[38] 그러므로 한 사람이 여러 종류의 신문을 구독한 자는 소수에 불과하고 평균 한 부당 수 명의 독자가 있는 것이 보통이다. 집안이나 주변에서 돌려 읽는 것 외에 지역의 공공 관청, 사숙(私塾), 목욕탕이나 이발소, 신문종람소 등 다양한 장소에서

---

35 여기에서 거론한 신문 외에도 대신문으로는『일신진사지(日新眞事誌)』, 소신문으로는『하나노미야코여신문[花の都女新聞]』 등이 발행되었지만 발행 부수가 비교적 적으므로 이 표에서는 생략했다.

36 山本武利, 앞의 책(1981).

37 前田愛, 「音讀から默讀へ」, 『近代讀者の成立』, 有精堂, 1973 참조.

38 10명이 1부의 신문을 구독하면 저렴하게 해줄 것을 제안하는 투서(『讀賣新聞』, 1875(M8).8.4)와 같이 특히 지방 농촌에서 공동 구입이 실시되었다. 山本武利, 앞의 책(1981), 65~66면.

〈표 2-7〉 1876(M9)년 도쿄도의 대신문 소신문의 추정 독자수와 식자 인구와의 관계

| | 1호당 발매부수 | 추정 독자 수 | 식자 인구당 %* | 전 조사 인구당 %** |
|---|---|---|---|---|
| 대신문 | 12,612 | 50,448 | 10.9 | 8.3 |
| 소신문 | 26,430 | 105,720 | 22.9 | 17.4 |
| 합계 | 39,042 | 156,168 | 33.8 | 25.7 |

※ * 식자인구는 〈표 2-5〉에서 제시한 '20세 이상 책을 읽고 문자를 쓸 수 있는 자'의 인원수를 가리키며 이 수치에 근거하여 추정 독자수의 비율을 산출했다.
** 전조사인구는 〈표 2-5〉에 제시한 식자조사 대상이 된 전체인원수를 가리키며 이 수치에 기초하여 추정 독자수의 비율을 산출했다.

한 부당 평균 회람된 독자수를 추정하는 것은 어렵지만 잠정적으로 네 명꼴로 가정하기로 하자.[39] 여기에 연간 발행 부수에서 산출한 한 호당 발매부수를 곱한 것을 추정 독자수로 한다. 이것에 기초하여 식자 인구에 대한 비율을 시험적으로 도출해 보면 대신문의 독자는 식자 인구 전체의 약 1할, 소신문은 약 2할에 달한다는 계산이 된다(표 2-7 참조).

이 식자인구 가운데 식자층과 준식자층의 구성 비율은 명확하지 않지만 대신문 소신문 합해도 식자 인구의 3할 정도가 독자였다는 결과를 얻게 되어 당초 설정한 세 가지 층위의 식자계층과 뉴스 매체와의 대응관계에서 보면 신문을 읽지 않는 준식자층이 상당히 많았을 것으로 판단된다.

또한 소신문과 대신문의 독자층의 차이가 매우 뚜렷했다는 통설에 입각하여[40] 대신문과 소신문 독자의 중복을 상정하지 않고 또한 대신문의 독자층에는 사족이 많았다는 논의를 바탕으로 신분 계층이 높은 사람 순으로 대신문에 이어 소신문을 수용했다는 가정을 하면 신분 계

39 4명이라는 숫자는 당시 신문 독자가 서너 가지 신문을 견주어 읽는 것이 일반적이었던 점, 또한 당시 도쿄에서 한 가구당 평균 3.9명이었던 점 등을 고려하여 가정한 수치이다. 또 신문 협회 등의 자료에 따르면 현재 일본 신문 한 부당 회독(回讀) 명수는 평균 2.8명이다.

40 山本武利, 앞의 책(1981), 69면.

〈도표 2-1〉 도쿄의 신문 독자와 식자 인구의 추정 관계도

식자인구 / 비식자인구

화족 0.2% / 사족 0.7%

사족 11.0% | 평민 64.8% | 평민 23.3%

10.9% | 소신문 3종 22.9%

대신문 4종

↑ 전조사인구 = 100%
← 식자인구 = 100%

자료 : 〈표 2-5〉, 〈표 2-7〉로부터 작성

층과의 관계는 다음과 같이 정리될 수 있다(도표 2-1 참조).

대신문의 추정 독자 약 5만 명은 화족 및 사족의 식자 인구 약 6만 7천 명의 약 7할에 해당한다. 만약 대신문 독자가 모두 화족·사족이었다면 이를 제외한 나머지의 사족과 평민 일부가 소신문 독자였을 것으로 추정된다. 그렇다면 소신문 추정독자는 약 10만 5천 명으로, 그중 약 만 7천 명이 화족·사족으로 나머지 약 8만 8천 명이 평민이었다는 계산이 된다. 즉 평민 가운데 식자 인구의 약 2할, 평민 전체의 약 16%가 소신문 독자였을 것으로 짐작된다.

이상과 같은 추론은 검증할 필요가 있지만, 소신문 독자층이 '일반서민 가운데 데라코야[寺子屋] 교육을 받은 여유로운 층이었다'는 기존의 논의[41]를 보강하여 소신문이 대상으로 한 '하등사회'의 식자계층에서 바라본 위치를 어느 정도 해명하는 것이다. 즉 도쿄에서는 대신문의 중심적인 독자층을 이룬 사족계급 = '상등사회'에 견주어 평민 계급의 식자층이 두터우므로 소신문 독자층의 중심으로 자리 잡았을 것이다. 달리 말하자면 대신문과 소신문의 언어적 차이는 핵심적인 독자층이 사

41 위의 책, 70면.

족인가 평민인가와 관련되어 있을 가능성이 높다.

남녀의 성차에 대해서 기술한다면 성별에 따른 식자율의 차이가 불과 1할 정도에 지나지 않으므로 무시되어 이를테면 사족의 여성은 신문을 읽지 않았다거나 대신문이 아닌 소신문을 읽었다는 식의 편견이 있었을 것이다. 현 단계에서는 이것을 확인하여 수치로 나타낼 방도는 없다. 그러나 일반적으로 평민 여성이 대신문 독자가 되는 경우는 극히 드물었으므로 화족·사족의 식자 인구 가운데 여성 약 3만 명이 대신문 독자가 아닌 소신문 독자로 계산된다는 방향에서 수정이 예상된다. 그 결과 최대한 어림짐작하더라도 대신문 독자 가운데 평민 계층의 독자 비율이 27% 정도 늘어 소신문 독자 가운데 사족 계층의 비율이 3할 정도에 이른다는 결론에 도달함으로써 앞서의 논의를 수정할 필요는 없을 것이다.

이상은 도쿄에 한정된 추론으로 『아사히신문』 등의 소신문이 활발했던 오사카나 그 밖의 지역과의 비교 검토가 요청된다. 또한 식자층과 준식자층의 구분이 분명하지 않은 것도 문제이지만 메이지 초기 리터러시 조사로 한정된 현 단계에서는 이것을 확인할 수 없다. 그러나 이러한 제약에서도 소신문에 대한 논의에서 소신문 최대의 무대인 도쿄의 언어적 상황이 가장 중요한 관건으로 작용하는바, 이상의 고찰을 소신문 전반을 대표하는 경향으로 간주해도 좋을 것이다.

## 제3장
# 소신문의 문체와 언어 공간

## 1. 소신문의 '속담평화(俗談平話)'

제2장에서 분석한 바와 같은 식자의 계층차를 전제로 제3장에서는 소신문이 어떠한 언어 공간을 열었는지, 왜 이것이 독자층의 열렬한 환영을 받았는지를 규명할 것이다. 이를 위해 소신문의 문장 그 자체를 세밀하게 조명할 필요가 있다. 소신문의 문체에 대해서는 다소 선행 연구가 있다. 소신문의 문장을 최초로 '담화체(談話体)'로 명명한 연구는 신도 사치코[進藤咲子]에 의해 이루어졌다.[1] 이에 따르면 소신문의 문장은 "입말에 바탕을 둔 문장으로 엮어진 것이 많"으므로 "이들 문장은 넓

---

1 進藤咲子, 「明治初期の小新聞にあらわれた談話体の文章」, 『國立國語研究所論集1 ことばの研究』, 1959.2; 進藤咲子, 『明治時代語の研究』, 明治書院, 1981, 305~323면.

은 의미에서는 구어문이지만 언문일치운동 이후 만들어진 오늘날의 구어문과 구별하기 위하여, 잠정적으로 담화체로 한다"고 정의했다.[2]

이 '담화체'의 호칭을 계승하여 야마모토 마사히데[山本正秀]는 근대 언문일치의 구어문 성립 과정에 소신문의 자리매김을 시도했다.[3] 이에 따르면 언문일치운동의 제1기인 발생기의 소신문의 문장은 "통속적으로 알기 쉽기만 한다면 그것으로 충분한 저급한"통속주의에 입각하여 "대중 계몽을 위한 방편으로서의 담화체 채용"으로 "고매한 언문일치의 문체 혁명적 의도를 명확히 의식한 것"[4]은 아니었다고 한다. 또한 메이지 10년대인 1880년대 담화체 채용이 감소한 이유를 "소신문 편집자에게 당초부터 명확한 언문일치의 문체 혁명 의식이 없었기 때문"[5]이라고 피력했다. 즉 이론적 주장은 아니지만 실천적인 측면에서는 평가할 수 있다는 것이다.

이와 같은 '언문일치의 선구'로서의 평가는 과거 에비하라 야로[蛯原八郎]가 언급한 바와 동일하다.[6] 에비하라는 메이지 20년대인 1890년대 야마다 비묘[山田美妙]와 후다바 데이시메[二葉亭四迷]를 중심으로 전개된 문학의 언문일치 운동을 염두에 두고, 그 이전의 "에도시대의 기뵤시[黄表紙][7]·고칸본[合巻本][8]·골계본(滑稽本)[9]·샤레본[洒落本][10] 등의 회화"나 소

---

2 進藤咲子, 위의 글, 306면.

3 山本正秀, 「小新聞談話体文章の實体」, 『茨城大學文理學部紀要 人文科學』 10, 1959.12(『近代文体發生の史的研究』, 岩波書店, 1965, 194~211면에 재수록).

4 위의 책, 210면.

5 위의 책.

6 蛯原八郎, 「明治文學前史考」, 『月刊日本文學』, 1932.7(「言文一致本の先驅」, 『明治文學雜記』,學而書院, 1935, 7~10면).

7 **【역주】** 에도 후기의 쿠사조시[草双紙]의 일종. 황색 표지에서 유래한 이름으로 그림을 주로 하여 여백에 문장을 배치한 성인 대상의 그림 이야기책. 익살과 풍자를 특징으로 함. 2절 반

신문에도 같은 'です(입니다)', 'ました(했습니다)'와 같은 문말종결어미를 사용한 문장이 있었음을 지적했다. 이러한 구어체의 존재를 "서양의 이론과 새로운 사회의식으로 합리화하려는 것이 언문일치의 주장"[11]이었다고 한다면, 그것이 결핍되었기 때문에 결국 지식인이 지지하는 문어나 고어를 구축(驅逐)하기까지의 세력을 획득할 수 없었던 것이 소신문의 '담화체'인 셈이다.

확실히 소신문의 문체를 담당한 주체는 언문일치의 이론서나 이론적 주장을 남긴 것은 아니다. 그러나 "단지 여자나 아이도 알게 하려는 것일 뿐 특별하게 그 누구도 문체에 대해서 이렇다 할 주장이라 할 만한 것은 없었던 것 같다"[12]는 평가는 언문일치운동 이후에 발생한 왜소화일 것이다. 다른 계몽서와 마찬가지로 여성을 포함한 보다 많은 민중에 열려진 문체를 구축해야만 하는 최전선에 위치하는 신문의 실천이 일본의 언어 근대화와 대중의 소통방식의 발전에서 갖는 의의를 전혀 인식하지 않았을 리는 없었을 것이다.[13] 그럼에도 불구하고 이론과 이를 뒷받침하는 언어와 사회에 대한 명확한 자각을 지니지 못한 초기의

---

지(半紙) 5장을 묶어 1권 1책(冊)으로 하여 두세 편의 책을 제본한 것을 1부로 함.

8 【역주】에도 후기에 유행한 쿠사조시[草双紙]의 일종. 기뵤시[黃表紙]를 여러 권 합쳐 장편화한 것을 일컬음. 전기(伝奇)적 색채가 짙고 가부키화풍의 화려한 표지 삽화를 특징으로 함. 소재와 표현에서도 실록(實錄)·요미혼[讀本]·조루리[淨瑠璃]·가부키[歌舞伎] 등의 영향을 받았음.

9 【역주】에도 후기 소설의 일종. 에도의 초닌[町人]으로 불린 서민의 일상생활에서 취재, 주로 회화를 통해 골계를 표현.

10 【역주】에도시대 유행한 유곽을 제재로 한 문학. 유녀·유객 등의 인물을 회화 위주로 사실적으로 묘사. 골계본(滑稽本)·샤레본[洒落本]은 회화 부분이 구어, 지문이 문어로 고문법에 따르는 경향.

11 蛯原八郎, 앞의 책, 7~10면.

12 위의 책.

13 신문 문장은 국어문제에 대한 논의에서 언어 근대화의 지표로서 작용한다. 이에 대해서는 James Curtis Hepburn의 논저 참조.

성과는 언문일치 운동이 구축된 사후의 시점에서는 부정적으로 회고됨으로써 그 의미는 축소되었다.

그렇다면 당대 소신문의 문체란 어떠한 것이었는가. 막부 말에 구미의 신문이 동남아시아 및 중국을 경유하여 수입되어 지식인에 의해 번역되었을 때 문자는 한자로 씌어졌으며 문체는 이른바 한문이었다. 한문 및 한문훈독체(漢文訓讀体)는 에도시대 반드시 주류의 문체만은 아니었을 뿐만 아니라 오히려 메이지 신정부가 의식적으로 사용하기 시작했다는 점에 유의해야 한다. 이러한 정황을 당시의 신문은 다음과 같이 전한다.

> 한문은 중고(中古) 이래 써 왔지만 (…중략…) 원래부터 중국의 문장으로 이것 통속용으로 쓰이지 못하고 문인 아(雅) 객의 것에 그쳐 그 운명 기구할 따름 세간에는 별도로 일종의 속문 즉 소로분[候文][14]이 사용되었다 유신 후 그 문장 간신히 일변하여 관성의 포령 상서 건백 여러 신문의 논설까지도 한문은 화(和)의 언사와 같은 문장으로 되었지만 한편 우리나라는 옛부터 읽는 것 쓰는 것 어려워 열 명에 일곱여덟은 이름을 쓰는 것으로 충분하다고 거드름피우며 읽고 쓰는 것은 제쳐두는 것이 속풍(俗風)이다. (『조야신문』, 1875(M8).8.4, 투서)

새로운 정권에는 새로운 모드로서의 표기가 필요했다. 그러나 읽기 쓰기는 특별한 사람에게만 필요한 기능으로 인식되었던 그 때까지의 문자에 대한 사고는 뿌리 깊었다. 당대 문명개화의 주창과 함께 '문맹

---

14 【역주】가마쿠라[鎌倉] 시대(1333~1383)부터 문말에 '候(있사옵니다)'를 사용한 정중한 문체로 주로 서한 등에 많이 쓰임.

무필' 은 수치스러운 것으로 비판되는 분위기에서도 이러한 한문 훈독체는 많은 사람들에게 난해한 것으로 인식되었고 아직 정립된 문체도 아니었다.

> 황국에 문자 없이 한자로써 핵심을 전하는 편리함을 취한 것 이미 오래. 우리 가나[仮名][15]로 부르는 것도 한자에서 연유한 것으로 한자 초서체(草体)[16]일변하여 국자(國字)가 아니다. 바로 지금 문명개화의 급무에 이르러 한학을 에둘러 하는 한자의 어려움을 폐하려는 것도 오랜 옛날부터 존재하여 점점 더 거대해져 폐할 수 없는 고로 성명·인명을 반드시 한자로 쓰는 한편, 곳곳에 화(和)의 훈을 달아 이것을 유도우[湯桶] 읽기[17]라고 했는데 이러한 방식 굳어져 한자신문 하루아침에 반박하여 무엇 때문에 폐지하는 술계를 얻으려 하느냐. 따라서 우리들 문맹이 간절히 바라는바, 읽기 쉬운 한자체(漢字体)를 셋, 가나[仮字]를 칠의 비율로 혼교하여 언사(言辭) 문장은 속어를 많이 써서 난이도를 다소 고르게 하고 간편하게 속(俗)에서 소통하게 한다면 문자를 아는 자나, 모르는 자 양쪽에 족히 쓰일 만하지 않은가. 하룻밤에 한자를 폐하자는 논설 아직 그 시기에 이르지 않았다고 해야 할 것이라. (『요코하마마이니치신문』, 1873(M6).2.14 투서)

그러나 신정권 일각에서는 이러한 문체로 쓰인 당시의 공문서나 대신문의 난해함을 탄식하면서 한자를 폐지할 것을 주장하는 사람들도

15 【역주】 한자의 음을 빌려 만든 일본어 표음 문자, 한자를 '정식의 문자[眞名, 眞字]'로 하여 이와 대립적 의미에서 가나[仮名 / 仮字]라 명명.

16 【역주】 한자를 흘린 글씨체. 한자의 초서체에서 히라가나[平仮名] 만들어짐.

17 【역주】 한자어에서 앞의 한자는 훈으로 뒤의 한자는 음으로 읽는 방식. 유는 유(湯)의 훈, 도는 통(桶)의 음으로 읽는 방식에서 유래.

적지 않았다. 그 가운데 한 사람인 마에지마 히소카[前島密]는 1873(M6)년에 『마이니치히라가나신문』을 창간, 다음과 같은 문체로 독자에게 호소했다.

> 우리 나라는 말배우기 의 나라되므로 수 많게 하여 배우기 어려운 중국문자는 없어도 히라가나 오십자만 있다 면 모든 것에 조금도 지장 없는 것을 두루 사람들에게 알려 이후 많은 사람들에게 우리 나랏 말의 학문을 일으키기 위하여 인쇄한 신문……. (『마이니치히라가나신문』, 1873(M6).2, 띄어쓰기—원문)

같은 해 역시 한자폐지론을 배경으로 마찬가지로 전문 가나를 사용한 신문이 발행되었다.

> 가나 문자를 써서 문장을 짓고 읽히려고 하지만 이미 문자를 익숙하게 읽는 사람들은 에둘러 하는 것으로 여기고 또 천년에 걸쳐 배웠더니 이제 와서 갑자기 하룻밤에 행해져서는 안 되고 차츰차츰 인도하는 시도이라. 그런데도 당장 관령은 중요한 것으로 (…중략…) 가나를 달아 이렇게 힘쓰는 것이라. (『도쿄가나서신문』, 1873(M6).6.7, 띄어쓰기—원문)

그러나 이들의 모색은 곧 좌절한다. 그것은 같은 시기 『나누기의 사다리[ものわりのはしご]』 등을 저술한 시미즈 다마고사부로[清水卯三郎] 등에 의한 일련의 시도와 함께 가나 문자 내셔널리즘의 좌절이라고 하겠다. 당대 한자를 버리고 가나 문자를 전용하는 것은 아편전쟁의 패배

이후 식민지화의 일로를 걷던 중국의 문화권에서 이탈하는 상징적 행위이며 자립적인 문자를 자신의 언어로 하려는 건전한 내셔널리즘의 발로였다. 그러데 이것이 저지된 것에는 두 가지의 문제가 뿌리 깊게 놓여 있었다.

첫째, 한자는 폐지해도 한어를 배제할 수 없다는 일본어 어휘와 문체의 문제이다. 이들 가나 문자 신문의 문체는 어의 연결 등을 고안하지만 문자에 히라가나를 사용한 것을 제외하면 대신문의 '아리게리[ありけり]'[18]조의 문어체 문장과 다를 바 없다. 즉 지식인 대상 문투의 한자를 히라가나[平仮名]로 대체했을 뿐인 것이다. 문장을 읽을 수 없는 자에게 이와 같은 문체나 한어 자체 익숙하지 않고 반대로 이와 같은 문장에 친숙한 자에게는 히라가나만으로 쓸 필요는 없으며 오히려 장황하고 난삽할 따름이었다. 지식인이 아닌 층을 독자로 삼기 위해서는 한자 폐지론과 같이 문자만의 문제가 아니라 어휘와 문체가 문제의 핵심에 있다는 교훈을 얻게 되었다.

둘째, 한자는 남자가 배워야 할 정통적이고 본질적인 문자이고 한자를 흘린 가나[仮名]는 진정한 문자가 아닌 여자들 용의 문자라는 관념이다. 야마가와 기쿠에이[山川菊榮]에 따르면 '한자는 남자 문자, 가나는 여자 문자'라는 위계질서의 구축으로 한자·한어는 지배계층인 남성의 특권이라는 고정관념이 만연했다. 이러한 사회의 통념은 메이지기에 들어서 한층 널리 유포되어 학문이란 한자·한어에 의한 것이라는 인식

18 【역주】 동사 '있다[あり]'에 전문(傳聞)을 뜻하는 과거 시제 어미 '~했더라[けり]'가 붙은 문어. 또는 과거의 일이나 과거로부터 현재까지 계속되고 있는 일을 회상하는 어미로서 '~했다고 함', '~었단다' 등으로 해석됨.

이 특히 도쿄에 흘러 든 지방의 주변인에게 두드러져 학문을 과시하는 현학적 수단으로 한어를 사용함으로써 학문적 언어로서 세력을 떨치게 되는 과정을 추론할 수 있다.[19] 야나기다 구니오[柳田國男]의 "남자라면 꼭 한자 많은 문장을 써야 한다"는 인습에 얽매여 있었다는 술회에도 한자에 대한 강렬한 지향과 강박 의식을 지적하는 성찰적 태도를 엿보게 한다.[20] 한자라는 특권적 도구를 손에 넣은 지식인 남성은 이것을 놓으려 하지 않고 새로운 문자를 배우려는 남성도 가나만으로는 부족하다고 탄식한다. 하물며 당대 신문은 고가의 상품으로 구입할 여유가 있는 계층은 한자를 어느 정도 습득했으므로 굳이 히라가나로 읽을 필요가 없었다. 반대로 가나로 신문을 읽어야 할 계층은 구매력이 없으므로 『마이니치히라가나신문』은 사실상 무료로 배부되어 사업으로서는 실패로 끝났다. 야마토 고토바[やまとことば][21]를 사용한 가나 전용문에 의한 정기 간행물의 시도는 '가나의 방식'에 의해 계승되어 1887(M20)년경까지 이어지지만 결국 남성 문자 여성 가나라는 문자의 젠더 규범의 압력을 떨쳐버리지는 못했다.

이에 대해서 소신문은 후리가나 방식을 전면적으로 채용함으로써 이 문제를 돌파했다. 1874(M7)년 11월에 창간된 『요미우리신문』이 부녀자 어린이도 알기 쉬운 문체를 내걸고 전부 후리가나를 단 문장을 고안하여 판매했다. 그때까지 지식인을 대상으로 주로 한문훈독체의 신

19 山川菊栄, 「남문자여문자[男もじ 女もじ]」, 『日本婦人運動小史』, 大和書房, 1979, 233~237면.

20 柳田國男, 『國語の將來』, 講談社學術文庫, 1977.

21 【역주】 일본 고유의 언어. 한어·외래어에 대립하여 이르는 것으로 한어적 표현 화어(和語)를 훈독한 것. 협의의 의미로서는 대륙문화가 전래되기 이전의 일본 열도 즉 야마토[大和]에서 쓰는 언어나 헤이안[平安] 시대의 아언(雅言)을 가리킴.

문이 많아야 7천 부 정도밖에 팔리지 않았던 반면 이 신문은 순식간에 만 부를 상회하는 매출을 올리게 되자 앞 다투어 이것을 모방하여 후리가나를 채용하는 신문이 잇달아 탄생했다. 이들 소신문은 다음과 같은 문체를 구사했다.

이 신문은 여자 아이의 가르침에 도움이 되는 사항을 누구에게라도 알기 쉽도록 쓴 취지이므로 귀에 익숙하고 유익한 것은 문장을 이야기하는(談話) 것과 같이 적어 성명 거주지를 써서 투서를 전적으로 부탁합니다. (『요미우리신문』, 1874(M7).11.2)

요미우리신문 323호 연못난의 하단 시미즈 기요시[清水清]군의 기고에는, 그의 부인이 읽고 쓰지 못한다고 하여 용돈 장부를 발췌한 것을 내밀었습니다만 너무나 부끄럼 없어 나는 어이없었습니다. 어째서 부인이란 그 정도 문자를 알면 족하는지. 나의 마누라 따위는 문자라 하는 것은 히라가나 외에 아무것도 모르니까 용돈 장부를 적는 것에도 숫자까지 히라가나로 쓰므로 늘 이상한 일이 있습니다만 요전번 로크[六의 음]로 해야 하는 곳에 리코나 '있음[あり]'이라고 씌어 있었으므로 이것은 무엇인가 라고 물으니 마누라는 조금 불평 섞인 표정으로 당신 아무리 내가 글자를 모른다고 해서 그렇게 괴롭히는 것은 아니요 나는 자세한 것은 모르지만 그 밖에 읽는 음이 있을 터이니 생각해 보시오 라고 말했습니다만 아무래도 읽지 못하여 다시 뭐냐고 물었더니 그는 진지한 얼굴로 그것은 초라고도 하지요 라고 대답하여 자꾸 물어 보니 양초가게의 간판에 이렇게 써 있다고 말했습니다. (『가나요미신문』, 1876(M9).3.12 투서)

이처럼 '~ㅂ니다[ます]', '~ㅆ습니다[ました]'라는 문말표현이나 '마누라[かかあ](荊妻)',[22] '마누라[ごしんぞ](細君)'[23] 등의 속어를 사용한 문체를 당대의 소신문의 필자들은 '속담평화(俗談平話)'로 불렀다.

히다치시[24]구니 나카 미나도에 사는 이노세[猪瀨]씨의 투서는 매우 좋습니다만 (…중략…) 당사의 신문은 속담평화(俗談平話)적 특성을 띠므로 쉽게 고쳐 쓰면 되는 (…중략…) 입니다. (『요미우리신문』, 1875(M8).8.3)

(말하지 않을 수 있겠는가) 그럼 무학의 무리가 보면 (말한다)라고 하는지 (말하지 않는다)라고 하는 건지 알기 어려우니까 속의 말로 (이렇게 말한다)고 일러 주세요. (…중략…) 자네와 나 정도는 한어는 알지만 그 밖에 익숙하지 않은 한어는 사용하지 않고 어디까지나 속담평화(俗談平話)로 부탁합니다. 소생(아이쿠) 나 정도는 무학이니까 방훈신문(傍訓新聞, 후리가나신문)을 보는 겁니다 딱딱한 문장이나 한어를 알 정도라면 대신문이라도 봅니다. (『가나요미신문』, 1877(M10).5.3 투서)

이 '속담평화(俗談平話)'의 문체는 『요미우리신문』의 기자 스즈키다 마사오[鈴木田正雄]가 창시한 것으로 알려져 있지만[25] '속담평화(俗談平話)'의 어휘는 17세기부터 기록되었다. 유명한 것은 바쇼[芭蕉]의 가르침

22 【역주】 에도시대 서민들 사이에 자신의 처나 남의 아내를 친근하게 부르는 호칭.

23 【역주】 에도시대 무가나 부유한 초닝 집안의 젊은 기혼 여성을 가리키는 존경어 고신조[御新造]의 음 ごしんぞう를 본래의 한자 뜻과는 달리 자신의 처나 남의 아내를 가리키는 한자어 細君의 음 사이쿤[さいくん]으로 읽은 것.

24 【역주】 이바라키[茨城]현의 옛 지명.

25 "일보사의 스즈키다 마사오는 회사 창업일로부터 암중모색의 임무 자타 인정하는바, 실로 후리가나신문기자의 원조 속담평화조의 근원이 되었다." 「仮名讀珍聞」, 『仮名讀新聞』, 1879(M12).2.9, 후리가나 생략.

으로 전해진 하이카이[俳諧] 용어이지만[26] 도가시 히로카게[富樫廣陰]의 『사옥교(詞玉橋)』에도 '비리평어(鄙俚評語, 사투리말)', '속담평화(俗談平話, 토속적인말)'의 용례가 있으며[27] 소신문 지상에는 '속담평화(俗談平話)'에 '말투', '속의 이야기'라는 후리가나를 단 예를 볼 수 있다.

이 어휘가 메이지 초기에 어떠한 의미로 사용되었는가에 관해서 헤본(James Curtis Hepburn)의 『화영영화어림집성(和英英和語林集成)』(제3판, 1886(M19))과 오쓰키 후미히코[大槻文彦]의 『언해(言海)』(1889(M22))를 단서로 살펴볼 수 있겠다.

조크단(ゾクダン) 속담(俗談) Common conversation, vulgar talk, conversing in the common dialect 속간의 말. 문아(文雅), 풍류가 아닌 말.

헤이와(ヘイワ) 평화(平話) Common colloquial; the language of the common people 세상의 일상의 말. 보통의 담화. '속담평화(俗談平話)'

또한 『화영영화어림집성』에서 '속어'는 'The common colloquial or spoken language'로 기술되어 'Colloquial'의 역어로서 '속어'와 '보통말[平話]'이 쓰여 '구어'는 아직 등장하지 않았다.[28] 즉 '속담평화(俗談平話)'는 메이지 초기에는 일반적인 회화나 입말, 오늘날의 구어를 가리켰다. 이것을 표어로 내세운 소신문은 문장에 입말을 도입한다는 문장의 구

---

26 穎原退藏, 「俗談平話を正す」 및 「俗談平話」, 『穎原退藏著作集』 10, 中央公論社, 1980 참조.

27 吉田東朔, 「'俗語'から '口語'へ—その1」, 『放送大學硏究年報』 5, 放送大學出版局, 1988.3, 15~29면 참조.

28 加藤信明, 「'俗語'から口語へ— 'Colloquial'の譯語の変遷」, 『駒澤女子短期大學硏究紀要』 23号, 駒澤女子短期大學, 1990.3, 103~108면.

어화를 충분히 인식했다고 할 수 있다. 요컨대 식자 계층차이뿐만 아니라 언어의 계층차를 극복해야 한다는 목표를 뚜렷하게 정립했다.

## 2. 소신문의 후리가나

이 절에서는 소신문의 '속담평화(俗談平話)'문체가 훗날 언문일치 운동으로 성립한 구어문이나 보통문과는 어떻게 다른 것인가를 문제 삼고자 한다. 선행 연구에서는 소신문의 문체에 대하여 "언문일치문 이전의 구어식 문장으로서 선구적인 점에 의의가 있다"[29]는 이상의 답은 제출된 바 없는 것 같다. 그러나 말하는 것과 같이 쓴다는 구어화의 이념, 실로 민주적이고 누구라도 알기 쉬운 입말로 쓰는 문체를 획득한다는 이상적인 견지에서 보자면, 오히려 "언과 문의 타협적인 결과로 종결"[30]한 언문일치 운동보다도 소신문의 문체는 한층 철저한 구어체였다고 할 수 있을 것이다. 이것을 가능하게 한 것은 후리가나라는 방식에 의한 '구연성(orality)'의 도입이다. 앞의 예문에서 보는 바와 같이 후리가나를 읽으면 의미가 통하지만 후리가나를 삭제하면 뜻이 어색해지는 것은 본래 후리가나를 읽는 방식을 주로 했다는 증거이다. 후리가나를 소리 내어 읽어 그것을 귀로 듣는 사람도 쉽게 이해할 수 있도록

29 進藤咲子, 앞의 책, 253면.

30 柳田泉,「口語体」,『世界文芸大辭典』, 中央公論社, 1936, の項.

만들었다. 즉 음성언어를 후리가나로 나타내고 이것을 보완하도록 한자가나 혼용의 문장이 구사되었다. 입말이 주가 되고 문장이 종속되도록 고안된 것이다.

이와 같은 구연성에 주안점을 두는 방식은 국립국어 연구소에서 수행한 어종(語種)의 조사에서도 확인된다.[31] 이 조사는 1877(M10)년 11월부터 1878(M11)년 10월까지 1년분의 『우편호치신문』지면에서 표본 조사한 약 3만 어와 1878(M11)년 7월부터 1879(M12)년 6월까지 1년분의 『요미우리신문』, 『도쿄회입신문(東京繪入新聞)』 지면에서 표본 조사한 약 8천어를 분류하여 전자의 대신문은 '경문체(硬文体)문헌', 후자의 소신문은 '연문체(軟文体)문헌'의 견본으로서 비교한 것이다. 이 분석에 따르면 한어(한자의 음으로 읽는 어)·화어(和語, 한자의 훈으로 읽는 어)·외래어·혼종어('하시다[遊ばす]', '하시다[なさる]' 등의 サ변동사나 '오로지[一向に]', '귀여워하다[可愛がる]' 등 두 가지의 어종이 섞인 것)로 구분한 어의 비율은 『우편호치신문』에서는 한어 54.4%, 화어 25.4%, 혼종어 18.9%, 외래어 1.3%이고 두 종류의 소신문에서는 한어 32.7%, 일본어 53.6%, 혼종어 13.5%, 외래어 0.2%였다. 즉 대신문에서는 한어가 화어의 배 이상이며 반대로 소신문에서는 한어보다 화어 쪽이 많다는 결론을 낸다. 동음이의어에 한어가 많고 귀로 듣는 것만으로는 알기 어려운 일본어의 문제점을 감안한다면 고유어인 화어의 대부분은 음성언어로 할 때 이해하

---

31 國立國語研究所, 『明治初期の新聞の用語』, 國立國語研究所, 1959; 國立國語研究所, 「明治時代語の調査研究」, 『國立國語研究所年報』 12, 國立國語研究所, 1961.10; 國立國語研究所, 「明治時代語の調査研究」, 『國立國語研究所年報』, 13·15, 1962·1965; 梶原滉太郎, 「大新聞·小新聞の語彙」, 佐藤喜代治 編, 『講座日本語の語彙 第六巻 近代の語彙』, 明治書院, 1982 참조.

기 쉽도록 고안하는 방식인 것이다. 그렇지만 이 조사에서는 대신문에서 '작일(昨日, さくじつ)', '일작일(一昨日, いっさくじつ)', '본월[本月]', '거월(居月)', '처[妻]', '가[家, いへ]', '간(間, かん)'으로 표기된 것이 소신문에서는 '어제(昨日, きのふ)', '그저께(一昨日, をととひ)', '이달[今月]', '전달[先月]', '아내[女房]', '집[家, うち]', '사이[間, あひだ]'로 표기되는 방식으로 유의어의 차이가 분명하지 않다.

이와 같은 표현방식의 차이를 살펴볼 수 있는 자료로서 당대 활발하게 발행된 '신문자인(新聞字引)'으로 불린 일종의 한어사서(漢語辭書)를 들 수 있다. 한어사서란 포령(布令)·신문 등을 읽을 때의 안내서로서 이러한 글에서 수집한 한어에 읽는 방식과 뜻을 간단히 병기한 소형사전이다. 1903(M36)년 일본 최초의 한화사전[漢和辭書]『한화대사전(漢和大辭典)』을 펴내기까지 수차례 출판되어 이용된 한어숙어사전을 말한다. 야마다 타다오[山田忠雄]에 따르면 130종 이상 있는 이들 한어사전의 반 수 이상은 메이지 원년인 1868년부터 1877(M10)년까지 출판되었다.[32] 이 가운데 신시대의 뉴스 = 신문을 전하는 신어를 풀어 읽기 위해 신문 잡지류를 대상으로 든 한어사서를 잠정적으로 '신문자인(新聞字引)'이라 하자.

아사쿠라 가메조[朝倉龜三]에 따르면 '신문자인(新聞字引)'의 최초는 『내외신보』의 부록으로 메이지 원년인 1868년 4월에 간행된 『내외신보자류(內外新報字類)』이다.[33] 그 직후 훗날 한어사서의 전범으로 알려진 『신령자해(新令字解)』(1868(M1))와 『한어자류(漢語字類)』(1869(M2))가 간행되었지만 내용도 형태도 이후에 나온 『포령필휴신문자인(布令必携新聞

32 山田忠雄,『近代國語辭書の步み』上, 三省堂, 1981, 331면.

33 朝倉龜三,『本邦新聞史』, 雅俗文庫, 1911, 40면.

字引)』(1872(M5))이나 『음훈신문자인(音訓新聞字引)』(1876(M9)) 이라는 신문자인의 종류와 별반 다르지 않다.[34] 또한 동시대의 절용집(節用集)[35]이나 옥편과의 공통성도 지적되었지만 여기에서는 '신문(新聞)'의 자를 제목으로 새긴 '신문자인(新聞字引)'만을 대상으로 한다.

필자가 조사한 바로는 '신문(新聞)'을 제목자로 삼은 신문자인은 다음의 10여 종이 있다.

① 『포령필휴신문자인(布令必携新聞字引)』, 1872(M5)년 가을, 나고야

② 『포령신문신선보통한어자인대전(布令新聞新撰普通漢語字引大全)』, 1875(M8)년 12월

③ 『음훈신문자인(音訓新聞字引)』, 1876(M9)년 2월(1875(M8)년 4월 신고), 도쿄

④ 『신문정벌전쟁자인(新聞征伐戰爭字引)』, 1877(M10)년 5월, 도쿄

⑤ 『화입한어제일등신문자인(畵入漢語第一等新聞字引)』, 1877(M10)년 8월, 오사카

⑥ 『포고신문요어자인(布告新聞要語字引)』, 1877(M10)년

⑦ 『어포령신문한어필요문명이로하자인(御布令新聞漢語必要文明いろは字引)』, 1877(M10)년 11월

⑧ 『이로하분포고신문자인[いろは分布告新聞字引]』, 1878(M11)년 8월(동년 6월 신고), 도쿄

⑨ 『포령신문일지보통한어자인대전(布令新聞日誌普通漢語字引大全)』,

34 松井利彦, 「漢語辭書の世界」, 『近代漢語辭書の成立と展開』, 笠間書院, 1990, 135~258면.

35 【역주】 중세 무로마치[室町] 시대에 성립한 국어사전의 일종. 어의·어원 등 간단한 주를 달아 에도시대에도 널리 사용함. 실용사전의 총칭으로도 쓰임.

1880(M13)년 11월

⑩『조선사건신문자인(朝鮮事件新聞字引)』, 1882(M15)년 8월

이들 신문자인은 한자 표기와 이에 대응하는 음과 뜻을 설명하는 기술로 구성되었다. 예를 들면 '등귀(騰貴, とうき)·가격이 오르는 것', '화제(和製, わせい)·일본에서 만든 것'과 같이 대부분 현대의 국어사전과 동일한 방식으로 기술되었지만, 한어와 그 음과 의미를 재고하도록 촉구하는 기술이 산견된다. 앞서 든 신문자인 가운데 직접 열독(閱讀)한 ①, ③, ④, ⑤, ⑦ 다섯 가지 사항에서 구체적인 예를 들기로 한다.

ⓐ 투서(投書[토셔]) : 던지는 글(なげふみ) / 여관(旅館[료칸]) : 숙박하는 집(ヤドヤ) / 초상(肖像[세조]) : 얼굴을 닮은 그림(ニガホ) / 기류(寄留[기리우]) : 타지에서의 돈벌이(デカセギ) / 서기(書記[셔기]) : 문서 작성자(カキヤク) / 동요(動搖[도에]) : 침착하지 못함(オチツカヌ) / 유아(遺兒[이지]) : 버린 아이(ステゴ) / 기억(記憶[기오쿠]) : 암기(ソラオボエ) / 침묵(沈默[친모쿠]) : 말없음(ダンマリ) / 지비(支費[시히]) : 의료(イリョウ) / 자본(資本[시혼]) : 밑천(モトで) / 정인(情人[조진]) : 색(イロ) / 유언(流言[리우겐]) : 말을 퍼뜨리다(イヒフラス) / 신속(迅速[진속]) : 빨리(ハヤク) / 연혁(沿革[엔카쿠]) : 변천(ウツリカワリ) / 연기(延期[엔키]) : 연장(ヒノベ) / 교제(交際[고사이]) : 사귐(ツキアイ) / 공연(公然[고젠]) : 표면화(オモテムキ)

ⓑ 시가(時価[지카]) : 시세(サウバ) / 유언(遺言[이겐]) : 남겨진 말(ユイゴン) / 수축(修築[시우치크]) : 건축(フシン) / 생활(生活[세이카쓰]) : 세상살이(トセイ) / 강건(强健[고겐]) : 달인(タッシャ) / 낙의(落意[라크이]) : 납득(ガテン)

ⓒ 인후(喉咽《노도》) : 목(インコウ) / 봉화(烽火《노로시》) : 신호(ホウクワ) / 군기(軍器《부구》) : 무기(グンキ) / 골절(骨節《후시후시》) : 마디마디(コッセツ) / 선대(船隊《후나데》) : 센타이(センタイ) / 효수(梟首《고쿠몬》) : 처형된 죄인의 머리(キヤウシユ) / 연일(連日《스니치》) : 며칠(レンジツ) / 도수(徒手《스데》) : 맨손(トシユ) / 안경(眼鏡《메가네》) : 안경[ガンキヤウ]

ⓐ군은 현재는 보통 루비(덧말)처럼 읽는 어휘이지만 이 시대에는 그 음 자체가 귀에 낯선 새로운 것이어서 가타카나로 된 화어로 바꾸면 이해할 수 있을 것이다. 신문자인의 대부분은 이와 같은 방식으로 기술되었다. ⓑ군도 마찬가지이지만 가타카나의 어휘가 글자의 음을 포함하고 있는 점이 다르다. 오늘날 통상적인 표기로 쓴다면 사우바 = 시세[相場], 후신 = 건축[普請], 도세이 = 처세[渡世], 닷샤 = 달인[達者], 가뎅 = 납득[合点]이 되는 셈이지만 이 시대에는 이들 어휘 편이 보다 친숙했을 것이다. ⓐ, ⓑ군은 모두 루비가 신어의 음을 나타내고 가타카나가 그 의미를 나타내는 것으로 이해해도 무리가 없다.

이해하기 어려운 것은 ⓒ군으로 현재에는 가타카나 쪽이 일반적인 읽기 방식이지만 읽는 방식을 가리키는 편에 기술된 것은 루비이다. 오늘날에는 ぶぐ = 무구(武具), ごくもん = 옥문(獄門), すで = 맨손[素手]과 같은 방식으로 쓰지만 이것을 당시의 읽는 방식으로 간주해야 할 것인가, 아니면 사전을 만드는 과정에서의 오류인가 불분명하다.[36] 이에 비하면 ⓒ군은 ⓐ, ⓑ군의 루비와 가타카나의 어휘를 마치 교환한 것과 같은 방식이다. 즉, 음과 의미가 언뜻 전도한 것처럼 보인다. 이와 같은

36 신문사전의 서두에는 보통 식자(識者)가 그 내용을 문책하지 않도록 "조야하고 극히 오류가 많아 단지 동몽 편리하게 읽는 것에 대비할 뿐"이라는 변명이 덧붙여졌다.

전도야말로 소신문 후리가나의 본질적인 특징이다. 이와 같은 예를 얼마간 소신문의 지면에서 발췌한다.

음분(淫奔[음란]) / 행상(行狀[행위]) / 잡답(雜踏[붐비다]) / 회계(會計[셈]) / 질투(嫉妬[투기]) / 소식(消息[알림]) / 융통(融通[변동]) / 나타(懶惰[게으름]) / 무상(無償[공짜]) / 관허(官許[허락]) / 사유저(私有邸[자신의 저택]) / 탐방자(探訪者[취재거리]) / 우롱(愚弄[조롱]) / 부운(浮雲[위험]) / 기재(記載[글을 실음]) / 최기(最期[지금은]) / 강호(江湖[세상]) / 백치(白痴[희롱]) / 천창(天窓[머리]) / 득의의(得意の[천성의]) / 어발(御發輦になり[선 채로]) / 경솔(輕率[경망스러움]) / 영락(零落[영락]) / 충돌(衝突[마주침]) / 분실(紛失[없어지다]) / 보증(保証[틀림없음]) / 나타식자(懶惰息子[탕아]) / 주의(注意[조심]) / 이익(利益[벌이]) / 친족(親族[친척]) / 성대(盛大[한창 때]) / 백반(百般[여러가지]) / 협의하여(協議[상담하여]) / 평일(平日[보통]) / 갈등(葛藤[혼잡])

한자교육이 표준화된 현대의 시각에서 보자면 매우 신선한 감을 주는 이들 후리가나는 이제까지의 화훈(和訓)과는 다른 속어에 의한 훈, 문자를 읽고 쓸 수 없는 사람에게도 일상생활에서의 입말을 한자와 대조한 훈이다. 고어에 얽매여 있던 화훈이나 한문의 고전 훈독에 의한 자음(字音)에서 자유롭게 새로운 훈을 창출하려 했던 이러한 시도는 소신문 필자에게도 충분히 의식된 것이다. 이에 관한 사정은 『가나요미신문』에 게재된 가나가키 로분[仮名垣魯文]의 술회에서 살필 수 있다.

본디 신문에 방훈(傍訓[후리가나])을 다는 것은 문자의 음도 함께 속훈(俗訓)으로 해야 함이 마땅하지만 아무리 한어 유행의 시세 되었다 해도 한어에 한어의 가나를 달면 문자는 읽어도 뜻을 알 수 없고 모르는 자를 인도하여 즉, 후리가나신문에 의해 행해져야 할 바가 아닌가. (『로분진보[魯文珍報]』, 1878(M11).5.30)

실제로는 앞서 든 훈만이 아니라 오늘날과 별반 다르지 않는 읽기 방식이 소신문 후리가나의 대부분을 차지한다. 그러나 현대의 우리들에게는 자명한 읽기 방식이 당대 독자에게는 오히려 이질적인 언어로 감지되었을 터이므로 이 시대를 거쳐 만들어진 한어가 정비되고 침투된 이후의 현재를 잣대로 이들 후리가나의 역할을 정확하게 판단할 수 없다. 후리가나에 대한 고찰, 특히 역사적 연구의 업적이 많지 않은 현 상황에서[37] 최근 초등학교용의 국어 교과서에서 골라낸 다음과 같은 예는 소신문의 위상을 분명하게 말해준다.[38]

| 일본어 원문 | 한글번역 | 학년 |
| --- | --- | --- |
| かきじゅん | 쓰는 차례 | 1학년 |
| 書きじゅん | 쓰는 차례 | 2~4학년 상 |
| 書き順 | 쓰는 순서 | 4학년 상 |
| 筆順ひつじゅん | 필순(筆順) | 4학년 하 |
| 筆順 | 필순 | 5~6학년 |

'쓰는 차례'도 '필순'도 일본어를 모어로 하는 자라면 같은 의미로 받아들이는 동의어이다. 그러나 사전에 게재된 것은 대체로 '필순'만으로 '쓰는 차례'는 거의 사전에 실리지 않는, 규범에서 이탈한 입말이다. 따라서 현재의 교육에서 '쓰는 차례'는 쉬운 표현이지만 정식적인 어법이 아니고 상급학년에 진급하면 '필순'으로 바뀐다. 이 제도가 가시화되는 것은 후리가나를 단 '필순'의 단계이다. 소신문의 후리가나는 이 단계

37 이 시대의 후리가나에 관한 체계적인 연구로 國立國語研究所, 『明治初期の新聞の用語』, 1959; 國立國語研究所, 「明治時代語の調査研究」, 『國立國語研究所年報』 16, 1965; 齋藤咲子, 「明治初期の振り仮名」, 『近代語研究』 2, 1968; 齋藤咲子, 「ふりがなの機能と変遷」, 森岡健二 外編, 『講座日本語學』 6, 明治書院, 1982; 京極興一, 「振り仮名表記について」, 『信州大學教育學部紀要』 44, 1981; 細川英雄, 「振り仮名一近代を中心に」, 佐藤喜代治 編, 『漢字講座』 4, 明治書院, 1989 등 참조.

38 京極興一, 「漢字仮名交じり表記の一考察(2)」, 『信州大學教育學部紀要』 34, 筑摩書房, 1976.3, 41면.

에 해당하여 때로는 '필순(쓰는 차례)'이라는 후리가나를 달았다.

이처럼 소신문의 후리가나는 구어를 표기에 살린다는 점에서 음성언어에 대한 관심을 기술에 각인한 시키데이 산바[式亭三馬] 등 게사쿠[戲作]의 연장선에 있다.[39] 그러나 게사쿠와 같이 대부분 가나만으로 표기하는 것이 아니라 한자에 가나를 혼용한 문장을 본문으로 한 것이 소신문의 본질이다. 역으로 말하자면 한자를 버리지 않고 한자를 읽게 한다는 점이 소신문의 성공을 보장했다. 후리가나가 한자의 지식이 없는 준식자층을 독자로 확보하는 견인차 역할을 수행하는 한편, 한자를 사용하는 것으로 어느 정도 한자의 지식은 있지만 대신문을 읽기에는 다소 어려움을 느끼는 식자층도 독자로 흡수했던 것이다.

실제로 대신문을 읽는 것에 곤란함을 느껴 소신문 독자로 전환한 자도 적지 않은 듯했다. 예를 들면 『자유등』의 기자 사카자키 시란[坂崎紫瀾]은 대신문과 소신문이 공존했던 상황을 다음과 같이 말했다.

> 최초 대신문의 유행은 겨우 한때의 유행으로 논설을 읽기 어려운 신문도 만지작거려서 개화풍을 드러낸 것이 세상의 불경기로 인하여 또 외견을 위하여 이것을 구입했지만 호사가를 만족시키는 것에 이르지 못하고 또한 소신문이 재미있어 오히려 그 지식의 정도에 알맞은 것을 인정하고 난 이후 대신문의 독자로 하여금 돌연 소신문 독자로 변신시키는 것도 많아져야 할……. (『자유등』, 1885(M18).9.1)

또한 야노 후미오는 소신문에서 볼 수 있는 후리가나 단 문장을 '양

---

39 前田愛, 「幕末・維新期の文体」, 『前田愛著作集』 2, 筑摩書房, 1989, 414~423면 참조.

문체(兩文體)'[40] 로 명명하고 가나만의 '가나체[仮名體]'와 한자가나 혼용의 '잡문체(雜文體)'를 비교하여 다음과 같이 평가했다.

> 본래 양문체(兩文體)라는 것은 실로 뜻밖에 비상한 편리함을 세상 사람에게 전하여 그중에서도 오늘날의 큰 공은 후리가나신문에 미치는 것 없다. (…중략…) 양문체는 가나체와 한자체를 겸한 것으로 갑에 대해서는 가나체로 통용되고 을에 대해서는 잡문체가 통용되어 같은 한 사람의 몸으로서도 처음에는 가나체로 보고 뒤에는 잡문체로 보아 이러한 종류의 편리한 문체가 세상에 번창했던 고로 옛날이라면 좀처럼 한자를 읽을 수 없는 부인 아이까지도 지금은 쉽게 날마다 이것을 배울 수 있는 세상이 되었다.[41]

준식자층 갑은 후리가나를 읽고, 식자층 을은 한자·가나 혼용문을 읽는다는 언어계층차와 대응, 또한 동일 개인의 경우에서도 아직 학습이 진행되지 않은 젊은 층의 경우는 후리가나를 읽고 지식의 축적과 함께 한자·가나 혼용문으로 이행해가는 모습을 적확하게 지적한다. 이러한 소신문의 문장은 결과적으로 한자를 대중화하는 방향을 가속화했다. '언어의 비신화화는 전체로서의 계몽화 과정의 핵심'[42]이라는 표현을 빌린다면 한자를 극소수자의 비술(秘術)에서 해방하여 후리가나의 기술로 준식자층도 읽을 수 있도록 한자의 비신화화를 실천한 것이

---

40 【역주】 루비를 단 한자 가나 혼용문. 한자로부터 뜻과 가나에서 읽는 방식을 취함으로써 한자와 가나 양쪽을 두루 갖춘 문체.

41 矢野文雄, 『日本文体文字新論』, 報知社, 1986, 83~85면.

42 Max Horkheimer · Theodor W. adorno, *Dialektik der Aufklarung—Philosophische Fragmente*, Querido Verlag, 1947; 德永恂 譯, 『啓蒙の弁証法』, 岩波書店, 1990, 250면.

문명개화라는 이름의 계몽운동을 내건 소신문의 언어적인 전략이었다. 그렇지만 그것은 이윽고 한자에 의해 눈속임하는 '마술'로 전화하는 토양도 배양시켰다.

## 3. '듣는' 독자의 행방

구연성을 중시한 소신문은 식자층, 준식자층 외에도 낭독으로 뉴스를 듣는 '독자'가 상정되었다. 이것을 신문 판매와 결부시킨 방식이 '요미우리[讀賣]' = 요비우리[呼び賣り] 였다. 당대 출판된 니시키에[錦繪]에는 신문을 넣은 상자를 어깨에 멘 핫비(はっぴ)[43]를 입은 판매원의 모습이 산견(散見)된다. 이 새로운 시대의 상품 판매는 비천한 직업으로 간주된 막부 시대의 '요미우리[讀賣]' 방식을 답습했다.[44] 새로운 미디어 『요미우리신문』이 채택한 이러한 신문의 판매 방식은 매우 의아한 것으로 받아들여졌다.[45] 예를 들면 다음의 기사는 당대 일반적으로 요비우리 방식이 어떻게 비쳐졌는가를 여실히 드러낸다.

---

43 【역주】법의 법피(法被)에서 유래. 에도시대 하급무사나 장인 등이 착용한 상의. 소매가 넓거나 소매가 없는 통 모양으로 남자 아이나 어른의 일상복이나 작업복으로 사용하는 기모노.

44 막부시대의 요비우리 판매원이 계속해서 소신문을 판매하기도 했다. 이를테면 『가나요미신문』의 판매원 다이보즈 요시스케[大坊主喜]는 자신을 '야쿠자 가업도 30년'으로 술회, 1840년대부터 이어져 왔음을 밝혔다. 이 장의 〈그림 3-1〉 참조.

45 讀賣新聞 百年史 編集委員會 編, 『讀賣新聞百年史』, 讀賣新聞社, 1976, 134면 참조.

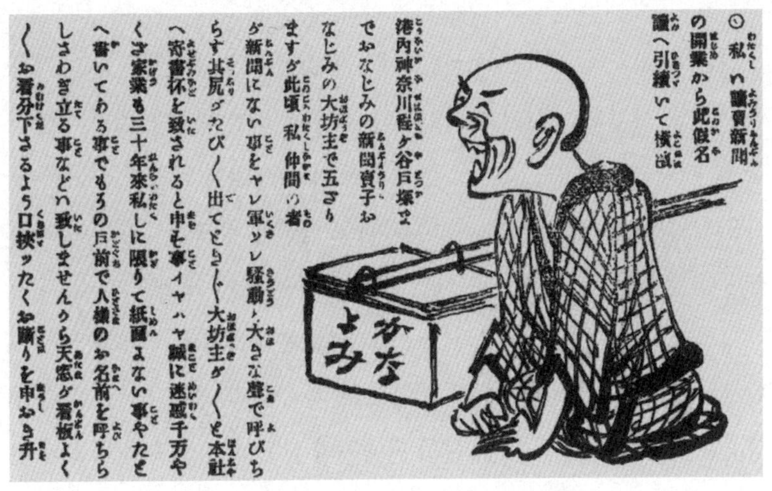

○私ハ讀賣新聞の開業から此假名讀へ引續いて横濱港内神奈川程ヶ谷戸塚までおなじみの新聞賣子おなじみの大坊主で五ざりますが此頃私仲間の者が新聞にない事をヤレ軍ツレ騷動ト大きな聲で呼びちらす其尻がたび／＼出てどら／＼大坊主が／＼と本社へ寄書杯を致されると申も事イヤハヤ誠に迷惑千万やくざ家業も三十年來私しに限りて紙面にない事やたらへ書いてある事でもろの戸前で人樣のお名前を呼ちらしさわぎ立る事などハ致しませんから天窓が看板よく／＼お看分下さるよう口挟ッたくお斷りを申おき升



〈그림 3-1〉 신문을 사라고 외치는 요비우리 판매원을 그린 기사(『仮名讀新聞』, 1876(M9).12.5)

○ 호기심 많은 사람도 있을까 도쿄 아사쿠사 기타히가시추초[淺草北東中町] 데쓰카 고지로[手塚幸次郞]는 매일 밤마다 저희 가나신문의 판매소 아사쿠사 같은 지국의 이토 타헤에[伊藤太兵衛] 쪽에 가나요미신문의 신문 판매원으로 임명 받고 싶다고 부탁하러 오니까 타헤에 쪽에서 차츰 타일러 네 집은 아무런 부족함 없이 사는데 신문 판매원 따위라니 당치도 않다고 설득해도 듣지 않고 요즘은 매일 밤 부근의 거리를 판매원 소리를 흉내 내고 있으니 기묘한 도락도 세상에 있구나 하고 이토 씨가 전해주었습니다. (『요미우리신문』, 1876(M9).7.7)

오사카에서는 '신문 읽기[しんもんよみ]'가 마치 나니와부시[浪花節]와 관계있는 것처럼 판매원의 소리에는 독특한 가락이 있었던 것 같다. 신문 판매원의 낭독 소리에 홀려 신문 한 장을 사 버린 '듣는' 독자가 소신문의 커다란 수입원이 되었다.[46] 그 판매원의 음성이란 어떠한 것이었던가.

---

46 山本武利, 앞의 책, 71면.

신문 판매원의 외치는 소리는 "에-, 이것은 오늘날 신문" 하는 특유의 어투로 시작하는 것이 정석이었던 듯하다. 또한 새로운 조판의 신문을 팔 때에는 "이것은 오늘 조판 새롭게 하여 세상에 진기한 신문을 보시오(『도쿄일일신문』, 1875(M8).10.18)" 하고 말문을 열고나서는 이어 가장 눈길을 끌 만한 당일 특종 기사의 요점 대목을 읽어주었다.

이를테면 조각가 다카무라 고운[高村光雲]은 1877(M10)년 8월에 개최된 국내권업박람회에 스승의 이름으로 출품한 백의관음상으로 용문상(龍紋賞)을 수상한 다음 날 신문 판매원의 신문 파는 모습을 다음과 같이 회상한다.

> 모두들 일을 하고 있노라면 큰길가에서 『요미우리신문』을 목청 높여 읽고 지나가는 것을 들으려 하지 않아도 듣게 되어 "당소장 앞에서 다카무라 히가시운[高村東雲]의 작품 백의관음이 권업박람회에서 용문상을 수상했노라" 하고 큰 소리로 읽으니 일동은 귀를 기울이게 되는 상황이었습니다. (…중략…) 마을 안을 왔다 갔다 하면서 『요미우리신문』을 읽으며 돌아다니더니 스승 댁 앞에서는 특히 멈추어 섰습니다. 그 무렵은 사건이 있던 때에는 좋은 일이든 나쁜 일이든 당사자 집 앞에서는 특히 목소리에 힘을 주었으므로 댁 앞에는 예의 다카하시 오덴[高橋お伝]의 사건[47]처럼 소란스러웠지만 이것은 명예스러운 일이라 떠들썩하였으므로 자연, 이런 일이 마을의 주민들 또는 일반 사람들에게도 소문이 되어 퍼졌던 것입니다.[48]

47 【역주】 메이지시대 남편을 살해한 혐의로 처형된 여성. 이 사건을 소재로 게사쿠 작가 가나가키로분[仮名垣魯文]의 『다카하시오덴야차서사[高橋阿伝夜叉物語]』를 비롯하여 가부키·요미모노·소설 등으로 각색되어 '독부서사[毒婦物語]'의 유행을 일으켰다.

48 高村光雲, 『幕末維新懷古淡』, 岩波文庫, 1995, 126~127면.

필시 정해졌을 법한 구역의 지역 내를 돌아다니는 신문 판매원의 낭랑한 목소리가 마을 안의 미디어로서 울려 퍼졌던 모습을 살필 수 있다. 그러나 신문 판매원이 즐겨 읽었던 것은 대개 잡보란의 스캔들 기사인데다가 사건 당사자 주위에서 그것을 읽으며 돌아다니는 것이 통례여서 이하의 신문 기사에서 보는 바와 같은 소동이 끊이지 않았다.

○ 이것은 신문 가게의 판매원을 윽박질러 상금을 내게 했다는 대 개화 선생의 이야기인 즉 미나미사야초[南鞘町] 5번지 게다가 솔개[鳶]라던가 새[鳥]라던가 하는 왕초라 하여 이름이 오도에몬[音右衛門]이라 하고 그 동거인 야에[八重]라는 여자는 예의 지옥에 갈 법한 소행을 저지르고 염라대왕 관청에 끌려나왔는데 오도에몬은 속세[娑婆] 신문에 이 일이 나가서 평판이 나쁜 가운데 (그 정도 부끄러운 마음이 있다면 애초부터 그런 일을 하지 않았다면 좋았는데) 급히 일보사에 달려가 당분간만이라도 기사를 내지 않도록 부탁하고는 이것으로 일단 안심하고 있던 차 뜻밖에 지난 17일에 미나미사야초를 집성사(集成社)의 판매원이 **에–, 이것은 오늘 경종신문**[49]**인즉, 마을 안에서 오도에몬이라는 사람의 동거인이 매음으로 잡혔다**고 하는 것을 들으니 오도에몬의 집에 모여 있던 성급한 젊은 솔개 두세 마리가 두목의 명령을 받았는지 받지 않았는지 모르지만 한꺼번에 들이닥쳐 그중의 한 사람이 불문곡직하고 판매원을 덮쳐 면부에 상처를 입게 하니 판매원은 과연 신문 업소에 고용된 만큼 다소 조리 있게 이것은 폭동이다 하고 말로 다투어 그 곳 외의 판매원의 급보에 의해 지옥의 옥졸은

49 【역주】 신문 『경종신문[めさまし新聞]』을 가리킴. 1884(M7)년 자유당 기관지로 발간한 신문 『자유등[自由の灯]』을 1887(M20)년 개제(改題)한 것으로 1888(M21)년 『도쿄아사히신문[東京朝日新聞]』으로 제호 변경.

되지 않고 관청의 삼척봉(三尺棒) 선생이 달려와 두 사람을 구인하고 판매원이 소지한 신문이 피투성이가 되었다고 하여 그 신문 대금을 오도에몬에게 내게 하니 이윽고 일 끝낸 판매원이 중천의 표식에도 훌륭하게 경종신문이나 집성사가 쓰인 것을 신문은 요미우리만 있는 것으로 알아 큰 소동이 났습니다. 문자를 읽을 수 있을 정도라면 이런 바보 같은 난폭한 일은 하지 않으시기를. (『조야신문』, 1876(M9).6.20, 강조―인용자, 강조 부분이 소리 내어 읽은 대목)

정부 야에가 밀매업을 했다('지옥'은 사창의 뜻)는 추문이 확산되는 것을 막기 위해 오도에몬은 '다소 내밀히' 사전 교섭을 하여 기사화하지 않도록 『요미우리신문』의 발행처인 일보사에 부탁했다(이 사건에 대해서 『요미우리신문』(1876(M9).6.21)은 당사는 청탁이나 돈으로 은밀히 처리하지 않는다고 변명한다). 그런데 강조 부분과 같이 목청껏 외친 신문 판매원이 있었으니, 미리 부탁해 두었는데 어쩐 일인가 하고 오도에몬 휘하의 젊은이가 판매원을 붙잡아 때렸다. 실제로 이것은 집성사의 『경종신문』 판매원으로 『요미우리신문』과는 관계없었지만 젊은이들은 『요미우리신문』 외의 소신문의 존재를 몰랐거나 (또는 『요미우리신문』을 과거의 요미우리가와라반[讀賣瓦版]을 묶은 것이라고 오해했던가) 또는 작업복에 쓰인 신문 제목을 읽을 수 없었던 셈이다.

이러한 신문의 음성 판매 방식의 영향을 다룬 기사에 1876(M9)년 9월 14일 『조야신문』에 게재된 「귀의 묘약」이라는 제목의 잡문이 있다. 여기에는 "요미우리 삽화, 가나요미 신문을 읽는 것은 백일청천하에 동천서맥(東阡西陌)과 같이 사방을 종횡무진 돌아다니며 커다란 음성으로 사람을 중상 비방하는 실로 야만의 극치"라고 설파한 외국인 '벳포고모

라르 씨'가 등장한다. 그는 법률로 금지되지는 않았더라도 이와 같이 사람을 공공연하게 중상하는 것은 도덕상 방치할 수 없다며, 도쿄부의 지사라면 즉각 금지령을 내리거나 법제국장관이라면 곧 법률을 만들어 단속하는 것이 당연하다고 주장한다. 이에 대하여 나루시마 류호쿠[成島柳北][50]의 필명으로 여겨지는 '신문인'은 다음과 같이 반론한다. 타인의 추문을 가두에서 큰 소리로 떠들어 대는 것은 분명히 '아름다운 일'이 아니다. 그러나 도쿄에는 『도쿄일일신문』이나 『조야신문』과 같이 대신문을 읽을 수 있는 자는 적고 '아이 부녀자'에 이르러서는 '요미우리 회입가나요미'의 소신문조차 읽지 못하는 자 많거니와 그들은 신문을 매우 싫어하기조차 한다. 그들은 절의 설교도 듣지 않고 학교에도 가지 않고 신문도 사서 읽지 않으니 그들에게 '권선징악'의 도덕을 가르치는 것은 소신문의 판매원뿐이다. 실제로 그들의 호통 치는 소리를 듣는 것을 꺼려 품행을 조심하는 자 적지 않았으니 그 공적은 자못 크다. "중상 비방한다고 신문 판매원을 질책하는 것은 이것을 눈앞에 두고도 악도간부를 비호하는 것으로 굳이 불가한 것이 아니다"라고 신문지조례의 조문에 근거한 야유로 '신문인'은 판매원을 옹호한다. 즉 문명개화의 정도가 낮은 상황에서 판매원은 유익한 필요악이라는 주장에는 '요비우리' 판매 방식이 비식자층에 대한 '권선징악'의 도덕을 교화하기 위한 수단으로 '듣는' 독자에 영향을 미친다는 긍정적인 시선이 담겨져 있다. 이 시점에서는 아직 '요비우리' 판매가 야기하는 문제보다도 음

50 【역주】成島柳北(1837~1884) 막부 말 메이지기의 유학자 문필가. 본명 고래히로[惟弘], 류호쿠[柳北]는 호(號). 양학을 배운 뒤 외국을 누빔. 조야신문사 사장 역임. 시대 풍자의 선봉. 문예잡지 『화월신지(花月新誌)』 발간.

성에 의한 계몽의 측면이 중시되었다.

소신문의 음성 판매 방식이 사회적으로 무시할 수 없는 영향력 있는 언론 활동으로 간주되어 세이난[西南] 전쟁을 기화로 정부의 감시 대상이 되었다. 1877(M10)년 2월 초 소란이 발발하자 보도관제에 의한 통제로 정보는 차단, 순식간에 유언비어가 난무하여 신문은 불가피하게 이 소문을 실어야만 했다. 여기에서 정부는 "사실 무근의 터무니없는 낭설을 신문에 게재하는 것은 적절하지 않음"이라는 포고와 함께 내무성 경시국에 도쿄 요코하마의 각 신문사 대표를 소집하여 사전 검열을 개시했다.[51] 소신문의 요비우리 방식에 관한 내무성의 주의를 가나요미신문은 다음과 같은 사고(社告)를 게재하여 알렸다.

> 금번 내무성으로부터 신문 각사에 출처가 분명하지 않은 말은 게재를 엄금할 것을 간곡하게 권유받았습니다만 별도로 요미우리·회입·가나요미 세 신문사에 하달된 것은 향후 사람을 현혹시키는 건은 결코 기재할 수 없거니와 가두에서 요비우리 판매원이 기사에도 없는 엉뚱한 것을 소리 높여 외치는 일은 없도록 주의해야 한다는 고마운 포달이 있었으므로 자연히 판매원이란 자가 위와 같이 남의 집 문간 등에서 고성으로 마구 떠들어댄다면 그 자의 이름을 캐물어 즉각 당사에 알려주시오 곧 폐지시킬 터이니 여러분 아무쪼록 부탁합니다.
>
> 『가나요미신문』 신문 편집국 삼가 드림.

세이난[西南] 전쟁이 끝난 후 소신문은 잇달아 요비우리 방식에 관한 자

51 제7장 참조.

廣告

口上

東京の賣子を止る

○振がな新聞の賣子より指名の方へ推參し押うりがましきことを致しますと度〳〵當社へもお尻が參りますから五日より府下丈は更に呼賣を斷然と廢止ました是から途中で買て下さるならチリン〳〵の配達からおもとめを願ひます

假名讀新聞社



〈그림 3-2〉 요비우리 폐지를 알리는 사고(『가나요미신문[仮名讀新聞]』, 1877(M10).12.6)

주규칙을 단행했다. 최초로 『가나요미신문』이 1877(M10)년 12월 5일 도쿄에서의 요비우리 폐지를 단행한 데 이어 『요미우리신문』도 1878(M11)년 3월 20일부터 요비우리 방식을 금지했다(그림 3-2 참조). 그러나 이 자주규칙은 가두의 판매 수입에 크게 의존해 있던 소신문으로서는 상당한 희생을 강요하는 개혁이었다. 『가나요미신문』의 경우 판매 매수가 약 2천 부 정도 감소하는 경영상의 손실을 내게 되어 판매원 책임자의 불만은 물론 사내의 7, 8할이 반대했다. 더욱이 일이 없어진 판매원이 타 신문사의 투서란 등을 통해 악평을 마구 쏟아내는 등 험악한 사태가 속출했던 듯하다.[52] 마침내 이전까지 문명개화에 한 몫 하던 직업으로 소신문 자신이 키우고 선전했던 신문 판매원은 같은 소신문 손에 의해 폐해를 가져오는 악의 주범으로 버려진 것이다. 최종적으로는 1879(M12)년 12월에 도쿄와 가나가와현[神奈川縣]에서 이듬해 1월에는 오사카에서도 정부 기관에 의해 공식적으로 요비우리 방식은 금지되어 가두의 음성 저널리즘시대는 막을 내렸다.

요비우리의 목소리를 잃은 소신문의 문장에는 이와 관련한 변화가 나타났다. 이미 언급한 바와 같이 이른바 '담화체(談話體)'가 감소하는 것이다.[53] 'だ(다)', 'です(~니다)', 'でござります(~입니다)'[54] 등의 문말표현이 1879(M12)년 무렵부터 줄어들고 'なり(~이라)', 'けり(~구나 / ~었단다)'의 문어조가 두드러진다. 또한 권력자나 세상을 풍자한 도도이쓰どどいつ[55]나 고우타[小唄][56] 하우타[端唄][57]의 노래가사 바꾸기, 아호다라경[阿保陀良羅經][58] 등의 투서가 격감하는 것도 이 즈음이다.[59] 소신문 지면에는 "투서의 이면에 노래가사 바꾸기 등이 쓰인 것은 요미우리가 담당하고 표면에 많은 진기한 기담[珍說奇談] 있는 것은 신문이 담당한다(『도쿄회입

---

52 『仮名讀新聞』, 1878(M11).3.21.

53 山本正秀, 앞의 책, 210면.

54 【역주】 동사 'ござる'와 조동사 'ます'가 결합된 어미로 상대존대의 표현. 'でござる'는 교화의 목적에서 평이하게 쓰인 주석서·법어·심학(心學)·도덕·국학 등을 쉽게 풀이한 강석본(講釋本)의 문장에서 유래한 것으로 설법·설교 등에 쓰이는 어투.

55 【역주】 근세 구어조의 속곡의 일종. 주로 남녀의 정을 노래한 것으로 7·7·7·5의 26문자로 구성.

56 【역주】 샤미센[三味線] 반주에 맞추어서 부르는 짧은 가곡을 가리키는 것으로 에도시대 발생하여 유행한 속요. 소곡(小曲)에 대한 총칭을 뜻하기도 함.

57 【역주】 에도시대 샤미센[三味線] 반주에 맞추어 부르는 짧은 속요의 일종.

58 【역주】 불경의 훈독을 모방하여 세태를 풍자한 골계적인 속요. 에도시대 탁발승이 작은 목탁 두 개를 두드리거나 부채로 박자를 맞추면서 동냥할 때 부르던 노래.

59 土屋礼子, 「明治初期『讀賣新聞』における詩歌の社會的性格」, 一橋大學 碩士論文, 1989, 102~117면.

신문』, 1876(M9).6.20 투서)"라는 독자의 글과 같이 도도이쓰나 오쓰에[大津繪][60] 또는 시의에 따라 변하는 유행가 등을 읽고 노래한 막부 시대의 요미우리 표현 방식을 계승했지만 요비우리 금지가 이와 같은 음성 문화를 소신문에서 지워버리게 한 것이다.

한편 소신문에서 활발한 것이 잡보에서 발전한 이른바 쓰즈키모노[續き物]라는 연재물이다.[61] 쓰즈키모노의 문체는 월터 옹이 음성 문화의 특질로서 꼽은 장황하고 비분석적인 적층적인 표현 형식[62]을 취했는데 신문 낭독을 들려주는 청각의 '듣는' 독자를 상정했던 터이다. 게다가 음성 문화가 각인된 연재 읽을거리는 신문 구독의 연속성을 높여 경영상으로도 바람직스러웠다. 세상을 야유하는 노상의 목소리는 집안에서의 이야기 소리로 바뀌어졌다. 이렇게 쓰즈키모노에서 신문소설로 변화해 가는 추이와 병행하여 마침내 잡보기사에 표제를 달아 역삼각형으로 알려진 보도 형식이 정착해 가는 과정은[63] 신문의 상업화에 따른 문장의 근대화와 함께 소신문의 구연성의 행방을 드러내는 것이다.

---

60 【역주】 에도시대 오쓰[大津](현재의 시가현[滋賀縣])에서 팔기 시작한 민속회화. 분방한 필치로 소박한 멋을 내는 민예품으로 주제에 따라 희화(戱畵)와 불화(佛畵)로 나뉜다.

61 쓰즈키모노[續き物]에 관한 연구로 다음을 참고했다. 平井德志, 『新聞小説の硏究』, 朝日新聞調査硏究室報告, 1950; 玉井乾介, 「新聞小説史－創成期より『金色夜叉』の誕生まで」, 『文學』 22(6), 1954,6; 興津要, 「〈つづきもの〉の硏究」, 앞의 책(1968); 高木健夫, 『新聞小説史』, 國書刊行會, 1974~1981; 本田康雄, 『新聞小説の誕生』, 平凡社, 1998.

62 Walter J. Ong, *Orality and Literacy－The Technologizing of the Word*, Methuen, 1982; 櫻井直文, 『聲の文化と文字の文化』, 藤原書店, 1991 참조.

63 신문 문장의 근대화에 대하여는 다음을 참고했다. 進藤咲子, 「新聞の文章」, 森岡健二 外編, 『現代語の成立』 講座現代語 2, 明治書院, 1964; 鈴木英夫, 「新聞の文章の近代化－明治12~20(1878~1887)年の朝日新聞を中心として」, 『國語と國文學』 4(4), 1967,4; 堀川直義, 「新聞の文体史」, 『言語生活』 230, 筑摩書房, 1970.11.

제4장
# 니시키에신문에서 삽화 소신문으로

## 1. 삽화신문과 일보사

소신문은 후리가나를 달아 음성언어를 표기함으로써 청각을 바탕으로 비식자층·준식자층을 공략하는 방향을 정립하는 한편, 시각적 이미지를 중시한 삽화로 읽기쓰기 능력이 없는 사람들의 호응을 얻어내는 방식을 이른 시기부터 채용했다. 이러한 방식의 선구적인 것으로 『도쿄회입신문[東京繪入新聞]』이 있다(1875(M8)년 4월 17일 『히라가나회입신문[平仮名繪入新聞]』의 제호로 창간, 동년 9월 2일 『도쿄 히라가나 회입신문[東京平仮名繪入新聞]』으로 개제, 1876(M9)년 3월 2일부터 『도쿄삽화신문[東京繪入新聞]』으로 제호가 바뀐다. 이하 『도쿄회입신문』의 명칭으로 통일). 그런데 종래의 신문 역사에서는 명확하지 않지만 이 신문의 창간에는 도쿄일일신문의 발행처인 모 일보사가 연루된다. 이에 대한 정황은 1875(M8)년 4월 16일부터 총 8회에 걸쳐 『도쿄일일신문』에 게재된 창간 광고에서 증명된다. 타 신문에는 게재되지 않은 이 창간 광고는 다음과 같은 것이다.

> 이번 긴좌[銀座] 1가 10번지에 히라가나삽화신문사를 설립하여 명칭과 같이 오로지 전부 히라가나를 써서 귀에 먼 한어를 사용하지 않고 간단 평이함을 구하여 또한 이치를 쉽게 하고 여흥을 더하기 위하여 매호 삽화를 넣도록 힘써 아이 여자들이 함께 보도록 하는바, 창간을 자축하여 제1호부터 3호까지 저희 신문을 아껴주시도록 여러 독자들께 무상으로 증정하여 구독해주시기를 부탁드리니 아무쪼록 애독해 주셔서 계속해서 구독해주시는 분의 유희 여한(餘閑)을 위해 준비해둔다면 허황된 패사(稗史) 등보다 더 뛰어남을 호언장담하니 저희 신문사 역시 여러분의 뜻에 뒤지지 않도록 감사해마지 않을 것을 광고함이라. 단, 이번달 17일 발췌하여 발행하옵는바. 일보사.

요컨대 일보사가 『도쿄일일신문』의 창간에 즈음하여 무료지 배포를 위탁받아 선전을 한다는 내용이다. 이러한 행위는 『도쿄일일신문』 발행처인 일보사가 『도쿄회입신문』을 직접 지원하는 입장에 있었음을 시사한다. 1872(M5)년 2월 『도쿄일일신문』의 창간 무렵 일보사의 중심은 조노 덴페[條野伝平], 오치아이 호키[落合芳幾], 니시다 덴스케[西田伝助] 세 명이지만 뒤에 히로오카 고스케[廣岡幸助], 호키야마 가게오[甫喜山景雄], 기시다 긴코[岸田吟香]가 가세하여 당시 스에마쓰 겐초[末松謙澄], 후쿠치 오치[福地櫻痴], 다카바타케 란센[高畠藍泉] 등이 입사했다. 『도쿄일일신문』이 점차 정론신문이 되었으므로 『도쿄회입신문』은 그 무렵

『도쿄일일신문』에 있는 다카바타케 란센[高畠泉藍]이나 니시다[西田] 등 주변 인물에 의해 소신문으로 발행된 것으로 추측하는 바와 같이 대신문 『도쿄일일신문』이 다른 회사를 설립하여 삽화신문을 창간했을 가능성이 높다.[1] 그렇다면 이로부터 반년쯤 뒤 요코하마 마이니치신문사에서 『가나요미신문』이 창간된 것과 마찬가지로 소신문을 대신문의 발행처에서 만들어낸 셈이다.[2] 이것은 소신문 성립에 얽힌 흥미로운 사실을 밝혀준다. 왜냐하면 이후에도 정당기관지화한 신문이 새롭게 소신문 경영에 착수하는 유사한 구조가 발생하기 때문이다.

이 삽화신문사의 발족에 앞서 『도쿄일일신문』과 관련하여 주목해야 할 출판물이 간행된다. 이것은 1874(M7)년 8월경에 발간된 『도쿄일일신문 다이니시키[東京日日新聞大錦]』라는 제호의 한 장짜리 인쇄와 그 뒤를 이어 발행된 일련의 다색인쇄목판화이다.[3] 이것은 『도쿄일일신문』의

---

1 宮武外骨 · 西田長壽, 『明治新聞雜誌關係者略伝』(明治大正言論資料20), みすず書房, 1985, 182면. 또한 『東京繪入新聞』 창간 멤버는 '繪入新聞社'의 대표자로서 기명한 柳谷藤吉와 落合芳幾로 일간이 된 무렵부터 편집으로서 기명한 高畠藍泉도 당초부터 참가했을 가능성도 있다. 또한 '故落合芳幾翁(『都新聞』, 1904(M37).2.16)'에 따르면 구입한 인쇄기를 이용하기 위하여 芳幾가 『繪入新聞』을 시작으로 처음에는 역시 일보사에서 발행했지만 福地櫻痴가 입사 후, 일보사에서 삽화신문을 내는 것은 체면상 좋지 않다고 하여 芳幾가 일보사사원을 겸하면서 '平仮名繪入新聞社'를 설립하여 인수했다고 한다. 芳幾가 소유자로서 주식을 소유했지만(주식회사의 조직이었던 시기도 있었던 것 같다), 1881(M14)년 말에 福地가 일보사의 주주조직을 개편한 즈음 芳幾는 일보사의 주주를 사퇴하면서 『東京繪入新聞』 동의 주식도 양도했을 것으로 추정된다.

2 졸고, 『復刻 仮名讀新聞』(明石書店, 1992)해설에서 소신문인 『仮名讀新聞』이 대신문 『横浜每日新聞』의 발행처인 横浜每日新聞會社(당초는 横浜新聞會社 혹은 단지 新聞會社로 명기하는 것도 많다)에서 창간된 사정을 이미 저술한 바 있지만 최근 공문서에서 이 사실을 뒷받침하는 자료를 확인했으므로 소개해두자. 1877(M10)년 3월 5일 도쿄에 이전해서 『仮名讀新聞』을 개제하여 발행하기 시작한 때 지면에 태정관 포고를 게재하는 건을 도쿄부에 출원한 문서의 일부이다. "당사 **仮名讀新聞의 건 이제까지 神奈川縣横浜會社에서 날마다 발췌하여 발행**하였던바, 금번 신고 마친 후에 도쿄에서 종전과 같이 발췌하여 발행하기 때문에 太政官 포고 기재할 때마다 오른편에 붙인 당사 대리인 날마다 같은 곳에 제출할 것을 말씀드리고 싶으니 아무쪼록 이 단 승낙해주실 것을 부탁드리옵나이다. 3월 5일(『太政類典』 제2편 제6권, 1877(M9)년, 강조—인용자)."

3 錦繪版, 『東京日日新聞』이 최초로 발간된 시기에 대해서는 原秀成, 앞의 글, 68~92면.

신문기사에서 발췌한 뉴스를 한 장의 우키요에로 만들어 설명기사와 융합한 새로운 비주얼 출판물이었다. 이후 이것을 모방하여 타 신문을 바탕으로 다양한 형태의 이른바 니시키에신문[錦繪新聞]으로 불리는 화려한 색채의 인쇄물이 성행하게 되었다.

1877(M10)년 무렵까지 유행한 이 니시키에신문이라는 새로운 장르를 개척하여 니시키에판 『도쿄일일신문』은 창간되었지만 출판 광고 『도쿄일일신문 다이니시키[東京日日新聞大錦]』에는 삽화가 오치아이 호키[落合芳幾] 외에 산산데 아린도[山々亭有人](조노 덴페[條野伝平]), 온카스토 류긴[溫克堂龍吟](오카다 나오스케[岡田治助]), 덴텐도[轉々堂](다카바타케 란센[高畠藍泉]) 등 『도쿄일일신문』 본지의 관계자가 이름을 나란히 하여 잇달아 발행된 니시키에신문의 기사에는 이들 기자 외에 가데 오토에[霞亭乙江](니시다 덴스케[西田伝助])도 서명한다. 즉 이 니시키에판 『도쿄일일신문』의 발행처는 도구상[具足屋]이라는 우키요에의 발행처였지만 이 기사의 취사선택이나 내용과 관련해서는 『도쿄일일신문』의 스태프가 연루되었다. 그러나 이 스태프 진용은 나란히 『도쿄회입신문』에도 관계하여 이 니시키에신문 출판이 『도쿄회입신문』을 창간하는 계기가 되었을 것으로 추측된다.

이와 같이 삽화신문 및 소신문 성립에서 중요한 의미를 갖는 니시키에신문은 이제까지 미디어로서 연구대상이 되지 못했다. 일찍이 오노 히데오의 『일본신문발달사』에서 '니시키에[錦繪]신문의 유행'이라는 제목으로 신문 역사의 한 토막으로 다루어진 바 있다. 또한 미야다케 가이고쓰[宮武外骨]의 체계적인 수집에 기초하여 '메이지의 니시키에[錦繪]신문'이라는 약 30여 종의 간단한 해설로 정리했지만 니시키에신문에 대한 전체 연구와 평가는 미흡했다. 그러므로 제4장에서는 소신문의 시각적 요소를 소신문보다 앞서 전개한 니시키에신문에 대한 기존의 평가와 범위, 종류와 호수, 뉴스의 정보원이나 타 신문과의 관계를 규명함으로써 정보매체의 측면을 천착하여 소신문과의 연계를 탐색할 것이다.

## 2. 니시키에신문 관련 선행 연구와 평가

전술한 바와 같이 신문 역사의 측면에서 처음으로 니시키에신문을 다룬 것은 오노 히데오이다. 『일본신문발달사』(1922)의 「니시키에신문의 유행」이라는 글에서 8행에 걸친 간단한 언급이 최초이다. 뒤이어 오노는 초기의 신문과 그 문헌에 대하여 『도쿄일일신문』 『우편호치신문』 등의 신문 제호를 제목으로 하여 최초로 신문 호수를 새긴 형식의 것을 니시키에신문으로 불렀다. 도쿄에서 발행된 '신문 니시키에'에 대하여 오사카에서 발행한 것은 '순일본식 그래픽'으로 일반 신문에 대체하는 기능을 갖는다는 의미에서 '니시키에신문'이라는 명명으로 구별했다.[4] 이 논의는 그가 1972년 도쿄에서 발행한 대형의 판형만을 모은 121점을 대형 칼라 도판으로 정리한 『신문 니시키에』의 출판에도 채용되었다.

오노 히데오를 전후로 하여 견실한 수집과 연구는 미야다케 가이고

4 小野秀雄, 「我が國初期とその文獻について」, 吉野作造 編, 『明治文化全集』 4卷, 日本評論社, 1928, 13면.

쓰에 의해 이루어졌다. '니시키에신문의 유행'[5] 으로 시작하여 '도쿄 특산품으로서의 신문',[6] '니시키에신문의 유행 도쿄·오사카·교토',[7] '니시키에신문의 축쇄판'[8] 등 미야다케 가이고쓰는 일관하여 '니시키에신문'의 용어를 사용했다. 니시키에신문에 관한 그의 가장 중요한 성과는 '메이지의 니시키에신문'이라는 니시키에신문 전체 목록이다.[9] 이것은 1930년에 발표되었지만 이것의 초안으로 여겨지는 자필 원고가 도쿄 대학의 메이지 신문 잡지 문고에 소장되어 있다. 이것을 보면 이 잡지에 발표된 이후에도 수정이 이루어졌음을 알게 된다.[10]

또한 1936년에 오사카를 대표로 하는 신문 판매점 오카지마 신문 점포 창업 65년 신축 낙성 기념으로 발간된 후쿠라 도라오[福良虎雄] 편 『오사카신문[大阪の新聞]』에 수록된 '니시키에신문의 유행'은 오사카에서 발행된 니시키에신문 및 그 발행처의 일람, 당시 오사카[大阪] 우키요에[浮世繪]계의 일인자였던 하세가와 사다노부[長谷川貞信]의 회상기 등 오사카의 니시키에신문에 관한 요긴하고 귀중한 자료이다.

그러나 이와 같은 연구는 니시키에신문의 종류와 실태를 종합하여 신문이 세상의 주목을 받게 된 시기에 일시적으로 유행한 신문의 전사(前史)로서 신문 역사의 한쪽 끝자락에 기술해 두는 정도여서 소신문과의 관련이나 정보 매체로서의 가치를 자리매김할 수 있는 것은 아니

---

5 『明治奇聞』 2号, 伴狂堂, 1925.3.

6 『明治奇聞』 4号, 伴狂堂, 1925.10.

7 『すきなみち』, 伴狂堂, 1927.

8 위의 책.

9 『浮世繪志』 13号, 芸艸堂, 1930.1.

10 宮武外骨, 『明治の錦繪新聞 全』(橋本)에는 宮武外骨에 의한 것으로 여겨지는 「錦繪新聞·抄」(『帝國大學新聞』 500号, 1933.11.6)도 덧붙여졌다.

었다. 이것은 야마모토 분조의 『일본신문발달사』에서도 동일하다.[11]

이에 대하여 니시키에신문의 내용에 보다 한발 근접했다는 평가를 내린 것은 스즈키 히데사부로[鈴木秀三郎]의 『일본신문의 기원』[12]이다. 이에 따르면 "소신문의 발흥에 따라서 (…중략…) 신문 잡보를 기사를 달아 회화화하여 한 장 인쇄한 니시키에신문이 유행, 특히 세이난[西南] 전쟁 이래 니시키에신문은 한층 활발하여 이들 것은 일본 빅토리얼 저널리즘의 선구로 되었다"고 한다. 또한 니시키에는 그림책 점포에서 판매했지만 니시키에신문은 주로 『도쿄일일신문』, 『우편호치신문』, 『조야신문』 등의 대신문사에서 발행했다. 오사카와 교토에서는 도쿄보다도 이른 시기 신문사와 관계없이 이러한 종류의 것을 단행하는 자가 있다"고 하여 신문사와의 관계를 지적했다. 이에 대한 논거가 명확하지 않으므로 검토를 요하는 논의이지만 니시키에신문을 신문 통속화의 맥락에서 파악하여 다른 신문과의 관련도 언급했다는 점에서 주목해야 할 논저이다.

니시키에신문의 발행과 통제의 현황을 파악하는 데 흥미로운 것은 하라 히데나리[原秀成] 「신문 니시키에와 니시키에신문—그 출판 상황과 구조의 변화」[13] 이다. 이 논고는 먼저 니시니시키에신문에 관한 본격적인 논고로서 최초의 것이다. 니시키에신문에 사용된 '신문'의 용어가 오늘날 일반적인 의미의 신문을 가리키기보다 '새롭게 들은 이야기' = 뉴스의 의미를 갖추었음을 지적하면서, 정보매체로서 니시키에신문

11 山本文雄, 『日本新聞發達史』, 伊藤書店, 1944, 87~88면; 西田長壽, 앞의 책(1961). 여기에 니시키에신문에 관한 기술은 없다.

12 鈴木秀三郎, 『本邦新聞の起源』, クリオ社, 1959(新版, ペリカン社, 1987, 293~294면).

13 주3 참조; 原秀成, 앞의 논문, 68~92면.

을 자리매김하는 방향을 시사했다. 그리고 니시키에신문의 인감 변경[改印]에 주목하여 오노 히데오와 미야다케 가이고쓰의 콜렉션을 조사한 결과 기사의 출전이 된 『도쿄일일신문』의 발행연도와 니시키에판 『도쿄일일신문』의 발행연도가 모순하지 않지만 일치하지 않은 것, 즉 본지의 호수에 따라서 순차적으로 니시키에신문이 발행된 것은 아니라는 것을 명확히 했다. 또한 서점업계의 기록으로부터 오사카에서 1875(M8)년 5월부터 니시키에신문이 정부의 통제를 받았다는 것도 밝혔다. 이것은 출판의 절차, 법적 통제라는 관점에서 니시키에신문의 실태를 밝힌 중요한 논의이지만 니시키에신문 = 소신문의 아종(亞種)이라는 평가를 내릴 뿐 니시키에신문 자체는 관심 영역에서 비껴나 있다.

이상에서 기술한 것 이외의 연구는 크게 이분된다. 하나는 미술사 분야의 우키요에 연구 및 삽화 연구이고 또 하나는 역사 자료로서의 니시키에신문이다. 인쇄기술 등에서 본다면 니시키에신문은 분명히 우키요에 판화의 일부이지만 우키요에 연구에서 이단시되어 왔다. 왜냐하면 메이지 이후의 우키요에 연구는 콘텍스트에서 절단된 미나 예술성이 중시되는 미술연구가 주류이고 저널리즘이나 난삽한 니시키에신문은 평가 절하되었기 때문이다. 유신 후의 "쇠운의 일로를 걷는 우키요에를 개화의 신문과 조화시켜서 회복시킨 것이 니시키에신문(出井祐治, 「維新後の浮世繪」, 1934)"이라는 평가도 있지만 이것은 예외였다. 일반적으로는 메이지 초기의 우키요에를 모은 대표적인 해설서인 히구치 히로시[樋口弘] 편 『막부 말·메이지의 우키요에 집성[幕末明治の浮世繪集成]』에서 보는 바와 같이 "신문의 제호를 빌린 사건화의 변종"[14] 으로서 간단하게 언급되는 정도이다. 그렇지만 우키요에 판화는 본래 상업 출판물이고 그 본질을 따지자면 니시키에신문이야말로 우키요에가 지닌 저널리즘성을 최대한 개화시킨 우키요에의 본류로서 평가되어야 한다.

또한 삽화 연구에서는 보통 니시키에신문은 오치아이 요시이쿠 등의 삽화의 일부로서 취급하지만[15] 판화 연구의 일부로서 니시키에신문과 회입신문을 연속적으로 다룬 것에 시마야 세이치[島屋政一]의 『일본판화변천사(日本版畵変遷史)』가 있다.[16] 여기에는 니시키에신문도 삽화 신문도 그 안목은 그림을 문장의 보조로 넣기보다도 그림을 주로 하여 문장이 그림을 설명하는 방식이라며 니시키에신문도 『도쿄회입신문』이나 『고노하나신문[此花新聞]』[17] 등의 삽화가 있는 소신문을 총괄했다. 그러나 서술의 중심은 역시 삽화 화가와의 관계로서 니시키에신문의 매체 자체에 주목하지 않았다.

니시키에를 역사적 자료로서 다루면서 니시키에신문을 대상으로 한 것에 오니시 시로[小西四郎] 편, 『니시키에·막부 말 메이지의 역사[錦繪·幕末明治の歴史]』(1976)가 있다. 니시키에의 사료적 가치에 대해서는 오사 다케오[尾佐竹猛]가 "사료로서의 니시키에"[18]라고 비판한 바와 같이 검토가 요청된다. 그러나 유감스럽게도 이 저작은 역사 사건을 다룬 니시키에를 다수 채록했지만 니시키에나 니시키에신문에 대한 자료나 비판적 서술을 결여하여 이러한 의미에서는 도록집에 가깝다.

니시키에신문을 도판으로 정리하여 소개한 것으로 전술한 오노 히

---

14 味燈書屋, 1955, 해설 8면.

15 山中古洞, 『挿繪節用』, 芸艸堂, 1941; 平凡社, 『名作挿繪全集』, 1980 등.

16 島屋政一, 『日本版畵変遷史』, 大阪出版社, 1939, 787~792면.

17 【역주】 고노하나[此花]는 오사카[大阪] 시 서부의 공업지구 지명.

18 吉野作造 編, 『明治文化全集』, 9(5), 日本評論社, 1936.

데오의 『신문 니시키에』 외에 다카하시 가쓰히코[高橋克彦], 『신문 니시키에의 세계』(1986), 와세다대학도서관 편 『막부 말·메이지의 미디어전』(1987)에 수록된 니시가키[西垣]문고 소장 38점 및 저널리즘사 연구회에 의한 『신문 니시키에』의 전람회 도록(圖錄)(1988)이 있다. 마지막으로 다룬 도록은 183점의 니시키에신문을 소개하고 오사카의 니시키에신문에 관한 상세한 기술과 충실한 해설을 곁들여 망라하는 도판집으로서 가치가 높다.

이와 같이 니시키에신문의 경계적인 성격과 저속한 내용이라는 평가 때문에 니시키에신문 연구는 그다지 진척되지 않았다. 첫째, 니시키에신문의 체계적인 자료 조사는 불완전한 것이었다. 미야다케 가이코쓰가 작성한 목록이 이제까지 축적된 자료 가운데 가장 포괄적이지만 니시키에신문의 대상 영역을 확정하기 위해서도 증보가 필요하다. 둘째, 근대적인 신문 성립의 관계가 거의 해명되지 않았다. 예를 들면 최초로 니시키에신문을 신문사의 기술에 도입한 오노 히데오의 논의에서도 타 신문과의 관계나 자리매김은 애매모호하다. 셋째, 선행하는 미디어, 즉 니시키에 판화 및 요미우리 가와라반과의 관계가 충분히 논의되어지지 못했다. 이러한 측면에서는 말기 우키요에와 신문 역사의 연속성을 주장하면서 그 과도적 단계에 니시키에신문을 자리매김하는 스즈키 진이치[鈴木仁一]의 논의가 시각 미디어의 맥락에 니시키에신문의 위상을 모색하는 최초의 시도로서 주목된다.[19]

이와 같은 선행연구와 축적된 자료를 바탕으로 니시키에신문을 소장

---

19 鈴木仁一, 「ジャーナリズム化せる末期浮世繪(1~3)」, 『書物展望』 4(1~3), 書物展望社, 1934.1~2.

한 기관 및 개인을 발로 찾아다니며 원자료를 열람할 기회를 얻어 필자는 『오사카의 니시키에신문[大阪の錦繪新聞]』(1955) 및 CD ROM판 『일본 니시키에신문집성[日本錦繪新聞集成]』(2000)으로 정리했다. 또한 필자가 관계한 전시 도록으로서 『뉴스의 탄생—가와라반과 신문 니시키에의 정보세계[ニュースの誕生—かわら版と新聞錦繪の情報世界]』(1999)도 출판되었다. 이들 논저와 자료 조사에 기초하여 다음 절에서는 니시키에신문의 종류를 정리하고 그 내용을 분석하면서 니시키에신문의 전모를 파악함으로써 소신문과의 관계를 규명할 것이다.

## 3. '니시키에신문[錦絵新聞]'의 명명

종래의 신문 연구에서 니시키에신문에 대한 시각은 두 가지가 있다. 하나는 오노 히데오와 같이 신문의 역사 일부에 니시키에신문을 편입시킨 입장으로 또 하나는 니시다 초슈[西田長壽]와 같이 근대 신문의 성립과 전개의 추적에 주안점을 두어 니시키에신문을 배제하는 입장이다. 실제 우키요에 연구나 삽화연구 등의 미술사와 겹쳐지는 경계 영역에 니시키에신문은 위치한다. 니시키에신문 내지는 신문 니시키에로 불리는 호칭의 동요에도 나타나는 바와 같이 이 논의는 궁극적으로 신문이란 무엇인가라는 존재방식의 문제에 귀착한다.

메이지 초기의 번역에 따라서 뉴스 = 신문, 뉴스페이퍼 = 신문지로

구별한다면 니시키에신문은 뉴스=신문을 다루되 근대적 의미의 뉴스 페이퍼는 아니었다. 1865년에서 1868년에 이르는 게이오[慶応] 연호의 시대에 출간된 목판인쇄화본[木版摺り和本] 형태의 여러 신문이 근대 신문이 아니었던 것과 마찬가지다. 그러나 뉴스 즉 새롭게 발생한 사건을 사람들이 어떻게 전달하고 수용했는가를 묻는 커뮤니케이션사의 관점에서 본다면 『중외신문』 등이 대신문의 선구적 역할을 수행했던 것과 마찬가지로 니시키에신문은 소신문에 연계되는 비지식인층 대상의 미디어로서 자리매김할 수 있을 것이다.

어떤 뉴스를 채택하고 그 장면을 니시키에의 그림으로 설명하는 이 메이지 초기의 출판물을 어떻게 호명할 것인가에 대하여 이미 기술한 바와 같이 '신문 니시키에'와 '니시키에신문'의 두 가지 명명이 존재했다. 이와 관련한 자료의 수집과 연구가 착수된 1920년대에는 '니시키에신문'의 어휘만 사용되었지만 오노 히데오의 『신문 니시키에』(1972) 이후 주로 '신문 니시키에' 쪽이 사용된다. 오노 히데오의 명명 방식에 발단을 둔 호칭의 동요는 근본적으로는 다음과 같이 대략 세 가지 층위의 성격을 달리하는 그룹이 대상 속에 혼재하는 양상에서 비롯한다. 이 그룹을 잠정적으로 A군·B군·C군이라 부르기로 한다. A군은 간행이 부정기적으로 제목에 뉴스기사를 인용한 출처의 신문제목과 호수를 명기, 게다가 발행처는 신문사와는 별도의 그림책 점포로 되어 있는 것이다. 도쿄에서 발행된 니시키에 판의 『도쿄일일신문』이나 『우편호치신문』이 그 대표적인 예이다. B군은 정기 간행으로 독자적인 제명과 연번을 명기, 역시 신문사 이외의 발행처에서 발행된 것이다. 여기에는 오사카에서 발행된 『니시키화 백사신문[錦畫百事新聞]』, 『권선징악 니시키화신

문[勸善懲惡錦畵新聞]』 등이 포함된다. C군은 부정기 간행으로 신문의 부록으로 발행된 것으로 발행처는 신문사이다. 이것의 대표적인 것으로 『야마토 신문부록 · 근세인물지[やまと新聞付錄 · 近世人物誌]』[20]가 있다.

오노 히데오는 도쿄에서 발행된 대형판(B4 정도 크기)의 니시키에는 보도성보다도 도쿄특산품으로서의 미적인 가치가 크다고 여겨 A군 · C군을 '신문 니시키에'라 부르는데 비해 오사카에서 펴낸 중형판(대형판의 반절, B5 크기 정도)의 니시키에는 일간신문을 대신하는 성격이라 하여 B군을 '니시키에신문'으로 불렀다. 이 구별은 뉴스 매체로서의 성격 여하에 따라 '니시키에'와 '신문'의 어느 쪽에 비중을 두는가의 차이가 있지만 실제로는 이 경계는 모호하다. 이를테면 도쿄에서 발간된 『대일본국회입신문(大日本國繪入新聞)』이나 오사카에서 발행된 『우편호치신문』과 같이 A군 · B군의 중간에 해당하는 것이 존재하여 또한 하라 히데나리가 지적한 바와 같이 동일한 니시키에판 『도쿄일일신문』에서도 점차 시사 보도적 성격이 강화되었다.

반면 미야다케 가이고쓰는 A · B군을 '니시키에신문', C군을 '신문 니시키에'로 구별했다. 실제 A · B군은 도쿄와 오사카라는 지역 차는 있어도 1874(M7)년에서 1877(M10)년경으로 동시대인데 비해서 C군은 1877(M10)년 말부터 1887(M20)년 전후로 시기적으로 큰 차이가 있을 뿐만 아

20 이 밖에 니시키에신문과 유사한 양식의 특징을 보이는 것으로 동시대에 발행된 『名譽新聞』(도쿄), 『勸善懲惡讀切講釋』(오사카)과 같이 니시키에 시리즈나 제목에 신문의 어휘를 사용한 것만으로는 그 밖의 일반적인 니시키에와 다를 바 없는, 단발적으로 발행된 것 등 니시키에신문과 니시키에 일반과의 경계에 놓여 있어 구별이 어려운 니시키에 종류가 있다. 여기에는 과거의 인물담을 주제로 한 것도 포함되어 뉴스 미디어로 취급하기에는 다소 어려운 점이 있으므로 이 장에서는 제외한다. 이 점과 관련 있는 신문 니시키에와 니시키에신문의 호칭에 대해서는 佐藤健二, 「新聞錦繪と錦繪新聞」 및 졸고 「小野秀雄による新聞錦繪の發見」(木下直之 · 吉見俊哉, 『ニュースの誕生－かわら版と新聞錦繪の情報世界』, 東京大學總合硏究博物館, 1999) 참조.

니라 단독 상품으로서 팔린 것은 아니라는 점에서도 성격이 사뭇 다르다. 뉴스 매체의 시각에서 바라보는 경우, 오노의 학설과 같이 용어를 구분하는 것은 그다지 유효하지 않을 것이다. 미야다케의 주장에 따라서 C군을 제외하고 '니시키에신문'의 용어를 통일하여 사용하는 것이 타당할 것으로 생각된다. 다음 절에서는 1874(M7)년부터 대략 1877(M10)년대 중반까지 발행된 뉴스기사와 니시키에를 합본한 1장짜리 인쇄물로서 신문사와 다른 각도에서 연속적으로 발행된 독자적인 뉴스매체의 범주로 간주할 수 있는 것을 '니시키에신문'으로 지칭하기로 한다.

## 4. 도쿄의 니시키에신문

현존을 확인한 니시키에신문의 원자료 약 770점 가운데 도쿄에서 발행된 것이 약 250점, 오사카 발행의 것은 약 520점이었다. 요컨대 니시키에신문의 대부분은 도쿄와 오사카에서 발행되었다.[21] 이 가운데 주요한 니시키에신문 22종(도쿄 발행 7종, 오사카 발행 15종)에 대해서 발행처·화가·문안 기자·호수 등을 정리한 것이 〈표 4-1〉과 〈표 4-2〉이다.

전술한 바와 같이 도쿄와 오사카의 니시키에신문은 다소 다르다. 우

21 吉田映二, 『浮世繪辭典 定本』(畵文堂, 1990)에 따르면, 타 지역에서 발행된 니시키에신문은 다음과 같은 것이 있다. 京都, 『西京錦繪新聞』; 『錦繪新聞』; 名古屋, 『繪入黃金新聞』; 『繪入扶桑新聞』, 『金城だより』; 新潟, 『繪入新潟新聞』; 津, 『作新日報』, 高知, 『弥生新聞』; 『土陽新聞』; 金澤, 『下越能新聞』.

〈표 4-1〉 도쿄에서 발행된 니시키에신문 일람

| 번호 | 명칭 | 발행처 | 화가 | 문안기자 | 발행연월 | 확인 건수 | 최신 호수 | 비고 |
|---|---|---|---|---|---|---|---|---|
| ① | 『도쿄일일신문』 | 具足屋福田嘉兵衛 | 落合芳幾 | 高畠藍泉山々亭有人他 | 1874.8~1876. 12 | 115 | 1,060* | — |
| ② | 『우편호치신문』 | 錦昇堂熊谷庄七 | 月岡芳年 | 松林伯円 三遊亭円朝他 | 1875.2~1876.12 | 62 | 1,144* | — |
| ③ | 『각종신문도해』 | 政榮堂 | 小林永濯 | 高畠藍泉 | 1874.11~1875.2 | 9 | 14 | 『요코하마마이니치』 등 7종의 신문기사 인용 |
| ④ | 『대일본국회입신문』 | 上州屋 | 梅堂國政, 眞齋芳州 | 미상 | 1875.3~4 | 14 | 15 | 『조야』, 『도쿄일일』 외 인용 상하 2면에 분할 |
| ⑤ | 『가나요미신문』 | 松村勘兵衛他 | 月岡芳年他 | 久保田彦作他 | 1877.4~1879.3 | 8 | 899* | 산발적 발행으로 형식도 미정 |
| ⑥ | 『조야신문』 | 林吉藏 | 山崎年信 | 미상 | 1878.3 | 12 | 1,398* | 일시적 발행인듯 |
| ⑦ | 『도쿄각사찬발신문(東京各社撰拔新聞)』 | 榮久堂山本榮吉 | 梅堂國政, 三島蕉窓 | 미상 | 1879.5~1882.1 | 10 | 없음 | 인용지도 불명 |

주 : * 인용출전인 본지의 호수를 실은 것, 도쿄 발행의 니시키에신문에는 이 밖에 여러 종류 있지만 생략한다.

〈표 4-2〉 오사카에서 발행된 니시키에신문 일람

| 번호 | 명칭 | 발행처 | 화가 | 문안기자 | 발행년월(명) | 확인 건수 | 최신 호수 | 비고 |
|---|---|---|---|---|---|---|---|---|
| ① | 『大阪錦畵新聞』 | 阿波文, 石和他 | 笹木芳瀧, 長谷川貞信 | 正情堂九化, 笹木芳瀧 | 1875(明8) | 24 | 24 | 「明治8年」으로 표기한 사각 깃발의 표제 |
| ② | 『大阪錦畵新聞』 | 阿波文, 石和他 | 笹木芳瀧, 長谷川貞信 | 笹木芳瀧, 正情堂九化 | 1875(明8) | 15 | 55 | 천사가 두른 세로로 긴 붉은 띠의 표제 |
| ③ | 『大阪錦畵新話』 | 阿波文, 石和 | 長谷川貞信, 笹木芳瀧, 木下廣信 | 長谷川貞信 | 1875(明8) | 18 | 49 | — |
| ④ | 『大阪新聞錦畵』 | 本安, 本爲 | 長谷川貞信 | 長谷川貞信 | 1875(明8) | 20 | 20 | — |
| ⑤ | 『大阪日々新聞』 | 川伝 | 柳櫻茂廣 | 柳櫻茂廣 | 1875(明8) | 11 | 310 | 『諸國日々新聞紙』라는 제목의 다른 판본 있음 |
| ⑥ | 『大阪日々新聞紙』 | 綿喜, 富士政 | 長谷川貞信 | 長谷川貞信 | 1875(明8) | 26 | 23 | — |
| ⑦ | 『大阪錦畵日々新聞紙』 | 綿喜, 富士政 | 長谷川貞信 | 長谷川貞信 | 1875(明8) | 37 | 63 | — |
| ⑧ | 『日日新聞』 | 綿政, 富士政他 | 長谷川貞信 後藤芳景 | 正情堂九化 | 1875(明8) | 31 | 37 | — |
| ⑨ | 『新聞図會』 | 八尾善 | 長谷川貞信 | 舟木翁都鳥, 正情堂九化, 長谷川貞信他 | 1875(明8).9 | 40 | 42 | — |
| ⑩ | 『郵便報知新聞錦繪』 | 本安, 新志座 | 長谷川貞信 | 穗千堂眞文(西座基二) | 1875(明8) | 16 | 16 | 도쿄의 『郵便報知』 錦繪와 체재 유사 연속번호 |
| ⑪ | 『錦畵百事新聞』 | 百事新聞局 | 長谷川貞信 | 金井德兵衛 | 1875(明8) ~1876(明9).9 | 194 | 190 | 장방형의 보랏빛테두리. 114호부터 활자사용. 신문등록 |
| ⑫ | 『勸善懲惡錦畵新聞』 | 新聞局時習舍 | 笹木芳瀧 | 藤井克三 | 1875(明8) | 48 | 48 | 장방형의 붉은 테두리. 38호부터 『勸善懲惡錦畵図解』로 |

| 번호 | 명칭 | 발행처 | 화가 | 문안기자 | 발행년월(명) | 확인 건수 | 최신 호수 | 비고 |
|---|---|---|---|---|---|---|---|---|
| ⑬ | 『있는 그대로[有のそのまま]』 | 金井德兵衛 | 불명 | 金井德兵衛 | 1877(明10).3 | 20 | 20 | 대형판으로 세이난전쟁보도만. 테두리 없이 가와라반[瓦版] 체재 |
| ⑭ | 『가고시마 현 진실의 전신[鹿兒島縣まことの電知]』 | 鈴木利兵衛 | 불명 | 鈴木利兵衛 | 1877(明10).3~4 | 15 | 15 | 위 ⑬과 같은 특징 |
| ⑮ | 『있던 그대로[有たのそのまま]』 | 加藤富三郎 | 長谷川貞信 | 加藤富三郎 | 1878(明11).2 | 3 | — | 소제목은 있지만 호수는 없음 |

※ 오사카 발행의 니시키에신문은 이 밖에 2종류 정도 확인했지만 건수가 적으므로 생략.

선 크기도 도쿄는 B4크기의 대형판형인데 반해, 오사카에서는 그 절반 정도 되는 중형의 판형이다. 가격도 도쿄에서는 1전 6리에서 2전이지만 오사카에서는 8리이다. 특히 중요한 차이는 제명과 호수를 다는 방식에서 도쿄는 보통 기사 인용의 출처가 되는 신문명과 그 호수를 명시하는데 반해 오사카에서는 독자적인 제명을 달아 일련번호가 호수가 된다는 점이다. 이러한 배경에는 도쿄와 오사카의 신문 사정의 차이가 있다.

한편 전술한 니시키에신문이 발행된 도쿄에 주목한다면, 최초로 발행된 니시키에신문의 새로운 장르를 개척한 니시키에판 『도쿄일일신문』(표 4-1, ①)은 하라 히데나리[原秀成]에 의하면 1874(M7)년 8월부터 발행되었지만 이 시점에서는 도쿄에서는 『도쿄일일신문』 이외에도 『우편호치신문』, 『조야신문』이라는 일간지가 이미 등장했다. 다시 말하면 신문사에서 발행된 일간지 기사를 바탕으로 일종의 그림책공방인 에소시야[繪草紙屋]가 니시키에신문을 발행한다는 관계에 있었다. 일간지와 니시키에신문의 관계는 『각종신문도해』(표 4-1, ③)나 『대일본국회입신문』(표 4-1, ④)과 같이 복수의 일간지에서 기사를 인용하는 것도 있지만 거의 한 종류의 일간지에 대하여 한 종류의 니시키에신문이 대응하는 방식으로 고정되었다. '신문회(新聞繪)',[22] '신문회부록(新聞繪附錄)'[23]으로도 불렀던 바와 같이 일간지가 주이고 니시키에신문은 종이 되는 관계였다. 또한 발행처가 된 에소시야는 비교적 소규모[24]로 발행처와 니시키에신문의 관계도 기본적으로는 1 : 1의 방식이었다.

인적인 구성에서도 니시키에판 『도쿄일일신문』은 본지 『도쿄일일신문』의 멤버와 겹쳐진다. 그림을 그린 오치아이 호키[落合芳幾]도 문안기자로 서명한 조노 덴페[條野伝平](산산데이 아린도[山々亭有人])·니시다 덴스케[西田伝助](霞亭乙湖)도 본지 『도쿄일일신문』의 창립자이고 또한 게사쿠작가로서 『도쿄일일신문』의 사원이기도 한 다카바타케 란센[高畠藍泉](轉々堂)과 사원 오카다 나오스케[岡田治助](溫克堂龍吟)가 문안기자로 활약했다.[25] 이 가운데 오치아이 호키[落合芳幾], 다카바타케 란센[高畠藍泉], 오카다 나오스케[岡田治助] 세 명은 1875(M8)년 4월 창간된 『히라가나회입신문』, 훗날 『도쿄회입신문』의 관계자가 되었다.[26] 즉 이 니시키에판 『도

22 寺門靜軒의 門下生으로 『東京日日新聞』 기자였던 마쓰모토 만넨[松本万年]이 저술한 『東京日ゝ新文 初集』(1876(M9)년)에 실린 다음과 같은 시에 의한다. "니시에 예부터 나의 처로 칭함. 나의 처라는 것은 동이라. 도쿄 토산물의 제일로 가히 옛날 다화(多畵) 스모 대전 배우에 닮은 얼굴 창부의 요염과 아름다움, 전사의 용맹자이다. 이로써 근래에 이르러 겐지의 우미함이라. 신문의 진기함이라 나올수록 더욱 기교가 더해지니 즉, 가히 세계에 둘도 없음을 이름이라. 도쿄사람의 자만 또한 무리가 아님이라. 오색 인쇄해 낸 3장 이어, 색채 선명하게 됨으로 진정한 니시키에가 된다. 근래 다른 **신문 그림** 있어 세간의 기이로운 일을 날마다 전함(2초 : 丁서적의 종이수를 세는 어휘. 앞·뒤 2면을 1초[丁]라고 함, 강조—인용자)."

23 永田生慈, 『資料による近代浮世繪事情』, 三彩社, 1992, 35면. 또한 오사카에서는 당시부터 '니시키에신문'의 호칭이 일반적으로 이를테면 『本坂本屋仲間記錄』에 수록된 출근장부 등에는 전부 '니시키에신문' 혹은 '니시키화신문[錦畫新聞]'이 사용되었다.

24 당대 도쿄의 대규모 에소시야[繪草紙屋]는 辻文, 丸鐵 등으로 錦繪新聞의 발행처는 중 이하의 규모이다.

25 이들 외에 弄月亭綾彦, 点化老人, 百九里山人, 巴山人의 4명이 서명했지만 상세한 것은 알려져 있지 않다.

26 앞의 책, 『明治大正言論資料20明治新聞雜誌關係者略伝』의 「西田伝助」 항에 따르면 그도 『東京繪入新聞』에 관계한 것 같다.

쿄일일신문』은 발행처야말로 도구상[具足屋]이라는 에소시야[繪草紙屋]이지만 기사의 선택 등 내용은 『도쿄일일신문』의 스태프가 연루되어 있었다. 이것이 계기가 되어 『히라가나회입신문』으로 개제하여 일간지가 된 1857(M8)년 9월부터 니시키에판 『도쿄일일신문』의 발행은 격감한다.

한편 니시키에판 『우편호치신문』은 본지와의 직접 교류는 없었을 것으로 간주된다. 문안기자로서 서명하는 것도 강담사(講談師) 마쓰바야시하쿠엔[松林伯円], 라쿠고가[落語家], 산유데이 엔초[三遊亭円朝] 등 본지의 관계자는 찾아볼 수 없다. 그러나 화가 쓰키오카 요시토시[月岡芳年] 이후 신문 삽화가가 관계하게 된 것을 제외하면 니시키에신문과 본지의 신문과는 직접 연관이 없었을 것으로 생각된다.

다음으로 니시키에신문과 본지의 발행 상황을 둘러보자. 도쿄의 대표적인 니시키에신문, 니시키에판 『도쿄일일신문』과 니시키에판 『우편호치신문』의 두 가지에 대하여 인용한 본지호수의 기재와 발행연도를 나타내는 인감 변경에서부터 본지와의 대응을 검토하면 본지의 발행 시기와 그 기사를 인용한 니시키에신문의 발행시기의 차이는 가장 가까운 경우는 4~5일, 가장 드물게는 2년 이상이지만 대체로 1~2개월이다.[27] 〈표 4-3〉에 종합한 바와 같이 1874(M7)년 11월부터 1875(M8)년의 4월에 걸쳐 본지 3호에서 5호 사이에 니시키에신문이 한 점 간행된 정도의 비율이고 이 시기 도쿄에서의 니시키에신문 최전성기를 맞이한다.

또한 이 두 가지의 니시키에신문에 관하여 기사 내용의 대상이 된 지역을 분류한 것이 〈표 4-4〉이다. 도쿄 및 도쿄 주변의 관동 지역의 화

27 原秀成, 앞의 글 참조.

〈표 4-3〉 『도쿄일일신문[東京日日新聞]』과 『우편호치신문[郵便報知新聞]』과 니시키에신문의 점수 비율

| 날짜 | 『도쿄일일신문[東京日日新聞]』 | | | 『우편호치신문[郵便報知新聞]』 | | |
|---|---|---|---|---|---|---|
| | A. 본지 호수 | B. 니시키에신문 [錦繪新聞] 건수* | A÷B | A. 본지 호수 | B. 니시키에신문 [錦繪新聞]건수* | A÷B |
| 1872~1874.6 | 1~730호 | 27 | 27.0 | — | — | — |
| 1874.7~8 | 731~786호 | 7 | 8.0 | 388~443호 | 1 | 56.0 |
| 1874.9~10 | 787~840호 | 7 | 7.7 | 444~497호 | 13 | 4.2 |
| 1874.11~12 | 841~894호 | 16 | 3.4 | 498~550호 | 8 | 6.6 |
| 1875.1~2 | 895~946호 | 22 | 2.4 | 551~601호 | 14 | 3.6 |
| 1875.3~4 | 947~1,000호 | 13 | 4.2 | 602~655호 | 11 | 4.9 |
| 1875.5~6 | 1,001~1,055호 | 15 | 3.7 | 656~710호 | 4 | 13.8 |
| 1875.7~8 | 1,056~1,111호 | 2 | 28.0 | 711~765호 | 2 | 27.5 |
| 1875.9~12 | — | — | — | 766~871호 | 4 | 26.5 |
| 1876 | — | — | — | 872호~ | 2 | — |
| | 합계 | 109 | | 합계 | 59 | |

주 : * 니시키에신문에 게재된 인용본지의 호수가 틀린 경우에는 호수를 바르게 정정했다.
자료 : 小野秀雄, 『新聞錦繪』, 1972; 原秀成, 「新聞錦繪と錦繪新聞」, 1990.

〈표 4-4〉 니시키에판[錦繪版] 『도쿄일일신문(東京日日新聞)』 및 니시키에판[錦繪版] 『우편호치신문[郵便報知新聞]』의 기사 대상 지역

| 지역 | 『도쿄일일신문(東京日日新聞)』錦繪 | 『郵便報知』錦繪 | 계(%) |
|---|---|---|---|
| 도쿄[東京] | 36 | 15 | 51(34.0) |
| 도쿄주변지역[關東] | 22 | 9 | 31(20.7) |
| 추부[中部] | 15 | 5 | 20(13.3) |
| 도후쿠[東北] | 2 | 4 | 6(4.0) |
| 긴키[近畿] | 10 | 8 | 18(12.0) |
| 추고쿠[中國]·시고쿠[四國] | 3 | 4 | 7(4.7) |
| 규슈[九州] | 7 | 5 | 12(8.0) |
| 기타 | 5 | 0 | 5(3.3) |
| 합계 | 100 | 50 | 150(100) |
| 불명·미정 | 14 | 9 | 23 |

제가 반 이상을 차지하는 것으로 나타났다. 이와 같은 속보성과 지역성은 니시키에신문이 개화기의 도쿄 토산물이었다는 오노 히데오와 미야다케 가이코츠의 주장에 의문을 던진다. 적어도 이 두 가지에 관해서

말한다면 이들 니시키에신문은 보도적 성격을 명확히 내건 최초의 정기적 비주얼·미디어였다고 할 수 있다. 예컨대 오치아이 요시이쿠가 타이완의 원주민을 등장시킨 니시키에신문은 분명히 『도쿄일일신문』 본지 게재의 삽화를 바탕으로 한 것으로 시각적 보도의 연장이었다. 그리고 뉴스를 그림으로 보인다는 니시키에신문의 아이디어는 회입신문이라는 새로운 소신문의 양식을 생성하는 직접적인 계기가 되었던 것이다. 실제 초기의 『도쿄회입신문』의 삽화는 니시키에판 『도쿄일일신문』과 닮은 도안이 다소 확인된다(권두화 참조).[28]

## 5. 오사카의 신문사정과 니시키에신문의 탄생

도쿄에서 니시키에신문[錦繪新聞]이 발행되자 곧 오사카에서도 이것을 모방하여 니시키에신문이 발행되었다. 오사카의 니시키에신문의 경우 발행 시기를 특정할 수 있는 인감의 변경이 없어 간행이 시작된 정확한 날짜는 알 수 없다. 1875(M8)년 5월 18일자 『우편호치신문』에 교토 경유로 『오사카니시키에신문』(표 4-2, ②) 8호를 소개하는 기사를

28 니시키에 판 『東京日日新聞』의 그림과 『東京繪入新聞』(이때는 『平仮名繪入新聞』)의 삽화와의 관련이 확인되는 것은 『東京日日新聞』의 1,020호와 『平仮名繪入新聞』 18호(1875(M8).5.22) 『東京日日新聞』의 1,036b와 『平仮名繪入新聞』 26호(1875(M8).6.8), 『東京日日新聞』 1,046호와 『平仮名繪入新聞』 15호(1875(M8).5.16)의 세 벌이다. 또한 이들 화상은 CD-ROM 판 『日本錦繪新聞集成』에 수록되어 있다.

실어 이때 이미 니시키에신문이 발행된 것이 확인된다. 니시키에신문의 내용으로 보자면 1874(M7)년 12월 사건이 가장 이른 부류에 속하는 것으로 대략 1875(M8)년 2월경부터 간행되기 시작했을 것으로 추측된다. 또한 『오사카서점업자기록』에 따르면 8월 20일 시점에서 10명이 니시키에신문의 발행처로 경합에 나서면서[29] 1년도 채 지나지 않아 급속하게 니시키에신문이 확산되었다.

또한 1875(M8)년 5월 29일 『우편호치신문』은 도쿄에서 '부인여자 다투어 구입하'는 니시키에신문의 인기에 편승하여 오사카에서도 동일한 니시키에신문이 속출했다고 당시의 상황을 전했다. 또한 이것들은 "어떠한 신문에 의한다는 증거도 없이 작자의 착상으로 종종 가공의 전기를 만들어 오직 동몽의 눈을 놀라게 하여 이익을 취하려는 것" 에 지나지 않는 것을 신문으로 오인하도록 하는 것은 진정 신문에 해가 된다고 비판한다. 그러나 이 비판은 역으로 니시키에신문에 의하여 신문이란 무엇인가를 비로소 아는 사람이 다수 존재하여 그 영향력이 무시할 수 없을 정도였던 것을 나타낸다. 왜냐하면 도쿄와 달리 오사카에서는 아직 이 시기 일간지가 성립하지 않았던 것이다.

오사카에서의 신문 사업의 출발은 1868년으로 거슬러 올라간다. 이 해 4월에 로카지신관[浪華知新館] 발행의 주간지 『내외신문』과 존 하루토리[ジョン・ハルトリー] 발행의 월간지 『각국신문지(各國新聞紙)』가 탄생, 1871(M4)년 10월에는 요시다 소자부로[吉田宗三郎]가 『오사카일보[大阪日報(浪華要報)]』를 발행했지만 어느 쪽도 몇 개월 안에 폐간했다. 다음으로

---

29 大阪府立中之島図書館, 「出勤帳八十番」, 『大阪本屋仲間記録』 第7巻, 大阪府立中之島図書館, 1985, 130~131면 참조.

1872(M5)년 3월 『오사카신문』의 관청 발행물 인쇄 출판을 보증하기 위하여 설립된 서적회사부터 오사카부 지사의 원조에 의하여 창간되었다.[30] 이것은 오로지 관청·지역의 공공 회관 등에서 구입한 것으로 격일간으로 한 달의 발행 부수는 약 1천 400 전후, 한 호당 100부가 채 되지 않아 1875(M8)년 4월에는 폐간된다.[31] 오사카에서의 일간지 발행은 1875(M8)년 12월 14일에 『나니와신문[浪花新聞]』, 이듬해인 1876(M9)년 2월 20일에 『오사카일보』가 창간된 이후이다.

그러나 오사카에서 신문이 전혀 읽혀지지 않았던 것은 아니다. 오사카에서는 요코하마나 도쿄로부터의 신문 수입판매가 서적상과 에소시야와 같은 그림책공방에 의해 활발한 편이었다. 1868(M1)년 정월에는 벅워드 베리(Buckworth M. Bailey) 발행의 『만국신문지(万國新聞紙)』를 오사카의 가장 큰 규모의 그림책 공방 니시키야기베[錦屋喜兵衛]가 판매했다.[32] 또한 같은 시기 그림책 공방 야오젠[八尾善]이 『중외신문』을 도쿄에서 사들여 이것을 시카다 세이시치[鹿田靜七]와 아카시 추시치[赤志忠七] 두 사람의 서적상이 매입 20책씩 5천 부 합하여 1천 부를 정가의 두 배 가격에 팔아 순식간에 품절되었다고 한다.[33] 1869(M2)년에는 『관준중외신문(官准中外新聞)』을 오사카 최대의 서점 아키다야시페에[秋田屋市兵衛]가 1871(M4)년에는 『신문잡지』를 가와우치야기베에[河內屋喜兵衛] 등의 대규모 서적상이 팔아치웠다.[34] 1872(M5)년 4월에는 서적상 오카지

30 최종 호수는 미상. 확인할 수 있는 최후의 호는 162호(1873(M6).10.30), 발행처의 서적 회사는 교사카[京坂]의 대형서적회사가 사원으로서 팔아 치우도록 할당했다.

31 『郵便報知新聞』, 1875(M8).2.9, 附錄, 역체료록사신문지책체송통계표(驛遞寮錄事新聞紙冊送統計表)에 의한다.

32 제10집부터 판권에 기재되었다.

33 서적상 鹿田靜七의 유고(遺稿)에 의한다. 福良虎雄 編, 앞의 책, 9~10면 참조.

〈표 4-5〉 오사카[大阪]의 니시키에신문[錦繪新聞] 발행처 일람

| 번호 | 통칭 | 상호 | 이름 | 주소(1875(M8)년경) | 발행한 니시키에신문* | 서점 업자 기록** | 소시야 업자기록*** | 비고 |
|---|---|---|---|---|---|---|---|---|
| (a) | 阿波文 | 阿波屋 寿樓堂 | 森文藏 | 南大組第八區心齊橋筋二丁目十四番地 | ①, ②, ③ | 있음 | 있음 | 1880년 '신문단속겸업' / 1881년 폐업신고 |
| (b) | 石和 | 石川屋 | 石川和助 | 東大組第十五區平野町五丁目八番地 | ①, ②, ③ | 있음 | 있음 | '신문국속화'날인 1891년 폐업신고 |
| (c) | 八尾善 | 八尾屋 | 八尾善兵衛 | 南大組第十一區新町通一丁目 | ②, ⑧, ⑨ | 있음 | 있음 | 별도로 '八尾屋善助'라는 草紙屋가 있음 |
| (d) | 富士政 | 藤屋·金谷堂·花金堂 | 富士政七 | 南大組第六區安堂寺橋通三丁目三十一番地 | ⑥, ⑦, ⑧ | 있음 | 있음 | 1875년 '소시야[草紙屋]'대표 |
| (e) | 本安 | 本屋·津國屋·松榮堂 | 梅村安兵衛 | 南大組第十三區高津町十番町二十八番地 | ④, ⑩ | 있음 | 있음 | 1875년 '소시야계[草紙屋掛り]' |
| (f) | 本爲 | 本屋·津國屋 | 梅村爲助 | 南大組第八區心齋橋筋二丁目三番地 | ④ | 없음 | 없음 | '本安'의 형제 |
| (g) | 川伝 | 川口屋 | 池田伝兵衛 | 南大組第八區心齋筋通二丁目 | ⑤ | 있음 | 있음 | 서점업자에는 가맹하지 않음 |
| (h) | 錦喜 | 錦屋·金隋堂 | 前田喜兵衛 | 南大組第六區塩町通四丁目四番地(心齋橋塩町角) | ⑥, ⑦ | 있음 | 있음 | 오사카 최대의 소시야 |
| (i) | 新聞局 | 百事新聞局 | 前田武八郎, 金井德兵衛 | 心齋橋塩町角 | ⑪ | 없음 | 없음 | 실제로는 (h)綿喜와 동일. 내무성에 신문잡지 신고. |
| (j) | 時習舍 | 書籍會社 | 藤井克三 | 東區本町四丁目十五番地 | ⑫ | 있음 | 없음 | 『大阪新聞』의 발행처, 반관반민의 출판사 |
| (k) | 錦政 | 미상 | 미상 | — | ⑧ | 없음 | 없음 | — |
| (l) | 桔梗屋 | — | 松本平兵衛 | 東大組第十五區平野町五丁目(御靈神社表門前東側) | 미상 | 없음 | 있음 | 소매 전문점인듯 |
| (m) | 大清 | 大和屋? | 野口清兵衛 | 北大組第六區天神筋町十二番地 | 미상 | 있음 | 있음 | — |
| (n) | 미상 | 西野新左衛門 | — | — | 미상 | 있음 | 없음 | — |

주: * 현존 니시키에신문으로 발행처를 확인한 결과에 의한다. 번호는 〈표 4-2〉와 조회된다.
** 「出勤帳八十番」, 『大坂本屋仲間記錄』 第7券, 1875(M8).8.20에 수록. 현재 니시키에신문 발행처 일람의 기록 유무.
*** 소시야[草紙屋仲間] 업자의 「連印帳」(1870(M3).10) 기록의 유무. 多治比郁夫, 「明治初年の草紙屋仲間資料」에 의한다. 그 밖의 주요 참고문헌으로는 昇旭堂藏版, 『增補浪花買物独案内』, 1867; 福良虎雄編, 『大阪の新聞』, 1936; 井上隆明, 『近世書林板元総覽』, 1980.

마 신시치[岡島眞七]가 『도쿄일일신문』의 계약 판매를 시작했다. 최초의 취급 부수는 70부, 뒤에 140부로 늘었다.[35] 요컨대 오사카에서는 도쿄의 여러 관청의 포달이나 전국적인 정보를 필요로 했지만 그것은 직접

34 각각의 원자료의 판권에 의한다.

35 福良虎雄 編, 앞의 책, 212면; 「聞きとりでつづる新聞史·岡島眞藏」, 『別冊新聞研究』 1号, 日本新聞協會, 1975, 67면 참조.

도쿄의 신문을 읽는 것으로도 충분했다. 도쿄에서 우편으로 3일은 족히 걸리는 정보를 바탕으로 오사카에서 신문을 발행해도 그 무렵은 이미 도쿄의 신문이 우편으로 배달되고 난 후인 것이다. 1875(M8)년 4월 15일 『우편호치신문』은 이러한 난관에 직면한 『오사카신문』이 "신문에 기술해야 할 것은 다만 천 척 보내오는 여러 국가의 상사(商社) 만태그늘에 포효하는 쇄말적인 가담항설(街說) 있을 뿐 실로 그 실상을 작게 볼 일이 아니다"고 탄식하면서 발간한 취지를 보도하여 "실로 딱하여 참을 수 없다"고 술회한다. 니시키에신문의 발행 무렵 오사카에서 신문명을 단 사무소는 1874(M7)년 11월 14일에 개설된 『우편호치』의 지국뿐이었다.

지역 일간지가 존재하지 않은 상태에서 니시키에신문은 유일하게 '신문'을 제목에 내건 오사카 발행의 출판물이었다. 이것의 간행에 관계한 발행처의 일람표가 〈표 4-5〉이다. 14곳의 발행처 가운데 (a) 모리 분조[森文藏], (b) 이시카와 와스케[石川和助], (c) 야오 젠베[八尾善兵衛], (d) 후지 마사시치[富士政七], (e) 우메무라 야스베[梅村安兵衛], (f) 우메무라 이스케[梅村爲助], (g) 이케다 덴베[池田伝兵衛], (h) 마에다 기헤[前田喜兵衛], (l) 마쓰모토 헤베[松本平兵衛], (m) 노구치 세이베[野口清兵衛] 10명은 그림책 공방업자가 서적상들 무리에서 독립했을 때 만들어진 1870(M3)년의 명부에 이름이 실린 공방이다.[36] 대규모의 에소시야인 공방이 다투어 참가한 점이 도쿄와 다르다. 또한 이들 가운데 전술한 (c) 야오젠[八尾善], (h) 니시키기[錦喜]와 같이 신문의 수입 판매에 일찍부터 관계하고 신문

36 多治比郁夫, 「明治初年の草紙屋仲間資料」, 『大阪府立図書館紀要』 23号, 1987.3, 35~43면 참조.

에 적극적인 관심을 표명한 사람들이 있다.[37]

특히 주목해야 할 것은 (i) 백사신문국(百事新聞局)과 (j) 후지이 카쓰미쓰[藤井克三]가 발행한 두 가지의 니시키에신문이다. 후지이 카쓰미쓰는 사족으로 당시 『오사카신문』의 발행처인 서적회사의 사원이었다.[38] 그가 시습사(時習舍)라는 호로 편집·출판한 『권선징악니시키화신문[勸善懲惡錦畵新聞]』(표 4-2, ⑫)에 서적회사명은 기재되지 않았지만 제명에 '관허'를 붙여 서적회사 공인이었을 것으로 추정된다. 또한 백사신문국은 실제로는 (h) 니시키기[錦喜] 의 다른 회사로 『니시키화백사신문[錦畵畵百事新聞]』(표 4-2, ⑪)을 발행했지만[39] 이 니시키에신문은 내무성에 신문 잡지로 등록되어 역시 '관허'를 표방했다.[40] 즉 이 두 가지 니시키에신문은 '신문'의 두 문자를 내건 신문사업의 일환으로 당국의 인가를 받았다.

실제 『나니와신문[浪花新聞]』이나 『오사카일보[大阪日報]』의 지면에도 이들 니시키에신문은 신문과 동등하게 간주되었다. 예를 들면 "나니와신문이 있다 하여도 아직 우리 눈을 뜨게 할 만하지 않고 니시키에신문과 같이 도적 간음 정사의 잡담을 기술하는 것에 지나지 않으니 가격이 매우 비싸 다시 사보는 일을 꺼려한다(『오사카일보』, 1876(M9).3.10 투서)"

---

37 『상업자료』(1898(M31).10.10)에는 게이오[慶応] 원년(1865)에 (a) 石川和助가 『大阪新報』라는 주간지의 발행을 기도하며 몰수되었다는 전문이 있다.

38 위의 책, 『상업자료』에 따르면 그는 광고주임이었지만 1879(M12)년 6월에는 서적회사사주가 되었다. 처음 서적상 아사이 요시베[淺井吉兵衛]가 서적회사 대표였지만 1875(M8)년 무렵부터 실제로는 후지이[藤井]가 대리를 담당했던 것 같다(大阪府立中之島図書館, 앞의 책, 7·10巻 참조).

39 『錦畵百事新聞』 1号; 福良虎雄, 앞의 책, 33~39면.

40 내무성도서국, 「도서관서목 신문잡지지부」(1883) 참조. 다만, "1876(M9)년 6월부터 동년 8월 1호부터 85호까지"의 기술은 원자료와 부합하지 않는다. 1876(M9)년 6월 1일의 날짜가 기입된 호는 114호이고 190호는 동년 9월 25일자이다. 또한 마찬가지로 신문잡지에 등록된 『確實畵解新聞』은 책자의 형태이지만 니시키에신문에 가까운 내용의 출판물이다.

라는 지식인의 비판도 있었지만 "세상의 딸들 오사카에도 나니와신문도 니시키에신문의 저희 회사도 있으니 이런 간통(姦通)의 짓을 저지른다면 즉각 신문에 실어 아버지까지 바깥소문이 날 터이니 노력하여 품행을 잘하지 않으면 안 됩니다(『오사카일보』, 1876(M9).5.8 잡보)"라는 바와 같이 비지식인 대상의 뉴스매체로서 인지되었다.

오사카의 니시키에신문은 도쿄 발행의 신문 기사에 기초한 것이나 독자적인 취재 기사의 두 가지 방식으로 이루어졌다. 오사카의 니시키에신문 11종 432점에 대하여 기사 인용지와 대상 지역을 종합한 것이 〈표 4-6〉이다.

〈표 4-6〉에서 보는 바와 같이 인용지명이 명기된 것은 전체의 약 3할로 주로 『우편호치신문(郵便報知新聞)』, 『요미우리신문(讀賣新聞)』, 『도쿄일일신문(東京日日新聞)』 세 종류이다. 나머지 약 7할 정도는 오사카나 관서권의 화제로서 출처를 명기하지 않은 신문기사에 의거한 기사도 섞여 있다고 추측된다(그림 4-1, 4-2 참조). 하지만 투서를 포함하여 독자적인 취재가 많았을 것으로 여겨진다.[41] 당시 오사카를 대표한 우키요에 화가 2대째 하세가와 사다노부(長谷川貞信)와 사가키 요시다키(笹木芳瀧) 두 사람은 그림과 함께 문장도 썼는데[42] 그들은 사건이 발생하면 니시키에신문의 그림을 제작하기 위해 현장에 달려가곤 하여[43] 오늘날의 리포터 겸 카메라맨의 역할을 수행했다고 하겠다.

---

41 '투서'라고 명기한 니시키에신문이 다소 존재한다.

42 芳瀧는 화호(畵号)로 기명했지만 하세가와 사다노부(長谷川貞信)(본명 德太郎)는 大水堂狸昇, 文花堂, 文花山人, 花源堂 등의 필호를 사용했다. 이것은 소정의 난 외에 '長谷川德太郎筆記'의 도장이 날인된 원자료에서 판명되었다.

43 『あのな』 5集, 楓文庫, 1928.9, 24면.

〈표 4-6〉 오사카 발행 니시키에신문의 기사 대상의 지역과 인용지명

| 지역 | ① | ② | ③ | ④ | ⑤ | ⑥ | ⑦ | ⑧ | ⑨ | 계 |
|---|---|---|---|---|---|---|---|---|---|---|
| 오사카 | 23 | 6 | 3 | 9 | 6 | 17 | 7 | 105 | 26 | 202(51.7) |
| 관서(오사카주변지역) | 9 | 1 | 0 | 0 | 2 | 11 | 0 | 8 | 12 | 43(11.0) |
| 도쿄 | 18 | 5 | 10 | 7 | 17 | 5 | 7 | 5 | 2 | 76(19.4) |
| 관동(도쿄주변지역) | 3 | 2 | 3 | 2 | 4 | 4 | 1 | 2 | 0 | 21(5.4) |
| 추부[中部] | 4 | 2 | 0 | 3 | 2 | 2 | 1 | 1 | 3 | 18(4.6) |
| 도후쿠[東北] | 2 | 0 | 1 | 1 | 1 | 0 | 0 | 2 | 0 | 7(1.8) |
| 추고쿠[中國]·시코쿠[四國] | 3 | 0 | 1 | 2 | 1 | 1 | 0 | 3 | 3 | 14(3.6) |
| 규슈[九州] | 2 | 0 | 2 | 1 | 0 | 0 | 0 | 1 | 1 | 7(1.8) |
| 기타 | 1 | 0 | 0 | 0 | 0 | 0 | 1 | 1 | 0 | 3(0.7) |
| 합계 | 65 | 16 | 20 | 25 | 33 | 40 | 17 | 128 | 47 | 391(100%) |
| 불명·미정 | 6 | 0 | 0 | 0 | 4 | 0 | 0 | 10 | 21 | – |
| 인용지명 | | | | | | | | | | () 안은 관동권의 기사 |
| 『우편호치신문[郵便報知新聞]』 | 1 | 2(1) | 2 | 11(3) | 16(7) | 3(1) | 17(7) | 1(1) | 0 | 53(20) |
| 『도쿄일일신문[東京日日新聞]』 | 1 | 3(3) | 3(2) | 1 | 0 | 5(2) | 0 | 5 | 0 | 18(7) |
| 『요미우리신문[讀賣新聞]』 | 0 | 2(1) | 13(11) | 4(3) | 14(11) | 1(1) | 0 | 4(2) | 0 | 38(29) |
| 기타 | 0 | 0 | 0 | 1* | 3**(2) | 4***(1) | 0 | 1**** | 1***** | 10(3) |
| 합계 | 2 | 7(5) | 18(13) | 17(6) | 33(20) | 13(5) | 17(7) | 11(3) | 1 | 119(59) |

※ 각 번호가 나타내는 것은 다음의 니시키에신문[錦繪新聞]이다. ①: 『大阪錦繪新聞』(24点), 『大阪錦繪新聞』(14点), 『日日新聞』(33点)의 합계, ②: 『大阪錦畵新話』, ③: 『大阪新聞錦畵』, ④: 『大阪日々新聞紙』, ⑤: 『新聞図繪』, ⑥: 『大阪錦畵日日新聞紙』, ⑦: 『郵便報知新聞錦繪』, ⑧: 『錦畵百事新聞』(조사완료138점에 대하여), ⑨: 『勸善懲惡錦畵新聞』.

주: 그 밖의 인용지명의 내역에 대해서는 다음과 같다.
* '신문'으로 호수만 기재되어 있는 것 = 1 / ** 『平かな新聞』 = 1, 『高知新聞』 = 1, '신문'으로 호수만 기재되어 있는 것 = 1 / *** 『神戶新聞』 = 3, 『日新眞事誌』 = 1 / **** 『備作新聞』 = 1 / ***** 『朝野新聞』 = 1.

다만 이 가운데에는 하세가와 사다노부가 회상하는 바와 같이 거짓 보도[44]도 많아서 앞서 인용한 『우편호치신문』의 기사에서 니시키에신문의 내용을 조작한 것이라고 비판한 것도 근거가 없는 것은 아니다. 『신문도회(新聞図會)』(표 4-2, ⑨)의 호외와 같이 오보를 정정하는 사죄광고도 냈다.[45] 그러나 예컨대 『우편호치신문니시키에』(표 4-2, ⑩)가 본지

44 福良虎雄 編, 앞의 책, 36~37면 참조.

45 ジャーナリズム史研究會, 『新聞錦繪展』, 図錄, 1988, 114면.

와는 관계없이 조작된 기사라는 미야다케 가이코쓰의 주장은 바르지 않다.[46] 왜냐하면 『우편호치신문니시키에』 가운데 다소는 분명히 본지에 게재된 기사에 기초한[47] 데다가 이 니시키에신문의 문안기자 니시자 모토지[西座基二](穗千堂眞文)는 호치사 오사카 지국의 탐방자였다.[48] 요컨대 니시키에신문은 본지 기사에 의한 것만이 아니라 호지사의 암묵적인 공인하에 출처로 삼았을 가능성이 크다.

지역성의 화제에 더하여 속보성과 정기성의 측면에서도 오사카의 니시키에신문은 일간지 대신에 지역 뉴스를 전하는 매체가 되었다고 생각할 수 있다. 이를테면 『니시키화 백사신문』은 월 18~26회, 즉 격일 내지는 일간으로 발행되어 희망자에게는 호별 배달이 이루어졌다. 특히 114호 이후는 활자를 사용하여 니시키에신문이 보통 한 장 한 건의 뉴스 밖에 실을 수 없는 것을 2~3건으로 하여 정보량을 늘리고 외견상으로도 신문에 가까웠다. 또한 『권선징악니시키화신문』 31호에는 화재를 전하는 호외가 있어 적어도 주간에서 일간에 가까운 정기적인 발행지였을 것으로 추정된다(권두화 참조). 또한 『니시키화 백사신문』에 대하여 내무성에 의한 발행 부수의 기록에 따르면 1875(M8)년 7월부터 이듬해 1876(M9)년 6월까지의 1년간 4만 8천 부, 1호당 약 350부를 발행했다.[49] 우다카와 분카이[宇田川文海]의 회상록에 따르면 『나니와신문』

46 『公私月報』 80号, 半狂堂, 1937.6, 4면(복제판, 嚴南堂書店, 1981).

47 예를 들면 니시키에신문 제1호의 이야기는 1875(M8)년 4월 29·30일자 본지에 삽화를 넣어 게재한 기사에 기초한다.

48 신문의 소정의 난 외에 편집인 '編輯人 西座基二'의 날인이 있는 원자료가 있는데 이것은 1876(M9)년 2월 3일자 본지의 '오사카신보'란에 서명한 '현장탐방사 나카니시자 겐지로[現場探訪社中西座元次郎]'와 동일인물로 여겨진다.

49 창간은 1875(M8)년 9월경으로 추정되며 1876(M9)년 6월 말까지의 발행 부수는 137호였다.

〈그림 4-1〉『平仮名繪入新聞』 3호, 1875(M8).4.22 삽화

〈그림 4-2〉 오사카에서 발행된 니시키에신문 『日々新聞』 14호, 2대째 貞信의 삽화는 『平仮名繪入新聞』(그림 4-1)의 삽화를 참고로 했다고 생각된다.

창간 당시 월 최대 독자가 200명 이하로 가두판매를 합해도 1일 500부 정도의 매상을 올렸다[50]고 하므로 니시키에신문은 이에 가까운 수치를 발행한 것이 된다. 이와 같이 오사카의 니시키에신문은 신문에 대하여 부수적인 종의 존재에 머문 도쿄의 니시키에신문과는 달리 충실한 독자의 뉴스 미디어였다. 이 성공은 오사카의 신문 발행에 자극을 줌으로써 본격적인 일간지 출현 이전의 공백을 메웠다.

## 6. 니시키에신문에서 『아사히신문』으로

소신문인 『나니와신문』 대신문인 『오사카일보』의 발간 이후 1876(M9)년 중반 무렵 오사카의 니시키에신문은 최전성기를 지나 뉴스 미디어로서의 역할을 실질적으로는 종료했다.[51] 그 원인은 『나니와신문』이나 『요미우리신문』[52]의 소신문에 니시키에신문이 개척한 독자층이 이행 흡수되었기 때문으로 생각할 수 있다. 니시키에신문의 문장은 후리가나를 달아 『니시키화백사신문』의 광고와 같이 가나문자밖에 읽을 수

---

50 宇田川文解, 『喜壽記念』, 宇田川翁喜壽記念會, 1925, 24면. 江上朝霞의 回想(『大阪朝日新聞』, 1909(M42).3.10)에 의하면 150매 정도였다고 한다.

51 세이난[西南] 전쟁에 즈음하여 발행된 〈표 4-2〉의 ⑬, ⑭는 성격이 다르므로 별도의 논의가 필요할 것이다.

52 『요미우리신문』은 창간 당초부터 오사카에서도 판매되었지만 지점은 1876(M9)년 6월에 개점했다. 개설 당초부터 1일 평균 약 600매를 팔았다. 讀賣新聞百年史編集委員會編, 『讀賣新聞百年史』, 讀賣新聞社, 1976, 141면.

없는 '아동·부녀자'를 독자 대상으로 하여 그 발행 목적은 그들에게 '권선징악'을 설교한다는 틀에서 설정되었다. 이것은 동시대의 대중 대상의 소신문에서 내건 어투와 같은 것으로 내용적으로 보더라도 소신문의 잡보기사와 니시키에신문은 같은 화제와 표현을 공유하여 양자의 독자층은 겹쳐졌을 것으로 추측된다. 그러나 정보량과 신속성, 저렴한 가격이라는 점에서 소신문은 니시키에신문을 능가한다.

니시키에신문의 제작주체들도 소신문으로 이행해 간 흔적이 뚜렷하다. 니시키에신문에서 붓을 휘두른 우키요에 화가, 2대째 하세가와 사다노부는 1878(M11)년 12월 창간의 『오사카뎃치신문』, 사사키 요시타키는 1877(M10)년 5월 창간의 『오사카회입신문』에 각각 삽화를 담당했다. 또한 니시키에신문의 문안기자 야스다 기치에몬[安田吉右衛門](正情堂九化)이나 하세가와 사다노부[長谷川貞信](大水堂狸昇)는 『나니와신문』에 기고했다.[53] 또한 『나니와신문』의 주요한 투서가는 『실생신문(實生新聞)』, 『오사카뎃치신문[大阪でっち新聞]』[54]을 거쳐 1879(M12)년 1월 창간의 『아사히신문』으로 계승되었다.[55]

한편 니시키에신문의 발행처였던 에소시야[繪草紙屋]는 소신문의 발행처가 되지 못했지만 신문 판매라는 신문 사업의 하부조직을 담당했다. 이를테면 (b) 이시카와 와스케[石川和助], (e) 우메무라 야스베[梅村安兵衛], (f) 우메무라 이스케[梅村爲助], (l) 마쓰모토 헤베[松本平兵衛]는 『나

---

53 야스다 기치에몬[安田吉右衛門]은 요쓰하시[四ツ橋]의 부채가게 주인으로 『浪花新聞』 1877(M10)년 1월 16·25일 2회에 걸쳐 '狸々堂九化'라는 필명으로 투서했다.

54 뎃치(でっち)는 직인이나 상인의 집에서 일하는 연소자를 일컫는 '견습'을 뜻한다.

55 예를 들면 半眠舍夢三, 山本勘助, 末廣要(本名 扇谷五兵衛), 山田淳子 등이 투서란에서 활약했다. 野口市兵衛(野ムロ一瓶), 小野米吉 등은 『浪花新聞』의 투서가에서 『朝日新聞』기자가 되었다.

니와신문』, 『실생신문』, 『오사카화입잡지』 및 『아사히신문』 등의 판매처가 되었다.[56] 또한 (a) 모리 분조[森文藏], (d) 후지 마사시치[富士政七]도 신문 판매를 했다.[57] 그 외에도 (b) 이시카와 와스케[石川和助], (h) 니시키기[錦喜]는 광고주로서 신문에 관여했다. 당시 『오사카일보』 및 『오사카뎃치신문』, 『아사히신문』의 광고는 주로 서적과 약 판매[58]였으며 서적 광고의 대부분을 큰 규모의 서적상에서 차지하는 가운데 양자 모두 에소시야로서는 드물게 『오사카일보』에 광고를 냈다.[59] (h) 니시키기[錦喜]는 훗날 『아사히신문』의 중요한 인물인 우에노 리이치[上野 理一]와 니시키에신문을 기화로 친밀한 사이가 되었다는 일화가 전해지지만[60] 창간 당초의 『아사히신문』에 광고를 수차례 내[61] 우에노의 입사 전부터 이미 『아사히신문』과는 가까웠다고 생각한다. 또한 (b)이시카와 와스케[石川和助]는 1880(M13)년의 『아사히신문』에 10회 이상 광고를 내고[62] 그 해 9월부터 『아사히신문』의 판매거점이 되었다.

이상과 같이 니시키에신문으로 활발한 에소시야와 신문과의 관계는 신문에 이른 시기부터 주목한 에소시야에 의한 도쿄발행 신문의 수입에서부터 자비에 의한 니시키에신문, 또한 오사카 발행지의 판매점으

56 『浪花新聞』 22~524号, 『實生新聞』 1号, 『大阪畵入雜誌』 15号의 각각의 판권에 의한다.

57 大阪府立中之島図書館, 앞의 책 7章 참조.

58 津金澤聰廣他, 『近代日本の新聞廣告と経營』, 朝日新聞社, 1979, 13~41면 참조.

59 (b) 石川和助는 1879(M12)년 1월 14일, (h) 錦喜는 1879(M12)년 2월 19일에 광고를 처음 실었다.

60 朝日新聞社社史編修室 編, 『上野理一伝』, 朝日新聞社, 1959, 74면. 우에노[上野]가 감독역으로 섬기던 오사카 진대장관 미요시[三好]가 錦喜 발행의 『錦繪新聞』을 보고 격노했을 때, 우에노가 중재역을 맡아 친밀한 사이가 되었다는 일화. 문제가 된 1879(M12)년 발행의 「구렛나루 견줄 만한 메기의 구멍 찾기[髯くらべの鯰穴探し]」는 니시키에신문이 아니라고 생각되지만 당시 『錦畵百事新聞』이 주는 인상을 전하는 것으로 매우 흥미롭다.

61 1879(M12)년 3월 30일부터 5월 16일까지 10회 게재.

62 최초의 광고는 1879(M12)년 10월 29일.

로의 과정으로 요약된다. 이것은 서적상인 오카지마 신시치가 『도쿄일일신문』의 수입판매부터 자비로 『오사카뎃치신문』 발행, 또한 『오사카마이니치신문』의 판매점으로의 이행 과정에 대표되는 대형서적상의 동향과 병행하여 생각할 수 있다. 즉 이것은 구 출판세력에 의한 신문이라는 새로운 미디어에의 접근이고 동시에 신문 사업이 구 출판세력을 기반으로 확장해 가는 과정이다. 오사카에서는 대형서점과 그림책공방인 에소시야가 신문에 적극적으로 관여하여 초기 신문사업의 기반을 구축했다. 니시키에신문이란 이와 같은 과정에서 태어난 구세력에 의한 새로운 형태의 포퓰러(popular) 저널리즘의 시도라고 하겠다.

## 7. 니시키에신문의 시각 표현과 소신문

니시키에신문은 본래 에소시[繪草紙]라는 하나의 명칭에서 파생된 그림책[繪本], 니시키에[錦繪], 요미우리가와라반[讀賣瓦版]이라는 근세의 시각미디어를 재통합한 인쇄물이다. 시각적인 사건 보도라는 점에서 선행 미디어인 요미우리가와라반은 부정기 간행물로 불법에 가까운 거의 단색의 조잡한 인쇄물이었던 데 비해 니시키에신문은 그 보도적 성격을 흡수함으로써 극복하여 신속하고 정기적인 뉴스 매체였다. 또한 니시키에신문은 우키요에를 계승 발전시켜 니시키에 기술을 도쿠가와 정권하에서는 금지된 시사보도의 영역을 해방하여 문자를 읽을 수 없는 자도 끌어들일 수 있는 다채로운 색채의 알기 쉬운 정보 매체였다.

한편 니시키에신문은 근대 이후의 대중 저널리즘의 출발점이기도 했다. 니시키에신문이 개척한 시각세계의 새로움은 유화의 액자나 창틀을 연상시키는 붉은 자줏빛으로 둘러진 테두리, 또는 표제를 내건 천사상이라는 의장에 머무는 것이 아니라 목수·초밥집·직공·인력거 인부·하녀·이발사·약장사 등 상인·직인이나 농부·어부 등 보통 시정 사람들이 강도나 정사(心中) 등 잡다한 화제의 주인공을 주소나 실명을 명기하여 기술한 점이다. 인물 중심의 시각보도는 신문 잡보에 삽화를 그린 우키요에 화가가 그 선구자로 꼽히며 나아가 훗날 만화나 텔레비전 등의 시각 미디어나 대중 저널리즘에 결부된 표현 형식이었다고 하겠다.

확실히 『화이스트(*The Far East*)』의 기사(1874(M7).9.30)가 일찍이 니시키에신문을 다루면서 기술한 바와 같이 윤리 도덕상의 효능이 출판자의 목적이었을지도 모른다. 실제 그 문장에는 종종 교훈조의 언사가 더해졌다. 이를테면 연정에 얽힌 사건의 보도에서는 "오호 바보같구나" 하고 통탄해하거나 "삼가해야 한다"는 말로 종결하여 포상금을 받은 효행 이야기나 경범죄로 경질된 여자 이야기로 모범을 제시했다. 또는 기사를 전하면서 '치우담(癡愚談)'이나 "두려워해야"한다고 경계하는 글로 매듭지었다. 그러나 독자는 이러한 교훈은 뒷전이고 추문의 재미나 그림의 화려함에 매혹되었다고 하겠다.

이와 같이 니시키에신문은 뉴스='신문'이란 무엇인가조차 알지 못했던 서민층을 인간적인 흥미에서 접근하는 방식으로 새로운 미디어로 초대하는 선전 광고의 역할을 수행하여 소신문 시장의 성립 터전을 마련했다. 부녀 동몽을 대상으로 권선징악을 일깨운다는 명분하에 후리가나를 단 잡보에 그림을 곁들여 내보내는 형식의 기본선은 니시키에신문에서 삽화를 넣은 소신문으로 이어졌다. 실제로 도쿄에서도 오사카에서도 니시키에신문은 소신문보다 몇 개월 앞서 발행되어 소신문의 정착과 함께 소멸했다. 다만 도쿄에서는 대신문이 먼저 성립하고 그 뒤를 이어 니시키에신문에서 소신문으로 이어졌지만 오사카에서는 니시키에신문→소신문→대신문의 순으로 발생하여 마침내 소신문 『아사히신문』이 급성장하게 된다.

제5장

# 초기 소신문의 투서와 소통방식

## 1. 소신문의 독자층과 투서란

후리가나라는 방식을 채용하여 시정의 사건을 중심으로 한 잡보를 삽화를 곁들여 보도한 소신문은 『요미우리신문』을 필두로 많은 독자층을 획득했다. 도쿄부 통계서에 따르면 1877(M10)년 한 가구당 평균 발행 부수는 대신문으로서는 『도쿄일일신문』이 약 1만 1천 부로 가장 많고 이어 『우편호치신문』 약 6천 900부, 『조야신문』 약 6천 800부였다. 이에 대하여 소신문은 『요미우리신문』이 약 2만 600부 『도쿄회입신문(東京繪入新聞)』이 약 6천 200부 『가나요미신문』이 약 9천 200부였다. 『요미우리신문』이 『도쿄일일신문』의 약 2배에 달하여 다른 소신문도 대신문에 뒤지지 않는 부수를 올렸다. 그러나 도쿄 내의 부수에 한정한다면 대신문은 『도쿄일일신문』의 약 4천 부를 시작으로 2천 부에서 3천 부인 데 반해 소신문은 『요미우리신문』이 약 1만 5천 부 『도쿄회입신문』이 약 3천 300부 『가나요미신문』은 약 7천 300부로 소신문 발행 부수의 반 이상은 도쿄에서 판매되었다. 예컨대 메이지 초기에는 대신문이 도쿄만이 아니라 지방 거주자를 포함하는 광범위한 지역에서 읽혀진 데 반해 소신문은 주로 도쿄와 같은 도시에 사는 사람들에게 읽혀졌다.

그러면 실제 소신문 독자가 된 사람들은 어떠한 계층이고 어떠한 소통방식으로 어떠한 언어공간을 창출하여 공유한 것일까. 이러한 질문의 최대의 단서는 독자 참가의 장으로서 인기를 모은 투서란이다. 투서란은 당대 소신문에서 열렬한 환영을 받은 인기물의 하나로 이를 무대로 활약하는 투서가 집단을 출현시켰다. 투서의 내용은 오늘날과 같은 의견중심의 투서만이 아니라 계몽적인 교훈담이나 노래가사 바꾸기 등의 풍자, 수필문 등 오락적인 면을 많이 포함한 다채로운 것이다. 이 소신문의 투서 및 독자층에 대해서는 이미 야마모토 다케시의 논의[1]가 있지만 제5장에서는 이를 바탕으로 메이지 초기의 대표적인 3대 소신문 즉 『요미우리신문』, 『도쿄회입신문(東京繪入新聞)』, 『가나요미신문』(『요미우리』, 『도쿄회입』, 『가나요미』는 약칭)의 창간부터 1883(M13)년까지의 투서란[2]을 통틀어 조사한 결과에 기초하여 투서 및 투서 주체인 투

---

1 山本武利의 『近代日本の新聞讀者層』(法政大學出版局, 1981) 및 『新聞記者の誕生』(新曜社, 1990)에 수록된 제 논문.

2 이 시기의 투서란은 '기고(奇書, 보낸 글)'내지는 '투서(投書, 던진 글)'라는 제목으로 정부가 내는 법령을 실은 '관령(官令, 포고)', '공문(公聞, 포고)'란이나 일반기사를 게재한 '신문(新聞, 신문)', '잡보(雜報, 이야기)'란, 광고 지면인 '품고(稟告, 넓힘)', '광고(廣告, 넓힘)'란 등과 나란히 구별되었다. 이번 조사에서는 원칙으로서 이 투서란을 대상으로 했지만 후술하는

서자의 실태를 실증적으로 규명함으로써 당대 소신문과 독자의 커뮤니케이션에서 투서란이 차지하는 위상과 그 의미를 고찰한다.

## 2. 소신문 3종 투서란의 투서게재건수와 지역 경향

먼저 이 세 가지 소신문에 대하여 간단히 일별해 둔다. 『요미우리신문』은 '방훈신문(傍訓新聞)' 즉 후리가나신문으로 부르는 최초의 소신문으로 1874(M7)년 11월 2일에 도쿄에서 창간되었다. 일취사(日就社)라는 활자 출판사에서 펴낸 이 신문은 바로 전대의 요미우리 가와라반[讀賣瓦版] 양식을 의식적으로 사용하여 그 이름대로 가두에서 큰 소리를 내며 파는 방식을 취했다. 초대 편집장 스즈키다 마사오[鈴木田正雄]가 중심이 되어 만든 이 문체는 '속담평화(俗談平話)'즉 서민의 일상 언어에 가까운 문장으로 평가되어 인기를 얻었다. 이 『요미우리신문』이 성공을 거두자 이듬해 1875(M8)년 4월 17일에 마침내 『히라가나 회입신문[平仮名繪入新聞]』 역시 도쿄에서 창간되었다. 구막부[幕府]의 대신으로 국학자인 마에다 겐지로[前田健次郎]가 주간이 된 이후 매호 삽화를 넣은 지면을 특징으로 하여 평판을 얻었다. 이듬해 1876(M9)년 3월에 『도쿄회입신문[東京繪入新聞]』으로 개제하여 1889(M22)년까지 이어졌다. 이에 대해

바와 같이 투서는 투서 이외의 난에서도 기사로서 다루어지기도 하여 투서란과 잡보란의 구별은 명확하지 않다.

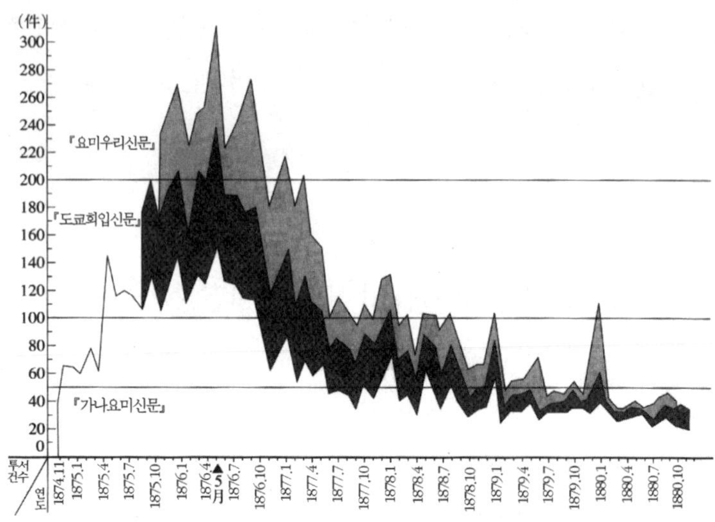


〈도표 5-1〉 소신문 3종 투서게재 건수(3종 합계)

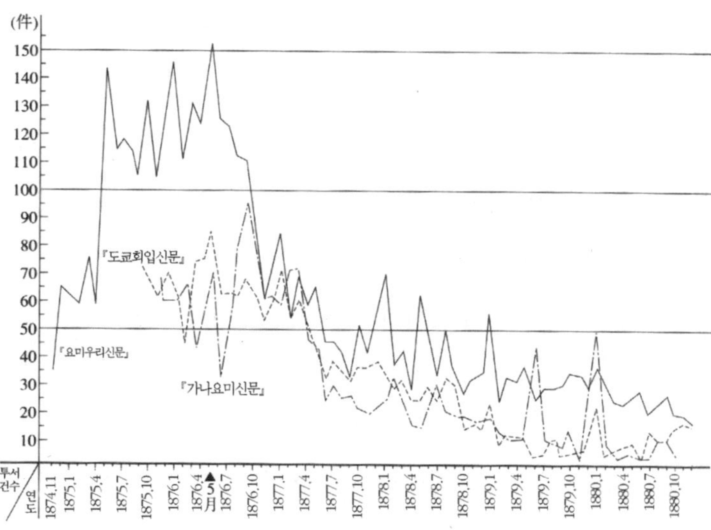


〈도표 5-2〉 소신문 3종 투서게재 건수(각지)

서 『가나요미신문』은 1875(M8)년 11월 1일에 요코하마에서 창간되었다. 편집장 가나가키 로분의 가볍고 세련된 독특한 문체를 특징으로 1877(M10)년 3월에 도쿄로 이전하여 『가나요미신문』으로 개제, 그 뒤 1880(M13)년 말 폐간되었다. 이들 신문은 어느 것이나 대신문과는 다른 '하등사회'즉 '중간부터 하층의 특히 여자 아이', '시정의 속인 부녀자'[3]를 독자층으로 하는 것이 정설이지만 실제 독자의 대표로서 지면에 등장한 투서가들은 어떠한 사람들로 구성된 것인가.

이에 대해 검토하기 전에 먼저 당대 투서란의 상황을 수치로 확인해 두자. 〈도표 5-1〉, 〈도표 5-2〉는 이상에서 기술한 세 가지 소신문에 게재된 투서 건수를 1874(M7)년부터 1880(M13)년까지 월별 집계하여 그래프로 도식화한 것이다.[4] 〈도표 5-1〉에서 보는 바와 같이 1876(M9)년 5월이 투서게재건수가 가장 많아 세 가지 신문 합계 311건으로 정점을 이루고 이 가운데 1876(M9)년 후반에서 1877(M10)년 후반까지 급격히

---

3 '하등사회'및 '인민 중에서 하와 특히 여자 아이'라는 표현은 당시의 소신문 지상에서 사용되는 표현. '시정의 속인 부녀자'는 小野秀雄, 앞의 책(1922)의 표현. 소신문의 독자층을 뜻하는 표현으로서 그 밖에 '중류 이하의 사회층'(山本文雄, 『日本新聞史』, 國際出版, 1948), '독서력이 저급한 독자(讀書力の低級なる讀者)'(小野秀雄, 『日本新聞史』, 良書普及會, 1949) 등이 있지만 鈴木秀三郎, 앞의 책(1959)이나 西田長壽, 앞의 책(1961)에는 이 이상의 분명한 언급은 없다. 야모모토 다케시는 소신문의 독자층을 '후리가나를 달아 겨우 신문을 이해할 수 있는 저급한 리터러시의 소유자'라고 하여 대도시의 상인층이 중심을 이룬다고 진술했다(山本武利, 앞의 책(1981), 69~71면).

4 이 집계에서 주의해야 할 것은 매월 세 신문의 발행 부수가 다르다는 것, 각 신문의 지면 크기의 차이, 그리고 자료의 결호이다. 앞의 두 가지 사항에 대해서는 이를 테면 세 가지 신문도 격일 간행으로 창간한 뒤 매일 간행으로 바뀌었지만 그 시기 『讀賣新聞』는 1875(M8)년 5월, 『東京繪入新聞』은 1875(M8)년 9월, 『仮名讀賣新聞』는 1876(M9)년 8월로 다르며 지면의 자수 용량의 변화에 차이가 있으므로 단순히 세 가지 신문의 투서 게재 건수를 비교하는 것이 문제가 있더라도 이 시기 소신문의 투서 건수의 전체 동향을 파악하는 데는 이 집계가 유효할 것이다. 또한 자료의 결호분에 관해서는 원칙으로서는 월 단위로 크게 결락된 경우는 앞뒤의 문맥에서 추정한 숫자를 보완하여 표를 작성했지만 그 외는 고려하지 않았다. 다만 창간 당초 『東京繪入新聞』은 1875(M8)년 4월부터 8월분까지 결호가 많고 투서란 자체도 상설적인 난이 아니라 산발적으로 존재하므로 제외했다.

감소한다. 또한 신문 3종을 비교하면 〈도표 5-2〉에서는 결호나 발행 일수에 의해 세 신문의 상세한 비교에는 미치지 못하나 『요미우리신문』의 건수가 타 신문보다 단연 압도적으로 많고 『요미우리신문』과 『도쿄회입신문』이 거의 엇비슷한 행보를 취하는 데 비해 『가나요미신문』은 조금 차이가 있는 움직임을 보이는 것 등을 읽어낼 수 있다.[5]

다음으로 투서자의 명수와 각 투서자의 투서 게재건수를 주목해 보자. 필명, 주소 등에서 동일인물로 확인되는 투서자[6]를 세어보면 『요미우

---

5 이 건수는 오늘날과 비교하면 미미하지만 당시 1일 발행 부수가 신문 3종을 합해도 2만에서 3만 정도로 추정되는 것을 감안한다면 그리 작은 수치는 아니다. 실제로 신문사에 보내진 투서의 수가 이 게재 건수를 크게 웃도는 것은 이를테면 1875(M8)년 5월 27일자 『讀賣新聞』에 '근래 투서 많은 것 하루에 40통 정도'라는 기술에서도 알 수 있다. 또한 당시 지면의 크기에서 본다면 투서란은 적어도 1876(M9)년 말까지는 소신문에 불가결한 기둥과 같았다. 한편 1876(M9)년 후반에서 1877(M10)년에 걸친 시기에 이르러 투서란은 지면에서 누락되는 횟수가 늘어난다. 이것은 투서 활동 자체가 줄어든 것을 의미하는 것이 아니다. 변함없이 열렬한 투서가들은 활발하게 투서를 보내 게재를 낙으로 삼아 게재를 재촉하는 글을 종종 신문사에 보내기도 했다. 편집측은 그 이유를 잡보기사가 늘어나 지면이 부족하다고 설명하지만 이후 지면이 확대되어도 투서 게재가 그다지 늘어나지는 않았다는 점에서 다른 이유를 생각할 수도 있겠다. 그 하나로서 정부의 언론 통제에 의한 단속이다. 1875(M8)년 6월에 신문조례가 개정되어 중상비방에 관한 법률인 참방률(讒謗律)이 공포되자 스에히로 뎃초[末廣鐵腸]나 나루시마 류호쿠[成島柳北] 등 대신문 관계자가 속속 체포되었다. 이 법률에서는 투서하는 자에 대해서도 처벌을 규정하였으므로 투서가는 필명을 고치는 등 민감하게 반응했다. 처음에는 직접적으로 영향이 미치지 않았던 소신문 관계자가 필화로 고초를 겪게 된 것은 이듬해 이 법률의 일주년을 기념한 신문 공양대시기귀(新聞供養大施餓鬼) 이후부터이다. 1876(M9)년 9월에 『讀賣新聞』, 『東京繪入新聞』은 나란히 벌금형을 받아 12월에 『讀賣新聞』 편집장 나가이 로크[永井碌]가 투옥 3개월 형을 받은 무렵부터 연일 필화 사건이 보도된다. 이 시기는 투서의 게재 건수가 격감하는 시기와 일치하므로 당대 투서 활동의 배경으로 지적해두고자 한다.

6 이 글에서는 투서 주체를 투서자라 부른다. 이 투서자를 확정하고 그 이력을 밝히기 위한 수순으로 먼저 투서에 명기된 서명(署名)을 정리했다. 당시 투서자의 서명은 필명에 의한 것이 많아 종종 주소를 나타내는 지면과 함께 뭉뚱그려지는 것이 많으므로 지명의 표시도 판별하는 데 참고로 했다. 이때 '아무개', '한 노인', '서생' 혹은 무서명 등 개인을 특정할 수 없는 것은 투서자의 확인에서 제외했다. 이들 불분명한 예는 각지의 투서 게재 가운데 1~2%였다. 다음으로 투서 및 일반 기사 중에는 때때로 투서자의 직업·연령·필명·출신지나 신분에 언급한 부분을 발췌해 정리했다. 이에 기초하여 이 시대를 다룬 각종 회상록, 인명사전 등의 문헌으로 이력의 확인 작업을 실시했다. 이에 관해서는 특히 宮武外骨·西田長壽, 앞의 책; 野崎左文, 앞의 책(1927) 및 『早稻田文學』 『明治文化研究』에 게재된 野崎左文의 논의에 빚진 바 크다. 더욱이 동시대의 신문 잡지 등 가능한 한 많은 문헌에 접하려 했지만 아직 불충분하다. 복수의 필명을 사용한 자가 동일인물로 추정할 수 없는 채 투서자의 총수에 포함되어 있을 가능성이 있다. 따라서 여기에서 낸 투서자의 수치는 잠정적이고 실제는 이보다 적은 숫자가 예상된다.

리신문』 2천 650명, 『도쿄회입신문』 688명, 『가나요미신문』 539명으로 이 가운데 두서너 종의 신문에 동시에 투서를 하는 자가 115인으로 합계 3천 721명으로 된다. 이를 표로 도식화한 것이 〈도표 5-3〉이다.

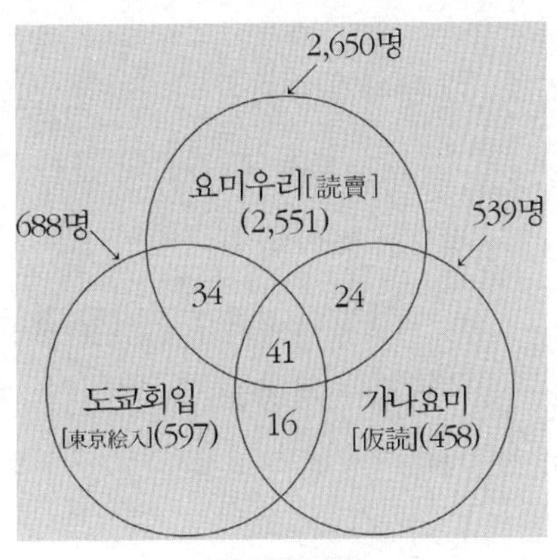


투고자 : 총 3,721명

〈도표 5-3〉 소신문 3종 투서자 수

이들 투서자 각각의 투서 게재 건수를 뽑아보면 한 사람당 투서 게재 건수는 월등히 많아 이른바 투서가로 부르는 단골 투서자의 존재가 부각된다. 투서 게재 건수가 10건 이상의 단골 투서자와 10건 미만의 일반 투서자로 구분하면 〈표 5-1〉에 정리되는 바와 같이 『요미우리신문』, 『도쿄회입신문』, 『가나요미신문』의 어느 쪽에서도 사람 수에서는 일반 투서자가 압도적 다수로 단골 투서자는 몇 %에 지나지 않는다. 그러나 투서 게재 건수의 누적 총수에서는 일인이 다수 게재한 단골 투서자의 비율이 전체의 반에 가까운 큰 비중을 차지한다. 다만 『도쿄회입신문』, 『가나요미신문』에서는 반수를 넘지만 『요미우리신문』에서는 3할에 미치지 못하여 다른 두 신문만큼 단골 투서자의 활약이 두드러지지 않다는 사실이 확인된다. 또한 두서너 종의 신문에 투고하는 복수 투고자의 약 반 수가 단골 투서자이다. 소신문의 투서가가 한 신문에 제한하지 않고 각 지에 투서하는 경향이 있는 것은 〈표 5-2〉와 같다. 즉 이 수치에서 보는 바와 같이 세 신문의 투서 게재 건수의 합계는 10건 이상의 투서자 99명 가운데 2/3 이상이 둘 이상의 신문에 투서한다는 사실에서도 뒷받침된다. 다만 그들은 반드시 각 신문에 균등하게 투서하는 것이 아니라 한 신문에 거점을 두는 경향이 뚜렷하다.

〈표 5-4〉는 각 신문의 단골 투서자로 한정하여 그 명 수와 중첩되는 정도를 나타낸 표이지만 신문 3종 전부 10건 이상의 투서를 게재한 것은 약 1할인 8명에 지나지 않고 약 7할이 어느 쪽인가 하나의 신문에 주력하는 경향을 알 수 있다. 특히 『요미우리신문』에는 이 신문에만 집중적으로 투고하는 고정적 투서자가 타 신문의 배에 가깝다는 것이 눈길을 끈다.

다음으로 서명과 함께 부기된 주소[7]에서 신문 3종의 투서자의 지역 경향을 정리한 것이 〈도표 5-5〉이다. 투서자의 7, 8할이 도쿄부 내의 재주자 또는 재류자[8]라는 것을 알 수 있다. 더욱이 니혼바시[日本橋], 아사쿠사[淺草], 후카가와[深川], 시타야[下谷]는 서민층 구역 사람들이 많다. 반대로 도쿄부 및 요코하마[橫浜] 이외의 지방으로부터의 투서는 1할 전후로 매우 적다. 이러한 경향은 『가나요미신문』, 『도쿄회입신문』, 『요미우리신문』의 순으로 강하다. 이것은 지면 하단의 판매처의 기재나 판매부수의 기록 또는 소신문이 지방보다 대도시 도쿄에서 더 많이 읽혀졌다는 통설과 일치한다.

---

7 소신문 투서의 서명에는 보통 주소 혹은 투서시에 체재한 장소의 지명이나 때로는 직업 신분을 나타내는 표현이 있지만 전부 서명이 있는 것은 아니다. 〈도표 5-5〉에 정리된 지명은 투서자 전체의 6~7할에 대하여 명시된 지명에 투서자가 확인할 수 없는 불명확한 지명도 더한 데이터로부터 추산한 것이다. 데이터 전체에서 이것이 차지하는 비중은 약 4%이다.

8 지명의 기재에는 '……住' 외에 '……在', '……寄留', '……寓' 등의 표현이 명기되고 그 속에는 '在東京, 沼津', '橫浜翁町愚, 西京', '秋田縣下平鹿郡 今川小路寄留' 등과 같이 투서시에 체재한 지명과 주소를 별도로 기재한 예이다. 여기에서 알 수 있는 것은 투서에 명시한 지명은 주소만이 아니라 투서시의 여행·출장 등으로 체재하던 장소를 나타내는 경우이고 특히 도쿄 내의 지명에 대해서는 이와 같은 재류자가 상당히 포함되었을 것으로 생각된다.

〈표 5-1〉 단골 투서자가 전체에서 차지하는 비율

| | 투서자 명 수 | | 투서게재 건수 | |
|---|---|---|---|---|
| | 전체 | 단골 투서자(전체에서 차지하는 %) | 전체 | 단골 투서자(전체에서 차지하는 %) |
| 요미우리 | 2,650 | 50(1.9) | 4,547 | 1,302(28.6) |
| 도쿄회입 | 688 | 32(4.7) | 2,132 | 1,169(54.8) |
| 가나요미 | 539 | 39(7.2) | 1,673 | 969(57.9) |
| 전체 | 3,721 | 89(2.4) | 8,352 | 3,440(41.2) |

〈표 5-2〉 소신문 투서자의 투서 경향

| 투서하는 시간 | 명 수 | |
|---|---|---|
| 3종 전부 | 38 | |
| 2종(『요미우리[讀賣]』와 『도쿄회입[東京繪入]』) | 11 | |
| (『도쿄회입[東京繪入]』과 『가나요미[仮名讀]』) | 11 | 〉 30 |
| (『가나요미[仮名讀]』)와 『요미우리[讀賣]』) | 8 | |
| 1종 『요미우리[讀賣]』 | 19 | |
| 『도쿄회입[東京繪入]』 | 6 | 〉 31 |
| 『가나요미[仮名讀]』 | 6 | |
| 합계 | 99 | |

※ 합계 투서 게재 건수 10건 이상의 자에 한함.

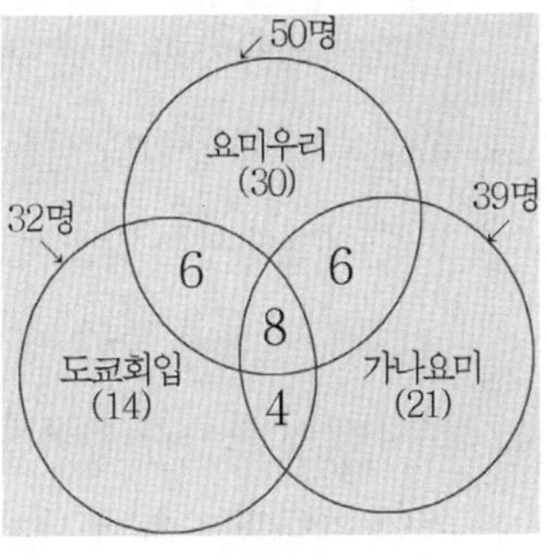


단골 투서자 : 총 89명

〈도표 5-4〉 소신문 3종 단골 투서자 명수

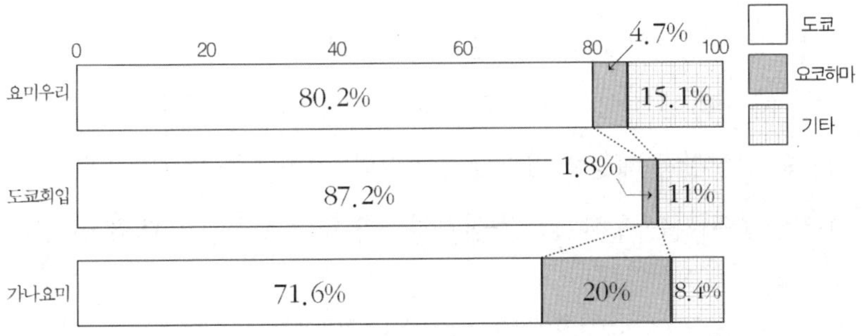


〈도표 5-5〉 투서자의 지역 정보

## 3. 투서자의 사회 계층

제2절에서 검토한 투서자 가운데 성명 · 성별 · 생몰년 · 출신지 · 출신계층 · 직업 등 상당부분 이력을 알 수 있는 사람들 59명에 대해서 투서 시기의 연령 · 성별 · 출신지 · 직업 등을 분석했다. 〈표 5-3〉은 이 59명의 투서 게재 건수와 약력을 간단한 일람표로 작성한 것이다.[9] 이에 기초하여 투서자의 구성을 분석한 것이 〈표 5-4〉에서 〈표 5-7〉이다. 이하 이것을 중심으로 투서자의 사회계층을 분석한다.

먼저 투서자의 연령 구성을 보면 〈표 5-4〉와 같이 10대에서 70대까지 폭넓게 균형 잡힌 구성을 보여 연령층이 편중되지 않았음을 알 수 있다. 또한 성별에서는 압도적으로 남성이 많고 여성은 2명에 불과하다. '인민의 중에서 하와 특히 여자아이'를 계몽하는 신문이라는 당시의 표어로 보자면 이 투서자의 구성은 예상된 독자상과 다르다. 이것이 단지 수신자인 만큼 독자와 투서자 사이의 격차를 나타내는 것인지 또는 실제로는 성년 남성이 독자의 중심이었는지는 이것만으로 판단할 수 없다.

다음으로 출신지에 대해서는 〈표 5-5〉와 같이 에도[江戶] 출신자가 과반수를 차지하여 집중되는 현상이 뚜렷하다. 투서의 내용과 종합하여 볼 때 이러한 현상에서 에도-도쿄의 연속적인 도시문화가 이들 투서자의 언어활동 배경에 있다고 추측된다. 출신계층을 보면 〈표 5-6〉과 같이 투서자는 무사계층 출신자와 상인계층 출신자로 대략 이분되

---

9 〈표 5-3〉의 각각의 이력을 뒷받침할 만한 자료를 열거해야 하지만 여기에서는 지면의 제약으로 생략한다.

〈표 5-3〉 소신문 투서자의 주요 이력

| 번호 | 대표적 필명 | 본명 / 통칭 | 『讀賣』 투서 게재 건수 | 『東京繪入』 투서 게재 건수 | 『仮名讀』 투서 게재건수 | 투서 게재 건수 계 | 출신지 | 출신 계층 | 최초 투서시 연령 | 투서당시의 직업 | 신문잡지와의 관계** |
|---|---|---|---|---|---|---|---|---|---|---|---|
| | 高嶋屋塘雨 | 野口千秋 | 133 | 200 | 56 | 389 | 에도* | 무사 | 44 | 관리, 문필업 | 1876.6~ |
| | 中坂まとき | 中川貞節 | 78 | 231 | 62 | 371 | 미상 | 미상 | 31 | 사숙경영, 진자사관 [神社祠官] | 1881.11 |
| | 前島和 | 橋前島柳之助 | 55 | 72 | 39 | 166 | 에도 | 직인 | 37 | 화공, 에소시야 | 1876.9~ |
| | 南新二 | 谷村要助 | 26 | 103 | 0 | 129 | 에도 | 하급 무사 | 40 | 통운회사 사원 | 1880.11 |
| | 狂文亭春江 | 爲永春江 | 3 | 27 | 76 | 106 | 에도* | 미상 | 65 | 게사쿠 작자 | 1879.4~ |
| | 風也坊 | 廣島久七 | 20 | 21 | 58 | 99 | 에도 | 상인 | 49 | 연초상 | 없음 |
| | 會田皆愼 | 會田瀧次郎 | 21 | 25 | 47 | 93 | 에도 | 상인 | 29 | 제등도매상주인 | 1879.5~ |
| | 幸堂得知 | 高橋平兵衛 | 88 | 1 | 1 | 90 | 에도 | 상인 | 33 | 미쓰이환전점 사원 | 1889~ |
| | 轉々堂 | 高畠藍泉 | 52 | 22 | 3 | 7 | 에도 | 하급 무사 | 37 | 『讀賣』 등에 재사 | 『東京日日』 |
| 10 | 琴通舍康樂 | 杉山孝次郎 | 35 | 9 | 32 | 76 | 에도* | 남 게이샤 | 44 | 교카시 | 1878.6~ |
| 11 | 浮川福平 | 竹內福鋪 | 27 | 15 | 31 | 73 | 미상 | 미상 | 25* | 不明 | 1876.11~ |
| 12 | 伊東橋塘 | 伊東專三 | 10 | 14 | 32 | 56 | 에도 | 상인 | 25 | 과자점주인 | 1876.10~ |
| 13 | 贊々亭湖山 | 中澤三吉 | 40 | 13 | 2 | 55 | 미상 | 미상 | 모름 | 술집점원 | 없음 |
| 14 | 竹窓閑人 | 中村正恭 | 22 | 25 | 3 | 50 | 岡山* | 무사 | 19 | 『備作新聞』 편집장 | 『備作新聞』 |
| 15 | 渡辺晴雪 | 渡辺尙 | 35 | 11 | 0 | 46 | 姬路 | 미상 | 21 | 가와사키 조선소 근무 | 1891~ |
| 16 | 林稻之助 | 早井? | 34 | 0 | 12 | 46 | 미상 | 하층 초민(町民) | 모름 | 미상 | 없음 |
| 17 | 仮名居安善 | 尾張屋德右衛門 | 7 | 0 | 30 | 37 | 에도* | 상인 | 30 | 재목상 | 없음 |
| 18 | 와카나わかな | 若菜貞爾 | 2 | 2 | 33 | 37 | 千葉 | 미상 | 21 | 관리*문필업* | 1877.7 |
| 19 | 淸水來州 | 淸水市次郎 | 0 | 0 | 36 | 36 | 미상 | 상인 | 미상 | 서점점주 | 1880.1~ |
| 20 | 花川戶岩床 | 藤田岩次郎 | 20 | 0 | 12 | 32 | 江戶* | 하층 초민 | 미상 | 이발소점주 | 없음 |
| 21 | 山田風外 | 山田孝之助 | 14 | 5 | 9 | 28 | 江戶 | 상인 | 22 | 羅紗 도매상 점주 | 1878.1~ |
| 22 | 鍬の屋一農 | 中村一能 | 21 | 1 | 6 | 28 | 岐阜 | 미상 | 33 | 경시청 근무 | 1878.8~ |
| 23 | 神奈垣魯文 | 仮名垣魯文 | 4 | 24 | 0 | 28 | 江戶 | 하층 초민 | 46 | 『仮名讀』 편집장 | 『橫浜每日』 |
| 24 | 野崎左文 | 野崎城雄 | 1 | 8 | 19 | 28 | 高知 | 무사 | 18 | 仮名垣魯文門下戱作者 | 1881.3~ |
| 25 | 芳川俊雄 | 芳川俊雄 | 24 | 0 | 0 | 24 | 武藏國 | 유학자 | 31 | 外務省官吏 | 1877.5~ |
| 26 | 一齋睦中 | 岡本勘造 | 1 | 7 | 12 | 20 | 江戶 | 상인 | 23 | 戱作者 | 1877.5~ |
| 27 | 岸田吟香 | 岸田銀次 | 10 | 5 | 2 | 17 | 岡山 | 호농 | 42 | 『東京日日』 근무 | 『東京日日』 |
| 28 | 藥淸 | 樂淸樂 | 1 | 0 | 15 | 16 | 미상 | 미상 | 미상 | 도공 | 없음 |
| 29 | 饗庭篁村 | 饗庭与三郎 | 14 | 0 | 0 | 14 | 江戶 | 상인 | 20 | 日就社의 문선교정계 | 『讀賣』 |

| 정리 번호 | 대표적 필명 | 본명 / 통칭 | 『讀賣』 투서 게재 건수 | 『東京繪入』 투서 게재 건수 | 『仮名讀』 투서 게재건수 | 투서 게재 건수 계 | 출신지 | 출신 계층 | 최초 투서시 연령 | 투서당시의 직업 | 신문잡지의 관계 |
|---|---|---|---|---|---|---|---|---|---|---|---|
| 30 | 眞砂つばめ [제비] | 富田砂燕 | 0 | 1 | 13 | 14 | 橫浜* | 상인 | 38 | 무역상 | 없음 |
| 31 | 東杵 庵月彦 | 穗積勝重 | 12 | 1 | 1 | 14 | 江戶 | 하급 무사 | 50 | 하이카이 교도직 | 없음 |
| 32 | 浣花翁 | 岡本長之 | 12 | 0 | 0 | 12 | 江戶 | 무사* | 66 | 개척권소 서기관 | 없음 |
| 33 | 秋琴亭緖依 | 津久井吉左衛門 | 9 | 0 | 3 | 12 | 江戶* | 상인 | 31 | 장부상 점주 | 없음 |
| 34 | 松堂 | 間部詮勝 | 9 | 0 | 0 | 9 | 鯖江藩 | 무사 | 77 | 시서화 교수 | 없음 |
| 35 | 松濤翁 | 平野忠八 | 7 | 0 | 1 | 8 | 江戶* | 하층 초민 | 64 | 교카시[狂歌師] | 없음 |
| 36 | 服部留吉 | 服部留吉 | 5 | 0 | 2 | 7 | 미상 | 하층 초민 | 12 | 과자점 점원 | 없음 |
| 37 | 小山單鳳 | 小山代三郎 | 0 | 0 | 7 | 7 | 미상 | 미상 | 미상 | 『目醒 新聞』 근무 | 『日新眞誌』 |
| 38 | 梅星叟 | 萩原乙彦 | 0 | 0 | 5 | 5 | 江戶 | 하급 무사 | 53 | 하이쿠, 게사쿠작가 | 『俳家新 |
| 39 | 小原燕子 | 小原燕子 | 2 | 1 | 1 | 4 | 미상 | 미상 | 미상 | 페리스 학교교사 | 1881.4~ |
| 40 | 竹田早苗 | 竹田錠三郎 | 0 | 1 | 3 | 4 | 미상 | 미상 | 미상 | 신문기자* | 『仮名讀 |
| 41 | 岡丈紀 | 河原英吉 | 0 | 0 | 4 | 4 | 江戶 | 하층 초민 | 미상 | 철도숙사 기사 | 1877경~ |
| 42 | 西山嵐松 | 西山利助 | 0 | 0 | 4 | 4 | 미상 | 상인 | 미상 | 상인 | 없음 |
| 43 | 松村春舗 | 松村春舗 | 2 | 0 | 1 | 3 | 山口* | 무사 | 미상 | 게사쿠[戯作] 작가 | 1876.4~ |
| 44 | 川柳 | 水谷金藏 | 2 | 1 | 0 | 3 | 江戶 | 상인 | 60 | 생선도매상 | 없음 |
| 45 | 岡野伊平 | 岡野伊平 | 0 | 0 | 3 | 3 | 미상 | 미상 | 53 | 『風雅新誌』 편집발행 | 『雅俗新 |
| 46 | 久保田彦作 | 久保田彦作 | 0 | 0 | 2 | 2 | 江戶* | 하급 무사 | 32 | 가부키 작가 문하생 | 1877.1~ |
| 47 | 中村〆太 | 中村万吉 | 2 | 0 | 0 | 2 | 江戶* | 직인 | 52 | 다다미 상인 | 없음 |
| 48 | 今泉雄作 | 今泉雄作 | 0 | 0 | 1 | 1 | 江戶 | 하급 무사 | 27 | 미상 (渡仏직전) | 『眞新聞 |
| 49 | 方誕子 | 加藤九郎 | 0 | 0 | 1 | 1 | 大阪 | 무사* | 49 | 日就社 근무 | 『采風新 |
| 50 | 永機 | 穗積善之 | 0 | 0 | 1 | 1 | 江戶 | 하급 무사* | 55 | 하이쿠작가 | 없음 |
| 51 | 肥塚龍 | 肥塚龍 | 0 | 0 | 1 | 1 | 兵庫 | 승려 | 26 | 『橫浜每日』 근무 | 『橫浜每日 |
| 52 | 柳亭仙果 | 篠田久次郎 | 0 | 0 | 1 | 1 | 江戶* | 호농* | 38 | 게사쿠[戯作] 작자 | 1877.7~ |
| 53 | 時雨庵古笠 | 田端? | 0 | 0 | 1 | 1 | 江戶 | 미상 | 65 | 미상 하이쿠 작가 | 없음 |
| 54 | 彩霞園柳香 | 廣岡豊太郎 | 0 | 0 | 1 | 1 | 大阪 | 미상 | 23 | 『이로하신문[いろは新聞]』 근무 | 『大阪新聞 |
| 55 | 古川魁雷子 | 古川精一 | 0 | 2 | 0 | 2 | 江戶 | 하급 무사 | 25 | 『東京繪入』 근무 | 『東京魁 |
| 56 | 松の園三草子 | 不明 | 1 | 0 | 0 | 1 | 미상 | 전 게이샤 | 45 | 가인 | 없음 |
| 57 | 鱸氏 | 鱸松塘 | 1 | 0 | 0 | 1 | 千葉 | 미상 | 53 | 한시인 | 없음 |

| 리<br>호 | 대표적 필명 | 본명 / 통칭 | 『讀賣』 투서 게재 건수 | 『東京繪入』 투서 게재 건수 | 『仮名讀』 투서 게재건수 | 투서 게재 건수 계 | 출신지 | 출신 계층 | 최초 투서시 연령 | 투서당시의 직업 | 신문잡지와의 관계** |
|---|---|---|---|---|---|---|---|---|---|---|---|
| 8 | 山々亭有人 | 條野伝平 | 2 | 0 | 0 | 2 | 江戸 | 상인 | 36 | 『東京日日』 근무 | 『東京日日』 |
| 9 | 古面翁 | 藤木彦八 | 2 | 0 | 1 | 3 | 江戸* | 직인 | 78 | 재봉점상 | 없음 |

* 표시는 추정

** 신문잡지의 편집 발행관계만 기재, 지명 = 투서 이전에 관계한 자에 대해서 그 지명, 연월 = 투서 이후에 관계한 자에 대해서 그 시기.

〈표 5-4〉 투서자의 연령 구성

| 연령 | 명수 |
|---|---|
| 10대 | 3 |
| 20대 | 12 |
| 30대 | 12 |
| 40대 | 8 |
| 50대 | 6 |
| 60대 | 5 |
| 70대 | 2 |
| 미상 | 11 |
| 합계 | 59 |

※ 투서 초출 당시의 연령에 의한다.

〈표 5-5〉 투서자의 출신지

| | |
|---|---|
| 에도(추정) | 32(11) |
| 에도 이외 | 14 |
| 미상 | 13 |
| 합계 | 59 |

〈표 5-6〉 투서자의 출신계층

| | |
|---|---|
| 무사(승려1, 번(藩)의 유학자1 포함) | 17 |
| 상인(직인 3 포함) | 18 |
| 하층초민[町民] | 7 |
| 농민 | 2 |
| 미상 | 15 |
| 합계 | 59 |

〈표 5-7〉 신문잡지와의 관계 유무

| 신문잡지와의 관계 | 단골 투서자 | 일반 투서자 | 계 |
|---|---|---|---|
| 투서 전부터 있음 | 5 | 10 | 15 |
| 투서 후부터 있음 | 18 | 5 | 23 |
| 없음 | 10 | 11 | 21 |
| 합계 | 33 | 26 | 59 |

어 농민계층 출신자는 극히 소수이다. 이것은 소신문 독자 중심이 상인층이었다는 통설과 부합되는 한편 무사계층 출신의 비교적 리터러시 능력이 높은 사람들이 적어도 독자 일부에 포함되어 있다는 것을 시사한다. 특히 『요미우리신문』에는 많은 지식인층이 등장하여 타 신문보다 그 비율이 높은 것으로 간주된다. 예를 들면 〈표 5-3〉에 이름이 명시된 마쓰도[松堂] 즉 마나베 아키카쓰[間部詮勝]는 1858년 일미통상조약 조인 시 정무 담당 최고 책임자이며 그 밖에 한시인(漢詩人) 스즈키 마쓰사토[鱸松糖]나 신정부의 서기관이 된 오카모토 나가유키[岡本長之] 등 구 막부 시대의 실력자나 지식을 갖춘 사람들이 투서했다.

한편 투서자의 직업을 보면 앞서 본 상인계층 출신자는 대부분 상업을 계속하면서 투서하는데 대해서 신분이 붕괴된 무사계층출신자의 다수가 문필업, 즉 신문 관계자 또는 게사쿠[戱作] 작자나 관리이다. 전자의 경우 투서란은 신문 잡지 관계 문필 활동의 창구 역할을 하는 한편, 후자의 경우에는 자신의 이름을 내걸고 자기를 파는 선전장이 되었다. 활발한 투서활동으로 두각을 나타낸 투고자 중에는 신문잡지 편집진으로 발탁되는 예가 적지 않았던 것이다. 이것을 신문 잡지와의 관계 여부에 대해서 정리한 〈표 5-7〉에 근거하여 살펴보자. 이것은 신문잡지 관계자 가운데 식자공이나 판매 등을 제외하고 발행 편집에 종사한 자, 즉 정보의 발신자였던 자만을 고려한 표이다. 59명 가운데 투서 전부터 신문 잡지의 기자·편집자로서 관계했던 자, 투서 이후에 필자로서 신문 잡지와 관계하게 된 자, 전혀 관계가 없었던 자 등 대체로 각각 1/3 정도를 차지한다. 이것을 단골 투서자와 일반 투서자로 나누면 단골 투서자의 반 수 이상이 투서 활동 후에 신문 잡지에 관계하게 되는 경향이 뚜렷하다. 예컨대 투서자는 독자와 신문사 사이에 위치하여 편집 측으로 이행 가능한 능력, 즉 수신자이면서 동시에 발신자도 될 수 있는 능력을 갖추었다고 할 수 있다. 그러나 당시 투서란이 기자와 독자가 연계하여 하나의 언어 공동체를 구성했다고 단정하기 위해서는 단골 투서자들 가운데 여성이 보이지 않는다는 사실을 해명해야 한다. 이것이 아직 해결되지 않은 문제로 남아있다.

## 4. 투서의 소통 공간

이상과 같은 구성의 투서자들의 투서 활동은 신문과 잡지를 연계하는 커뮤니케이션 속에서 어떠한 역할을 수행하는 것일까?

첫째, 이 시기의 투서는 단지 투서란에 한정된 것이 아니라 일반 기사의 취재 활동을 보완하고 정보를 제공하는 활동과 겹쳐 있다. 예를 들면 잡보에는 종종 "투서가 아무개에 따르면" 또는 "누구누구의 이야기에 따르면" 하는 식으로 투서가의 서명이 든 추신을 덧붙인다.[10] 기사 취재를 투서가 어느 정도 보완하고 있는지 명확히 알기란 어렵지만 취재 체제시스템이 아직 정립되지 않은 단계에서는 특히 지방 원거리 기사는 투고에 의존했다고 할 수 있다.

둘째, 신문의 투서란에 이름을 나란히 한 투서가들은 서로의 이름을 알고 신문지상에서 자신의 주장을 펼칠 뿐만 아니라 지면 밖에서도 실제로 교류가 이루어졌다. 즉 투서 활동은 지면에 국한하지 않고 직접 인적 교류로 발전했다. 신문사는 투서가들을 소중히 하여 그들을 향응으로 초대할 뿐만 아니라 신문사 편집실 자체가 투서가들의 교류의 장이 되었다.[11]

신문 기자를 포함한 투서가들의 교류는 투서란에 반영되어 살롱적

---

10 이를테면 『讀賣新聞』(1876(M9).2.19)의 기사에 '소가[曾我] 씨로부터 투서'라는 것은 단골 투서가 회장 소가 다쓰시[曾我辰之]의 것이다. 또한 『讀賣新聞』과 『仮名讀新聞』의 단골투서가로 通新舍라는 필명을 지닌 西村賢八郎도 『讀賣新聞』1877(M10).5.21)의 기사에는 단골 투서가인 東屋柳糖의 鹿兒島로부터의 서신이 그대로 실려 있어 투서가와 신문사 사이의 소통을 알기 위한 귀중한 자료이다.

11 野崎左文, 앞의 책, 46·65면.

인 분위기가 넘쳤다. 이를테면 투서가가 타 신문에 처음 투서할 때 투서의 서두에 "당신을 처음 뵈었을 때"라던가 "헤이 실례합니다. 나는 귀사에 처음 출입합니다만 모두 어서 투서 친구가 되기를 바랍니다"[12] 하고 인사를 건네기도 하고 투서가들의 교류가 화제가 되기도 했다.[13] 또한 신년 특별호에는 단골 투서가들이 기세 좋게 필력을 휘둘러 신문사의 번영을 기원하여 투서 팬의 환영을 받았다.[14] 나아가서는 투서가들이 의기투합하여 서화회를 개최하기도[15] 하고 1879(M12)년 9월부터는 투서가 친목회라고 부르는 소신문 투서가의 월례회가 개최되었다.[16] 이러한 모임이 어느 정도 지속된 것인가는 분명하지 않지만 적어도 1880(M13)년 2월까지 4, 5회 행해졌던 것으로 신문기사에서 확인된다.[17] 이 모임에 모인 것은 30명 정도의 투서가로 그들의 투서 행위는 동료로서의 연대 의식을 갖게 했다. 이것은 이를 테면 투서가 친목회 동맹 제

12 『讀賣新聞』(1876(M9).4.21) 後藤直의 투서. 그는 『東京繪入新聞』의 단골 투서가였다.

13 예를 들면 『仮名讀新聞』(1876(M9).8.28)에는 '『傍訓新聞』의 투서가로 유명한 대문 길가의 浮川福平君(표 5-3의 11 : 竹內福之輔의 것)'이 '선박상[船橋屋](표 5-3의 12 : 伊東專三의 것)'의 가게 앞에서 놀고 있던 차, '花川戶에서 명대의 신문상례의 암적(岩的)(표 5-3의 20 : 藤田岩次郎의 것'이 찾아 왔으므로 마침 그 자리에 있던 東屋柳糖(이도 『仮名讀新聞』의 단골투서가)도 도와서 浮川 씨의 일본식 상투를 잘라 개화 머리로 했다는 기사가 실려 있다.

14 각지는 신춘 특별부록으로 투서가들의 미문에 화려한 그림을 넣은 인쇄물을 냈다. 1877(M10)년에는 『東京繪入新聞』에 '투서합작'으로서 부록을 달고 『仮名讀新聞』에서는 9인의 투서가가 교대로 만든 글을 실었다.

15 예를 들면 『仮名讀新聞』(1876(M9).10.24)에는 高畠藍泉(표 5-3의 9)과 南新二(표 5-3의 4 : 谷村要助의 것)高橋得知(표 5-3의 8 : 高橋平兵衛의 것)의 3인이 모임을 주도하여 '書畫珍奇玩弄會'를 다음 달 개최한다는 기사이다.

16 제1회의 투서가 친목회에 대해서는 野崎 左文의 『내가 본 메이지 문단[私の見た明治文壇]』 47면에 기술이 있지만 당시의 신문기사와 대조해보면 미묘한 차이가 있다. 이 저작에서는 1879(M12)년의 여름에 개최되었다고 하지만 기사에 따르면 1879(M12)년 9월 28일이다. 또한 회의 발기인은 野崎左文과 山田風外였다고 하지만 기사에 따르면 八木梅桂을 더한 3인이다.

17 신문 3종의 기사에 따르면 제2회는 1879(M12)년 10월 25일, 제3회는 1879(M12)년 11월 23일, 제4회는 1880(M13)년 1월 13일, 제5회에 대해서는 1880(M13)년 2월 10일에 개최예정 광고가 2월 8일 신문 3종에 전부 실렸을 뿐 그 뒤 회의 근황을 전하는 기사는 발견되지 않는다.

군의 이름으로 호소하거나[18] 투서가 동료들이 서로 돕는 기사[19]나 또는 투서가의 죽음에 보내 온 추도의 투서[20] 등과 같은 교류는 신문 지상에 서민들에게 친숙한 분위기를 조장했다.

또한 이 시기의 소신문 투서란이 이후의 투서란과 다른 것은 이러한 투서가들의 직접적인 교류나 구두에 의한 소통 방식과 활자 지면과의 사이에 상호 작용이 활발하여 그들의 담화가 그대로 활자가 된 것과 같은 음성언어와 문자 언어의 활동이 밀착된 모습이 현저하다는 점이다. 이와 같은 문체를 당대 사람들이 속담평화로 평한 것은 이 책 제3장에서 기술한 바이다.

이 음성언어, 구두에 의한 소통 방식의 연속성을 고찰하는 데 주목해야 할 것은 투서에 나타난 시가 표현이다. 다만 그것은 오늘날 생각하는 문자로서의 시가가 아니라 인사를 나누거나 인적 교류를 도모하는 의례나 도구로서의 시가이고 또한 사회 풍자나 계몽의 수단으로서의 시가이다. 이를테면 이들 신문의 투서에는 아호 다라경[阿呆陀羅経]·조루리[浄瑠璃][21]나 하우타[端唄]의 노래가사 바꿔 부르기[替え歌]·센류[川柳]·하이카이[俳諧]·교카[狂歌]·와카[和歌]·한시[漢詩]에 이르는 모든 운문의

---

18 『仮名讀新聞』(1879(M12).10.15)의 광고란에 게재된 광고에서의 호소. 제1회 친목회 개최 후에 나온 이 광고에는 투서가 친목회 동맹자 34명의 이름이 실렸다. 또한 野崎左文에 따르면 제1회의 참가자는 60여 명이었다고 한다.

19 예를 들면 『仮名讀新聞』(1879(M12).10.15)에는 "빈털털이가 된 귀 부자유한" 투서가 琴通舎康樂(표 5-3의 10 : 杉山孝次郎)를 돕기 위하여 동료 투서가들이 상담하는 기사가 있다.

20 『讀賣新聞』(1881(M14).12.4·10)의 투서가 浣花翁(표 5-3의 32 : 岡本長之)의 추도의 투서, 또는 『讀賣新聞』, 1882(M15)년 8월 29일부터 9월 초에 걸쳐서 高嶋屋塘雨(표 5-3의 1 : 野田千秋)의 죽음을 애도하는 많은 투서 등.

21 【역주】 샤미센[三味線] 반주의 가타리모노[語り物]. 즉 구전된 이야기 음악의 하나이다. 에도(江戸) 초기 이후 서민적 오락으로 유행하였다. 단순히 노래가 아니라 극중 인물의 대사와 동작, 연기의 묘사를 포함하여 서사성이 강함.

형식이 빈번하게 동원된다.[22] 이것은 대신문의 투서에는 시가가 적은데다가 거의 한시와 와카에 한정되어 있는 것과는 대조적이다. 역으로 말한다면 일상의 소통 활동으로 뿌리 내린 모든 기존의 회로를 소신문은 활용하려고 한 것이다.

그러나 이것은 문명개화를 추진하도록 정부에서 기대하는 신문의 입장과 미묘하게 결부된 바였다. 예를 들면 문제가 된 것은 주로 한시와 노래가사 바꿔 부르기이다. 소신문은 준식자층을 독자 대상으로 상정했음에도 불구하고 실제로는 많은 지식인을 포함하고 있었다는 것은 이미 보아온 바이지만 이러한 지식인 독자로부터 보내온 한시의 게재에 대해서 소신문은 소극적이었다. 특히 『가나요미신문』은 단호히 게재 거부를 표명했다.[23] 한편 노래가사 바꿔 부르기는 비식자층 사람들을 끌어들이는 효과가 있다고 인정되면서도 통상적으로는 게이샤나 하층민이 노래해 왔다는 것에서 비롯한 편견과 가사가 음란하다는 이유에서 게재 여부가 논쟁의 표적이 되었다. 『가나요미신문』에서는 특히 이것을 당시 활발히 그 개설을 둘러싸고 논의를 다투던 국회의 가공의 의사[議事]의 형태를 빌어 투서가들의 의견 투표의 형태로 지상에서의 공개 토론을 벌였다.[24] 또한 『도쿄회입신문』에서도 노래가사 바꿔 부르기 형태의 투서의 유해 무해를 따지는 갑론을박의 논쟁이 투서가들 사이에 격심했다.[25] 당시 거리에서 부르던 노래를 투서로서 게재하

22 『讀賣新聞』과 『仮名讀新聞』의 투서에 나타난 시가표현에 대해서는 졸고, 「『仮名讀新聞』 投書欄の詩歌と作者たち」, 『一橋論叢』, 一橋大學, 1991 참조.

23 『仮名讀新聞』(1877((M10)4.16) 투서란[寄書欄] 말미에서 편집자는 "(투서가들이) 가나요미의 제목에 반하고 동몽부녀자에 적합하지 않으므로 한문시구의 투서는 없앤다"고 명언한다.

24 이 논쟁에 대해서는 졸고, 앞의 글, 160~162면 참조.

25 1876(M9)년 5월 12일 투서란에 게재된 霞亭乙湖의 노래가사 바꿔 부르기 게재 반대 의견에

기도 하는 한편, 게재된 하우타나 조루리의 노래가사 바꿔 부르기는 샤미센의 반주로 불리워지곤 했다.[26] 소신문 독자가 투서의 노래 가사바꿔부르기를 읽는 것으로부터 시작하여 당당히 본격적으로 하우타 고우타를 익혀 풍자화된 골계담을 투서하는 풍경이 당대의 투서 공간의 특징을 선명히 비추어 낸다.[27]

이러한 음의 세계와 문자의 세계의 연속성은 이 시기의 소신문이 노상에서 목청을 높여 신문을 파는 요비우리 시대와 연관된 것이다. 이 시대 신문을 음독하는 방식은 이후에도 신문종람소에서의 음독이나 신문해화회(新聞解話會)[28]의 도쿠시[讀師]의 존재와 같은 형태로 신문을 읽어주는 행위는 지속적으로 영위되었다.[29] 이렇게 소신문은 문자 세계에 갇힌 공간이 아니라 문자와 음성을 넘나드는 신문과 독자의 역동적인 소통 방식을 출현시켰다. 기존의 소통 방식을 유연하게 활용 접속함으로써 문자와 음성 세계가 공존하는 역동적 관계의 소통 방식을 이들은 투서란에서 분명하게 표출한다.

---

5월 19일 浮川福平이 반론, 다른 투서가도 연루된 논쟁이 벌어져 5월 25일 편집 측의 제재로 종결되었다.

26 예를 들면 "노래해 보았다 투서의 가사 바꾼 노래(『讀賣新聞』, 1876(M9).6.1 투서)"라는 표현을 볼 수 있다.

27 『讀賣新聞』, 1876(M9).7.12 투서.

28 【역주】 신문을 읽을 수 없는 비식자층을 대상으로 도쿠시[讀師]가 신문 기사를 읽어주고 해설하는 모임으로 정부 주도하에 발족. 승려·신관·교사·농민의 식자자를 도쿠시[讀師]로 임명함. http://www.kaikou.city.yokohama.jp 참조.

29 山本武利, 앞의 책(1981), 204~207면 참조.

제6장
# 메이지 초기의 언론 통제와 소신문의 필화

## 1. 필화사와 소신문

메이지 초기의 신문 잡지의 필화는 국회개설을 둘러싼 자유민권운동의 고양과 이에 대한 신정부의 탄압정책의 가혹함이 표면화된 사건으로 일본 근대사에 기술된다. 언론의 자유를 내건 저널리즘이 국가권력에 저항하는 언론 투쟁사의 출발로 기술되는 이 사건의 주역은 스에히로 뎃초[末廣鐵腸], 나루시마 류호쿠[成島柳北], 우에키 에모리[植木枝盛] 등 언론계의 리더들로 지식인을 독자로 하는 『조야신문(朝野新聞)』, 『도쿄아케보노신문[東京曙新聞]』 등의 대신문이나 『마루마루진문[團團珍聞]』이라는 풍자잡지이다. 예컨대 이르게는 1882(M15)년 출간된 고이케 요지로[小池洋次郎]의 『일본신문역사(日本新聞歷史)』나 이에 입각한 미야다케

가이코쓰[宮武外骨]의 『필화사』에서도 열거된 기록의 중심은 무거운 처벌을 받은 대신문 기자들의 필화이다.[1]

한편 일반 민중을 독자로 하는 소신문의 필화는 중상 비방에 관한 법률에 저촉된 소액의 벌금형이 많았기 때문에 거의 다루어진 바 없으며 연구가 이루어지지 않았다. 이에 대한 체계적인 형태의 논고는 니시다 다케토시[西田長壽]의 「필화에 나타난 대소신문의 성격—1878(M11)년을 중심으로」[2]라는 논고가 유일하여 메이지 초기의 필화는 그 실태를 파악하기조차 어려운 연구의 불모지를 이루었다.

그러나 소신문 필화의 검토는 신문이 매스 미디어로 성장해가는 과정을 해명하는 데 긴요한 과제이다. 왜냐하면 반권력, 언론의 자유를 표방하는 저널리즘의 또 하나의 측면, 개인의 소문을 기삿거리로 하여 비방 중상을 일삼는 일종의 미디어 폭력이며 개인의 인권 문제라는 신문의 통속화와 언론 자유의 현재적인 시각을 소신문 필화는 함축하기 때문이다. 대신문이 국가와 대치하는 언론투쟁을 전개하는 한편에서 소신문은 비정치적인 편집 체제로 독자층을 확장했지만 일반 시민 저널리즘의 관점에서 본다면 소신문의 필화야말로 일반 사람들에게 신문이라는 미디어가 무엇을 가져왔는가를 증언하는 재료가 된다.

따라서 정부에 의한 언론 통제를 비판하고 이에 저항하는 신문 잡지

---

1 小池洋次郎, 『日本新聞曆史』, 嚴嚴堂, 1882(明治文化研究會 編, 『明治文化全集』 4券, 新聞篇, 日本評論社, 1986) 및 宮武外骨, 『筆禍史』, 改訂增補版, 朝香屋書店, 1926(『宮武外骨著作集』 4券, 河出書房新社, 1985년 수록) 참조. 이 저작들은 모두 소신문의 필화로 1876(M9)년 12월 7일 금옥(禁獄) 3개월 벌금 15엔을 받은 『讀賣』의 永井碌와 같은 무거운 처벌을 받은 필화만을 다룬다.

2 西田長壽, 『日本ジャーナリズム史研究』, みすず書房, 1989, 125~135면 수록. 권말 메모에 따르면 미발표 원고인 것 같은 이 논문은 완결된 것인지가 불투명하다.

의 눈부신 공적을 상찬하는 기술 방식을 위주로 하는 필화사 연구의 시점과는 다른 시각에서 소신문 필화를 분석할 것이다. 요컨대 필화의 정치적인 평가를 문제 삼는 것이 아니라 필화라는 사회 현상의 분석을 통해 메이지 초기 소신문의 사회적 존재 양태를 규명해야 할 것이다. 동시에 이것으로 대신문 필화의 위치 또한 명확해질 것이다.

제6장에서는 1875(M8)년부터 1880(M13)년까지의 기간을 대상으로 도쿄 및 요코하마에서 발행된 신문을 대상으로 메이지 초기 소신문의 필화의 실태를 밝힐 것이다. 이 기간의 설정은 당대의 대표적인 소신문인 『요미우리신문』, 『도쿄회입신문』, 『가나요미신문』이 나란히 발행되던 시기라는 점, 1881(M14)년은 오구마 시게노부[大隈重信]가 실각한 정변으로 국회 개설의 칙유가 발포됨으로써 민권운동의 전환을 맞이했다는 점, 법제사에서도 형법전 및 치죄법(治罪法)이 성립하기 이전으로 근대 사법제도가 도입된 과도기에 해당한다는 점에서 적절하다고 판단한 것이다.

## 2. 필화보도와 언론 통제

일본 근대 언론탄압사의 막을 연 것은 1875(M8)년 6월 28일에 공포된 참방률 8개조와 신문지조례 16개조였다. 이것은 이제까지의 신문지발행조목과 달리 휴간을 포함한 형벌 규정과 발행정지 등의 행정처분을 최초로 명기한 언론법이었다. 이 두 법의 공포에 신문기자들이 어떻게 대응하고 어떠한 필화에 연루되었는가를 알기위한 제일의 자료는 역시 당시의 신문 보도이다. 여기에서 각 신문의 필화에 관한 보도의 조사와 분석의 기본적인 작업에 앞서 신문의 필화보도 그 자체가 어떠한 것이었는가를 검토한다.

1875(M8)년 8월 7일 『도쿄아케보노신문[東京曙新聞]』의 편집장 스에히로 뎃초의 필화 제1호 이후 약 6년간의 필화 보도를 통틀어 보면 여기에는 얼마간의 변화가 있다. 대체로 초기인 1876(M9)년 무렵까지는 각 신문도 자사의 필화에 관해서는 잡보의 모두로 올려 크게 다루어 상당히 상세한 보도를 했다. 예를 들면 『조야신문』(1875(M8).8.29)에서는 최초의 필화를 다음과 같이 보도했다.

○ 폐사의 전편집장 나루시마 류호쿠는 금월 15일 이래 경시청 및 재판소에 자주 호출되어 금월 9일의 591호와 동월 15일의 596호 양신문의 규탄을 받은 끝에 지난 28일 재판소 형사과에 호출되어 아래와 같은 명령을 통고받았음.

스사키무라 67번지 평민[須崎村七六番地平民]

조야신문사 국장 겸 편집장(朝野新聞社局長兼編集長)

나루시마 류호쿠[成島柳北]

그대에 대하여 금년 8월 9일 『조야신문』 591호 논설말단에 여러 언사를 게재한 죄, 신문조례 제12조 부추기고 선동 교사하여 주의를 끄는 것으로 구속 5일을 언도할 것을 전함. 단 신문 596호의 건은 조례 위반한 점도 없는바 효력 없음.

1875(M8)년 8월 28일.

위와 같이 전함 사내 일동 죄송하기 그지없습니다.

이와 같이 판결문의 거의 전문을 실은 보도는 어떤 신문을 막론하고 처음 겪는 필화의 경우 공통적이다. 그러나 이윽고 그것은 점차 간략화되어 1880(M13)년경에는 "작년 ○○신문의 XX씨가 벌금 △엔을 받았습니다"라는 형식이 되어 몇 호에 게재된 어떤 기사가 어느 법률 조항에 저촉되었는가도 보도하지 않게 된다. 신문기자의 필화가 빈번해지면서 일상적인 사건이 되어 뉴스로서의 가치를 잃어버린 것이 가장 큰 이유일 것이다.

그러나 동시에 필화 보도나 평론 그것이 정부의 언론 탄압에 대한 항의의 의미를 띠고 있었던 것을 잊어서는 안 된다. 예를 들면 『요코하마 마이니치신문』의 국장 고이즈카 류[肥塚龍]가 같은 신문 1771호에 동신문편집장 쓰카하라 세이[塚原靖]의 만기출옥을 앞두고 축하하는 투서를 게재하여 신문지 조례 12조 및 14조 위반으로 금옥 1개월 벌금 10엔을 언도받은 것이 그 일단이다. 이 가운데 나루시마 류호쿠와 스에히로 뎃초 두 사람이 문필을 떨친 『조야신문』은 논설란에 당대 필화의 재판의 상황을 극명하게 기술하고 「나루시마 류호쿠 투옥 이야기」나 「스에히로 뎃초 전옥신화(轉獄新話)」라는 제목으로 연재하여 기자의 투옥 경험을 철저하고 집요하게 파고들었다. 오늘날까지 당대 필화사건의 구체적인 경과를 알려주는 귀중한 자료이다.

그들에 따르면 당대 필화 사건이 재판을 받고 처벌을 받기까지 얼마간의 단계가 있었다. 먼저 처음은 관청으로부터의 호출이다. 이것은 사정 청취의 단계로서 행선지는 사법성의 형사과나 검무과, 경시청의 분청에서 여러 창구로부터 호출을 받게 된다. 이 단계에서 시말서를 제출하여 끝나는 경우도 있다. 다음은 '마을용에 맡겨지는 단계'[3] 또는 '마을 안 위탁'[4]이라 부르는 단계이다. 해당기자는 그 지역 담당의 '마을용 담당'[5]에 인도되어 경시청의 분청이나 지방재판소에 출두하여 고문을 받은 후 '마을용 위탁'을 명령받았다. 이를테면 이 단계는 사법성 검무과 내지는 내무성 도서국으로부터 지시가 있거나 또는 기사에 쓰인 피해자의 고소 등으로 해당자의 처벌을 검토하기 위한 정리가 개시된 것을 의미한다. 제3의 단계는 구두진술인 공술결안 또는 공술조인이라 한다. 출두한 기자 등이 판사의 취조를 받아 문답논의 끝에 자신의 의견을 진술하여 이것을 서면으로 작성한 것에 조인하는 것이다. 그 후 판결이 내려지게 되는데 만약 불만이 있는 경우는 대심원에의 상고가 인정되었다. 『도쿄아케보노신문』의 하세가와 요시유키[長谷川義孝],[6] 『요코하마마이니치신문』의 쓰카하라 세이[塚原靖],[7] 『도쿄일일신문』의 우라키야마 에이오[浦喜山影雄][8]가 실제로 상고했지만 대심원에서 판결이

3 【역주】 에도시대 죄인을 친척 마을 절 등에 맡기던 형벌과 관련 있을 듯하다.

4 양쪽 모두 각 신문에서 사용되는 표현. '서기맡김'도 같은 방식이다.

5 '마을용 담당'은 '서기'라고 쓰인 경우도 있고 호출시의 수행인이나 기록계 등 재판의 보조적인 일을 한 것 같다. 『仮名讀』(1877(M10).3.23)에 "○ 이제까지 재판소형무과에 호출된 자는 그 지역의 서기가 수행인으로 나선 이후 수행원에 미치지 않게 되었다던가"라는 기사가 있다. 尾佐竹猛, 『明治警察裁判史』(邦光堂, 1926) 등에는 이 직무에 관한 기술은 없고 막부시대에 정방동심(町方同心 : 지역의 사법 행정 경찰사무를 담당)의 하부 조직인 자신번(自身番 : 집주인이 그 성원과 함께 자신의 집을 경계하는 일)의 후신으로 생각할 수 있지만 상세한 조사는 하지 못했다.

6 1875(M8)년 12월 28일에 구속 1개월, 벌금 200엔의 처벌을 받아 상고했지만 이듬 해 1월 27일 환송.

7 1875(M8)년 10월 19일에 금옥 10개월, 벌금 100엔의 처벌을 받아 상고했지만 동년 12월 25일 환송.

8 1876(M9)년 5월 17일에 구속 3개월의 처벌을 받아 상고했지만 파기되지 않고 다시 3개월 금옥되었다.

파기되는 것이 아니라 환송되는 것이 대부분이었다.

이와 같은 경과를 당대 신문은 자사의 분에 대해서는 상세하게 보도하지만 타사의 필화에 대한 보도는 그다지 신속하거나 상세하게 보도한 것은 아니다. 필화 사건 후 그 사정이 보도되기까지 도쿄의 신문 잡지는 1일에서 3일, 아이치[愛知]나 오사카[大阪] 등 지방 신문은 평균 5, 6일이 걸린다. 게다가 정보원은 타 신문이기도 하고[9] 풍문에 의존한 부분[10]도 보였다. 그러나 1877(M10)년경부터 각 신문사의 필화는 거의 판결 다음 날에 보도되었다. 이 취재 시스템은 아직 알려져 있지 않지만 추측컨대 세이난 전쟁을 기화로 정비된 것으로 추측된다. 이것은 시기적인 일치와 다음에서 서술하려는 제 조건에 따른 판단이다.

1877(M10)년 2월에 시작된 세이난 전쟁에서 보도 관제의 시스템이 갖추어졌다. 예를 들면 "○ 가고시마[鹿兒島]의 소란은 점차 격심해져 거리에는 소문이 난무하지만 아직 정보를 얻을 수 없고 그저께부터 그저께 밤에 걸쳐 제 관성(官省)에서 온 전보는 천통을 넘었다고 하지만 예의 비보(秘報)되면 전혀 모르고 아직 도로에서 전해들은 것을 기재함"[11]과 같이 당초 정부 관료는 일체 정보를 비밀로 하여 공표하지 않았다. 또한 전신도 2월 13일부터 사적인 전보가 금지되어 오사카의 시세 정보 등에 의하여 보내진 지방 정보는 3, 4일은 걸리는 우송으로 바꾸지 않을 수 없었다.[12] 이로 인하여 유언비어가 난무하고 오히려 인심의 불

---

9 예를 들면 필화 제1호인 末廣鐵腸의 사건을 『朝野新聞』의 成島柳北는 『東京曙新聞』을 읽고 알게 되어 놀랐다고 기술한다. 『朝野新聞』, 1875(M8).8.3.

10 예를 들면, "서기를 맡은 자가 된 사람도 있는 모양이라", "어제 형사과에 나가셨다고 하는 것"이라는 기술을 종종 볼 수 있다.

11 『朝野新聞』, 1877(M10).2.13.

12 사적인 전보의 금지는 지면에 따르면 5월 2일까지 계속되었다.

안이 야기되었다. 여기에서 정보는 2월 19일 가고시마 폭도 토벌명령이 유서천궁친왕(有栖川宮親王)에 내려짐과 동시에 태정관 포고 21호에 "사실 무근의 전설(傳說) 등 엉터리 신문지에 게재 적절하지 않음"이라고 하여 세이난 전쟁에 관한 뜬소문의 게재를 금지했다.

이를 전후로 하여 신문 각사 대표는 2월 8일부터 몇 번이나 소집 지시가 내려졌다. 2월 18일에는 도쿄 및 요코하마의 각 신문사가 경시국에 일제히 소집되었다. 이때 당시의 보도에 따르면 세이난 전쟁에 관한 유언비어 보도를 막기 위하여 진위가 의심스러운 정보에 대해서는 경시국에 문의하여 확인하지 않으면 안 된다는 규칙이 신문계의 대표들에게 하달되어 그들은 이에 따라 각사의 합의하에 승낙서를 제출한 것이다.[13] 사실상 사전 검열의 개시라고 해도 좋을 것이다.[14] 나아가서 3월 22일부터는 각 군 진격의 장소와 총기의 수, 관군사상자 수 등이 게재 금지[15]가 되어 이어 3월 30일부터는 초고의 사전 검열이 경시국 제2과에서 개시된다.[16]

---

13 『朝野新聞』(1877(M10).2.13)의 다음의 기사에 의한다. "신문 지상에 사실무근의 낭설 유언비어를 기재하는 것은 인민으로 하여 의혹을 품게 하는 우려가 있으므로 일동 합의하여 주의 깊게 해야 함은 물론, 만일 진위 불분명하고 취사 결정하기 어려운 사건 있다면 같은 국에 문의하여 쓸 것을 취지로 하는 명령 있었음 실로 지당한 말씀에 따라 어제 각 사의 중립자 모여 합의한 뒤 승낙서를 제출했다." 또한 동지 2월 27일의 논설도 이에 대해 기술한다.

14 세이난 전쟁 시 사전검열이 행해진 바에 대해서는 이미 지적한 바이지만 "1877(M10)년 5월, 세이난 전쟁의 전황보도 기사 (…중략…) 에 대하여 사전검열이 실시된 바 있다(内川芳美, 『マス・メディア法政策史研究』, 有斐閣, 1989, 7면, 강조－인용자)"와 같이 5월로 기술되어 있지만 근거는 명확하지 않다.

15 『朝野新聞』, 1877(M10).3.22.

16 "○ 금일 신문 지면부터 차후 매일 경시국 제2과에서 검열을 거쳐 인쇄했던 탓에 배달 시간도 자연 늦어질 터로 알고 있으니까 전달하여 미리 양해를 구합니다. 각사 일동의 일이니까 조금 빠르게는 하겠습니다만(『仮名讀』, 1877(M10).3.22 사고(社告), 후리가나는 생략)", "○ 도쿄 각사 신문초고 검열은 어제보다 그 정연함 미치지 않는다는 포달이 있었습니다(『仮名讀』－1877(M10).4.28 , 후리가나 생략)." 필자의 소견으로는 이 초고 검열에 관해 보도한 것은 이 『仮名讀新聞』이 유일하다. 또한 이 시기의 전쟁보도에 대해서 별도의 논의에서 다룰 예정이다.

이와 같은 신문의 보도 규제가 실시되는 한편 신문 기자를 위한 숙박처가 내무성과 경시국에 설치되었음을 신문은 알렸다.[17] 즉 오늘날의 기자 클럽에 해당하는 시설이 검열을 담당하는 관청에 설치된 것이다. 이것은 관제의 정보를 유포하는 데 편리하도록 정부를 위한 편의이기도 했지만, 각 신문사간의 정보 교환도 촉진했을 터 필화의 정보도 종합하여 입수하기 쉬운 환경이 구비되었다고 할 것이다.

이렇게 하여 각 신문의 필화 보도가 판결 다음 날 간략하게 전달되는 방식이 정형화하는 가운데 이채를 띠는 것은 『가나요미신문[仮名讀新聞]』의 필화 사건이다. 『가나요미신문』은 1875(M8)년 11월 1일 요코하마에서 창간, 1877(M10)년 3월 5일에 도쿄로 이전하여 『가나요미[かなよみ]』로 개제, 1880(M13)년 10월 말까지 간행되었다. 이 사이 1876(M9)년 3월에서 1879(M12)년 말까지 혹은 42회에 걸쳐 매월 말에 게재된 것이 다음과 같은 필화 보도이다.[18]

○ 금월 중 동업이 예의 실수를 엄하게 추궁한 총회계는 ○ 벌금 5엔 일일 신문 임시 편집장 나카하야시 이사기[中林潔] ○ 동 10엔 마쓰모토신문 편집장 다케우치 아키라마코토[竹内泰信] ○ 동 7엔 오사카 신보 동 오카노 다케시헤[岡野

17 "○ 어제부터 내무성의 구 현관 자리를 신문사 대기실로 지정해주셨습니다. 진심으로 감사드립니다(『東京日日新聞』, 1877(M10).2.14)"라는 기사가 있으며 또한 그 다음날 『郵便報知新聞』에도 "○ 내무성에서는 이 정도로 신문 각사 탐방자를 위하여 현관을 대기실로 해주셔서 감사할 따름입니다"라고 하여 내무성과 경시국에 기자 클럽의 원형이 만들어졌음을 전한다. 이것은 山本武利, 「日本的記者のクラブの形成」, 앞의 책(1990), 304면 참조. 『仮名讀新聞』에서 이미 지적한 1878(M11)년 지방관회의의 예보다 빠르다. 또한 당시 신문잡지 및 도서의 허가 인가에 관한 업무는 신문지조례에 따라 내무성도서국이 수행했다. 이 해는 처음 도쿄경시청이 폐지되고 내무성 안에 경시국이 설치되어 도쿄부는 이 내무성 직할이 되었다.

18 『仮名讀』, 1879(M12).2.28. 후리가나는 일부 생략했다.

武平] (…중략…) ○ 금옥 30일 우키요신문[有喜新聞] 편집장 덴노 가하루[天野可春] ○ 벌금 5엔 산요신문[山陽新聞] 전 임시편집장 시사키 고하치로[士岐五八郞] ○ 동 5엔 마사고신문[眞砂新聞] 편집장 오가와 다쓰요[小川達洋]합해 금옥 50일 벌금 75엔.

매월 필화 사건을 압축적인 형태로 집계한 만큼의 기사이다. 확실히 이와 같은 보도 형식은 지면이 협소한 소신문에는 적당했지만 아무런 평언을 더하지 않는 간결한 사실의 나열에 역으로 강렬한 저항의 표현이 읽혀진다.[19]

다른 신문에는 볼 수 없는 이 『가나요미우리』 명물의 필화 보도에 의하여 기록된 필화 건수는 400건 이상에 달한다. 또한 타 신문의 보도 등과 대조한 결과 이 기사가 상당히 정확하고 포괄적임을 확인했다. 이제까지 주목되지 않았지만 이 시기의 필화를 아는 데 빠트릴 수 없는 중요한 자료이다.[20] 여기에서 이 보도 기사에 기초하여 부족한 부분을 각 신문사에서 보완하여 도쿄 및 요코하마에서 발행된 5종의 대신문 『도쿄일일』, 『우편호치』, 『도쿄아케보노신문』, 『조야신문』, 『요코하마 마이니치신문』[21]과 3종의 소신문 필화 사건의 자료를 정리했다. 이러한 논의의

---

19 이 기사에는 서명이 없지만 기록을 작성한 것은 편집장 가나가키 로분 자신일 것으로 생각된다. 왜냐하면 그가 정부의 언론 출판물 단속에 커다란 관심을 기울인 흔적을 『仮名讀』의 지면에서 살펴볼 수 있기 때문이다. 로분이 『仮名讀み』를 퇴사하고 『いろは新聞』으로 옮긴 이후 이 필화 보도가 없어진 것도 이러한 추정을 뒷받침한다.

20 필화에 관한 같은 형식의 기록은 『湖海新聞』에도 볼 수 있지만 대략 4년에 가까운 오랜 기간에 걸친 동시대의 기록은 타 신문에는 볼 수 없다.

21 당시 도쿄와 요코하마에서 발행된 유력지를 대상으로 했다. 『横浜毎日』 이외는 모두 연간 발행부수가 100만 부를 넘었다. 정부와 대적 전선에 놓여 있는 것으로 간주되던 『評論新聞』, 『湖海新聞』, 『草莽雜誌』 등 필화사에서 반드시 등장하는 과격파 잡지는 이 글에서는 다루지 않았다.

기틀을 다지기 위하여 대신문과 비교하면서 소신문 필화를 고찰한다.

## 3. 소신문의 필화

소신문의 최초의 필화는 1876(M9)년 6월 28일, 신문지조례 및 비방에 관한 법률 공포 1주년을 맞이하여 아사쿠사[淺草] 관음상에서 신문공양대시아귀(新聞供養大施餓鬼)가 개최되어 도쿄의 신문관계자가 집합한 때였다. 이 대집회에서 대신문의 기자들과 어깨를 나란히 소신문 기자들도 제문을 읽으면서 정부에 대한 이색적인 시위를 연출했다.[22] 소신문이 실제 필화에 연루되기 시작한 것은 그로부터 멀지 않은 시기였다. 7월 25일, 오사카의 『나니와신문』 임시편집장 이토 이치에[伊東一英]가 비방에 관한 법률 5조 위반으로 구속 10일형 벌금 5엔의 처벌을 받았다.[23] 이것이 소신문 최초의 필화로 대신문보다 1년 뒤늦게였다. 이어 도쿄의 소신문도 필화를 겪게 되었다. 최초의 것은 『요미우리신문』과 『도쿄회입신문』으로 그 판결은 다음과 같이 보도되었다.[24]

22 당시의 보도에 따르면, 『讀賣』는 鈴木彦之進·今川肅·鈴木田正雄, 『東京繪入』은 前田夏繁와 爲永春水(대리), 『仮名讀』는 仮名垣魯文이 대표로서 제문을 읽었다.

23 동지 143호의 잡보란에 실린 大分縣 사족 大田周의 투서가 편의사(便宜社) 사원으로 변호인 교토부 사족 鵜飼茂承를 암암리에 중상했다는 필화.

24 『讀賣新聞』, 1876(M9).9.23.

○ 어제 아침은 잠깐 신문에 나온 대로 마사오[正雄]가 재판소에 나가 어떠한 처치를 받는가 하고 사내 일동이 걱정했습니다만 아래와 같이 언도되어 돌아갑니다. 먼저 구속되지 않아 일동 안심했습니다. 이것에 대해서는 당사자도 의외로 가볍게 끝나 무엇보다도 고마워하며 크게 기뻐했습니다. 이제부터는 여유 있게 신문을 도와 정성을 다해 열심히 하겠다고 말했습니다.

도쿄 제2대구사소구 금평초일번지[東京 第二大区四小区 金平町 一番地]

가나가와 현[神奈川縣] 사족 스즈키다 사실과 다름없고 폐를 끼쳤음.

『요미우리신문』 편집장 스즈키다 마사오

그대에 대하여 해당사 신문 448호 잡보 중에 이즈미바시[和泉橋] 난간에 게시되었던 네 곳의 지방 관청의 재판인은 사람을 죄에 빠트리고 악의 소행을 돕는 것을 분별하지 않고 이러이러하다고 등기한 허물 비방법률 제1조 및 제4조 사실의 유무를 확인하지 않고 사람의 명예를 해치는 행위를 적발 공포함에 따라 벌금 20엔을 선고합니다.

1876(M9)년 9월 22일.

도쿄재판소인.

이 재판소 관리를 중상한 이즈미바시의 게시판 사건에서는 『도쿄회입신문(東京繪入新聞)』, 『우편호치신문』, 『도쿄일일신문』이 일제히 벌금 20엔을 부과 받았다. 대신문과 소신문의 필화가 겹쳐진 예의 하나이다. 그러면 소신문 필화는 대신문과 어떻게 다른가.

먼저 필화 건수를 보도록 하자. 〈표 6-1〉은 전술한 자료를 바탕으로 신문별·연차별로 신문 조례와 비방에 관한 법률로 처벌된 필화 건수

〈표 6-1〉 신문별 필화건수 일람표

| 신문명 | 1875(明8) | 1876(明9) | 1877(明10) | 1878(明11) | 1879(明12) | 1880(明13) | 계 | 합계 |
|---|---|---|---|---|---|---|---|---|
| 도쿄아케보노<br>[東京曙] | ▲△▲▲▲5 | ▲1 | ▲1 | – | – | ▲1 | 8 | 23 |
| | ●1 | ●●2 | ●1 | ●●2 | ●○2 | ●●○●●●●7 | 15 | |
| 조야(朝野) | ▲1 | ▲▲2 | ▲▲2 | ▲1 | ▲1 | ▲1 | 6 | 26 |
| | – | ●●○3 | ●1 | ●●●3 | ●●●3 | ○●●●○●○7 | 20 | |
| 우편우치<br>[郵便報知] | ▲1 | ▲1 | – | – | – | △1 | 5 | 20 |
| | ●1 | ●●●○4 | ●1 | ●●●○4 | ●●●○4 | ●○●●4 | 15 | |
| 도쿄일일<br>[東京日日] | ▲1 | ▲▲2 | – | – | – | – | 3 | 14 |
| | – | ●1 | ●1 | ●●2 | ●●●●○5 | ●●2 | 11 | |
| 요코하마<br>마이니치<br>[横浜毎日] | ▲1 | ▲▲2 | ▲1 | ▲1 | – | ▲1 | 6 | 13 |
| | ●1 | – | ●1 | ●1 | ○●2 | ●●2 | 7 | |
| ▲소계 | 9 | 8 | 4 | 2 | 1 | 4 | 28 | 96 |
| ●소계 | 3 | 10 | 4 | 13 | 16 | 22 | 68 | |
| 요미우리<br>[讀賣] | – | – | – | ▲1 | – | ▲1 | 2 | 47 |
| | – | ●●●3 | ●●●●○5 | ●●●○●<br>○●○●○1<br>0 | ○●○●●○<br>●●●●●●○●<br>13 | ○●●○○○○<br>○○○●○●●1<br>4 | 45 | |
| 도쿄회입<br>[東京繪入] | | | | | | | 0 | 20 |
| | – | ●1 | ●1 | ●●●●4 | ●●●○●●6 | ●●●○●○●●<br>8 | 20 | |
| 가나요미<br>[仮名讀] | | | | | | | 0 | 36 |
| | – | ●1 | ●●●●●<br>●●●●9 | ●●○●○<br>●○●8 | ●●●○●●●<br>●●●○●12 | ●●●●●●6 | 36 | |
| ▲소계 | – | 0 | 0 | 1 | 0 | 1 | 2 | 103 |
| ●소계 | – | 5 | 15 | 22 | 31 | 28 | 101 | |
| ▲합계 | 9 | 8 | 4 | 3 | 1 | 5 | 30 | 199 |
| ●합계 | 3 | 15 | 19 | 35 | 47 | 50 | 169 | |
| 총 건수 | 12 | 23 | 23 | 38 | 48 | 55 | 199 | |

※ ① ▲, △ 표시는 신문 조례에 의한 필화.
② ●, ○은 비방에 관한 언론규제법령에 의한 필화. 단, 흰 표시는 두 가지 죄의 동시발생으로부터 실형이 부과되지 않았던 것.

를 나타낸 것이다. 총 건수로 보자면 대신문은 96건, 소신문은 103건과 거의 동수의 필화를 받았다. 그러나 대신문 필화는 1877(M10)년의 감소가 현저하지만 증가와 감소의 폭은 크지 않은 반면 소신문 필화는 거의 매년 증가한다.[25] 그 결과 전체적으로 전반은 대신문 필화 건수의 비율이 높고 후반이 되면 소신문의 비율이 상대적으로 높아지게 된다.

신문지조례에 의한 필화 건수와 비방에 관한 법률에 의한 필화 건수를 견주어 보면 전자는 30건, 후자는 169건으로 압도적으로 비방에 관한 법률에 의한 것이 많아 전체의 약 85%를 차지한다. 이것을 대신문과 소신문을 비교하면 대신문에서는 비방에 관한 법률에 의한 필화 건수의 비율은 약 70%이지만 소신문은 98%를 넘어 소신문의 필화는 비방에 관한 법률에 의한 것이 대부분이다. 예외적으로 『요미우리신문』이 신문지조례 제11조로 처벌된 사건이 두 차례 있지만 이 제 11조는 기사 내용에 대한 정오 반박을 게재하는 의무를 정했으므로 『요미우리신문』은 이것을 거부하여 처분된 것이다. 따라서 신문지조례의 12에서 16조까지의 범죄교사·국가전복·성법비훼(成法誹毁) 등 국정에 관한 정부 비판으로 처벌된 것은 대신문만으로 소신문이 정치적 언론으로 필화를 겪은 예는 전무하다. 이것은 대신문에서 신문지조례에 저촉된 사건의 대부분이 사설, 혹은 투서의 형태를 취한 논설을 대상으로 한 것과 대응한다. 즉 논설을 싣지 않고 잡보 중심의 편집이었던 소신문의 특질이 필화 사건에도 그대로 투영된 것이다. 이상의 고찰은 이제까지의 정설과 부합한다. 또한 광고를 대상으로 한 최초의 필화 또한 소신문의 특징일 것이다.[26]

---

25 西田長壽, 앞의 책(1961), 93면에서도 지적된 바와 같이 1877(M10)년 필화의 감소는 세이난[西南] 전쟁 때의 검열을 위한 것으로 생각된다.

26 『仮名讀』(1878(M11).5.25) 게재의 광고에서 동년 7월 17일 벌금 6엔의 처분을 받은 필화. 余滴庵芳泉라는 하이카이시[俳諧師]를 지명하여 비난한 광고였다.

〈표 6-2〉 신문별 필화처벌(금옥 및 벌금) 합계 일람표

| 신문명 | 1875(明8) | 1876(明9) | 1877(明10) | 1878(明11) | 1879(明12) | 1880(明13) | 계 | 합계 |
|---|---|---|---|---|---|---|---|---|
| 도쿄아케보노[東京曙] | ▲4월 ¥25<br>●1월 ¥200 | ▲6월<br>●5월 ¥120 | ▲3월 ¥30<br>●¥20 | –<br>●2월 | –<br>●1월 | ▲1년<br>●5년 ¥915 | ▲2년 1월 ¥55<br>●5년 9월 ¥1,255 | 7년 10월 ¥1,310 |
| 조야(朝野) | ▲5월<br>– | ▲1년 3월 ¥20<br>●1년 ¥250 | –<br>– | ▲¥10<br>●1월 ¥32 | ▲¥100<br>●¥25 | ▲6월 ¥50<br>●¥95 | ▲1년 9월 5일 ¥180<br>●1년 1월 ¥402 | 2년 10월 5일 ¥582 |
| 우편호치[郵便報知] | ▲1월 ¥10<br>●1월 ¥200 | ▲2월<br>●2년 1월 20일 ¥380 | ▲1월 15일<br>●¥20 | –<br>●¥5 | –<br>●¥20 | ▲¥95<br>●¥45 | ▲4월 15일 ¥105<br>●2년 2월 20일 ¥670 | 2년 7월 5일 ¥775 |
| 도쿄일일[東京日日] | ▲1월 ¥10<br>– | ▲6월<br>●¥20 | –<br>●¥5 | –<br>●¥15 | –<br>●¥62 | –<br>●¥70 | ▲7월 ¥10<br>●¥172 | 7월 ¥182 |
| 요코하마 마이니치[横浜毎日] | ▲10월 ¥100<br>●¥5 | ▲2년 2월 ¥25<br>– | ▲1월 ¥10<br>●¥15 | ▲1년<br>●¥10 | –<br>●¥5 | ▲2년 6월 ¥300<br>●1월 ¥5 | ▲6년 7월 ¥435<br>●1월 ¥40 | 6년 8월 ¥475 |
| 소계 | 1년 6월 5일 ¥550 | 8년 1월 20일 ¥815 | 5월 15일 ¥100 | 1년 3월 ¥72 | 1월 ¥212 | 9년 1월 ¥1,575 | ▲계 : 11년 4월 20일 ¥785<br>●계 : 9년 1월 20일 ¥2,539<br>소계 : 20년 6월 10일 ¥3,324 | |
| 요미우리[讀賣] | –<br>– | –<br>●3월 ¥40 | –<br>●1월 ¥25 | ▲¥10<br>●¥40 | –<br>●¥72 | ▲¥5<br>●¥70 | ▲¥15<br>●4월 ¥247 | ¥47 |
| 도쿄회입[東京繪入] | – | ●¥20 | ●¥10 | ●¥45 | ●¥27 | ●¥80 | ●¥182 | ¥20 |
| 가나요미[仮名讀] | – | ●¥10 | ●¥66 | ●¥21 | ●¥50 | ●¥60 | ●¥207 | ¥36 |
| 소계 | – | 3월 ¥70 | 1월 ¥101 | ¥116 | ¥149 | ¥215 | ▲계 : ¥15<br>●계 : 4월 ¥636<br>소계 : 4월 ¥651 | |
| 통계 | 1년 6월 5일 ¥550 | 8년 4월 20일 ¥885 | 6월 15일 ¥201 | 1년 3월 ¥188 | 1월 ¥361 | 9년 1월 ¥1,790 | ▲합계 : 11년 4월 20일 ¥800<br>●합계 : 9년 5월 20일 ¥3,175<br>총 합계 : 20년 10월 10일 ¥3,975 | |

※ ① 연월일은 금옥형의 기간, ¥은 벌금고를 나타냄.
② ▲표시는 신문지조례에 의한 처벌의 합계, ●표시는 비방에 관한 법률에 의한 처벌의 합계. 단, 두 가지 죄의 동시발생으로 실형을 처벌받지 않았던 건은 포함되지 않음.

각 신문별로 보면 소신문에서 가장 건수가 많은 것은 『요미우리신문』으로 47건[27] 이어 『가나요미신문』의 36건, 『우편호치신문』 20건, 『도쿄일일신문』 14건, 『요코하마 마이니치신문』 13건이다. 반정부적 경향이 강한 1878(M11)년 5월에는 신문 사상 초유의 발행 정지를 받은 『조야신문』이 가장 많고 어용신문으로 불려진 『도쿄일일신문』과 역시 관보적인 색채가 짙은 『요코하마 마이니치신문』이 가장 적은 것은 필화 건수가 각 지의 논조와 조응한 것으로 이해할 수 있다. 그러나 소신문의 건수가 대신문보다 많은 것은 이러한 이유가 아님은 분명하다.

다음으로 필화의 처벌을 보자. 〈표 6-2〉는 각 신문이 받은 구속 및 벌금의 처벌을 연차마다 집계하여 일람표로 한 것이다. 전체 총계에서 먼저 뚜렷한 특징은 대신문의 합계 쪽이 압도적으로 크다는 것이다. 5종의 대신문 처벌 합계가 구속 20년 6개월 10일 벌금 3천 324엔인 데 비해 3종의 소신문의 합계는 구속 4개월 벌금 651엔에 지나지 않는다. 소신문은 대신문에 비하여 구속기간으로는 약 1/60 이하, 벌금액으로는 약 1/5 정도로 경미하다. 전술한 바와 같이 필화 건수 자체는 대소신문이 거의 다르지 않았던 사실에 비추어 보자면 전체적으로 대신문에는 중벌이 많았다는 것을 알게 된다.

처벌 합계의 변화를 보자면 대신문의 경우는 1876(M9)년과 1880(M13)년을 정점으로 하여 그사이의 3년 동안은 적다. 이것은 필화 건수 자

---

27 표의 필화를 나타내는 표시는 판결 순으로 배치했지만 1880(M13)년의 『讀賣』의 경우 2죄 동시 발생이 연속하는 것은 논리적으로는 있을 수 없고 실형이 내려진 판결은 있을 터이지만 지면에서는 확인할 수 없었다. 따라서 실제의 필화 건수는 좀 더 많을 것으로 예측된다. 또한 여기에서는 신문의 사주·편집자·기자 등을 대상으로 한 필화만을 다루어 신문에 게재된 투서의 필자 관련 필화는 제외했다.

〈표 6-3〉 처벌의 경중별 필화 건수

| 신문명 | A군 : 벌금만의 처벌 | | | | | | B군 : 금옥형 및 금옥 + 벌금형* | | | | | 합계 |
|---|---|---|---|---|---|---|---|---|---|---|---|---|
| | ¥5 미만 | ¥6 이상 ¥10미만 | ¥10이상 ¥20미만 | ¥20이상 ¥50미만 | ¥50 이상 | 소계 | 1월 미만 | 1월 이상 3월 미만 | 3월 이상 1년 미만 | 1년 이상 | 소계 | |
| 『도쿄아케보노』 | 6(1) | 0 | 0 | 1 | 0 | 7(1) | 1 | 8(4) | 4(2) | 3(1) | 16(7) | 23(8) |
| 『조야』 | 7 | 1(1) | 5 | 3 | 2(1) | 18(2) | 1(1) | 1 | 5(2) | 1(1) | 8(4) | 26(6) |
| 『우편호치』 | 6 | 0 | 2 | 3 | 1(1) | 12(1) | 2(1) | 4(3) | 1 | 1 | 8(4) | 26(6) |
| 『도쿄일일』 | 5 | 1 | 1 | 2 | 2 | 11 | 0 | 1(1) | 2(2) | 0 | 3(3) | 14(3) |
| 『요코하마마이니치』 | 3 | 0 | 3 | 0 | 0 | 6 | 0 | 2(1) | 2(2) | 3(3) | 7(6) | 13(6) |
| 소계 | 27(1) | 2(1) | 11 | 9 | 5(2) | 54(2) | 4(2) | 16(9) | 14(8) | 8(5) | 42(24) | 96(28) |
| 『요미우리』 | 34 | 1 | 4(2) | 4 | 0 | 43(2) | 0 | 1 | 1 | 0 | 2 | 45(2)** |
| 『도쿄회입』 | 13 | 1 | 3 | 2 | 1 | 20 | 0 | 0 | 0 | 0 | 0 | 20 |
| 『가나요미』 | 24 | 2 | 10 | 0 | 0 | 36 | 0 | 0 | 0 | 0 | 0 | 36 |
| 소계 | 71 | 4 | 17(2) | 6 | 1 | 99(2) | 0 | 1 | 1 | 0 | 2 | 101(2) |
| 합계 | 98(1) | 6(1) | 28(2) | 15 | 6(2) | 153(6) | 4(2) | 17(9) | 15(8) | 8(5) | 44(24) | 197(30) |

※ 연월일은 금옥형의 기간, ¥은 벌금고를 나타냄. 단 두 가지 죄 발생으로 통계상에서 처벌되지 않은 것으로 나타난 분도 포함한다. 또한 ( ) 안의 숫자는 안에 포함된 신문지조례에 의한 처벌의 건수를 나타낸 것.

주 : * 편의상 B 군에 대해서는 금옥기간에 의하여 구분하고, 벌금고의 차이는 무시했다.

** 요미우리(讀賣)의 집계가 〈표 6-1〉의 건수 47건보다 적은 것은 필화사건 2건에 대하여 처벌이 정리되어 하나로 집계된 경우가 2건 있기 때문이다.

체의 변화와 거의 일치한다. 한편 소신문의 경우는 구속형은 최초의 2년간 받은 것으로 이후는 모두 벌금제이고 그 벌금고의 증식 방식은 역시 필화 건수의 증가와 상관성이 있다.

처벌의 경중과 필화 사건과의 대응을 〈표 6-3〉에서 보도로 하자. 벌금만의 처벌(A군)과 구속형 및 구속과 벌금이 양쪽에 있는 처벌(B군)을 나누어 보면 대신문은 96건의 필화 중 A군이 54건, B군이 42건으로 거의 반반이며 A군 가운데 반인 27건이 벌금 5엔의 처분을 받았다. 소신문의 경우 B군은 2건 밖에 없고 거의 A군으로 이 중 7할 이상이 벌금 5엔의 필화이다. 즉 가장 가벼운 5엔의 벌금형 건수에서 차지하는 비율은 대신문의 경우는 대략 1/4, 소신문의 경우는 약 7할에 이른다. 또한 그 대다수가 비방에 관한 법률 5조에 의한 것으로 "비방에 관한 법률 5

조에 저촉된 기사가 많았던 것이 소신문의 특징적인 현상"[28]이라는 지적을 뒷받침한다.

비방에 관한 법률에 의한 처벌과 신문지 조례에 의한 처벌을 〈표 6-3〉과 같이 견주어보면 문지조례에 의한 필화 건수 30건 가운데 6건이 벌금형, 24건이 구속형으로 8할이 B군이다. 비방에 관한 법률의 경우 합계 167건 가운데 147건이 벌금형으로 9할에 가까운 것이 A군이다. 또한 A군 가운데 최고액 100엔을 기록한 것도 신문지 조례에 의한 것으로 전체적으로는 신문지 조례에 의한 처벌이 비방에 관한 법률보다 엄한 것이 많았다고 하겠다. 그러나 비방에 관한 법률에 의한 처벌이 항상 가벼웠던 것은 아니다. 예를 들면 이 조사 가운데 가장 무거웠던 구속 3년 벌금 800엔의 형은 비방률 제2조에 의한 것이었다.[29] 또한 〈표 6-2〉에서 처벌의 합계를 본다면 신문지 조례에 의한 처벌과 비방에 관한 법률의 처벌은 구속 기간이 거의 동일하지만 벌금형에서는 비방에 관한 법률 편이 4배 정도 많다는 것을 알 수 있다. 따라서 이들 신문으로 보는 한 비방에 관한 법률에 의한 희생이 신문지 조례에 의한 것보다 적다고는 할 수 없다.

각 신문마다 처벌의 합계를 비교해보면 격차가 심하다는 것을 알 수 있다. 가장 큰 처벌은 『도쿄아케보노신문』의 구속 7년 10개월 벌금 1천 310엔이고 대신문 가운데 가장 처벌을 적게 받은 것은 『도쿄일일신문』으로 7개월 182엔, 어용신문다운 모범 성적이다. 한편 소신문은 이보다 훨씬 적어 가장 처벌이 큰 것은 『요미우리신문』의 4개월 262엔, 이어

---

28 西田長壽, 앞의 책(1989), 131면.

29 『東京曙新聞』의 편집장인 藤昭德次郎이 1880(M13)년 10월 12일에 받았다.

『가나요미신문』 207엔, 『도쿄회입신문』 182엔 순이다. 이 〈표 6-2〉에 의한 합계는 실형을 집계한 것으로 이것은 그대로 고스란히 신문사의 손해이다. 그러면 이것은 실제 어느 정도의 영향을 갖는 규모였던 것인가.

먼저 벌금액의 가치를 추측해 보기로 하자. 당시 한 달 신문구독료는 선금으로 대신문은 50~70전, 소신문은 20전, 주필의 급료가 4·50엔, 탐방기자의 월급이 5~8엔 정도, 백미 1두 5승으로 약 1엔, 술 1승 30전 정도의 물가였다. 현재의 물가로 환산하면 약 5엔은 10~15만 엔, 100엔은 지금의 200, 300만 엔에 상당하는 액수일 것이다. 신문사 경영의 근간인 판매 수입을 본다면, 1878(M11)년 연간 통계로[30] 『도쿄아케보노신문』은 약 3만 6천 엔, 『조야신문』은 약 4만 6천 엔, 『도쿄일일신문』이 약 5만 3천 엔, 소신문은 『요미우리신문』이 약 3만 4천 엔, 『도쿄회입신문』 약 만 4천 엔, 『가나요미신문』 약 만 천 엔으로 벌금 합계를 연 평균으로 감안하면 어떤 신문에서라도 벌금액은 판매수입의 1%에도 미치지 않는 꼴이다. 게다가 이 밖에 광고 수입이 월 수백 엔이었음을 고려한다면 경영상 막대한 영향을 끼치는 금액이라고는 할 수 없다.

구속형으로 인한 투옥된 자의 신체적 정신적 고통, 기자의 구속으로 인한 인재의 손실 등의 형을 받은 기자 개인과 신문사 공히 양쪽의 피해는 결코 작지 않았다. 그러나 이 시대 기자에게는 일종의 훈장으로 명예로운 일로 여겨지며 독자와 신문 기자들의 연대 의식을 한층 강하게 결속을 깊게 다지는 기회이기도 했다. 이것은 『요미우리신문』과 같은 소신문에서도 마찬가지였다.

---

30 山本武利, 앞의 책(1981), 402면.

예를 들면 1876(M9)년 9월 23일 『조야신문』은 『요미우리신문』, 『도쿄회입신문』이 첫 필화사건으로 벌금형이 언도된 이후 "이에 대해서 재미있는 이야기가 있습니다. 여기에 쓰는 것은 무례하지만 스즈키다 마에시마의 두 선생은 이전부터 도쿄지역 곳곳에 신문으로서 지명도가 높아 아는 사람이 많지요. 저쪽 아주머니나 골목의 딸네미까지 이번에 마사오 씨나 카즈바시 씨가 어두운 곳으로 나가시게 된다면 나도 뭔가 차입해 드리고 싶다, 나도 뭔가 드리고 싶다 하고 요전번의 낙(아뿔싸, 실수)을 얻는 것에 신경 쓰던 차에 벌금이 내려져 매우 김이 빠진 형편에 처한 사람이 많이 있다고 함. 그러나 의욕은 실로 대단하여 우리들은 적이 안심하여 너무 기쁜 나머지 이런 일까지 썼습니다. 두 선생 부디 용서하세요"라고 기술했다. 『요미우리신문』의 투서란에서도 마찬가지의 분위기를 살필 수 있다.

신문 경영상 중대한 영향을 미치는 것은 오히려 발행 정지 내지는 발행 금지의 사태이다. 발행 정지 제1호로 된 『조야신문』의 경우를 시험적으로 추산해보자면 1부 2전 3리로 1호당 발행 부수가 당시 약 7천 부에 달해 하루 정지로 대체로 160엔 정도의 손실을 초래했다. 대신문의 경우 정기 구독하는 고정 독자가 많으므로 직접적인 손실이 어느 정도였는지 알 수 없지만 소액의 벌금형보다는 훨씬 심각한 영향을 미쳤을 것으로 생각된다.[31]

소신문의 경우 발행 정지 및 금지가 된 예는 이 시기 찾아볼 수 없다.

---

31 宮武外骨, 「自由民權論者に加へたる刑罰」(『新旧時代』 2(4·5), 明治文化研究會, 1926.8)에 "발행정지라는 행정처분은 신문잡지사로서는 100엔, 200엔의 벌금형보다도 고통스럽고 손해가 막대했다"라는 동일한 지적이 있다.

그러나 소신문은 대신문의 그것과 다를 바 없거나 그 이상의 손해를 입는 언론 단속의 통제를 받았다. 시가를 돌아다니며 소리 내어 신문을 파는 판매원이 기사에 실린 것이나 기사에 없는 것을 큰 소리로 외치며 추문의 당사자를 위협하여 구매를 강요하는 사건도 발생하여 문제가 된 것은 분명하지만 내무성의 주의를 받은 직접적인 계기는 세이난 전쟁의 보도 규칙이라는 것은 주목할 만하다. 당시의 기사에 따르면 "자, 이것은 오늘날의 신문으로 관군 쪽이 대패 북 삿슈 쪽 대승리의 경위" 등으로 기사에 씌어 있지도 않은 것을 고함치며 신문을 팔러 다니는 자가 있었던 듯하다.[32] 이러한 소신문의 판매 방식은 신문지 조례 비방 법률에는 저촉되지 않지만 사회적으로 무시할 수 없는 힘 있는 언론 활동으로서 정부의 감시 대상이 된 것이다.

소리 내어 읽혀지는 추문이 기사에 쓰인 추문의 연장선상에 있다고 한다면 음성 판매의 자유 또한 언론의 자유와 결부되는 것이다. 그렇다면 현령(縣令) 미시마 미치쓰네[三島通庸]의 게이샤 스캔들이 비방에 관한 법률로 처벌된 것과 같은[33] 대신문의 문자를 가두는 감옥이 소신문에서는 시정의 사건을 다룬 소리에 재갈을 물리게 하는 감옥이 되었을지도 모른다. 하지만 소신문은 스스로 복종하여 이 음성 판매의 자유를 방기했다. 정면으로 『가나요미우리』가 1877(M10)년 12월 5일 도쿄에서의 음성 판매 폐지를 단행 타 소신문도 이를 추종하여 마침내 공식적으로 폐지하기에 이른다.

---

32 『讀賣新聞』1877(M10).4.26, 68호의 기사에 의한다.

33 1875(M8)년 12월 28일 『東京曙新聞』, 『郵便報知新聞』이 각각 구속 1개월 벌금 200엔이 추징되었다. 자세한 것은 宮武外骨, 「明治筆禍史資料(4)」(『新旧時代』 1(4), 明治文化研究會, 1925.5)참조.

음성 판매의 폐지는 가두의 한 장 판매에 의한 수입에 의존한 바가 큰 소신문으로서는 상당한 희생을 강요하는 개혁이었으며 일이 없어진 판매원이 타 신문의 투서란에 악평을 쏟아내는 등 소란이 끊이지 않았던 듯하다.[34] 그러나 한편으로 재판 사태가 되는 건수도 벌금도 감소했다고 한다.[35] 소신문이 가두에서 음성에 의한 저널리즘과 연계되던 언론의 자유는 족쇄가 채워지고 소신문은 보다 안전하고 품격 있는 미디어가 되는 길을 선택했다. 대신문과 연동한 연설회의 활동이 집회 조례에 의하여 단속되기 시작한 것은 그로부터 약 1년 후인 1880(M13)년 4월이었다.

## 4. 필화사건의 내용

필화 개요를 비교하는 작업에서 대신문과 소신문의 차이는 필화 사건의 내용을 조명할 때 한층 뚜렷해진다. 이를테면 비방에 관한 법률에 의한 죄가 적용된 필화 사건에서 기사에서 다룬 비방의 대상이 되는 인물은 대신문에서는 현령(미시마 미치쓰네[三島通庸], 다카사키 고로쿠[高崎五六])·학교 교원·경찰 관리·사법성 서기관·태정관의 경비 등 정부 기관의 관리이거나 전 성주 가신 등의 화족 사족이 대부분으로 일반인이

34 『仮名讀新聞』, 1879(M12).3.21 기사.

35 위의 기사에 의한다. 그러나 이것은 통상적인 필화만이 아니라 판매원을 둘러싼 분쟁을 포함한 이야기일 것으로 생각된다.

필화 사건의 주인공이 되는 경우는 거의 드물다. 또한 여성이 비판된 필화도 없다. 이에 대하여 소신문의 필화 사건에 등장하는 주인공은 시정 각계각층의 남녀이다. 다만 대신문과 달리 도쿄 내지는 가나가와 요코하마의 지역에 한정된 것도 특징이다.

3종의 소신문에 대해서 그 내역을 검토하면 먼저 남녀별로는 『요미우리신문』의 필화 전 47건 중 남성이 필화 사건이 된 기사는 35건, 주로 여성이 대상이 된 필화 사건은 12건, 『도쿄회입신문』에서는 20건 중 남성 대상이 14건, 여성 대상이 5건, 미상 1건, 『가나요미신문』에서는 36건 중 남성 대상이 25건, 여성 대상이 11건이다. 합계를 내면 총103건 중 남성 대상이 74건, 여성 대상이 28건으로 약 27%가 여성이 소송을 제기한 필화 사건으로 밝혀졌다.

또한 직업 별로 보자면 전당포·여관·의류점·주점·다방·석공·수리공·봉투제작·정육점·야채상 등의 상인·직인이 많아 이러한 사람들이 대상이 된 필화 사건은 19건이다. 여기에 지주·조합장이라는 지역의 정리 총괄역이나 사찰의 주지·의사·하이카이시[俳諧師]·강석사(講釋師) 등을 더하면 30건이다. 재판소나 궁내성 등의 관리에 관한 것은 8건으로 여기에 전 사족의 은행원 등을 더하면 사족 내지 전 사족의 필화는 14건이다. 단 이 가운데 5건은 『요미우리신문』의 필화 사건이다. 여성의 경우는 게이샤 4건, 사창가나 활터 등 화류계 여성이 3건, 상점가의 부인이나 자녀가 10건, 그 밖에 첩 등이 3건이다. 불명의 건수가 많지만 대체적인 경향을 짐작할 수 있겠다.

이들 소신문 필화 사건의 대부분은 불륜 등 성적인 추문, 양자나 양부모 등과의 불화·도난·사기·횡령 등의 범죄 행위를 다룬 것이다. 대신문 필화에는 이러한 내용은 적어 지방의회의 분규나 조례의 오용·규칙 위반·용도 불분명한 공금 사용 등 공직자의 공적 행위를 비판하는 기사가 대부분이다. 이것은 당시의 대신문과 소신문의 기사 내용의 경향을 나타내는 가장 민감한 부분이 필화 사건으로 나타난 결과라고 할 수 있다. 즉 대신문은 국회 개설과 자유 민권 등의 주장과 정부와 관리 비판을 행하고 소신문은 문명개화의 미명 하에 권선징악의 정의라는 잣대를 시정의 사람들을 상대로 전개한 것이다.[36]

따라서 이들 필화 사건은 신문이라는 새로운 미디어가 단지 국가와 충돌한다는 의미만이 아니라 일본 사회와 마찰을 일으키면서 수용되는 과정을 나타내는 것이다. 중요한 것은 이것이 대신문과 소신문의 양극으로 분화하면서 현재에 이르는 매스 미디어의 언론기능의 양 극단을 대표한다는 점이다. 미디어가 매스 미디어로서 언론 시장을 형성해 갈 때 그 힘은 정부나 권력자에 대한 공격과 시정의 개인에 대한 공격으로 양쪽으로 향하는 가능성을 내재한 표리일체의 방식으로 작동한다. 근대 일본에서 그 양쪽을 국가 주도에 의해 처음으로 억제하려고 했다. 소신문 필화는 오늘날에서 보자면 명예훼손이나 범죄 보도의 문제이다. 그것은 국가적인 규제가 약화되고 고도의 상업주의가 만연한 현재와는 상황이 다르지만 미디어를 일본 사회에서 어떻게 정착시키고 자리매김할 것인가, 시민 사회에서 미디어는 어떠해야 할 것인가라는 물음에 직면할 때 새롭게 다시 바라보아야 할 원점이라 하겠다.

---

36 平田由美, 「物語の社會空間—近代メディアと '毒婦'言説」(『文學增刊 明治文學の雅と俗』, 岩波書房, 2001.10, 74~85면)은 이 점에서 '사건을 서사화하는 텍스트'로 소신문의 기능을 한층 구체적으로 논의했다.

제7장

# 『이로하신문』으로 보는 메이지 10년대 중반의 소신문

## 1. 자유민권운동기의 소신문

세이난 전쟁 이후 국회 개설의 칙령이 발포된 1881(M14)년을 정점으로 자유민권운동이 고조된 메이지 10년대 중반인 1880년대 초는 신문이라는 미디어에 새로운 변혁이 일던 시기였다. 자유당·개진동·입헌제정당 등 정당의 성립으로 신문은 정당화의 시대를 맞이하여 소신문도 정론화함으로써 대소신문의 접근을 위한 첫걸음을 내딛었다고 한다.[1] 그러나 이러한 방식의 소신문에 관한 연구는 각 신문의 분석을 포함하여 만족할 만한 성과를 냈다고는 할 수 없다.

1 小野秀雄, 앞의 책(1922), 9章 '政党機關誌時代; 西田長壽, 앞의 책(1961), 4章 4節 「小新聞の政党新聞化」; 山本武利, 앞의 책(1981), 2部 1章 2節 「自由民權運動衰退期の新聞讀者層」 참조.

예를 들면 초기의 소신문을 신문을 매개로 한 막부 말의 게사쿠[戱作]의 부활이라는 주장을 편 쓰카네자와 도시히로[津金澤聰廣]의 논의[2]가 1880(M13)년경까지를 한 획으로 구분 짓는 것과 같이 선행 연구에서는 이 무렵까지의 소신문을 중심으로 이루어져 1881(M14)년 정변 이후의 이른바 중기나 후기 소신문에 관한 분석이 그다지 축적된 것은 아니다. 더욱이 연구의 주안점은 정당기관지화한 『개진신문(改進新聞)』, 『회입자유신문(繪入自由新聞)』 등의 소신문에 두어지면서 정당색을 뚜렷하게 표방하지 않았던 『도쿄회입신문』이나 『이로하신문[いろは新聞]』 등의 소신문에 관한 고찰은 적은 편이다.

이에 제 7장에서는 1880년대 초인 메이지 10년대 중반에 탄생하여 소멸한 대표적 소신문의 하나인 『이로하신문』을 중심으로 당시의 소신문의 동향을 전망하는 시도를 탐색한다. 이를 바탕으로 다음 장에서 다루는 정당계 소신문과의 대비는 메이지 10년대 후반인 1880년대 후반의 소신문 전개 양상을 보다 입체적으로 다각적으로 고찰하게 할 것이다.

또한 『이로하신문』에 대해서는 종래 도쿄대 메이지신문잡지문고 소장의 원자료에 기초하여 논의해 왔지만[3] 근년 새롭게 국립국회도서관이 구입한 자료를 추가하여 통산 대략 5년에 걸쳐 간행된 전지면의 9할 이상이 빠짐없이 마이크로 필름의 형태를 갖추었다.[4] 이러한 충실한 원자료를 바탕으로 이 장에서는 『이로하신문』을 분석하여 자유민권운동의 소신문의 한 양상을 규명할 것이다.

---

2 津金澤聰廣, 「小新聞成立の社會的基盤」, 『關西學院大學社會學部紀要』 11, 1965.8, 89~101면.

3 이에 대한 체계적인 논고는 興津要, 앞의 책(1968)이 있다.

4 1879(M12)년 12월 5일 창간부터 1884(M17)년 10월 29일의 개제에 이르기까지 약 59개월 중 1880(M13)년 11~12월, 1883(M16)년 1월, 1884(M17)년 4월분이 현재 결락되었다.

## 2. 『이로하신문』의 간행 개요

『이로하신문』은 1878(M11)년 12월 19일 창간된 『아즈마신문[安都滿(あづま)新聞]』을 전신으로 한다.[5] 이 신문은 도쿄 니혼바시구[東京日本橋區] 료고쿠 고메자와초 1가 6번지[兩國米澤町1丁目6番地] 아즈마신문사에서 발행되어 구막부 가신(家臣) 국학자 시라이시 치와키[白石千別]를 주간으로 『우편호치신문』의 구리모토 조운[栗本鋤雲] 등의 조력으로 간행되었다.[6] 와지반절지[和半紙]를 둘로 접은 6면 세로 조판의 전부 후리가나를 단 소신문으로 1879(M12)년 11월 26일에 279호로 폐간되기까지 내무성 통계에 의하면 한 호당 약 800부 정도 발행했다.

1879(M12)년 12월 5일에 이것을 명칭과 호수를 새롭게 하여 창간된 것이 『이로하신문』이다. 발행처도 장소는 이전과 같은 곳이지만 문경사로 개칭되었다. 창간에 즈음하여 가나가키 로분[仮名垣魯文]과 구마타로[熊太郎]부자(父子)가 초빙되었다. 당시 50세의 로분은 21세가 된 외아들을 자립적으로 홀로 서게 할 요량으로 편집장에는 구마타로를 앉히고 자신은 후원자라는 직함으로 참가하여[7] 주간은 이전과 다름없이 시라이시 치와

5 【역주】『いろは新聞』의 '이로하[いろは]' 는 일본 가나문자의 최초의 3자로 총47자의 총칭인데 학습의 초보를 뜻하는 말로도 사용된다. 즉 '가나다신문' 에 해당하는 『이로하신문』의 전신 『아즈마신문[安都滿(あづま)新聞]』의 '아즈마'는 일본의 동부지방을 뜻하는 '東·吾妻·吾嬬' 와 동음으로 교토에서 본 관동 일대를 가리키는 것으로 도쿄에서 발행된 『아즈마신문』의 지역성에도 부합한다.

6 『安都滿新聞』1号 사고(社告) 참조. 또한 高瀨巳之吉, 『全國新聞評判記』(1883(M16), 42~43면)에 따르면 '어떤 화족'이 자금을 제공했다고 한다.

7 『かなよみ新聞』1128号(1879(M12).11.27)와 1130号(1879(M12).11.30)의 로분(魯文)의 『いろは新聞』으로 전직 발령에 관한 설명 참조.

키를 포진시켰다. 그러나 창간 직후인 7호(12월 11일) '각 신문사 기자의 변천'이라는 제목으로 구마타로가 타사의 일류 신문기자를 비평하는 논조의 자유분방한 필치에 그 지나친 처사를 우려한 로분은 당기사의 연재를 중지시키고 즉각 그를 수행의 목적으로 교토 오사카[京阪]에 보냈다.[8] 결국 1880(M13)년 1월부터 가나가키 로분이 사장으로 부임한 이후 사이카 도요타로[雜賀豊太郎]·구보타 히코사쿠[久保田彦作]·와카나 사다미[若菜貞爾]·노자키 사분[野崎左文]·와타나베 분쿄[渡辺文京]·나카지마 이치헤[中島市平]·미우라 요시카타[三浦義方] 등 이른바 가나가키 일파가 편집을 담당하여『이로하신문』은 로분이 주재하는 신문으로 정착했다.[9]

가나가키 로분에게『이로하신문』은 기자의 첫발을 내딛은『이로하신문』, 처음으로 주재한『가나요미신문』에 이은 세 번째의 신문이다. 노자키 사분의 회상록에 "최초 로분 옹이 가나요미에 들어간 때 봉급 40엔, 동 13년 이로하신문으로 옮긴 때가 50엔, 동 17년 금일 신문에 입사한 때가 70엔이었다"[10]고 술회한 바와 같이『이로하신문』은『가나요미신문』의 성공을 계승하여 발전한 것이다. 실제 로분이 사장 재임 중의『이로하신문』은 삼단 조판 4면 세로짜기 형태로 지면의 구성에서 제목자의 디자인까지『가나요미신문』을 거의 그대로 답습했다.

로분 팬의 독자도 또한『가나요미신문』에서『이로하신문』으로 이동

---

8 자세한 경위는 興津要,『仮名垣魯文一文明開化の戯作者』, 有隣堂, 1993, 176~179면 참조. 京阪에 간 熊太郎는『和歌山新聞』『美瑳保新聞』등을 전전한 후, 1882(M15)년 1월에『いろは新聞』으로 복귀하여 임시 편집장이 되었다.

9 "저희 회사 임시 편집장 이하 스물셋의 기자 연령은 25세를 시작으로 37세를 끝으로 하여 그 여백을 간간이 보필하여 기자인 繁机를 돕는 연로한 사장 홀로 있을 뿐(『いろは新聞』822号, 1882(M15).9.1)"이라는 기사와 같이 로분 이외에는 20·30대의 젊은 편집진을 구성한 것으로 보인다.

10 野崎左文, 앞의 책(1927), 28면.

했을 것으로 여겨진다. 이를테면 1880(M13)년 4월에 요코하마 지국을 개소하는 무렵 "가나요미 재사 즈음에 이은 단골은 당 신문이 담당하여 아직 100호 될까 말까한 호로 신문 부수 오천 넘었음을 경축"[11]하는 기술과 같이 요코하마에서는 『가나요미신문』 이래의 독자를 상당수 이어받은 듯하다. 심지어 동년 6월 말 가나가키 일파가 『가나요미신문』에서 모두 퇴진하자 다음 달에는 『가나요미신문』을 떠난 독자가 대거로 유입된 듯하다. "펴낸 지 겨우 반년 남짓 호수 아직 100호도 되지 않아 당초보다 단골 독자 수 늘어 매월 500, 600 또는 300, 400. 금월에 이르러서는 무슨 바람이 불었는지 한 때는 850 남짓의 부수를 더하여"[12]하고 급격한 증가를 분명히 드러냈다. 이러한 사정은 동년 10월 사옥을 교하시 다케가와초 14번지[京橋竹川町14番地]의 벽돌 사옥으로 옮긴 사실에서도 뒷받침된다.

그러나 단지 『가나요미신문』의 독자를 흡수한 것만은 아니다. 1881(M14)년 7월, 신문용지 가격의 급격한 비등을 구실로 도쿄에서 발행된 9종의 신문이 8월부터 구독료 인상을 실시한다는 연합 광고를 발표했다. 이 협정에 참가한 4종의 소신문 가운데 『요미우리신문』, 『도쿄회입신문』은 1부 판매 가격 1전 5리, 1개월 선금 33전에 『우키요신문[有喜世新聞]』은 1부 1전 5리, 1개월 선금 30전에 『스즈키다신문[鈴木田新聞]』은 1부 1전 3리, 1개월 선금 26전으로 각각 인상했다. 이에 대하여 『이로하신문』은 1부 판매 1전, 1개월 선금 20전이라는 저렴한 가격이었다. 가격경쟁의 원리가 작동하는 것을 상상하기란 어렵지 않다.[13] "폐사 신문사를

11 『いろは新聞』 95号, 1880(M13).4.1, 후리가나 생략.

12 『いろは新聞』 181号, 1880(M13).7.11, 후리가나 생략.

〈표 7-1〉 메이지 10년대 대신문 · 소신문의 발행고

| 신문명 | 1880(M13)년 | | 1881(M14)년 | | 1882(M15)년 | 1883(M16)년 | 1884(M17)년 | | 1885(M18)년 | |
|---|---|---|---|---|---|---|---|---|---|---|
| | 계 | 도쿄 | 계 | 도쿄 | 계 | 계 | 계 | 도쿄 | 계 | 도쿄 |
| 『도쿄일일』 | 8,094 | 2,708 | 8,207 | 2,726 | 8,492 | 5,129 | 5,314 | 2,550 | 4,284 | 1,777 |
| 『우편호치』 | 8,080 | 3,467 | 9,580 | 4,050 | 8,154 | 6,749 | 5,692 | 2,696 | 5,717 | 2,710 |
| 『조야』 | 9,159 | 3,573 | 10,609 | 3,908 | 9,024 | 9,072 | 6,836 | 2,819 | 5,138 | 2,504 |
| 『도쿄아케보노』 | 7,772 | 3,828 | 6,008 | 3,756 | – | – | – | – | – | – |
| 『요코하마마이니치』 | 2,919 | – | – | – | 4,902 | 3,811 | 2,894 | 1,120 | 3,076 | 1,264 |
| 『시사신보』 | – | – | – | – | – | 4,947 | 5,502 | 3,151 | 7,402 | 4,104 |
| 『자유신문』 | – | – | – | – | – | 4,905 | 3,398 | 1,084 | – | – |
| 대신문 계 | 36,024 | 13,576 | 34,404 | 14,440 | 30,572 | 34,613 | 29,636 | 13,420 | 25,617 | 12,359 |
| 『요미우리』 | 20,822 | 16,109 | 17,721 | 13,370 | 17,405 | 15,911 | 16,813 | 13,052 | 15,453 | 12,007 |
| 『도쿄회입』 | 14,381 | 8,620 | 20,000 | 12,394 | 19,760 | 12,277 | 8,885 | 5,453 | 6,041 | 3,318 |
| 『가나요미』 | 3,381 | 2,667 | – | – | – | – | – | – | – | – |
| 『이로하』 | 2,371 | 불분명 | 2,195 | 불분명 | 4,394 | 3,631 | 4,477 | 3,817 | – | – |
| 『우키요』 | 8,503 | 불분명 | 9,525 | 불분명 | 9,680 | – | – | – | – | – |
| 『개진』 | – | – | – | – | – | 5,356 | 6,427 | 5,785 | 8,980 | 7,575 |
| 『회입자유』 | – | – | – | – | – | 9,950 | 9,273 | 7,354 | 7,337 | 6,285 |
| 『회입조야』 | – | – | – | – | – | 9,230 | 6,146 | 4,449 | 10,162 | 7,230 |
| 『자유등』 | – | – | – | – | – | – | – | – | 13,799 | 10,198 |
| 『금일』 | – | – | – | – | – | – | – | – | 6,615 | 6,286 |
| 소신문 계 | 49,458 | 27,396 | 49,441 | 25,764 | 51,239 | 56,355 | 52,021 | 39,910 | 68,387 | 52,890 |
| 도쿄지 계 | 85,482 | 40,972 | 83,845 | 40,204 | 81,811 | 90,968 | 81,657 | 53,330 | 94,004 | 65,249 |
| 『아사히』 | 7,474 | – | 13,860 | – | 13,756 | 21,565 | 25,008 | – | 31,935 | – |
| 『고노하나』 | – | – | – | – | 2,249 | 3,938 | 5,648 | – | 12,782 | – |
| 『오사카일보』 | – | – | – | – | 3,405 | 2,776 | 2,408 | – | 1,965 | – |

※ 『내무성연보』, 『도쿄부통계서』, 『경시청사무연표』에 의거하여 1년 = 300호로 추산한 호당 발행 부수. 또한 '도쿄'로 표시된 항목은 도쿄부 내 발행 부수를 나타냄.

떠난 지난 7월 하순부터 본사는 거듭 도쿄부하 여러 현(縣) 판매소의 배달 단골 호 수를 늘리기를 수백 매 이미 금월에 이르러서는 2천여 매 인쇄 부수를 증가하기에 이르러 실로 요행"[14]이라는 바와 같이 이 해 후반부터

13 가격을 1전으로 고정해둔 채 인상하지 않을 것이라는 광고도 등장했다. 『いろは新聞』 489号, 1881(M14).7.26.

1882(M15)년에 걸쳐 『이로하신문』은 부수를 크게 늘렸다. 도쿄부 통계에 따르면 1881(M14)년 연간 발행 부수는 약 66만, 1호당 약 2천 부로 강세를 보였으나 1882(M15)년 발행 부수는 약 132만, 1호당 약 4천 400부로 비약적으로 급증했다. 이것은 같은 시기의 도쿄의 신문이 보합(保合) 상태 내지는 약간 감소 경향을 띠는 양상과는 대조적이다(표 7-1 참조).

이렇게 하여 창간부터 2년 정도 만에 신문 경영이 본 궤도에 올라 1882(M15)년 10월 5일에 가나가키 로분은 스스로 "금일부터 사장의 임무에서 벗어나 기자로서 미력하게나마 보조할 뿐 (…중략…) 이제부터 이후 공사의 사무에 일체 관계치 않겠사옵니다"라고 선언하여 사장직을 물러나 '장로'의 직함에 이름을 올리게 된다.[15] 로분이 원래 신문사의 주식을 소유했는지의 여부는 알 수 없지만 이 시기부터 사주인 우치도 지로기치[內藤次郎吉]가 판권에 기재되기 시작한다. 또한 편집진 진용도 와카나 사다미 이외에는 가나가키 로분 일파는 거의 보이지 않게 된다.

1883(M16)년에 들어서 가격을 한 부에 1전 2리, 1개월 26전으로 인상한 후 4월 16일에 새로운 신문지 조례가 발포되면 다음 날부터 로분은 '장로'의 직함도 벗고 '거소표명(居所標名)'이라는 판권기재와는 다른 테두리로 이름을 올릴 뿐이었다. 아마도 신문지조례의 제3조 "사장·간사 그 밖의 아무런 명의로 관여하지 않고 신문지조례에 서명하는 자는 모두 소유자·사주의 예에 의함"의 조항에 대응한 조치일 것이다. 이후 제목자의 디자인도 새롭게 하여 동년 8월 말에는 사주가 교체되어 도히

14 『いろは新聞』 503号, 1881(M14).8.12, 후리가나 생략.

15 野崎城雄, 『かな反古』(1895(M28))에 의하면 "1881(M14)년 겨울, 로분[魯文] 옹은 이로하신문을 물러났다"고 한다.

지로[土肥次郎]가 '임시 소유주 겸 인쇄인'이 되었다.

1884(M17)년 1월부터는 『요미우리신문』, 『도쿄회입신문』 등의 지면 확대·가격 인하의 움직임에 맞추어 대신문과 나란히 4단 조판의 지면으로 쇄신 확장된다. 이 신년 연하에 와카나 사다미, 미우라 요시카타와 함께 인사의 글을 올린 가나가키 로분은 '지난 겨울부터 경미한 병환'으로 기재한 바와 같이 건강이 악화되어 1월에 시작한 연재물도 도중에 중단된다. 결국 동년 4월에 대개혁이 단행되어 가나가키 로분 일파는 완전히 『이로하신문』과 관계를 단절했다.[16]

이 이후의 지면은 '상황휘보(商況彙報)' 등을 신설하여 "종래의 이로하신문은 오직 풍류사회 즐거움[17]이었다"는 회고의 목소리와 같이 과거와는 달리 올곧지만 발랄한 생기가 결핍되어 빛을 바랬다. 1884(M17)년 8월부터는 와지반절지[和半紙]를 둘로 접은 10면 세로조판의 형식으로 바꾸고 정가도 1부에 1전 5리로 인상했다. 추측컨대 이러한 변경도 그리 성공하지 못했을 것이다. 동년 10월 29일을 마지막으로 『공부신문(勉強新聞)』으로 개제 다음 달 11월 3일부터 호수를 계승했다.[18] 이듬해 1885(M18)년 4월부터는 『여론일보(輿論日報)』로 개제 추고한 후 같은 해 9월에는 제호와 호수도 새롭게 하여 『일본타임즈[日本たいむす]』라는 제호로 일본 타임즈 본국 교분샤[京文社]에서 발행되었다. 경시청 통계로는 1884(M17)년 및 1885(M18)년의 연간 발행 부수는 약 134만 부, 1호

---

16 『繪入朝野新聞』 375号, 1884(M17).4.30.

17 『いろは新聞』 1,397号, 1884(M17).8.2, 후리가나 생략.

18 ○ "勉强新聞 이로하를 개제한 勉强新聞은 이제까지의 반절인쇄 체재를 양지(洋紙)인쇄로 바꾸어 어제 3일부터 간행 또한 6일까지 휴간하고 12월 1일부터는 예전과 같이 계속하여 간행하는 것으로 함"(『時事新報』 804号, 1884(M17).11.4)이라는 기사가 있지만, 원자료 11월 4일 이후의 호는 미확인이다.

당 4천 400부 이상으로 전년도와 동일한 부수를 유지하여 부수가 격감한 흔적은 확인되지 않는다. 그러나 『일본 타임즈』는 1886(M19)년 서둘러 폐간된 듯하다.[19]

## 3. 『이로하신문』의 내용과 특색

『이로하신문[いろは新聞]』의 지면 구성은 기본적으로 『가나요미신문』을 답습했다. 4면 세로 조판으로 먼저 1면의 처음에는 정부조례 등을 전하는 「공문(公聞)」란, 1면 하단부터 3면까지는 일반 뉴스, 또는 이것을 연재물로 한 기사를 실은 「신문(新聞)」란, 3면 하단부터 4면에 걸쳐 단골 화류계의 가십을 모은 「묘세락지(猫洒落誌, 고양이 익살지)」 4면에는 「광고」, 「시세[相場]」란이 구성되었다. 이 가운데 「묘세락지」는 『가나요미신문』의 「묘묘기문(猫猫奇聞, 야옹야옹 기이한 이야기)」의 속편으로 이 신문의 최대의 인기 기사라는 점도 같다. 또한 사설 대신에 「희대하기(喜代賀記, 기요축하기)」도 『가나요미신문』의 「가나요미 진기한 이야기

---

19 ○ "興論日報 (…중략…) 勉强新聞을 개제한 것으로 이후는 오는 21일부터 날마다 간행된다는 취지"(『改進新聞』, 1885(M18).4.17)를 게재하여 원신문은 1573호(1885(M18).5.10) 밖에 확인되지 않는다. 또한 『일본 타임즈[日本たいむす]』도 52호, 1885(M18).12.10까지 밖에 원자료를 확인하지 않았지만 경시청 통계에서는 1886(M19)년에 폐간된 것으로 기록되어 있으며 그 해의 발행 부수도 매우 적다. 또한 『興論日報』와 『일본 타임즈』는 모두 소유주가 林榮助, 편집인은 小室力之輔로 전자는 대신문의 체재에서 후리가나를 단 소설란이 있고 후자는 삽화를 곁들인 후리가나 단 소신문이면서, 영어와 일본어의 대역 기사가 있는 등 대신문과 소신문의 혼합적인 성격을 띤다. 또한 『일본 타임즈』는 黑岩淚香가 기자생활을 시작한 신문이다.

(仮名讀珍聞)」와 마찬가지로 상설란은 아니지만 자주 등장했다. 다른 점은 『가나요미신문』에서는 상설 코너였던 「기서(奇書(よせがき), 모은 글)」라는 투서란을 좀처럼 볼 수 없게 된 것이다. 『이로하신문』에서는 월 2, 3차례 유명한 투서가에 의한 투고가 게재될 뿐 과거의 『가나요미신문』과 같은 자유롭게 참가하는 살롱적인 분위기는 퇴색한다.[20] 1883(M16)년 1월에 시행된 우편조례에 따른 신문원고 무세(無稅) 체송의 대우조치가 폐지되기 수년 전부터 『이로하신문』만이 아니라 『요미우리신문』 등의 다른 소신문에서도 이미 투서란은 편집진과 독자 사이의 활기 넘치는 해방된 소통 공간의 기능은 상실했다.[21]

『이로하신문』의 특색은 무엇보다도 그 독특한 문체를 구사한 해학과 풍자의 정신에 있었다. 가나가키 로분은 스스로 '속담평화(俗談平話)', '속해(俗解)뉴스'를 내세워 한자 한어를 모르는 독자층도 귀로 들어 알 수 있는 문체를 쓰도록 힘썼다. 이 때문에 『가나요미신문』시대에 시도된 것과 같은 속훈(俗訓)에 의한 후리가나를 애용했다. 예를 들면 다음과 같은 기사는 그 전형적인 예이다.[22]

○ 간음(관리)(奸員(かんいん))인지 피서(서기축출)(暑氣拂ひ(しょきはら))[23]인지 일시적으로 인민의 위에 선 높은 신분이면서 주당인 데다 난폭 행패를 부려 따돌림 받는 추문은 어제 18일오후 6시

---

20 『復刻仮名讀新聞』1号, 明石書店, 1992, 14~15면 참조.

21 山本武利, 앞의 책, 356~359면 참조.

22 『いろは新聞』36号, 1880(M13).1.20.

23 【역주】일본어의 관리(官員, かんいん)와 간음(姦淫, かんいん), 더위(暑氣, しょき)와 서기(書記, しょき)는 모두 동음이의어로서 한자의 본래 뜻과 관계없이 그 음이나 뜻을 빌려서 표기하는 아데지[当て字]에 해당한다.

혼조소도데마치[本所外手町][24] 11번지의 온천에 같은 혼조구의 요코아미초[横網町] 1가 21번지 당 도쿄의 사족(士族) 교바시구[京橋區][25]의 서기(書記) 사토 다카사부[佐藤高房]선생이 고급 하카마에 고급 모자 구두소리 저벅저벅 내며 들어와서 술과 안주를 주문하여 배불리 먹고 돌연 영문을 알 수 없는 일로 화를 내고 큰소리로 역정을 낸 끝에 접시며 주발을 내던지는지 미닫이 창문을 깨뜨렸는지 마구 날뛰어 온천 주인에 의해 주재소에 붙들려가 하소연하니 자, 곤혹스러운 주정뱅이 까까머리 중으로 만든다면 좋을 거라는 것은 조금 욕설인가.

이러한 독특한 문체를 독자도 "어투의 일종을 체재의 일종으로 부각시켰다"[26]라고 평가했다. 분명 문장이 비천하고 "세상에 없는 한자 숙어 따위를 늘어놓은 것"[27]도 있다고 비판되었지만 로분은 지식인이 아닌 독자층도 알기 쉬운 문체야말로 소신문의 생명이라고 생각했다. 이 점에서는 소신문이 대신문과 다른 차이는 "그 문장을 알기 쉽게 그 논의를 유연하게 하여 동몽부녀자에게도 어려움이 없도록 쉽게 푼 그 한 가지만"[28]에 있다고 설파한 나루시마 류호쿠와 같은 견해라고 여겨진다. 따라서 로분은 "화훈(和訓) 속훈(俗訓)을 곁들이려 하지 않고 한자음을 다는 것과 같이 초등학교 교원이 교칙의 순서를 흐트러뜨려 졸업 전의 학생에게 함부로 고등 수준의 글을 가르치는 것과 비슷하여 이들 후

---

24 【역주】 현 도쿄도[東京都] 스미다구[墨田区], 다이도구[台東区]에 해당.
메이지 다이쇼기 지역에 대해서는 http://www.ndl.go.jp/scenery/index.html 참조

25 【역주】 현 도쿄도 추오구[中央区], 미나토구[港区]에 해당.

26 高瀬紫峯, 『全國新聞雜誌評判記』, 1883(M16), 16면.

27 위의 책.

28 『繪入朝野新聞』 85号, 1883(M16).5.13, 후리가나 생략.

定時刊行

いろは新聞

第二百三十號

明治十三年九月八日　水曜日
舊暦八月四日　丙子
昨七日晴　正午寒暖計八十七度

新聞

○内務權大書記官正六位勳五等田中芳男君ハ大書記官よ同少書記官從六位今村和郎西村捨三の兩君ハ權大書記官に二等驛遞官正六位眞中忠直君ハ一等驛遞官に海軍少秘史從六位百永亭君ハ同少書記官よ同七等出仕中溝保長君ハ同權少書記官よ少技長從六位飯田俊德君ハ權大技長よ何れも昨日任せられました
○山縣參議にハ去る四日當地を發途せられ下野の國日光へ遊歷に趣かれし由
○内務卿正四位勳二等松方正義君ハ孛漏西王陛下より貸附されたるシタルアルプレヒト第一等勳章を受領し及び佩用する事を允許ました
○昨日大藏卿始め少輔書記官の方々が王子製紙會社へ撿分として午後一時より出張せられたり

○鯰退治箏鋒權理　第十一席（一名肝潰誌）

九ハ病ひ五七が雨よ四ッ晴天六ッ八ッならば風と知る可し此ハ是鯰の動搖地震よ依て颪雨天氣を知る古歌にて現世の罪を此土よ糺す冥府の管轄も人間の亡者よあらぬ鯰の種類近頃地界よ蔓延し彼藝妓輩が變化せし猫よ戯れ泥よ醉或ハ密よ細腰の女亡者を血の池より出く＼と引出し己が巣窟に伴ひ行て額に貼し三角のシ印の紙を剝がし欋字を附て火の車の合乗に羅刹を雇ひ針の山に逍遙し三途川の船遊び漫りよ境界の掟を破り極樂の地に踏込て救苦淨土の快席料理家紫雲樓にうち登り天女數多を宴よ聘し佳貝びんがの舞の袖スッチャン

轉遽突銅鑼鈍々と音樂の亂拍子中にも北海よ飛揚の勢ある一頭の黒鯰ハ藻衣を脱棄赤裸とあり髭を左右にうごめかし鰭と振ッての武者苦者跳り此同等の一尾の鯰ハ流石に小鯰の成上り機轉の利た小股潜りあまり目立たぬ身の用心要石や瓢箪で押へられてハ堪らぬと護衛



〈그림 7-1〉 '이로하 폰치' 첫 회의 삽화(小林清親畫)

리가나신문 기자는 스스로 그 본분을 망각하고 자신은 소신문 기자라고 하지만 이와 같이 학식 있는 자라고 하여 이리 저리 꾸려 맞춘 요령 좋은 임시변통의 학문을 하여 사외에 허풍을 떨고 월급을 올리려는 어리석은 술책에서 나왔는가"[29] 하고 한어를 현학적으로 남발하는 소신문 기자를 향해 일침을 가했다. 그러나 이러한 로분도 복고적인 문장과 한어의 유행에는 민감하여 점차 "유행에 뒤처지지 않는다는 명분으로 무리하게 획수 많은 한자를" 구사하여 한어로 고상하고 격식 차린 문장을 지어 흐뭇하게 여기니 "로분도 미묘한 문장을 쓰게 되었다는 쓴 잔의 비평"을 받기에 이른다.[30]

문체를 중시한 로분의 『이로하신문』은 쓰즈키모노[續き物]라는 연재물을 끊이지 않고 계속 실었지만 『도쿄회입신문』과는 달리 삽화를 그다지 게재하지 않았다. 이 가운데 이채로운 것은 '이로하 폰치[いろはポンチ]'[31]라는 제명의 풍자화 코너의 시도이다. 1880(M13)년 9월 8일에 개설된 이 난의 붓을 쥔 자는 광선화(光線畫)로 일약 유명해져 1882(M15)년부터는 『마루마루진문[團團珍聞]』으로 풍자화의 수완을 발휘한 고바야시 기요치카[小林清親]였다. 이 잡지의 최초의 그림은 아침 해에 빛나는 후지산을 배경으로 거친 파도 위 대어(大鯰)에 걸터앉은 텐구[天狗][32]의 모습으로 여기에 '대일본 이로하 풍자만화'의 어깨띠가 둘러져 있다.

---

29 『いろは新聞』 751号, 1882(M15).6.10.

30 野崎城雄, 앞의 책, 71~72면 참조.

31 【역주】 이로하(いろは)는 일본어 가나를 이르는 것으로 순서를 뜻함. 폰치(ポンチ)는 영국의 풍자만화잡지 *Punch*에서 연유한 것으로 막말에서 메이지에 걸쳐 서양의 풍자화나 캐리커처 스타일의 풍자화를 가리키는 용어로서 사용.

32 【역주】 일본의 민간 신앙에서 전승되는 신이나 요괴. 하늘을 자유로이 날고 깊은 산에 살며 신통력이 있다는 얼굴이 붉고 코가 큰 상상의 괴물.

定時刊行

いろは新聞

第二百四十三號

明治十三年九月廿四日 金曜日
舊暦八月二十日 丙辰
昨廿三日晴 正午寒暖計九十八度

角洋服の襟紙を綺麗に附るのが當世風だと飛鳥川畔の秋空道人といふ名目で(夫又投書歟)社用く

公聞

○甲第百六號
金祿公債証書
五拾圓 丙は 五参壹 壹枚 靜岡縣士族 三浦義備
拾圓 丙ぬ 自四参九参 至四参九六 四枚 同名
右ハ東京府下へ携帯寄留府廳検印以前同府下渡邊定能へ預け中紛失
三百圓 丙へ 四参四参 壹枚 秋田縣士族 永井茂政
右ハ東京府下寄留群馬縣士族山久逸梟へ預け中本年二月同府下寄留新潟縣平民曾田留五郎偽奪失跡証書所在不分明
前書の通り届出候條以後右種類名の証書一切取引を爲さ可らず且其所在見聞の者ハ速に管轄廳へ訴へ出管轄廳より印當省へ可届出此旨布達候事
明治十三年九月二十二日 大藏卿佐野常民

○第百号
明治九年(八月)達第九十一号變佗規則中第二号書式区長奥書相廢以來其始末書へ區戸長より副書致して差出條候此旨相達候事
明治十三年九月廿一日

中警視石一郎獻

いろはポンチ

○北辰のろの所に居て衆星之に向ふの如し(論語)と三田四國町の高臺から品川の沖を見下し大日本民權家に鳴りと呼れた福澤諭吉先生の設立の慶應義塾は今度山の手から下町へ轉塾の換替で挽町三丁目四番地由利公正君の地所當時元老院の書記官石田秋成君の御邸地及び前長家の仕居人へ移轉料を與へて去らしめ彼評判の築山を毀崩し三田の義塾を移さる騒ぎ風聞よれば先生始め塾生達の民權家も近頃如何ある目的にや從政黨になられた故山の手の不便な地より下町の便利な場所で専ら門地を張れるよれ第一官員様の娯通行もよいとの噂兎



新聞

○聖上より先頃まで日々午後より御乘馬の御稽古あらせられしが近日ハ專ら政府に御心を寄させ玉ひ日毎に内閣へ臨御ありて大臣參議の奏上を親しく聞し召玉ふが四五日前より大隈參議より何事をか奏せられしに御手づから引披かせ玉ひて再三再四打かへしく御覽せられ篤と御勘考遊ばされし御氣色の上よて御璽を鈐させ玉ひけるよしを仄かよ承たまハりぬ扨其奏上書ハ餘ほど重大の事件よて或ひハ國債の事なりなど云へども委細を窺ふべき様もあらねば蓋し推測の説あるべしと東京日々新聞に

○福岡縣少書記官從六位森醇君ハ内務權少書記官に海軍主計從七位江口高知君ハ同大主計に海軍少尉正八位副島種臣君外二名ハ同中尉よ同少機關士正八位池田錄太(山河)十時階の兩君ハ同中機關士よ任せられ正七位足立太郎君ハ從六位に叙せられました

○四五日前の事とか有栖川左大臣にハ直々陛下へ奏上すべき事ありとて宮内省へ至られしが其事なく山岡大書記官に附退出せられし跡にて某侍從が之を聞き然ありてハ容易ならぬと直ちに太政官に走りて岩倉右大臣に其事を言上せしに右府ハ大に愕かれ護衛兵も倶せず遽たゞし同省へ出頭して山岡大書記官の奏上を差止められたるよし果して何等の事件あるか

○去廿一日内閣よ於て何か重大の御評議あるよしにて頻りに岩倉右府の出頭を待ち玉ひしかども當日右府にハ所勞にて終に出頭なかりしに餘程差懸りたる御用と見え三條相國にハ午後一時退出直ちに右府の邸宅へ參られ數時間御内談ありたるよし

〈그림 7-2〉 '이로하 폰치'난과 그 삽화(小林清親畵)

이 도안은 1874(M7)년 6월, 영국의 풍자잡지 『폰치(*Punch*)』를 모방하여 로분이 가와나베 교사이[河鍋暁齋]와 함께 요코하마에서 발행한 일본 최초의 풍자잡지 『회신문일본지(繪新聞日本地)』의 후예임을 상징한다. 결호로 인한 자료의 제약으로 확정할 수 없지만 이 난은 적어도 동년 10월 말까지 거의 매일 게재되었다. 특히 10월 28일부터는 '폰치난 내 그림 모집' 광고로 풍자화의 밑그림을 그린 투서 아닌 '투화(投畵)'모집도 실시했다. 이 난이 오랫동안 지속될 수 없었던 이유는 알려져 있지 않지만 이듬 해 1881(M14)년 3월에 '이로하 폰치'난이 부활되어 평판이 높았던 듯하다.[33] 그러나 이번 풍자화란을 담당한 잇쇼사이 요시무네[一松齋芳宗]의 그림은 고바야시 치카만큼 인기를 얻지 못한 듯 오래지 않아 '이로하 폰치'는 소멸해버린다.

이 '이로하 폰치'에 나타난 『이로하신문』의 해학과 풍자정신은 실은 「묘세락지(猫酒落誌, ねこじゃらし)」에도 상통하는 바이다. 예를 들면 로분은 『가나요미신문』에서는 필화사건의 월별집계를 연재했거니와[34] 다음에는 이것과 같은 형식으로 관리들이 화류계에서 소비한 '유쾌한 오락비계정액'의 집계를 개제하려고 했다.[35] 오늘날에는 공무원의 유흥·접대의 자주조사라는 항목으로 구분되지만 차대나 연회석대금이 경영자들의 심기를 불편하게 했던 탓인지 이 기사는 한 회로 마감했다.

---

33 '이로하 폰치(いろはポンチ)'는 고바야시 치카[小林清親] 작의 '치카 폰치[清親ぽんち]', '치카 호치(清親放痴, 호치의 음에 置이 아닌 痴를 써서 치카[清親]를 치칸으로 발음되는 痴漢을 연상시키는 일종의 말놀이 효과—역자)'라는 제명으로 1883(M14)년 간행된 니시키에[錦繪] 시리즈와 관계있을 것으로 추측된다.

34 제6장 참조.

35 "지난 달 여러분이 오유쾌의 지출을 보시어 유곽인 요시와라[吉原]의 유녀가 1천 489엔 47전 1리 연회석 대금 1만 383엔 88전 6리 네즈[根津—지명]의 유녀가 3천 880엔 99전"으로 기술되었다. 『いろは新聞』 157号, 1880(M13).6.13, 후리가나 생략.

그러나 유흥의 뒷면세계로부터 정치의 무대 표면을 야유하는 연파(軟派)의 정신은 1882(M15)년 1월 31일부터 「묘세락지」를 「메기묘세락지(鯰猫洒落誌)」로 개제하기에 이르러서는 한층 뚜렷해졌다. 물론 '메기[鯰]'[36]란 메기수염과 같이 긴 콧수염을 기른 당시의 관리를 가리킨다. 고양이 즉 게이샤의 소문을 기삿거리로 한 이 난은 그 상대편인 관리도 평등하게 다루지 않으면 편파적이 되는 셈이다.[37] 예컨대 '이로하 네코신문[いろは猫新聞]'[38]으로 부르는 『아로하신문』의 특집 기사는 단지 시정의 유곽이야기가 아니라 가나가키 류의 정부 비판을 담은 것이다. 이 '메기묘세락지'의 제명은 동년 9월 30일까지 이어진 후 원제 '묘세락지'로 회귀했지만 그 다음 달로분은 사장직을 물러났다. 이미 '묘(猫)', '메기공[鯰公]' 등과 같은 류의 은어를 사용한 비판조차 위험스러울 만큼 언론 탄압은 극심해진 상황이었다.

정당별로 분류하자면 『요미우리신문』, 『도쿄회입신문(東京繪入新聞)』, 『우키요신문』 등 도쿄의 그 밖의 소신문과 같이 『이로하신문』도 개진당계였다. 분명히 '이로하 연설'이란 제목으로 기자들이 연설회를 개최하거나[39] 관권신문을 비판하거나 '이로하 췌담(贅談)'의 제명으로 '자유의 권'을 주장하기도 했지만[40] 정치연설의 내용을 게재한 기사는 거의 없으며 또한 연설회의 기술도 많지 않아 전체적으로 지면의 정치색은 미

36 【역주】 일본에서 만든 한자인 국자(國字).

37 물론 같은 날의 신문에서는 「○ 당 난(欄) 안에 글자 한 자를 늘려 메기를 위하여 넓힌 사안」이라는 제목으로 "흡사 메기라고 하면 ○○의 별명과 같이 생각하시는 분도 있으실 테지만 기자의 뜻은 한 곳에만 치우쳐 말하지 않고 색에 빠져 선조 대대로 물려받은 가산을 탕진하는 타락한 도락자 등을 총칭하여 메기라고 함 그대 ○○제군 감히 놀라지 마라 방귀[屁] 뿡 바보" 하고 연막을 피워 필화를 피하기 위한 우회적인 표현에 대한 고심을 드러냈다.

38 『繪入朝野新聞』 5号, 1883(M16).2.2.

39 『いろは新聞』 473·478号, 1881(M14).7.7·7.13.

40 『いろは新聞』, 1896~1898号, 1882(M15).12.1~12.3.

약했다. 그러나 종종 필화 사건에 휘말렸다.

1879(M12)년 12월 24일에 벌금형을 받은 것을 기화로 1880(M13)년에 15건, 이듬해 1881(M14)년에는 6건의 필화에 연루되었다. 1882(M15)년에 들어서는 중금고형을 포함한 무거운 형벌이 눈에 띄게 된다. 예를 들면 1월에는 편집자 미우라 요시가타[三浦義方]가 중금고 15일, 4월에는 임시 편집장 가나가키 구마타로[仮名垣熊太郎]가 형법 358조에 의한 중금고 20일 벌금 5엔, 6월에는 『이로하신문』을 피고로 하여 검사에 제출된 고소장을 지면에 게재하여 신문조례 15조, 형법 5조로에 의해 임시 편집장 야스다케 나오스케[安武直亮]에게 벌금 100엔, 7월에는 나카지마 이치헤[中島市平]가 육군군용 전신대장 쓰쓰이 요시노부[筒井義信]의 첩과 관련한 건 및 시나가와[品川] 보행 신주쿠 대여 연회석 오타[大田][41]루(樓) 건으로 고소되어 형법 358조로부터 중금고 4개월 벌금 30엔, 11월에는 임시 편집장 미야노 가네지로[宮野金次郎]가 중금고 15일 벌금 5엔, 12월에는 전편집장 나카지마 이치헤[中島市平]가 후쿠시마[福島] 현령 미시마 미치쓰네[三島通庸] 건으로 관리모욕죄로 중 금고 2개월 15일 벌금 15엔을 언도받았다.[42]

이것은 물론 『이로하신문』만의 상황은 아니었다. 당시는 『우키요신문[有喜世新聞]』의 편집장인 아리와라 센노스케[在原銑之助]가 구로다[黑田] 내각고문이나 이노우에[井上] 외무경을 비판하여 중금고 1년 형으로 복역 중에 이치가야[市ヶ谷] 감옥에서 급병사하는 사태가 발생 희생양이 되

41 【역주】 도쿄도 23구의 하나. 옛 오모리구[大森区]·가마타구[蒲田区]를 통합한 구.

42 필화 보도는 각 신문에 의하여 벌금액 등 미세하게 차이가 있는 경우가 많다. 『いろは新聞』의 필화에 대해서 같은 신문의 기술을 주로 하여 정리했다.

었으며 훗날 임오의 변이라 부르는 조선 사변에 관한 보도관제에 의해 특파기자가 구인되거나 발행정지 금지 등의 저널리즘 활동을 위축시키는 최악의 처벌 조치가 빈번하게 내려졌다. 그러나 메이지 10년 전후와는 달리 소신문도 대신문도 큰 차이 없이 필화의 수난을 겪었던 것이 이 시기의 특징이다.[43] 자유당의 소신문인 『회입자유신문』이나 『우키요신문』 등 정치색이 강하지 않은 『요미우리신문』이나 『도쿄회입신문』 또는 정치적으로 중립적인 『시사신보』조차도 100엔, 80엔이라는 고액의 벌금이나 금고형, 발행정지처분을 받았다. 이 가운데 『이로하신문』의 필화는 특별히 강조될 필요는 없을지라도 정치의 계절을 대신문도 소신문과 함께 긴장감이 팽배한 언론 투쟁에 가담하면서 돌파했던 증거라 하겠다.

1883(M16)년 4월 16일 태정관 포고 제12호의 새롭게 개정된 신문지조례가 시행됨에 따라 32개사가 폐업, 38개사가 폐업 신청서를 제출했다고 한다. 『이로하신문』도 즉각 대책이 강구되어 "단정 성실 정직한 품행에 경의를 표하여 부르는 메기공이라고 쓰지 않고, 게이샤를 지명하여 누구누구 고양이라고 부르는 것을 폐지했다."[44] 즉 은어에 의한 비판을 폐지할 것을 공식적으로 선언하여 침묵했다. 동년 8월 『이로하신문』은 『우편호치신문』, 『도쿄회입신문(東京繪入新聞)』과 나란히 이 신문지조례의 세례를 받았다. 태정관에서 궁내성으로 전해진 학습원 감독편에 관한 판결서에 기초한 기사는 선포하지 않는 공문서를 인가 없이 공표한 것으로서 형법 5조, 신문지조례 18조 및 31조에 의해 경금고 3개월 벌금 50엔의 처벌을 받은 것이다. 그 판결문의 게재를 마지막

---

43 메이지 10년인 1877년 전후의 소신문 필화에 대해서는 이 글 제6장 참조.

44 「仮名放語」, 『いろは新聞』 1,067号, 1883(M16).6.30.

으로 『이로하신문』의 필화 사건은 종지부를 찍었다.

신문지 조례의 시행을 기화로 로분이 '장로'직에서 물러나자 『이로하신문』은 급속히 가나가키 일파의 특색이 퇴색했다. 우선 간판격인 「묘세락지」의 게재 횟수가 줄고 1884(M17)년 1월에는 월 7회밖에 등장하지 않게 된다. 로분이 게재를 거부한 한시가 나타나게 되고[45] 전체적으로 한어가 많아 문어조로 변모했다. 1884(M17)년 5월부터는 기사에 소제목을 단 형태로 변하여 신문을 소리 내어 읽고 들려주는 맛을 살린 문체에서 정보 전달의 보도 문체로 변화했다. 또한 삽화도 타 삽화 신문과 나란히 매일 두 장 정도 게재하여 이나노 도시쓰네[稲野年恒], 잇쇼사이 요시무네[一松齋芳宗], 고바야시 기요치카[小林清親], 가와나베 교사이[河鍋曉齋] 등이 붓을 잡았다. "회입신문의 요염함 요미우리신문의 간명함 회입 자유의 쾌활함 이로하의 경묘함"[46] 하는 식으로 비교하여 평가되는 『이로하신문』의 형적은 1884(M17)년 8월 화지 반절지 형태로 이행한 시기에는 더 이상 남아있지 않았다.

---

45 『かなよみ』 341号(1877(M10).4.16) 투서란에서 인쇄인 小山代三郎가 한시(漢詩)의 투고는 후리가나신문에 어울리지 않고 게이샤를 중심으로 하는 독자에 환영받지 못한다고 하여 게재하지 않을 것이라는 취지를 알렸지만 이것은 로분의 의향을 대변한 것으로 여겨진다. 실제 『いろは新聞』에는 1883(M16)년까지 한시는 거의 등장하지 않는다.

46 『繪入朝野新聞』 100号, 1883(M16).5.31, 후리가나 생략.

## 4.『이로하신문』의 광고 분석

당시 이미 소신문 경영이 광고 수입에 의존하였던 사정을 노자키 사분은 다음과 같이 술회했다. "이로하신문을 한 장 1전에 팔던 때 그 종이 가격이 6리였던 적도 있다. 월 최고 정가 20전, 1개월 25일 발행하여 한 장당 8리 꼴, 여기에서 지대 6리를 빼면 겨우 2리의 이익이 남는 셈으로 이것으로는 전혀 수지가 맞지 않지만 별도로 광고부의 수입이 존재했음을 잊지 말아야 한다. 이 무렵의 광고료는 1행 10전 이내였을 터이지만 그럼에도 불구하고 1개월 사이에 몇 백엔 올라 이것으로 사원의 봉급 수당 등은 충당할 수 있었으므로 발행 부수가 늘면 느는 만큼 틀림없이 그 이익은 증대했다."[47] 그러나 당시 소신문의 광고에 대해서는 오사카의『아사히신문』에 관한 연구를 제외하면 실증적인 자료는 부족하다.[48] 여기에서『이로하신문』의 경영상황을 추측하는 기초 자료로서 또는 독자층을 탐색하는 단서로서 광고란을 분석한다.

『이로하신문』의 광고량을 월별로 집계하여 그 변화를 일람한 것이 〈표 7-2〉이다. 먼저 건수에서는 1880(M13)년까지는 월별 합계가 100~150건으로 한 호당 5~6건이었지만, 1880(M13)년 후반에서부터 1882(M15)년에 걸쳐 월 200~300건, 호당 10건 전후로 증가하여 1882(M15)년 9월의 331건, 호당 13.2건이 최고 기록이다. 그 후 폐간까지는 월 240부터 270건, 호당

---

47 野崎左文, 앞의 책, 58면 참조.

48 대표적 연구로서 津金澤聰廣他,『近代日本の新聞廣告と経營一朝日新聞を中心に』(朝日新聞社, 1979)를 들 수 있다.

표 7-2 『이로하신문』 월별 광고량

| | 간행 호수 | 광고 건수 | 평균 건수 | 평균 단수 | 평균 행수 | 기타 |
|---|---|---|---|---|---|---|
| 1879(M12)년 12월 | 22 | 86 | 3.9 | 1.1 | 33 | 1단 30행 |
| 1880(M13)년 1월 | 23 | 90 | 3.9 | 1.4 | 42 | |
| 2월 | 23 | 121 | 5.3 | 1.5 | 45 | |
| 3월 | 25 | 137 | 5.5 | 1.7 | 51 | |
| 4월 | 25 | 141 | 5.6 | 1.6 | 48 | |
| 5월 | 26 | 145 | 5.6 | 1.6 | 48 | |
| 6월 | 26 | 151 | 5.8 | 1.7 | 51 | |
| 7월 | 26 | 204 | 7.8 | 2.1 | 63 | |
| 8월 | 24(결2) | 158 | 6.6 | 2.0 | 60 | |
| 9월 | 21(결4) | 148 | 7.0 | 1.9 | 57 | |
| 10월 | 26 | 193 | 7.4 | 1.8 | 54 | |
| 11월 | – | – | – | – | – | |
| 12월 | – | – | – | – | – | |
| 1881(M14)년 1월 | 19(결1) | 152 | 8.0 | 2.0 | 60 | |
| 2월 | 23 | 157 | 6.8 | 1.7 | 51 | |
| 3월 | 25 | 173 | 6.9 | 1.8 | 54 | |
| 4월 | 25 | 206 | 8.2 | 2.0 | 60 | |
| 5월 | 26 | 205 | 7.9 | 1.9 | 57 | |
| 6월 | 25 | 213 | 8.5 | 1.9 | 61 | 1단 32행 |
| 7월 | 26 | 194 | 7.5 | 2.0 | 64 | |
| 8월 | 26 | 199 | 7.7 | 2.0 | 64 | |
| 9월 | 25 | 216 | 8.6 | 2.0 | 64 | |
| 10월 | 25 | 247 | 9.9 | 2.2 | 70 | |
| 11월 | 24 | 284 | 11.8 | 2.2 | 70 | |
| 12월 | 25 | 264 | 10.6 | 2.0 | 64 | |
| 1882(M15)년 1월 | 23 | 262 | 11.4 | 2.0 | 64 | |
| 2월 | 23 | 262 | 11.4 | 2.1 | 67 | |
| 3월 | 23 | 324 | 12.5 | 2.2 | 70 | |
| 4월 | 26 | 321 | 12.3 | 2.1 | 67 | |
| 5월 | 26 | 299 | 11.5 | 2.3 | 74 | |
| 6월 | 24(결2) | 272 | 11.3 | 2.3 | 74 | |
| 7월 | 26 | 316 | 12.2 | 2.5 | 80 | |
| 8월 | 26(결1) | 319 | 12.3 | 2.3 | 74 | |
| 9월 | 25 | 331 | 13.2 | 2.3 | 74 | |
| 10월 | 25 | 305 | 12.2 | 2.4 | 76 | |
| 11월 | 24 | 293 | 12.2 | 2.3 | 75 | |
| 12월 | 24 | 248 | 10.3 | 2.3 | 75 | |
| 1883(M16)년 1월 | – | – | – | – | – | |
| 2월 | 23 | 280 | 12.2 | 2.5 | 98 | 1단 39행 |
| 3월 | 26 | 294 | 11.3 | 2.1 | 83 | |
| 4월 | 23 | 263 | 11.4 | 2.3 | 91 | |

| | 간행 호수 | 광고 건수 | 평균 건수 | 평균 단수 | 평균 행수 | 기타 |
|---|---|---|---|---|---|---|
| 5월 | 27 | 316 | 11.7 | 2.2 | 87 | |
| 6월 | 26 | 298 | 11.5 | 2.2 | 84 | |
| 7월 | 26 | 267 | 10.3 | 1.9 | 75 | |
| 8월 | 27 | 245 | 9.1 | 1.8 | 72 | |
| 9월 | 25 | 270 | 10.8 | 1.9 | 76 | |
| 10월 | 25 | 247 | 9.9 | 1.9 | 74 | |
| 11월 | 24 | 235 | 9.8 | 2.1 | 80 | |
| 12월 | 25 | 282 | 11.3 | 2.2 | 86 | |
| 1884(M17)년 1월 | 22 | 277 | 12.6 | 2.5 | 99 | |
| 2월 | 24(결1) | 270 | 11.3 | 2.2 | 85 | |
| 3월 | 25 | 273 | 10.9 | 2.5 | 96 | |
| 4월 | – | – | – | – | – | |
| 5월 | 25 | 247 | 9.9 | 2.4 | 94 | |
| 6월 | 25 | 271 | 10.8 | 2.3 | 90 | |
| 7월 | 27 | 238 | 8.8 | 2.2 | 86 | |
| 8월 | 26 | 278 | 10.7 | 4.4 | 87 | 1단 20행 |
| 9월 | 24 | 231 | 9.6 | 3.8 | 76 | |
| 10월 | 24 | 213 | 8.9 | 4.2 | 84 | |
| 월 평균 | – | 235.1 | 9.5 | – | 70.3 | |

※ '평균 건수', '평균 단수', '평균 행수'는 호당 평균치를 나타냄.

〈표 7-3〉『이로하신문』 광고 종류별 건수

| | 종류 | 광고주 수 | 광고 건수 | 광고주당 건수 | 전 광고 건수의 비율 |
|---|---|---|---|---|---|
| 1 | 은행·보험 | 26 | 264 | 10.2 | 17.2 |
| 2 | 약판매·위생 | 39 | 161 | 4.1 | 10.5 |
| 3 | 화장품 | 8 | 27 | 3.4 | 1.8 |
| 4 | 의사·병원 | 14 | 83 | 5.9 | 5.4 |
| 5 | 신문·잡지 | 19 | 84 | 4.4 | 5.5 |
| 6 | 출판 | 59 | 204 | 3.5 | 13.3 |
| 7 | 일용잡화 | 11 | 28 | 2.5 | 1.8 |
| 8 | 의복잡화 | 12 | 37 | 3.1 | 2.4 |
| 9 | 식품 | 19 | 51 | 2.7 | 3.3 |
| 10 | 요리집·여관 | 13 | 68 | 5.2 | 4.4 |
| 11 | 오락·회합 | 27 | 68 | 2.5 | 4.4 |
| 12 | 유통·중매 | 19 | 118 | 6.2 | 7.7 |
| 13 | 부동산 | 27 | 62 | 2.3 | 4.0 |
| 14 | 교통·운수 | 3 | 32 | 10.7 | 2.1 |
| 15 | 사정고지 | 38 | 118 | 3.1 | 7.7 |
| 16 | 모집 | 17 | 45 | 2.6 | 2.9 |
| 17 | 관공청 | 3 | 13 | 4.3 | 0.9 |
| 18 | 기타 | 23 | 72 | 3.1 | 4.7 |
| | 합계 | 377 | 1,535 | 4.1 | 100.0 |

※ 1881(M14)년 9월부터 1882(M15)년 2월까지의 광고란에서 집계했다.

10건 전후를 유지했다. 호당 행수의 변화도 거의 이 선에 따른다. 다만 1877(M10)년보다도 1883(M16)년의 호당 행수는 늘어, 건수가 감소한 것 치고는 행수는 오히려 늘었다. 아마도 지면 확대의 영향으로 광고주가 커다란 광고를 낼 기회가 늘어 1건당 광고 면적이 확대되었을 것으로 생각된다. 이와 같은 광고량의 확대 경향은 다른 소신문에도 공통적인 현상이다. 1877(M10)년 전후의 『가나요미신문』이나 『도쿄회입신문』에서는 호당 5~6건, 지면 전체의 1할 정도를 차지할 뿐으로 1882(M15)년 전후에는 호당 10~15건 정도 늘어 지면이 차지하는 비율도 2할 전후로 상승했다.

다음으로 이들 광고 내용을 상품 등의 종류별로 분류한 것이 〈표 7-3〉이다. 때마침 광고가 날로 확장되던 1881(M14)년 9월부터 이듬 해 1882(M15)년 2월까지의 광고란을 대상으로 했다. 가장 많은 건수를 차지하는 것은 은행·보험, 제약·위생, 출판의 세 가지이다.

메이지 전기의 신문 광고는 제약, 서적이 주류를 이룬다는 기존의 정설대로이지만 여기에[49] 은행·보험이 새롭게 추가된 점을 특색으로 꼽을 수 있다. 다만 이 은행·보험이라는 것을 정확히 말한다면 대부분 보험사업자, 그것도 전근대적인 다노모시고[賴母子講][50]와 같은 계의 형태에서 근대적 은행·보험 회사로 이행하는 과도기의 부과식(賦課式)보험의 조직이었다. 공하일전사(共賀一錢社)·공제일전사(共濟一錢社)·순천사(順天社)·공제만인사(共濟萬人社)·협력사(協力社) 등이 그 대표적인 예이

49 山本武利, 『廣告の社會史』, 法政大學出版局, 1984, 1장 2절 참조.

50 【역주】 서로 상부상조하는 민간금융조직으로 무진고[無盡講]라고도 함. 일종의 계와 같은 것으로 조합원이 일정한 돈을 낸 후 추첨이나 입찰로 결정된 당선자에게 일정한 금액을 지급하고 구성원 전원에 고루 지급되었을 때 해산한다. 가마쿠라 시대에 시작하여 에도시대 유행.

다. 이들은 500명, 1천 명 등 일정한 인수의 가입자를 모집하여 균등한 적립금을 징수하여 가입자의 사망, 화재 등의 피해에 대한 보상금을 지불하는 단순한 보험 조합이었다. 특히 『이로하신문』에 게재된 보험 광고는 적립금이 일전 정도 저렴하여 저소득층을 대상으로 한 것이 대부분이다. 또한 이들 보험 광고에는 모집 광고만이 아니라 보상금을 수여받은 자가 보험 조합 가입자에 대한 의무에서 낸 것으로 생각된다. 자신의 이름으로 감사의 예를 전하는 사례광고도 다수 포함되었다. 여기에 첨기된 주소에는 아사쿠사[淺草]·혼조[本所]·니혼바시[日本橋]·우시고메[牛込]·간다[神田]·혼고[本鄕] 등의 지명이 자주 등장한다. 이들 유사(類似) 보험 조직은 1881(M14)년부터 1882(M15)년에 걸쳐 40여 개 사 이상 우후죽순처럼 발생했지만 공제오백명사(共濟五百名社, 이후의 야스다[安田] 생명)나 메이지[明治]생명 등 일부를 제외하고 거품처럼 사라졌다.[51] 실제 『이로하신문』에서도 1882(M15)년 말경부터 이들의 광고는 격감하여 전체 17.2%를 차지하는 은행·보험 광고 건수의 비율은 일시적 유행이라고 하겠다.

제약·위생의 대표적인 광고는 나가타 타다모리[永田忠盛]의 자설(紫雪),[52] 마루야마[丸山]의 금명고(金名膏), 오쿠보[小久保]의 동상의 대묘약(大妙藥), 기시다 긴코[岸田吟香]의 낙선당(樂善堂) 3약, 모리타[守田]의 보단(宝丹), 마쓰모토 이헤[松本伊兵衛]의 치질환 등도 빈도가 높은 편이다. 제약 광고는 모두 대체로 크고 지면에서 차지하는 크기의 비중도 높다. 메이

---

51 이 부과식 보험에 대해서는 주로 安藤良雄, 「共濟五百名社の歷史的意義」(『安田生命百年史』, 日本経濟新聞社, 1986)와 『朝日生命百年史』(1990)를 참조했다.

52 【역주】 이시카와[石川] 현에서 에도시대부터 전승된 가정약. 열병·오한·토혈 등에 복용.

지 후기 이후 활발한 광고를 전개하는 칫솔이나 비누 광고는 아직 거의 없고 서양의 틀니 광고가 눈에 띈다. 화장품으로는 삼린당(三鱗堂)의 도스이[都水]·오노 젠지로[小野善次郎]·야치요향유[八千代香油]·다카하시 에이주[高橋榮壽]의 자향수(紫香水)가 대표적으로 전체적으로는 적은 편이다. 의사·병원으로는 창독(瘡毒) 치료의 이타구라 이치류[板倉一龍]·창독치질병원·각기 자점소(脚氣炙点所)의 오이 고로[大井五朗]의 광고도 많고 그 밖에 안과·치과·산파·정골의(整骨醫)의 광고도 눈에 띈다. 이들 의약 관계의 광고를 집계하면 271건으로 전체의 약 17.7%를 차지한다.

출판 광고로는 우사기야[兎屋]가 34건으로 가장 많고[53] 그 뒤를 로분이 관계한 가부키 신보사[歌舞伎新報社], 교하시[京橋]의 수문사(粹文社)가 차지한다. 『통속헌법론』이나 『문장규범대전』과 같은 소규모 서점에 의한 대중 대상의 서적이 대부분으로 신문 연재를 모은 가나가키파[仮名垣派]의 저작 광고도 많다. 신문 잡지로서는 『시사신보』가 1882(M15)년 1월 창간에 즈음하여 광고를 게재하는 한편 『스즈키다신문[鈴木田新聞]』·『제예신문[諸芸新聞]』·『가부키신보』·『봉명잡지(鳳鳴雜誌)』 등도 자주 광고를 냈다. 이들 신문·잡지·출판 관계의 광고를 합하면 전제 18.7%에 달한다. 또한 이상에서 본 은행·보험·의약관계·출판 관계의 상위 세 종류의 광고 건수를 합하면 전체의 53.6%로 광고의 과반수를 이 세 종류가 차지한다.

그 밖의 광고에서는 상품 광고가 적고 서비스 관련의 광고 비율이 높다. 일용잡화의 광고로는 숯이나 성냥[摺附木]의 판매 광고가 많고 의복 소품에는 에쓰고야[越後屋]나 마쓰야[松屋] 등 의복 매출 외 요코하마 연

53 우사기야[兎屋]의 광고 내역에 대해서는 津金澤聰廣·山本武利, 「兎屋の大型·誇大廣告」(『日本の廣告』, 日本経済新聞社, 1986)에 상세하다.

합생사하에소[横浜連合生糸荷預所]의 개업 광고나 식품으로는 김, 과자 광고가 빈번하고 주류의 광고는 적은 편이다. 이상 일용잡화·의복 소품·식품 세 종류의 합계는 전체의 약 7.6% 정도로 후술하는 교통·유통·서비스업 등을 합한 2할 정도와는 대조적이다.

서비스 관련 광고 가운데 요리점·숙박업의 광고는 특정한 광고주가 거듭 광고를 내는 경향이 많다. 서양 요리의 자양정(滋養亭) 19건, 아사쿠사[淺草]의 온천대합실대연회석 형태의 여관과 음식점을 겸업하는 후쿠즈미[福住]가 10건으로 많은 편이고 그 밖에 아사쿠사의 요리점이나 요코하마의 여관 등이 광고를 게재했다. 한편 오락·회합의 광고에는 이치무라좌[市村座], 하루키좌[春木座] 등의 흥행 광고, 서화회나 친목회, 연설회 등의 집회 광고, 또는 기념비나 하이쿠 등의 시가집[句集]을 만들기 위한 모집이나 발족회 등 일회에 그치는 광고가 많이 포함되어 있다. 유통·중개의 광고는 118건으로 많지만 이것은 주로 가키가라초[蠣穀町]의 쌀 중개상인들의 광고, 공익사(共益社)·교통사(交通社) 등 주로 정부 관청이 내놓은 물품을 파는 상사의 광고, 칸고우바[勸工場][54]·권업장(勸業場)[55] 등의 광고이다. 이 가운데 긴자[銀座]의 교통사 24건, 혼자이모쿠초[本材木町]의 공익사 19건, 고아미초[小網町]의 쌀 중개업·세공품 14건이 눈에 띈다. 부동산 광고는 부동산업자가 아닌 개인에 의한 매물 광고가 중심이다. 광고 자체는 적고 니혼바시[日本橋]·간다[神田]·아사쿠사[淺草]·요코하마[横浜] 등의 매물이 많다. 교통·운수는 전부 기선에 운행에 관한 광고로서

---

54 【역주】 메이지 다이쇼 시대, 하나의 건물 안에 각종 상점이 연합하여 상품을 진열하고 정찰 판매한 일종의 백화점을 말한다.

55 【역주】 1871(M4)년 산업 진흥의 중추기관으로서 교토의 서양식 건물에 권업장을 설치한 이래 농업 공업 등의 산업을 장려하기 위하여 곳곳에 설치했다.

미쓰비시[三菱]회사의 출범 광고가 대부분이다.

사정 고지의 광고로는 사람 찾는 광고, 화재위문에 대한 감사와 연하, 이전이나 사망의 통지, 유실물, 내지는 소문의 정정 등을 종합한 것으로 주로 개인에 의한 광고로서 합계 건수는 118건으로 많지만 작은 광고가 많아 전체 지면에서 차지하는 공간은 그리 크지 않다. 한편 모집 광고에는 구인·구직 외에 학생 모집, 주주 모집의 광고가 포함된다. 여기에는 에도가와[江戶川] 제지 공장의 여공 100명 모집이나 직인, 인력거, 게이샤의 구인 광고 또는 도쿄 약국학교의 야학생 모집이 실려 『이로하신문』의 독자층을 상상하게 한다. 관공청에서 광고를 게재한 것은 대장성과 해군 병기 제조소, 내지는 농무국 교육장의 세 곳으로 농무국육종장은 종묘교환시의 광고를 여러 차례 냈다. 마지막으로 그 밖의 항목에는 관상 등의 역술·사진사·도검(刀劍) 고물매입·고서점·기부금 등의 광고도 있다. 통틀어 『이로하신문』의 광고는 대체적인 경향으로서 타 소신문과 마찬가지로 소규모의 광고주 내지는 개인적인 광고가 타 지보다 많은 것으로 간주된다.

마지막으로 광고 수입을 검토하여 보자. 『이로하신문』의 광고료는 창간 때 1행 24자로 4전, 3일간 연속 게재는 1할 인하, 일주일 이상 연속은 2할 할인되는 정가였다. 그 뒤 1884(M17)년 6월에 23자 채워 1행 7전, 마찬가지로 3일 연속으로 1할 인하, 일주일 이상으로 2할 인하로 개정, 이어 같은 해 8월에 지면 변경에 따라 1행 6전으로 바뀐 것이 확인된다. 즉 간행기간의 전체를 통틀어 『이로하신문』의 광고 요금은 1행 4전의 가격이었다고 할 수 있다. 이 가격은 다른 소신문에 견주어 낮은 편에 속한다. 예컨대 1882(M15)년 11월 창간의 『회입조야신문』 의 광고 요금은 1행 7전이었다. 또한 1882(M15)년 9월 창간의 『회입자유신문』에서는 22자 1행 이상 10행 이하로 5일 이하 게재 경우의 7전이 상한, 56행 이상의 광고에서 31일 이상 게재의 5전이 하한이다. 1886(M19)년 발행의 『일본전국신문잡지안내』에 따르면 『도쿄회입신문』이 1행 25자 5전, 『요미우리신문』이 1행 23자 10전이었다. 또한 『아사히신문』에서는 1879(M12)년 창간 때에는 1행 4전이었지만 이듬 해 1880(M13)년에는 1행 6전, 1882(M15)년 3월에 10전, 1883(M16)년 4월부터 13전으로 발행 부수의 신장과 함께 인상했다. 실제의 거래에서는 발행 부수가 적은 신문은 한층 인하되었다고 여겨지므로 『이로하신문』의 광고료는 소신문 가운데에서도 상당히 낮은 순위였다고 할 수 있다.

이 광고 요금을 바탕으로 『이로하신문』의 광고 수입을 대략적으로 추산해보자. 정가 4전으로 광고료를 올렸다 해도 가장 광고가 적은 창간월에는 1호당 광고 수입은 1엔 30전 정도로 월 약 30엔, 월 평균 수치부터 계산하다면 1호당 약 2엔 81전, 1개월간 70엔 정도, 광고량이 많은 1883(M16)년 2월에는 1호당 약 3엔 92전, 1개월에 약 98엔이 된다. 이것을 판매 수입과 비교하여 보자. 구독요금은 발간 당초는 1개월 선금으로 20전, 발행 부수는 약 2천 300부이었으므로 1개월에 대략 460엔, 1882(M15)년에는 구독료 1개월분 22전으로 발행 부수는 약 3천 600부로 월 936엔이 된다. 이 계산으로 광고수입은 판매수입의 1할도 되지 않는 액수임을 알 수 있다. 같은 시기 『아사히신문』에서는 판매 수입에 대한 광고 수입의 비율은 14% 전후이고[56] 이에 비하면 『이로하신

56 津金澤聰廣, 앞의 책, 239면.

문』의 광고 수입 비율은 낮은 편이다.

그런데 당시 소신문의 판매 수입의 대부분은 지대나 잉크대, 인쇄 경비로 충당되어 이익은 많지 않았다고 할 수 있다. 앞서 인용한 노자키 사분에 따르면 1부당 8리의 구독료 가운데 지대 6리를 뺀 2리가 이익이었다고 한다. 또한 다른 기술에서는 지대는 4리라고 하지만[57] 당시의 『아사히신문』의 경리 기록[58]으로부터 추산하면 지대는 1부당 약 4리, 여기에 잉크대, 활판·목판인쇄대, 기계비, 집세 등의 경비를 가산하면 대략 6리라는 계산이 된다. 여기에서 한 부당 구독 요금에서부터 지대·인쇄비로서 6리를 뺀 실질 수입분을 계산하면 창간 당초는 한 부당 구독 요금 8리로 150엔, 1882(M15)년에는 한 부 8.8리로 301엔, 1883(M16)년에는 한 부 1전이므로 대략 270엔의 수치를 얻을 수 있다. 이 이익분과 광고 수입을 합친 수익에서 편집·서무·인쇄 직공·화공료 등의 주로 인건비로 조달되었던 셈이다. 시험적으로 계산해 보면 주필 로분의 급여 50엔, 편집자 1인 15엔으로 4명 60엔, 탐방이 1인 5엔으로 4인 20엔, 사무원이 1인 10엔으로 2인 20엔, 또한 인쇄 직공·배달·화공료 등에 150엔 이상 소요될 것으로 어림잡아 합계 약 300엔 이상 필요했을 것으로 여겨진다. 이렇게 본다면 광고 수입은 판매 수입의 이익분의 2할 정도라고 하더라도 경비도 거의 들지 않는 재원으로서 신문 경영의 중요한 기둥이었다고 하겠다.

광고 수입이 『이로하신문』의 경영에서 중요했던 것은 1884(M17)년 1월 4일 발행의 신년 특별 부록에 의해서도 엿볼 수 있다. 신년 첫 호의 보

57 高瀬巳之吉, 앞의 책 참조.

58 津金澤聰廣, 앞의 책, 30~31면.

너스 부록으로 배포된 신년별도인쇄는 소신문의 경우에는 매년 발행하는 신년의 간지 등을 테마로 유명 투서가가 붓을 잡고, 우키요에 화가의 화려한 그림이 지면을 장식하여 독자 서비스에 주력하는 것이 관례였다. 그러나 이 1884(M17)년의 별도 인쇄에서는 유명 투서가에 의한 글과 우키요에 화가의 그림이라는 조합은 변하지 않지만 『이로하신문』에 자주 광고를 게재하는 유력광고주가 그 주제로 다루어진다. 예를 들면 최초는 「미쓰비시회사[三菱會社]」, 「공동운수회사」라는 제목으로 항구를 배경으로 서양식 머리의 가부키 배우풍의 남자가 서 있는 그림을 내걸어 "○ 후지[富士]에 비교되는 미쓰비시 회사 · 쓰쿠바[筑波]를 본뜬 공동운수회사 · 보물선 항구초[宝船港鞘]앞" 게사쿠 작가인 구보타 히코사쿠[久保田彦作]가 가부키 각본풍으로 축사와 선전의 대사를 지었다. 그다음에는 「○ 매독약 · 탈모약」이라는 제목으로 '굴신자농음(屈伸子龍吟)'이 마쓰모토 이헤[松本伊兵衛]와 출운정자생당(出雲町資生堂)의 두 약방에 관한 글을 지었기 때문에 이하 요쓰메약방[四つ目屋]의 야뇨약 · 이노우에 겐타이[井上玄岱]의 액취약 · 닛코보황회[日光保晃會] · 나카무라환전점[中村兩替店] · 관상을 보는 본국당(本國堂) · 춘양당(春陽堂) · 만자당(萬字堂) · 법목서옥(法木書屋) 등의 서점 · 긴자[銀座] 사쓰마야[薩摩屋]의 이와타니 마쓰헤[岩谷松平] · 후나바시야 오리에[船橋屋織江] · 오키 구니테쓰[大木口哲]의 오장환(五臟丸) · 다카키 요헤[高木与平衛]의 청부탕(淸婦湯) · 모리타 보단[森田宝丹] · 교통사 · 공익사 · 서양 요리의 청양루(青陽樓) · 마루젠서적[丸善書籍店] · 우사기야본점[兎屋本店] 등 모두 광고주와 관련한 그림과 글로 초판 인쇄 4면이 채워졌다. 이것은 독자 서비스라기보다는 광고주 서비스의 의미가 강하여 신문측이 유력광고주에의 대응에 심혈을 기울였던 증거라고 하겠다. 유명 게사쿠[戯作] 작가의 미문이나 화가의 삽화만으로 독자를 끌어들이기에는 한계에 봉착한 것이다. 이를 대체한 것은 광고 수입으로 『이로하신문』의 경영을 좌우하게 되었다.

## 5. 메이지 10년대 중반의 소신문 풍경

1880년대인 메이지 10년대의 소신문을 개관하면 크게 세 군으로 나뉜다. 먼저 『아사히신문』, 『요미우리신문』과 같이 잡보 보도에 역점을 둔 그룹, 다음으로 게사쿠의 전통을 이은 쓰즈키모노, 또는 삽화나 문장의 매력으로 독자를 끌어 모은 『도쿄회입신문』, 『가나요미신문』으로 대표되는 그룹, 그리고 정당기관지화한 대신문과 제휴한 『회입자유신문(繪入自由新聞)』, 『회입조야신문(繪入朝野新聞)』 등의 그룹이다. 『이로하신문』은 기본적으로 『가나요미신문』의 스타일과 그 독자를 계승하여 성공한 신문이고 제2그룹에 속한다.

제1그룹의 소신문은 정당기관지화의 시류와는 역으로 비정치화·산업화·보도 중시의 방침을 취하여 광고 수입의 증대로 경영의 안정과 확대를 꾀했다. 대신문 측으로부터 같은 정책을 취하여 자극을 준 것은 1882(M15)년 창간의 『시사신보』이다. 즉 정치적인 중립, 외전 등을 사용한 신속하고 충실한 보도, 광고에 대한 적극적 대응은 실로 『아사히신문』의 경영전략과 방향이 동일했다. 이들 신문은 폭넓게 상공층의 독자를 사로잡았다. 한편 제3그룹은 정치색은 뚜렷하지만 종래의 소신문에 만족하지 않은 새로운 도시주민층을 도입하여 독자의 시야를 넓히고 발금 등으로 경영에 어려움을 겪는 대신문이나 정당 활동을 지지했다. 이 사이에 있는 제2그룹은 저명한 게사쿠작가나 화가의 역량이나 인기에 좌우되어 독자도 또한 요시와라[吉原]에 대표되는 구래의 도시문화의 애호자가 많았다고 생각된다. 『이로하신문』도 또한 가나가키 로분 개인의 문재(文才)에 힘입은 바 컸다.

그러나 『이로하신문』의 광고 분석에서 살펴본 바와 같이 고신문은 대신문보다도 적극적으로 광고 수입의 중요성을 인식하기 시작했다. 광고 수입의 증가를 위해서는 정치적인 언론보다도 신속하고 정확한 보도에 의한 발행 부수의 증대가 필요하고 또한 안정적이고 조직적인 경영이 바람직스럽다. 한 개인의 언론의 재능에 사활을 건 신문 경영은 이미 시류에서 벗어나 있었다. 이와 같은 신문 경영의 자본주의적 경향을 강화한 것이 1883(M16)년 4월의 신문지조례 개정이다. 보증금을 적립할 수 없는 약소 자본의 신문은 탈락하고 살아남은 신문도 자유롭고 활발한 언론이 허용되지 않았다. 이러한 폐쇄적 상황을 더욱 가속화한 것은 동년 7월의 관보 창간과 이듬해 1884(M17)년 8월의 교도직(敎導職)폐지이다. 이로써 정부공보를 담당하고 민을 계몽하여 문명개화를 추진시킨다는 국가의 언론기관으로서의 대의명분이 민간의 신문 지상에서 사라져갔다. 스스로를 교도직에 견주던 소신문에는 정당을 근거지로 하거나 오락과 보도 중심의 기업화라는 길만이 주어졌다. 대신문의 사정도 크게 다르지 않았다. 대신문과 소신문의 구별에 관한 논의가 자주 등장하는 것도 이 무렵부터이다. 어떻게 기술할 것인가 보다도 얼마나 팔리는가가 문제시되었던 것이다. "예를 들면 기자의 필력과 같음도 기자의 자부심이 하늘에 닿을 지라도 그 사의 신문이 만약 팔리지 않는다면 자부심 훼손되고 붓 꺾으면서 아연할 뿐"이라고 나루시마 류호쿠는 희화화하여 탄식했지만[59] 신문경영은 보다 넓은 시장을 향하여 새로운 말을 찾기 시작했다. 『이로하신문』의 종언은 전시대부터 이어온 언어문화의 한계를 노정하기 시작한 게사쿠작가 집단과 자본주의화하는 신문 경영과의 결별이었다.

59 『繪入朝野新聞』 50号, 1883(M16).4.3, '雜報'란. 원문은 한시.

# 第8장
# 정당계 소신문으로 보는 메이지 10년대 후반 소신문의 변모

## 1. '정당기관지 시대'와 소신문

일본 신문계는 1881(M14)년 10월 12일 국회개설의 칙유가 발포되고 오구마 시게노부[大隈重信]의 참의원 파면에 반대하여 야노 후미오[矢野文雄]·이누카이 쓰요시[犬養毅]·오자키 유키오[尾崎行雄] 등이 하야한 이른바 1881(M14)년의 정변으로 대 지각변동이 일어났다. 10월 18일 자유당의 결성 이듬 해 6월 25일 최초의 전국적 정당기관지로서 『자유신문』이 탄생했다. 또한 1882(M15)년 3월 18일 입헌제정당(入憲帝政黨)이 4월 16일에는 입헌개진당이 결성되어 각각 언론 기관으로서 신문을 출범시켰다. 당대의 신문은 이 변화를 다음과 같이 기술했다.

1881(M14)년 후반부터 1882(M15)년 전반에 이르는 시한은 신문사 발달을 증거해야 할 때로서 (…중략…) 시정의 방향에 관련하여 일정한 주의를 표명하고 정당 기관으로서 정치 세계에 성립해야 할 지위를 이루는 단초를 연 것은 곧 이때임 (…중략…) 추측컨대 신문사 사람에 관계하지 않고 국가에 관계하는 체질을 갖추기에 이른 것은 이때에 속했다. (「세계의 신문 역사 및 부론」, 『우편호치신문』, 1883(M16).5.9)

기존의 신문사에서는 이 시기 즉 자유당 및 입헌제정당의 결성에서부터 당의 해체에 이르는 "1881(M14)년 10월경부터 1885(M18)년경까지의 일본 신문계"의 상황을 가리키는 호칭으로서 '정당기관지시대'의 용어가 사용되었다.[1] 그러나 이 시기의 '정당기관지'는 1891(M24)년 10월 창간된 『자유당신보』에서 『적기』까지를 포함하는 정당기관지와는 성격이 다르다.[2] 당시의 정당은 1890(M23)년에 개설을 앞둔 국회를 계기로 결성했다고는 하지만 아직 실제로는 선거에 의한 국회의원도 국회에서의 의사도 존재하지 않았다는 특이한 상황을 전제했다. "정부를 향하여 국민으로서의 권리를 요구하는 동시에 식객·사민과 같은 민중을 향해 국민을 자각하게 하는 전형적인 국민주의의 운동[3]이었던 자유민권운동이 필연적으로 탄생시킨 정당은 모든 계층의 국회 참여의 가능성을 부추기고 정치에 대한 관심을 고양시키면서 다양한 민중을 대중 운동으로서 조직하고 아래로부터의 개혁의 열정을 흡인하는 안정

1 小野秀雄, 앞의 책, 128면; 西田長壽, 앞의 책, 98면.

2 예를 들면 廣瀨順皓 외편, 『近代日本政党機關誌記事總覽』, 柏書房, 1988.

3 牧原憲夫, 『客分と國民のあいだ』, 吉川弘文館, 1998, 84면.

적인 구조를 획득하지 못한 채 정부의 탄압과 회유로 와해됨으로써 구심력을 잃었다.[4]

이와 같은 상황에 직면하여 "대신문은 온통 정당의 기관지로 되었다"[5]고 하지만 정식적으로 조직적인 기관지를 선언한 신문은 많지 않아 "당기관지임을 공표하지 않지만 대표, 주요기자와 당의 관계로 보아 특정 정당의 기관지로 간주되"는 정당계지가 대부분을 차지했다. 이 때문에 자유당원인 스에히로 뎃초와 개진당원인 나루시마 류호쿠의 2대 기자가 포진한 『조야신문』의 경우와 같이 판단에 따라서는 신문의 계통의 동요를 보이게 되었다. 따라서 '정당기관지시대'라기 보다 오히려 '신문의 정당화 시대' 혹은 '정당계지화 시대'로 부르는 편이 실태에 적절한 호칭일 듯하다.[6]

그런데 이시기의 신문의 정치화·정당화는 신문계에 주로 세 가지의 대항적인 움직임을 낳게 했다. 하나는 '독립불패(獨立不覇)'를 내걸고 당파 신문과 일선을 긋고 후쿠자와 유키치가 1882(M15)년 3월 1일에 창간한 『시사신보』가 정·관·재계와 거리를 둔 독립신문으로서의 횡보를 내딛었다는 것이다. 두 번째는 1883(M16)년 7월 2일의 『관보』 창간으로부터 정부 공보를 담당하는 '공포(公布)신문'의 역할에서 민간지가 탈각한 것, 세 번째는 소신문의 '중신문화'라는 현상이다. 이 가운데 전국적인 상업지·대중지의 성립이라는 신문사의 흐름에서 보자면 가장 중요

---

4 香內三郎, 「マス·メディアとイデオロギー '中立性' '党派性'の歷史的系譜について」, 『思想』 403号, 岩波書店, 1958.1, 99~101면 참조.

5 小野秀雄, 앞의 책, 130~133면.

6 山本文雄의 『日本新聞發達史』(伊藤書店, 1944)에서는 '정당기관지시대'의 어휘는 그대로 답습했지만 春原昭彦의 『日本新聞通史』(新泉社, 1985)에서는 '정당신문시대'의 명칭을 사용했다.

한 기저를 이루는 것은 소신문의 '중신문화'현상이다.[7]

이 시기의 소신문에 대해서 오노 히데오는 '소신문의 일전기'라는 절의 항목에서 "정당이 소신문의 이익에 주목하고 선전과 수익의 양 방면에서 회입신문에 정치 방면을 가미하여 오히려 중신문의 경향을 취해 왔다"[8]고 논했다. 그리고 "정당신문이 대소신문을 혼합 절충한 과도기의 중신문을 부수적으로 발행하여 교훈 내지 오락 본위의 소신문이 언론을 가미하여 양자는 거의 동일 내용의 신문이 되었다"고 이 시기의 소신문을 '제2기의 소신문'으로 명명하여 소신문이 "마침내 신문계의 중심세력이"된 1885(M18)년에서 1887(M20)년까지를 전성기로 구분했다.[9]

이러한 논의에 입각하여 니시다 다케도시는 이 시기의 소신문의 특징을 ① 부수의 순조로운 발전 ② 소신문의 정치 언론화 ③ 지방에서의 소신문의 등장의 세 가지로 정리하여 "대소신문의 접근의 막이 열리는 중이었다"고 진술했다. 그러나 오노 히데오의 제2기 소신문의 구분은 채용되지 않고 1886(M19)년 『우편호치신문』의 개혁으로 출발한 대신문의 전환을 "지금은 대신문의 통속화에 따라 (…중략…) 신문은 대·소신문의 중간적 지면 구성을 갖는 이른바 중신문에의 길을 걷기 시작했다"고 메이지 20년대 두드러진 중신문화론을 설파했다.[10]

이에 대하여 이와 같은 중신문화의 과정이야말로 일본적인 독자적 '중립성', '불편부당성'을 표방하는 일본형 신문을 형성했다고 지적한 것

---

7 津金澤聰廣, 「大衆ジャーナリズムの源流 "小新聞"の成立」, 『現代日本メディア史の研究』, ミネルヴァ書房, 1998; 山本武利, 앞의 책(1973).

8 小野秀雄, 앞의 책, 159~161면.

9 위의 책, 167~176면.

10 西田長壽, 「第4章第4節 小新聞の政党新聞化」, 앞의 책, 112~119면 · 5章 第1節 「明治 20年代 新聞界の新兆候」, 앞의 책, 149~152면.

은 고우치 사부로[香内三郎]이다. 그는 논문 「매스 미디어와 이데올로기」에서 사족적 상류의 지반에 선 대신문과 게사쿠 독자의 기반을 계승한 소신문과의 신분제 대립은 정당계 소신문의 접근 방식으로는 해소되지 않고 『요미우리신문』 등의 소신문 측이 고급 오락지화함으로써 전환의 주도권을 잡고 당파성을 탈각시키는 방식으로 실현했다고 논했다.[11]

이러한 논점은 그러나 이후의 신문 연구로 더 깊이 진전되지 않는다. 예를 들면 선구적인 소신문 연구인 쓰카네자와 사토히로의 논의에서도 또한 메이지기 일본형 신문의 형성과정을 면밀하게 추적한 야마모토 다케토시의 논저에서도 1880(M13)년경까지의 소신문에 초점이 두어져 1881(M14)년의 정변 이후의 소신문 특히 새롭게 탄생한 정당계 소신문의 분석은 개별신문연구 등에서 수행되어져 왔지만 다시 이들 축적된 연구 성과를 통합하여 한발짝 나아가서 메이지 10년대 후반의 소신문의 변모가 무엇을 야기했는가 그 의미를 재검토할 필요가 있겠다.

여기에서 이 장에서는 당대의 대표적인 정당계 소신문, 개진당계의 『회입조야신문』과 자유당계의 『회입자유신문』 및 『자유등』에 주안점을 두고 주로 1882(M15)년부터 1886(M19)년까지의 지면 분석을 바탕으로 도쿄의 정당계 소신문의 실태를 규명할 것이다. 또한 정당계 소신문이 실제로 '아래로부터의 소통의 흡입' 기능을 발휘했는가를 조사하고 제대로 발휘하지 못했다면 그 이유는 어디에 있으며 또한 당파성 있는 대중지로서 왜 정당계 소신문은 오랫동안 정착하지 못했던 것인가 나아가서 중신문화의 과정에 어떠한 영향을 미쳤는가 등의 문제를 고찰할 것이다.

---

11 香内三郎, 앞의 글.

## 2. 정당계 소신문의 간행개요와 발행 부수

메이지 10년대 후반 도쿄의 소신문은 1881(M14)년의 정변 이전에 이미 발행된 신문군과 그 이후에 창간된 신문군으로 크게 이분된다. 전자에 속하는 것으로 『요미우리신문』, 『도쿄회입신문』, 『이로하신문』 등이 있으며 후자로는 『히노데신문[日の出新聞]』(1882(M15).4.1 창간), 『회입자유신문(繪入自由新聞)』(1882(M15).9.1 창간), 『회입조야신문(繪入朝野新聞)』(1883(M16).1.22 창간), 『개화신문(開花新聞)』(1883(M16).3.16 창간, 1884(M17).8.1에 『개진신문(改進新聞)』으로 개제), 『자유등(自由燈)』(1884(M17).5.11 창간) 등이 있다.[12] 전자의 기존 간행지군은 모두 개진당계로 보이지만 그 정당색은 그다지 선명하지 않았던 데 비해 후자의 신규 탄생의 소신문군은 모두 정당성을 뚜렷이 한 대신문과 짝이 된 소신문이고 당파지의 서민보급판을 지향하여 발행된 것이다. 예를 들면 『히노데신문』은 개진당계였던 『도쿄요코하마마이니치신문』과 또한 『개진신문(改進新聞)』은 역시 개진당계의 『우편호치신문[郵便報知新聞]』과 짝을 이루었다.

자유당 기관지 『자유신문』과 소신문인 『회입자유신문』 및 『자유등』과의 관계는 조금 복잡하다. 『회입자유신문』은 요코하마에서 상관(商館)에 근무하여 부를 축적한 훗날 자민당총재·요시다 시게[吉田茂]의 양부로서 알려진 요시다 겐조[吉田健三]에 의하여 창간되었다. 요시

12 1884(M17)년 후반부터는 『今日新聞』(1884(M17).9.25 창간, 뒤에 『都新聞』), 『警察新報』(1884(M17).10.4 창간, 후의 『やまと新聞』) 등이 등장하지만, 이들 소신문에 대해서는 제10장 참조.

다는 『도쿄일일신문(東京日日新聞)』의 창간에도 협력하여 1881(M14)년 10월에 자유당이 결성되면 입당하여 자금 면에서도 협조했다고 한다.[13] 『자유신문』의 발기인이었지만 그것과는 별도로 그는 독자적으로 『회입자유신문』을 창간했다.[14]

『회입자유신문』의 창간호에는 백화원(百華園) 특히 사쿠라다 모모에[櫻田百衛][15]에 의하여 「회입자유신문이 부자유사회에 태어나다」라는 제목의 글이 게재되어 이 가운데 "우치(愚痴)문맹의 하등 사회로써 만약 황무지 들판에 비유한다면, 이를 향하여 (…중략…) 국회 등의 종자를 뿌려 (…중략…) 몸으로써 가랑이와 괭이가 된 하등 논밭 땅의 개간에 종사하여, 땅을 일구어 대지의 신 진정한 평화주의의 싹을 심어 황급히 이룬 결실을 바라보려 한다"고 자유민권사상을 하등 사회에 계몽하는 창간의 취지가 기술되었다. 동시에 창간 당일의 『자유신문』도 잡보란

---

13 요시다 겐조(吉田健三, 顯藏 등으로 기록되는 경우도 있다)는 카에이(嘉永 : 에도 후기 孝明 천황조의 연호, 1848~1854)2년 5월 6일, 福井藩士·渡辺謙七의 자손으로 태어났다. 막부 말에 유럽으로 건너가 메이지 원년인 1868년에 귀국. 한때 니이가타[新潟]에서 어업 도매상을 하는 高橋 댁에 기숙, 이후 요코하마의 유력 상관 자딘·마지슨 상회의 지배인이 되면서 간장 기름 양조업 등으로 사업을 확장하여 성장시켰다. 『東京日日新聞』의 창간기에 해외 뉴스의 취재 등을 도왔을 것으로 추측되는데 훗날 정식으로 입사하여 사주에도 오르지만, 1881(M14)년 주식에서 손을 뗐다. 그 후 그 주식 매각자금을 자본으로 하여 『繪入自由新聞』을 창간했을지도 모른다. 竹內綱의 5남인 시게[茂]를 양자로 한 것은 자유당 결성 직전인 1881(M14)년 8월이지만 그로부터 8년 후인 1889(M22)년 12월 1일에 급서하여 요시다 시게[吉田茂]는 겨우 11세에 대를 이었다. 요시다 시게의 아들이자 영문학자로서 알려진 요시다 겐이치[吉田健一]의 이름은 양부와 연관되어 붙여졌다고 한다. 猪木正道, 『評伝吉田茂』上, 讀賣新聞社, 1978, 「第2章 養父吉田健三と耕余義塾」; 杉浦正, 『新聞事始め』, 毎日新聞社, 1971, 206~209면; 『「毎日」の3世紀—新聞が見つめた激流一三〇年』上, 毎日新聞社, 2002, 46~48면.

14 1882(M15)년 11월 자유신문사의 총회의사록에 따르면 "과거 본사에서 삽화신문을 발행하려는 희망 있었어도 창업에 즈음하여 모두 여유 없었지만 본사 발기인 요시다 겐조의 창업으로 삽화자유신문을 발행하려고 첫 호부터 강호의 사랑부탁해마지 않"는다고 하여 추측컨대 吉田健三는 『自由新聞』 발행 이전부터 삽화 소신문의 발행을 주장했던 것 같다. 林茂, 「解題」, 『復刻 自由新聞』 5卷, 三一書房, 1972, 29면 참조.

15 櫻田百衛는 『自由新聞』 창간 때 부터 기자로 재적, 「서양혈조소포풍(西洋血潮小暴風)」 등의 정치소설을 연재했다. 櫻田百衛는 "『繪入自由新聞』의 사우이기도 했다"고 한다. 宮武外骨·西田長壽, 앞의 책.

에서 "○ 전호에도 내건 바와 같이 이웃한 『회입자유신문』은 드디어 오늘부터 발간 저희 회사를 사랑해 주시기를 제군에게도 제1호를 한 장씩 증정이라는 말씀 없으면 또한 본지와 마찬가지로 구독이라" 하고 스스로 자매지라는 뜻을 선전했다. 실제 "전국 2만 4천의 자유당원에 이타가키 다이스케[板垣退助]의 이름으로 구독권유의 엽서를 내므로 급작스럽게 인기가 치솟아 1882(M15)년 9월 1일의 창간호는 성황리에 사방으로 날개 돋힌듯 팔렸다"[16]고 한다.

이와 같은 협력 관계에도 불구하고 『회입자유신문』은 자유당의 정사 『자유당사(自由黨史)』에는 도쿄의 자유당계지로서 고작 이름을 올리는 정도에 지나지 않았다. 후술하는 바와 같이 『자유등』이 당의 '통속신문'으로 발간된다는 기술과는 대조적이다. 이것은 이타가키 양행문제에서 반양행파인 바바 다쓰이[馬場辰猪·다구치 다마고기치[田口卯吉]가 탈당한 뒤를 메워야 할 1882(M15)년 10월에 자유신문사의 주간이 된 요시자와 시게시[吉澤滋]와 회입자유사 사장인 요시다 겐조 사이에 협의가 이루어져 양 신문이 분리했기 때문이다. 이러한 형국을 『우편호치신문』은 다음과 같이 전한다.

○ 『회입자유』 동신문은 이제까지 자유신문과 연락 소통하여 출점과 마찬가지 모양새가 되었지만 양사의 사이에 뭔가 타협할 수 없는 일이 있었는지 동사장 요시다 마마조 씨와 자유신문사 사장 후루사와 시게시와의 협의 위에 더욱 독립적인 신문이 된 탓에 수일 내 그 사를 다른 곳으로 바꾼다고 함. (『우편호치

16 慶応義熟大學에서 경제사학을 가르치고 전후 문부대신에 취임했던 高橋誠一郎의 회상기에 의한다. 高橋誠一郎, 『私の履歷書』 29, 日本経済新聞社, 1967, 15면.

신문』, 1883(M16).1.13)

당초는 양 신문 사이에 자금을 포함한 제휴기간이 있었던 것은 확실하여 같은 긴자 3번지 19번지와 20번지에 사옥을 이웃하였던 것도 그 때문일 것이다. 그러나 분리에 이른 원인은 자금난에 빠진 『자유신문』이 업적 호조였던 『회입자유』와의 합병을 희망하여 1882(M15)년 11월 30일 제1회 정식 주식총회에서 찬동을 얻었음에도 불구하고 교섭에 실패했다.[17] 자유신문사의 사주 총회의 의사록에 따르면 당시 약 만 부의 발행 부수를 올리는 『회입자유신문』의 합병에는 창간 당시 출자자에 대한 상당한 보수가 요구되었지만[18] 자유신문사 측에서는 그 자금을 모을 수 없었던 듯하다. 제휴의 해소가 알려지고 나서 얼마 지나지 않아 1883(M16)년 3월 30일에 회입자유신문사는 교하시 산쥬칸호리 2가[京橋三十間堀2丁目]로 이전했으므로 최종적으로는 이 시점에서 독립한 것으로 생각된다. 그러나 지상에서는 특히 독립의 선언은 이루어지지 않고 독자 편에서도 그대로 자유당계의 소신문으로 『회입자유신문』 구독을 계속했던 것으로 보인다.[19] 이 때문에 『자유신문』 측에서는 판매 부수 감소의 이유의 하나로 『회입자유신문』에 독자를 뺏긴 것을 들었다.[20]

이에 대하여 『자유등』은 견광사라는 일단 독립적인 회사에서 발행한 것이긴 하지만 자유당 간부인 호시 도루[星亨]의 출자에 의해 창간되어 첫 호에는 이타가키 다이스케[板垣退助]의 축사를 실어 자타가 공인하는 자

17 林茂, 앞의 글, 26면 참조.

18 위의 글, 29면.

19 山本武利, 「自由民權運動衰退期の新聞讀者層」, 앞의 책(1981), 81~82면 참조.

20 林茂, 앞의 글, 29면.

유당기관지였다. 이 소신문에 대해서 『자유당사』는 다음과 같이 썼다. "이듬해 1884(M17)년 5월에 이르러 호시 도루[星亨]에 크게 투자를 한 "자유지등"이라는 제목을 단 통속신문을 발간 자유신문과 상호 연계 견제하여 번벌(藩閥)중심의 파벌 정부를 토격하는 동시에 개진당의 힘을 배제하여 특히 미쓰비시 일당으로써 『바다요괴 곤죠카이[海坊主今淨海]』라는 제목의 풍자소설을 실어 일시에 널리 전송(伝誦)되었다(제3장 제6편)."[21]

1884(M17)년 10월 29일 자유당이 해체한 데다가 경영 상태의 악화로 『자유신문』이 1885(M18)년 3월에 폐간하자[22] 『자유등』은 그 대역의 역할을 했다.[23]

이와 같이 자유당계의 『회입자유』 및 『자유등』이 자유당과 직접 관계를 갖는 적어도 창간 즈음에는 정당기관지의 역할이 기대되었던 데 반해 『회입조야』는 정당과도 『조야신문』과도 관계없는 곳에서 출발했다. 『회입자유』는 1883(M16)년 1월 22일에 교하시구긴자2가1번지[京橋區銀座2丁目1番地] 의 회입조야신문사에서 창간되었다.[24] 창간호 기재에

---

21 『自由黨史』 中, 岩波書店, 1958, 240면.

22 현존하는 『自由新聞』의 최신호는 1884(M17)년 12월 28일자 744호인데 실제로는 간행된 첫 호는 이듬해 2월 1일자의 768호인 듯하다. 『自由新聞』의 정식 폐간 신고서는 1885(M18)년 3월에 제출된 것 같다. 林茂, 앞의 논문, 30면.

23 『朝野新聞』(1885(M18).2.3)의 기사에는 "자유신문 지면 개량을 위해 어제 한으로 일시 휴간하여 그동안은 견광사의 자유등으로 대체하고자 함"으로 기술되었다. 또한 『自由燈』(1885(M18).3.5)에는 "자유신문 폐간에 따라 짤막한 사고(社告) 자유신문 건은 이번 우리 자유등과 합병한 데다가 더욱 일종 유례없이 큰 삽화가 든 신문을 발행하게 된 형편에 즈음하여 먼저 자유신문의 폐간을 신고서로 곧 자유등으로써 그 대리의 임무를 맡게 하여 다음을 기하여 이것을 일대 회입신문으로 개량하는 목적된다면"이라는 사고(社告)와 함께 "폐사 신문 발간함에 따라 보는 사람에 대한 잔무는 견광사에 서로 맡아주는 동안" 하고 자유신문사의 광고가 게재되었다.

24 西田長壽, 앞의 책(117면)에서는 "1882(M15)년 11월 2일 山田孝之介(風外)가 주가 되어 (…중략…) 창간되었다"고 하지만 1882(M15)년 11월 2일 창간의 동명지는 교훈사에서 발행되어 25호로 폐간, 山田風外가 관련한 1883(M16)년 1월 22일 창간의 『繪入朝野新聞』과는 무연하다.

서는 국장 아베 야스노리[安部安德], 편집장 가쓰 마사칸[勝正寬], 인쇄장 마에시마 와쿄[前島和橋], 교열 야마다 후가이[山田風外] 등이 있지만 다음 달 2월부터는 국장 야마다 후가이[山田風外], 편집장 이마이 치기[今井智義], 보조 요시다 쇼호쿠[吉田淞北]로 바뀌어 실질적으로는 야마다 후가이가 사주로 마에시마 와쿄·이마이 치기·요시다 쇼호쿠가 편집의 중심이 되었다. 편집 방침은 종래의 소신문과 마찬가지로 권선징악을 취지로 했다.[25]

한편 동년 4월부터 『조야신문』과 제휴하게 된다. 이 사정을 『조야신문』의 잡록은 다음과 같이 전한다.

> 처음 『회입조야』신문의 발간 있었지만 세인은 왕왕 우리 사에 부속된 것과 같이 여겨 그 체송을 우리 사에 부탁했던 사람도 있었다지만 당 신문은 조금도 우리 사에 관여하지 않는 것이 되니 과거에 그 사실을 우리 지상에 공시했다 (…중략…) 그런데도 근래 해당 사의 여러 아이는 실로 우리 사를 향하여 특별한 교분을 맺으려는 것을 부탁하는가. 지극히 간절히 우리 사원에게 그 뜻을 말해서는 안 된다. 즉 약관을 정하여 이것을 승낙함에 이르니 또한 우리 사의 인원 날마다 늘어 기계 날마다 늘어 종래의 한 집 지붕에 넣을 수 없어서 또한 그 구름 사라지고 인멸한 구 동양신보의 옛 자취를 우리가 갖고 있다 하여 이것을 별도의 국으로 칭하여 그 일부에 입회신문사를 두고 해당사를 위하여 장래 비할 바

---

25 『繪入朝野新聞』, 1883(M16).1.22의 '발행의 취지'에는 "광란을 이미 쓰러뜨려 바꾸어 국가를 태산과 같은 반석 위에 올려놓음은 나 소신문 기자의 임무가 아니다. 고로 우리들은 힘써서 새로움을 알리고 기이함을 전하여 선을 선으로 하여 악을 악으로 하여 독자로 하여 타이르고 두려워하는 느낌 갖게 한다면 (…중략…) 다소 개명으로 향하는 데 도움이 되려고 함. 이것 회입조야신문의 참뜻"이라고 기술되었다.

> 없는 성운을 사려는 것을 도모하려는 기백은 강호의 독자 해당사를 보는 것 더욱 우리 사를 보는 것과 같지 않음을 (…중략…) 우리 조야신문을 애독하시는 어른 군자 바라건대 영부인 영애 제군으로 하여 우리 조카딸을 보살펴주시기를 우리 막내 절의 주인으로 되어 우리 작은 배에 타시려는 것을 다시 삼가 머리 조아리며 아룀. (『회입자유』, 1883(M16).3.29)

실질적으로는 조야신문의 다른 국으로 매수되어 조야신문의 경영하에 두어진 회입조야신문사는 긴자 4가 9번지에 자리한 조야신문사의 이웃으로 이전하여 조야신문사의 이소베 미사호[礒部節]가 이사로서 감독을 맡았다.[26] 본디 소신문에 흥미 있었던 나루시마 류호쿠의 의향[27]과 양 신문사의 재정 상황이 합치된 결과일 것이다. 정치적인 견해에 의한 제휴라기보다 경영상의 이해관계에서 대소신문이 연합한 것이라고 하겠다. 실제 『조야신문』은 1883(M16)년 6월 24일 '우리조야신문은 금일에 성립한 정당 일파의 기관지에 얽매이지 않는 자이다. 우리 기자는 항상 편향되지 않고 의존하지 않는 지위에 서서 감히 일 정당을 위하여 의견을 좌우하지 않는 자이다'라고 선언하여 정당 기관지임을 부정했다.[28] 이 때문에 개진당계라 하더라도 『회입조야신문』은 정당색이 옅은 신문이었다.

『회입자유신문』, 『자유등』 및 『회입조야』의 소신문 3종은 한결같이

26 『繪入朝野新聞』, 1885(M18).9.1. '본사의 주의 목적을 서술하여 관객에 알림'에 의한다.

27 鵜飼新一, 『朝野新聞の研究』, みすず書房, 1985, 12면. 또한 成島柳北는 1881(M14)년 이후 소신문인 『讀賣新聞』에 「雜譚」이라는 제목의 논설을 기고했다. 乾照夫, 「成島柳北と自由民權一明治 14年 以降の『讀賣新聞』あ 中心に」, 『経營情報科學』 2卷 4号, 東京情報大學, 1990.3 참조.

28 山本武利, 앞의 책(1973), 23~28면 참조.

대신문의 약 반 가격이었지만 발행 부수로는 대신문을 상회했다. 『자유신문』은 1부 3전, 1개월 선금 65전, 『조야신문』도 1부 3전, 1개월 60전이었던데 비하여 『회입자유』는 1부 1전 3리, 1개월 선금 28전, 『자유등』은 1부 1전 2리, 1개월 25전, 『회입조야』는 1부 1전 3리, 1개월 26전이었다. 이것은 당시의 대신문과 소신문의 표준적인 가격차이다. 한편 권말 부록의 〈표 2〉에 나타난 바와 같이 발행 부수에서 소신문은 대신문을 항상 앞질렀다. 『자유신문』은 4, 5천 부 밖에 팔리지 않았지만 『회입자유』는 만 부에 가까운 부수에 달하여 대체지로 된 『자유등』은 만 부를 넘었다. 『회입조야』도 당초는 『조야신문』과 같은 정도였지만 1885(M18)년부터는 대신문의 약 두 배의 발행 부수를 올렸다. 따라서 판매수입을 추산한다면 소신문은 대신문과 동등하거나 그 이상의 수입을 거두었을 것으로 여겨진다.

도쿄부 내와 타 부현(府縣)의 발행 부수의 비율은 『자유신문』의 경우 3 : 7의 비율로 타부현이 많으며 『조야신문』도 약 5할에 달한다. 이에 대하여 전술한 세 종의 소신문은 3 : 1의 비율로 도쿄부 내의 발행 부수가 많다. 전체적으로 대신문은 지방 독자, 소신문은 도시의 독자가 많은 편으로 도시의 독자 중심의 경향은 메이지 10년대 전반과 마찬가지이다. 그런데 소신문 가운데에는 『자유등』이나 『회입조야신문』과 같이 1886(M19)년부터 1887(M20)년에 걸쳐 일시적으로 지방 독자의 비율이 급격하게 상승한 것과 『도쿄회입신문(東京繪入新聞)』과 같이 타 부현과 도쿄의 비율이 역전한 것도 있는 등 신문마다 다소 편차가 있는 것이 이 시기의 특징이다(권말 부록 표 3 참조).

정당계 소신문이 전성기를 지나 다양한 변화가 일기 시작한 것은

1886(M19)년부터이다. 먼저 『자유등』이 1886(M19)년 1월 14일 『등신문(燈新聞)』으로 개제하여 이듬 해 4월 1일 『자명종신문[めさまし新聞]』으로 다시 개제한다. 결국 이것은 『아사히신문』으로 매수되어 1888(M21)년 7월 10일에 『도쿄아사히신문[東京朝日新聞]』으로 변신한다. 『회입자유신문』은 1890(M23)년 11월 15일 『천둥신문[かみなり新聞]』과 합병하여 『뢰신문(雷新聞)』으로 개제한 뒤 일단 사라졌지만 1892(M25)년 4월 와다 이즈미[和田稻積]·와타나베 요시카타[渡辺義方]에 의하여 복간되어 최종적으로는 1893(M26)년 6월 『만조보(滿朝報)』에 흡수 합병되었다. 또한 『회입조야』는 1899(M22)년 5월 5일 조야신문사에서 독립하여 『에도신문[江戶新聞]』으로 이듬 해 6월 『도쿄중신문[東京中新聞]』으로 개제, 또한 1891(M24)년 8월 오카 이쿠조[大岡育造]하에서 『중앙신문(中央新聞)』으로 변하여 1924년까지 존속한다. 『개진신문』이 1894(M27)년 8월에 『개화신문』으로 제호를 다시 부활시켜 이듬 해 8월 폐간하게 된 것을 정당계 소신문의 하한선으로 잡는다면 『회입자유』 『자유등』 및 『회입조야』의 3대 주요지는 그것보다 훨씬 앞서 이미 메이지 20년대 초두, 1890년 전후로 다른 경영자의 손에 넘어가 중신문화의 흐름에 흡수되어 소멸해 간 것이다(부록의 도표 1 참조).

이와 같은 정당계 소신문의 소멸은 선행하는 소신문 『요미우리신문』이나 『아사히신문』이 현재까지 계속되고 또한 후속지 『미야코신문[都新聞]』이나 『야마토신문[やまと新聞]』이 다이쇼 말·쇼와 초기까지 존속되었던 방식과는 선명한 대조를 이룬다. 왜 정당계 소신문은 대신문을 웃도는 발행 부수를 올리면서도 어쩔 수 없이 전신(轉身)하여 사라져간 것인가. 또한 이것은 소신문이라는 카테고리에 어떠한 영향을 미

쳤는가. 다음 절에서는 편집진 구성과 기사 내용, 광고와 판매 정책 등을 검토함으로써 이 문제에 접근할 것이다.

## 3. 편집진으로 보는 대신문과 소신문의 교류

오노 히데오가 "대신문 기자가 대개 양학 청년인데 비해 소신문 기자는 대체로 게사쿠 작가였다. 자연스럽게 대신문의 기자는 소신문 기자를 경멸하고 기자로서의 교류는 이루어지지 않았다"[29]라고 술회한 바와 같이 일반적으로 소신문의 기자와 대신문 기자 사이에 전 시대의 신분차의 앙금에 의한 격차가 있어 교류는 뜸한 편이었다. 그러나 정당계 3대 소신문의 편집진을 훑어보면 그 격차는 주로 대신문의 기자가 소신문 편집에 가세하는 형태로 거리를 점차 좁혀져간 것이 확인된다.

『회입자유』의 편집의 중심은 와타나베 요시카타[渡辺義方](하나가사 분쿄[花笠文京]), 와다 이나즈미[和田稻積](半狂)로, 초기에는 『자유신문』의 주요사원인 미야자키 도미야스[宮崎富要](夢柳), 사쿠라다 모모에[櫻田百衛](百華園)가 객원의 형태로 가세하고 쓰키오카 요시토시[月岡芳年]와 아라이 요시무네[新井芳宗]가 화공으로서 전속되었다.[30] 와타나베 요시카타는 가

29 小野秀雄, 앞의 책(1949), 21면.

30 또한 이 시기 신문 잡지의 간행 기재에는 주요 간부가 필화로 몸을 피해 젊은 신진의 이름이 대신 기재되는 경우가 적지 않았으므로 주주 총회의 기술이나 회상록, 당시의 신문기사 등에서 실태를 파악할 필요가 있겠다. 이하의 기자에 관한 기술에는 宮武外骨·西田長壽, 『明治新聞

나가키 로분의 문하에서 이대[二世] 하나가사 분쿄[花笠文京] 또는 장난꾸러기 동자[灣泊童子]라는 호를 가진 게사쿠 작자로서 『이로하신문』 등에서 기자를 역임했다.[31] 한편 와다 이나즈미는 도사[土佐]의 사족 출신으로 입지사에서 수학한 뒤 자유민권 운동에 가담하여 강석사(講釋師)로서 활약 1880(M13)년경 『고지신문(高知新聞)』, 『도요신문[土陽新聞]』의 기자로 그 후 상경하여 이 신문의 편집에 관여했다. 당시 20대의 이 두 사람의 조합은 『회입자유신문』의 기둥으로 자유당원의 미야자키나 사쿠라다가 떠나 1884(M17)년 6월에 요시토시가 그만두고 『자유등』으로 가나가키 로분 문하의 도미다 이치로[富田一郎](一筆俺可候)[32]나 가와카미 유이치로[川上謂一郎](鼠文),[33] 나카무라 구니히코[中村邦彦](柳葉亭繁彦)[34]나 구로이와 다이[黑岩大](涙香)[35] 등이 가세한 이후에도 1892(M25)년의 복간 때까지 계속되었다.

이에 비하여 『자유등』의 편집진은 주로 『자유신문』에서 이적한 이들과 로분 문하의 게사쿠 작가 출신들로 두 층으로 나뉘어 전자는 후자보다 정착하는 비율이 낮은 것 같다. 예컨대 전자에는 미야자키 도미카나

雜誌關係者略傳』을 필두로 「解題」, 『復刻 自由新聞』과 『自由燈の硏究』 등을 참고했다.

31 渡辺義方(花笠文京)에 대해서는 野崎左文, 앞의 책, 214면 참조. 『いろは新聞』기자에 따르면 『いろは新聞』에는 창간 때부터 재적한 듯하나 1881(M14)년 말경부터 『信陽日日』이나 『日の出新聞』에 관계한 듯하다. 훗날 1886(M19)년에 입사한 동료 黑岩涙香가 그의 속필에 놀라 이를 따라잡으려 노력했다는 에피소드가 전해진다.

32 富田一郎(一筆俺可候)에 대해서는 野崎左文, 앞의 책, 215면 참조. 『繪入自由新聞』의 입사는 26세때, 『繪入自由新聞』에는 1885(M18)년 9월 입사했을 것으로 추정된다.

33 川上謂一郎는 처음 鼠辺을 호(號)로 정하고 투서가로 출발, 잡지 『傀儡誌』, 『新潟新聞』에 관계한 후, 『いろは新聞』에 근무하던 魯文의 문하에서 호를 鼠文으로 고쳤다. 1886(M19)년 8월에 『繪入自由』에 가세한 후, 1888(M21)년 8월에 『今日新聞』으로 옮겼다. 壯士芝居(연극)의 작가였다고 한다. 『自由登』, 1885(M18).1.7 기사 참조.

34 『繪入朝野新聞』에서 『繪入自由新聞』으로 1886(M19)년 9월경 입사.

35 『日本たいむす』의 폐간 후 『繪入自由新聞』에 1886(M19)년 9월경 입사.

메[宮崎富要](夢柳), 고무로 신스케[小室信介](案外堂), 사카자키 힌[坂崎斌](紫蘭), 다카하시 모토이치[高橋基一](愛山)를 들 수 있지만[36] 고무로는 『자유신문』 및 『자유등』의 전지통신원으로서 중국에 부임한 후, 1884(M17)년 11월에 퇴사하고 또한 미야자키도 이듬 해 1885(M18)년 11월에 사카자키도 1885(M18)년 말에 퇴사하여 다카하시만이 『자명종신문』으로 개제 이후까지 재적한다. 『자유신문』에 필적할 만한 것은 아니지만 자유민권운동부터 이 신문사에 들어가서 『자명종신문』까지 관여하던 가토 헤시로[加藤平四郎]를 마찬가지의 예로 더해도 1886(M19)년 이후 신문이 개제를 거듭하는 동안 남아 있는 사람들은 많지 않을 것으로 추정된다.

이에 더하여 로분이 관계하는 소신문으로부터 전신(轉身)한 후자의 그룹에는 와카나 사다미[若菜貞爾], 사이토 료쿠[齊藤綠雨], 고레사와 마사요시[是澤正義](桂州)가 있어[37] 와카나와 사이토는 서로 알력이 있지만 『자명종신문』이 되고 『아사히신문』에 매수된 후까지 이 신문과의 관계를 지속했다. 흥미로운 것은 『자유등』의 창간호 부록에 가나가키 로분과 그 문하의 소신문 기자들이 라이벌지인 『회입조야신문』의 마에시마 와쿄[前島和橋]도 포함하여 나란히 축사에 연명하고 있는 점이다. 훗날 1886(M19)년에 그들 가운데 도미다 이치로[富田一郎](一筆俺可候)나 가와카미 쇼분[川上鼠文]이 『회입자유』에서 이적한 것을 감안하면 와카

36 宮崎는 高地藩士, 坂崎는 高地潘医의 집에서 태어나 함께 『高地新聞』에 들어가고 小室는 大阪에서 『大阪日報』, 『日本立憲政党新聞』에서 기자로서 활동했다. 宮崎는 『自由新聞』 창간 당초부터 小室는 1883(M16)년 4월경부터 坂崎와 高橋는 1884(M17)년 1월부터 참가했다.

37 若菜는 『いろは新聞』에 적어도 1884(M17)년 1월까지 재직했다(『いろは新聞』, 1884(M17).1.6 기사에 의한다). 또한 齊藤는 1884(M17)년 9월 창간한 『今日新聞』의 로분 문하에서 붓을 잡기 시작하여 이듬 해 5월 『自由燈』에 입사했다. 是澤는 若菜의 제자로 1882(M15)년에는 『此花新聞』에 재직했다.

나 사다미를 중심으로 한 게사쿠 작가 출신자가 편집 활동에서는 실질적으로는 중추적 역할을 했던 것으로 여겨진다.[38]

반대로 『자유신문』 편집에 참가를 확인할 수 있는 소신문 기자 출신은 노자키 사분만이다. 『자유당사』 가운데 창간 당초 멤버의 '광고병잡보'담당으로서 기명되어 있으나[39] 그 자신은 회상록 등에서도 이에 관해 언급하지 않았다. 그러나 1883(M16)년 1월에 『우키요신문[有喜世新聞]』, 2월에 『이로하신문[いろは新聞]』, 3월 말에는 『회입조야신문(繪入朝野新聞)』으로 바뀌었으므로 1882(M15)년 6월의 창간에서부터 길어도 반년 정도 재적했을 뿐으로 생각된다. 도사[土佐] 출신 무사의 양자인 노자키 사분은 그 지역의 급비생으로서 대학 남교에서 수학하며 공부성 기수에서부터 철도원부 참사에도 오른 바바 다쓰이와 이종형제인 관계로 가세했을 터이지만 예외적 존재였다.

한편 『회입조야신문』은 당초 대신문과 편집진의 교류는 거의 드물었지만 도중에 『조야신문』의 기자가 입사함으로써 전술한 바와 같은 야마다 후가이[山田風外], 마에시마 와쿄[前島和橋]가 편집의 주축이 되어 1883(M16)년 말 시미즈 요시타카[清水義崇](柳塘)가 더해지고 이를 노자키 사분이나 스기야마 고지로[杉山孝次郎](琴通舍康樂), 다메나가 슌코[爲永春江] 등 소신문에서 친숙한 동료가 보필하는 포진이었지만 1884(M17)년 7월경부터 이시하라 아키라[石原烈] · 아사노 다케시[淺野乾](乾坤居士) · 고미야마 게이스케[小宮山桂介](天香) · 다케우치 이치로[竹內一郎](馬溪) · 우치다

38 若菜는 『朝日新聞』에 의한 『자명종신문[めさまし新聞]』의 매수를 최초로 알선한 자였다. 朝日新聞大阪本社社史編修室 編, 『村山龍平伝』, 朝日新聞社, 1953 참조.

39 『自由黨史』 6편 1장, 岩波文庫, 1957~1958, 204면.

다카시게[内田誠成] 등이 『조야신문』에서 파견되어 지면을 개혁하게 된다. 주필로 모셔진 아사노가 기록한 바에 따르면[40] 이것을 지도한 것은 1884(M17)년 11월에 사망한 나루시마 류호쿠였다. 그는 "후리가나신문의 구습을 불식하려"는 호의 지령을 내걸고 사설을 고상하게 탐방을 정밀하게 난삽함을 제거하여 "치밀한 소신문으로 방만한 제신문을 압도하려"는 뜻을 품었다고 한다. 예컨대 단지 소신문으로서 경쟁에서 승리하는 것이 아니라 대신문에도 뒤지지 않는 품격 있는 신문을 목표로 개량이 추진되었던 것이다. 반대로 소신문 기자 출신으로 『조야신문』 기자가 된 자로는 마에다 겐지로[前田健次郎(香雪·夏繁)가 있다. 그는 『도쿄회입신문』 초기부터 오랫동안 기자를 역임했다 하더라도 국학자 마에다 나쓰카게[前田夏陰]의 아들로서 도쿄 미술학교 교수로 재직했던 경력에서 보는 바와 같이 로분 문하의 게사쿠 작가 집단과는 일선을 그은 각별한 경력의 소유자로서 여겨지는데 1884(M17)년 6월 『회입조야신문』으로 옮겨 1885(M18)년 말, 부사장직을 거쳐 1887(M20)년 6월 주필로 부임하여 『에도신문』으로 개제한 후에도 재적했다. 그야말로 류호쿠가 지향했던 소신문 개혁을 계승하기에 가장 적절한 인재였을 것이다.

이상과 같이 정당계 소신문과 그 모태에 해당하는 대신문 사이에는 주로 대신문의 기자가 소신문의 편집에 가담하는 형태의 교류였고 반대로 소신문에서 대신문의 편집에 참가하는 경우는 전무했다. 그러나 소신문에 끼친 대신문 출신 기자의 영향은 신문마다 달랐다. 『회입자유』에서는 대소신문 출신의 양 기자가 상당히 이상적으로 협력관계를

40 「繪入朝野新聞」, 『繪入朝野』, 1885(M18).9.1.

이루어 정당색을 탈피했다. 『자유등』에서는 창간 당초 대신문 기자가 강력한 영향력을 발휘했지만 운동의 쇠퇴와 함께 그들이 신문사를 떠나 차츰 게사쿠 작가 출신 기자로 중심이 이동했다. 또한 『회입조야』는 도중에 대신문 기자가 많이 이적하여 대신문의 지도에 의한 지면 개량이 단행되었다. 이와 같이 정당계 소신문은 대신문 출신 기자에 의한 소신문 개혁의 실험장이었다고 하겠다. 그러면 구체적으로 어떠한 개량이 추진되었는가를 살펴보기 위하여 세 종의 신문사의 기사 내용을 다음 절에서 검토할 것이다.

## 4. 기사 내용의 변화

본래 소신문은 정론을 다루지 않는 것을 특징으로 하지만 1879(M12)년 1월 『요미우리신문』은 '잡담'이라는 제목을 단 논설란을 마련하고 잇달아 『아사히신문』에서도 논설란을 만들어 후리가나와 논설과는 "확연한 모순"[41]으로 간주했던 당시의 상식에 도전을 감행하기 시작했다. 또한 정당계 소신문은 이들 아직 상설되지 않았던 논설란을 완전히 정착시켰다. 특히 『회입자유』는 타지에 유례없이 선구적으로 창간호부터 '논설'란을 설치하여 "사상의 자유 가장 중해야 할"(1883(M16).1.11)

41 朝日新聞社社史編修室 編, 『朝日新聞の九十年』, 朝日新聞社, 1969, 13면.

또는 '게이샤묘론[芸者猫論]'(1882(M15).10.26)이라는 경파와 연파 양편에 걸쳐진 논의를 게재했다. 머지않아 이것은 '회입자유'라는 제목으로 변경하여 1886(M19)년 9월부터는 '사설'이 되었다. "영업 영속의 방법"으로서 소신문이 권선징악의 기사를 게재하는 것을 어쩔 수 없는 것으로 치부하더라도 그런 만큼 소신문의 내용을 한정하여 "함부로 정치를 논하고 법을 논의함은 방훈신문(후리가나신문)이 금하는 바라고 한다"는 것은 잘못이라는 의사를 표명한다. 왜냐하면 신문의 본분은 세상의 문명화에 있는바, 지면의 대소와는 관계가 없다는 것이 『회입자유』 편집진의 주장이었다.[42]

이를 추수하여 『회입조야』도 1884(M17)년 1월 4일부터 '회입조야신문'을 제목으로 하는 논설란을 설치했다. 그 이전부터 『회입조야』에서는 하단의 수필란인 '잡록'에 나루시마 류호쿠 등 대신문의 기자들이 기고했지만 본격적으로 「부인론」(1884(M17).2.5)이나 「소설의 정신을 논함」(1884(M17).5.10)이라는 논의가 게재된다. 또한 『자유등』도 창간호부터 '자유의 등'이라는 논설란을 두어 「제정당은 평민사회의 공적이다」(1884(M17).8.5), 「도 일일 신문을 읽는다」(1885(M18).1.23), 「여자에 직업을 주어라」(1885(M18).4.28) 등 다양한 영역에 걸쳐 화제를 불러일으켜 매호 대신문에 손색없는 논을 전개했다. 이 난은 모두 서명이 들어가 있었지만 1885(M18)년 11월 18일의 지면 개량으로 '사설'란이 되고나서는 무서명을 원칙으로 했다.

기사 일반을 다루는 잡보란에서는 이제까지 소신문에서는 소제목과

---

42 '傍訓新聞の本分'에 의한다. 「繪入自由新聞」, 『繪入自由』, 1883(M16).2.13.

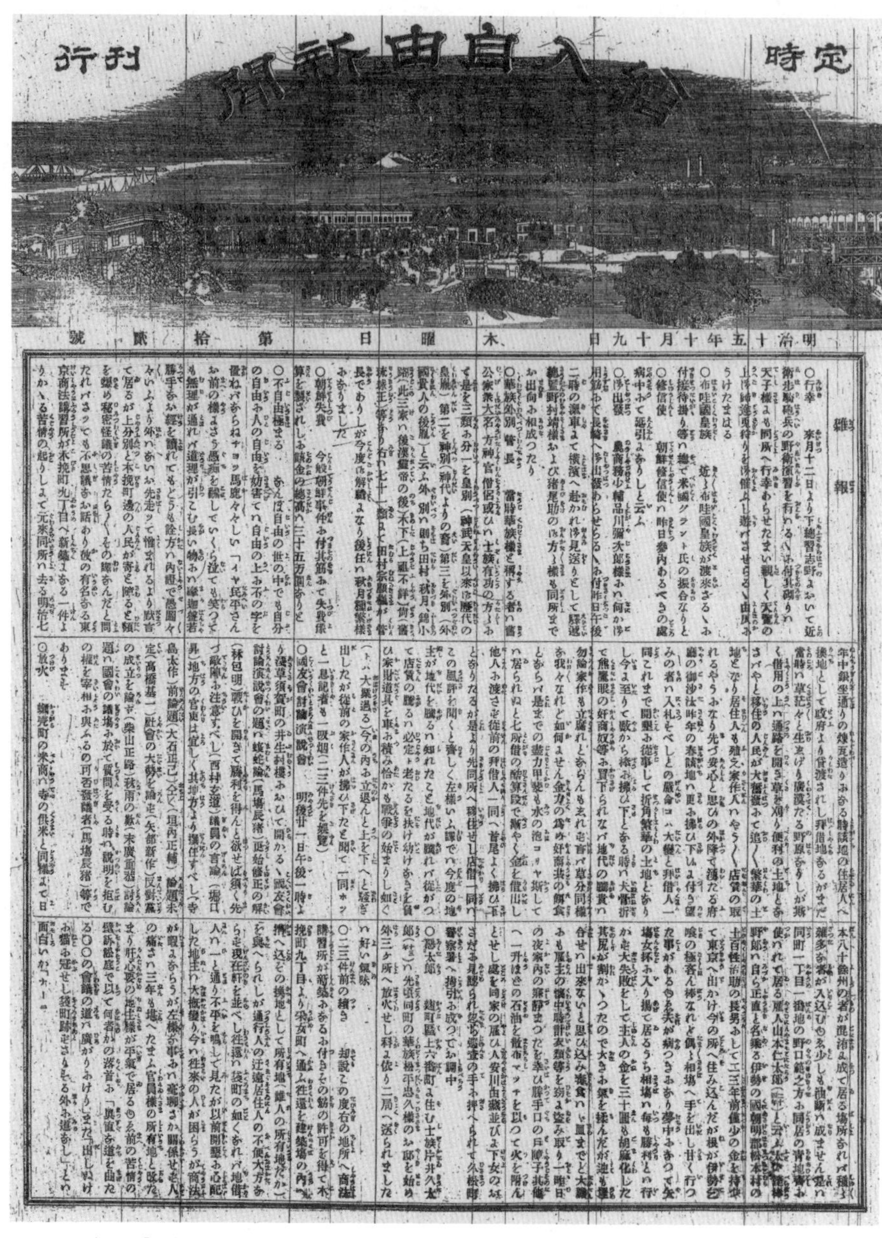

定時 繪入自由新聞 刊行

明治十五年十月十九日 木曜日 第拾壹號

雜報

〈그림 8-1〉『회입자유』 11호(1882(M15).10.19), 1면. 요시토시[芳年]에 의한 것으로 보이는 제명하에 삽화가 세밀하다.

〈그림 8-2〉 요시토시[芳年]에 의한 『회입자유』 연재 「원왕의 편태[冤枉の鞭笞]」의 삽화

기사의 구별이 뚜렷하지 않았던데 반해 기사의 서두에 짧은 문구를 달고 그사이를 한, 두 자의 칸을 비워 본문을 시작하는 형태의 이른바 굵은 글자의 표제어를 사용하게 되었다.[43] 큰 활자를 사용한 표제어는 청불전쟁과 같은 대사건 때에 사용되었지만 일상화하지 않았다. 또한 기사의 서두를 나타내기 위해 동그라미 표시 '○'가 일반적으로 사용되었지만 『자

43 오노 히데오는 "1879(M12), 1880(M13)년경부터 단 잡보의 굵은 표시의 표제어"(小野秀雄, 앞의 책(1922), 168면)로 서술되었다. 하지만 필자의 소견으로는 1880(M13)년 말까지 대신문과 소신문에서도 일반적으로 굵은 글자의 표제어는 사용되지 않았으며 1882(M15)년 1월 『東京日日新聞』에서 사용된 것이 빠른 예라고 생각되지만 굵은 글자체의 표제어의 사용이 언제, 어떤 신문에서 시작되었는가는 아직 조사되지 않았다.

유등』이 1885(M18)년 3월 1일부터 『회입자유』가 동년 9월 8일부터 이것을 검은 동그라미 '●'로 바꾸어 기사의 레이아웃의 고안에 심혈을 기울였다. 소신문의 잡보 기사 내용에 커다란 변화를 준 것은 대신문과의 제휴에 의한 외국 관계 기사의 증가이다. 특히 1884(M17)년 8월 청불전쟁이 발발하여 『시사신보』, 『도쿄요코하마마이니치신문』, 『우편호치신문』의 대신문 각 지가 특파통신원을 보낸 때 『조야신문』도 야마모토 타다레이[山本忠礼], 가키우치 마사호[垣内正輔]를 파견했지만 그들이 보내는 기사나 사진에 기초한 그림과 도상은 『회입조야』에도 게재되었다. 또한 고무로 노부스케[小室信助]는 『자유신문』과 『자유등』 양 지의 통신원으로서 8월 28일에 상해로 출발하여 청불전쟁의 상황을 알리고 「지나 기행」을 실었다. 「영국윤돈려일기(英國倫敦旅日記)」 라는 기고나 외전(外電)·외국지를 정보원으로 하는 뉴스도 항시적으로 게재하게 되었다.

정당계 소신문에서는 정담연설회의 내용이나 후쿠시마[福島] 사건·다카다[高田] 사건·가나미야마[加波山] 사건 등에 관한 고등법원공판 방청기록 등 정치 보도도 활발히 수행되었다. 때로는 복자도 사용하는 반정부적 언론 때문에 필화를 겪게 되는 경우도 자주 있었다. 특히 『회입자유』는 창간 직후인 1882(M15)년 9월 2일~10월 6일 및 11월 1일~ 12월 8일, 1884(M17)년 5월 9~29일, 1886(M19)년 12월 3일~말일, 4회 발행 정지되었다. 『자유등』도 1884(M17)년 10월 22일~12월 9일까지 발행정지 처분을 받았다. 『회입조야』는 발행정지에는 이르지 않았지만 1883(M16)년 4월 22일에 편집장 이마이 도모요시[今井智義]가 벌금 100엔, 동년 5월 9일에 마찬가지로 이마이[今井] 편집장이 중금고 40일 벌금 20엔, 이듬 해 8월 8일 소유겸 인쇄인 시로노 쓰네지로[城野常次郎] 와 편집인 후쿠시마

〈그림 8-3〉 요시토시[에 의한 『회입자유』 연재 「원왕의 편태」의 삽화. 지면을 대담하게 분할하여 삽화를 배치한 구도가 눈길을 끈다.

긴고로[福島金五郞]가 각각 1개월 반의 중금고라는 필화를 겪었다. 소신문에 빼놓을 수 없는 인기 연재물이었던 쓰즈키모노와 삽화에 신기원을 마련한 것은『회입자유』이다. 이미『자유신문』이 1882(M15)년 6월 25일의 창간호부터 대신문의 관습에 반하여 '소설'란을 만들어[44] 후리가나 단정치소설「서양혈조소폭풍(西洋血潮小暴風)」(사쿠라다 햣카엔[櫻田百華園]), 「자유의 개선가[自由之凱歌]」(미야자키 무류[宮崎夢柳])를 연재하여 평판이 높았는데 그 미야자키 무류가『회입자유』창간호부터 러시아 허무당의 여성 당원 베라·사슈릿치를 주인공으로 한「노국허무당·원왕의 편태(죄 없는 매[冤枉の鞭苔])」를 연재했다. 하나가사 분쿄[花笠文京] 등에 의한 쓰즈키모노와 병행한 연재로서 서양풍을 떠올리게 하는 외국인의 모습과 외국의 풍물이 가득한 요시토시[芳年]에 의한 2단, 3단짜리 커다란 삽화가 더해져 많은 독자를 매료시켰다.

특히 당시 일류 우키요에 화가였던 요시토시를 삽화 화가로서 기용하면서『회입자유』는 거액의 자금을 투자했다. 당초 월급 40엔, 쓰키오카[月岡] 가문의 문장을 단 인력거로 모셔온다는 약속으로 초빙된 이후 월급 100엔, 공로주(功勞株) 20주, 인력거 증정이라는 파격적인 조건으로 세간을 놀라게 했다고 전해진다.[45] 이것은 당시의 신문으로서는 주필격의 대우인 만큼 요시토시의 삽화가 독자를 사로잡는 흡인력이 있음을 인정한 증거일 것이다. 삽화의 인기를 누리면서 무류는 계속하여

44 대신문에서는『東洋自由新聞』(1881(M14).3.18~4.30)이 창간호부터「민권의 거울 가조[嘉助]의 모습[民權鏡嘉助の面影]」이라는 정치소설을 연재하였지만 대신문에서는 1887(M20)년경까지 연재소설은 정착하지 않았다. 예를 들면 1883(M16)년에 출판된 矢野龍溪의 정치소설『經國美談』도 그가 사주인『郵便報知新聞』에 연재되지 않았다.

45 山中古洞,「芳年伝備考(1~14稿)」,『浮世繪志』15~32号, 1930~1931.

「가넷트 월스레의 전[ガーネット・ウォルスレーの伝]」, 후쿠시마[福島] 사건을 소재로 한 「호접세계 꿈의 통로」, 「근왕제민·고봉의 황독수리」를 연재하여 종래의 게사쿠 작가에 의한 쓰즈키모노의 세계에 새로운 바람을 불러일으켰다. 이에 자극된 것처럼 『도쿄회입신문』에서는 1882(M15)년 9월 13일부터 아직 제국대학생이었던 쓰보우치 쇼요(필명 : 봄의 아련함[春のやおぼろ]) 작 「청치탕(淸治湯)의 강석(講釋)」이 게재되어 정치소설이 정치적 영향력을 행사하는 수단으로서 주목을 모았다.[46] 『자유등』도 창작과 함께 이적한 무류가 프랑스 혁명을 다룬 「불란서 태평기·선혈의 화[鮮血の花]」, 뒤이어 러시아 허무당을 제재로 한 「귀슈슈[鬼啾啾]」를 연재, 또한 고무로 안가이도[小室案外堂]도 「자유염설여문장(自由艶說女文章)」을 실어 역시 창간 직후에 이적한 요시토시의 화려한 삽화와 함께 정치소설의 무대를 펼쳐보였다.

자유당계의 소신문이 화려한 정치소설을 전개하였던데 비해서 『회입조야』는 변함없이 다메나가 슌코[爲永春江], 노자키 사분[野崎左文], 류테다네히코[柳亭種彦] 등의 게사쿠를 당시 두 편씩 연재를 계속했다. 에이타쿠[永濯], 요시무네[芳宗], 도시노부[年信] 등의 삽화가 지면을 장식하여 때로는 "게사쿠 서술 류가 아닌"[47]이라는 문구를 덧붙인 의욕작도 있지만 『개진신문』의 스도 난스이[須藤南翠] 등의 쓰즈키모노에 견주어 전체적으로 수수한 편이었다. 또한 『회입자유』가 청불전쟁에 즈음하여 석판화의 부록을 연발한 것에 대항하여 『회입조야』는 동판화의 부록에

46 "○ 政事に關する(稗史小說)の必要なるを論す"(『繪入自由』, 1883(M16).8.26~29)이나 "○ 대성(大聲)은 속된 귀에 들어가지 않고[大聲は俚耳に入らず]"(『繪入朝野』, 1884(M17).1.10~11)와 같이 소신문의 쓰즈키모노를 유익하고 재미있는 소설로 개량해야 한다는 주장이 자주 제기되었다.

47 「女化阿雪月夜譚」, 『繪入朝野』, 1885(M18).5.12. 첫 회의 설명.

1884(M17)년 11월부터는 사진을 모사한 사진동판화나 사진목판화의 게재를 시도하여 신문지상에서 보다 사실적인 시각표현을 전진시켰다. 이것은 『요미우리신문』이나 『이로하신문』이 1882(M15)~1883(M16)년경, 폰치 그림[ポンチ(punch)繪]으로 불린 풍자화를 게재하여 정치비판을 나타낸 것과는 다른 방향이었다.

투서란은 1879(M12)년경까지 소신문 독자의 살롱으로서 인기를 모았지만 이 시기는 장황한 미문(美文)과 희화화한 글[戱文][48]을 싣던 투서가들이 점차 구세대가 되어 환영받지 못하게 되었다. 1883(M16)년 1월 1일자 우편조례 제정시행으로부터 신문원고 무세 체송(新聞原稿無稅遞送)이 폐지된 것도 작용하여 투서 활동은 위축되어 정당계 소신문에서는 이따금 게재되는 정도였다. 독자의 아래로부터의 목소리를 담아내는 투서가의 동향이 정당계 소신문에서는 거의 기능하지 않게 된 것이다. 새로운 투서란의 움직임이 시작된 것은 1886(M19)년 9월 22일부터 『회입자유』에 신설된 '기고[寄書]'란이다. 이 난에는 "글을 투고할 때는 가능한 짧게 하고 또한 문장의 수식을 하지 않고 투고할 때는 길어도 5, 6행을 넘지 않도록 해주시길" 하고 당부하는 주의가 덧붙여져, 짧은 제목을 단 2, 3행의 투서가 나란히 실렸다. 이것은 야마모토 다케토시가 지적한 바와 같이[49] 더 이상 투서활동으로부터 기자 활동으로 전화하는 공동체적 분위기가 상실되고 소비자를 견인하기 위한 수단으로서 투서란이 변화해 가는 전환점을 나타내는 것이다.

---

48 【역주】 ① 유희를 목적으로 쓴 문장으로 골계를 주로 한 문장 ② 중국 송대 남방계 희곡 형식의 하나.

49 山本武利, 앞의 책(1981), 356~357면.

정부·제 관청이 내는 법률·행정 명령을 후리가나를 달아 지면의 최초에 게재하는 것이 소신문의 중요한 요소였지만 이를 부정한 것이 『회입자유』였다. 관령·논설·잡보의 판에 박힌 듯이 정해진 순서를 논설·잡보·관령으로 바꾼 것이다. 이러한 배치에 의하여 관령의 난은 지면의 첫머리에서 말단으로 이동하고 물가·상황(商況)란(欄)이 확장되면서 넘쳐나는 것은 부록이 되기도 했다. 특히 1883(M16)년 7월에 『관보』가 창간되자 게재 공간도 줄어들고 일시적으로 후리가나도 삭제된 채 눈에 띄게 중요도가 떨어지게 되었다. 연이어 『회입조야』도 이를 따랐다.

이 시기 정당계 소신문에서 새로운 요소로서 두드러진 것은 표기법에 관한 기사이다. 1883(M16)년 7월에 '가나의 방식(かなのくわい)'이 결성, 1885(M18)년 1월에는 로마자회[羅馬學會]가 창립되어 일본어 표기에 관한 논의가 활발하게 전개되어 소신문도 더 이상 무관심하게 방관할 수만은 없었다. 신문 3종 가운데 자유당계의 『회입자유』는 가나 문자파, 『회입조야』는 로마자론을 지지했다. 『회입자유』에서는 '가나의 방식'의 연설이 자주 지상에 게재되는 정도였지만 『회입조야』에서는 주필로 된 아사노 스스무[淺野乾] 가 로마론자였던 듯하여 1885(M18)년 5월 27일부터 로마자의 기사, 혹은 'Romaji haya manabi(로마자 빨리 배우기)'라는 제목의 로마자 학습란이 연재되어 동년 7월 18일에는 논설 '조야신문'란을 로마자로 표기하는 시도를 감행하는 등 열의를 보였다.

그러나 이러한 표기법 개혁에 관한 기사보다도 실제로 커다란 영향을 미친 것은 소신문이 실천한 논설의 구어적 표현일 것이다. 야마모토 마사히데[山本正秀]가 논한 바와 같이[50] 『자유등』이 1884(M17)년 5월부터 '입니다(であります)', '입니다요(ござる)' 등의 표현을 쓴 논설을 다수

게재하기 시작하여, 동년 8월부터는 『회입자유』에서도 구어를 도입한 논설이 등장하고 동년 2월부터는 『개진신문』의 논설에 라쿠고[落語]와 같은 대화문이 나타나게 되었다. 이미 지적한 바와 같이[51] 이들 논설의 구어화를 추진한 중심세력은 사카자키 시란[坂崎紫蘭]·미야자키 무류[宮崎夢龍]·와다 이즈미[和田稻積]라는 『고지신문(高知新聞)』 출신자들로 그 원점에는 민권의 강독과 해설을 들려주는 강담사[民權講釋師]로서 유희예능인[遊藝稼人]의 감찰(鑑札)[52]을 받아 흥행 순회한 체험이 있었다. 강담·라쿠고를 정치활동에 도입한다는 발상에는 고우치 사부로[香內三郞]가 영국 신문의 예로 든바, 사람들이 모이는 곳에서 신문을 읽어 주면서 연설하여 여론을 조직하는 '러너'의 활약에 가까운 것이다. 다만 그들의 활동은 조직화된 것이 아니어서 논설의 구어화도 그들이 신문을 떠나면서는 그다지 볼 수 없게 되었다.

## 5. 지면 확장과 판매·광고 정책

기사 내용의 변화와 함께 소신문의 외형도 현저하게 변화했다. 각 소신문은 다투어 글자 수를 늘리고 지면을 확대하여 1886(M19)년 무렵

50 山本正秀, 앞의 책, 237~259면 참조.

51 柳田泉, 『政治小說硏究』, 春秋社, 1935~1939면 참조.

52 【역주】 일정한 영업이나 행위에 허가를 내어 준 것을 표시하기 위하여 행정부가 교부하는 징표.

에는 4면 세로 조판이라는 기본 체재는 변함이 없지만 종래의 소신문 규격을 벗어나 대신문과 커다란 차이가 없는 치수와 용량을 갖기에 이르렀다. 예컨대 『회입자유』의 경우 창간 무렵에는 22자 38행 4단 4면의 구성이었지만 1884(M17)년 7월 1일부터 21자 38행 5단 4면으로, 이듬해 9월 8일부터는 22자 47행 5단 4면, 1887(M20)년 1월에는 22자 50행 5단 4면이 되었다.

휴간일의 감소는 대신문에서 소신문으로 파급되었다. 종래 주 1회의 휴간 외 연말연시 공휴일 기념일 휴간을 관례로 하였지만 1885(M18)년에 『도쿄일일』, 『조야신문』이 연중무휴를 1년간 시도하자 소신문도 공휴일 연말연시의 휴일을 압축하여 주1회의 휴간을 원칙으로 하게 되었다. 또한 대신문의 선례에 따라서 지방에 대한 무료 체송을 행하여 지방 독자 확대를 위한 적극적인 대책이 마련되었다. 3종의 신문사 가운데에는 『회입조야』가 특히 돋보이는 활약을 하여 광고에 의하면 오사카[大阪]·교토[京都]·고베[神戸]·히로시마[廣島]·이세[伊勢]·나가노[長野]·다카사키[高崎]·고슈[甲州]·센다이[仙台]·나라[奈良]·우쓰노미야[宇都宮] 등에 무료 체송을 단행했다. 추측컨대 『조야신문』과 협력하여 판매망을 정비했을 것이다. 각지의 소신문의 판매고에 관한 상세한 자료는 없지만 『회입조야』(1875(M8).12.8)의 기사에 치바[千葉] 릿신샤[立眞舍]라는 판매점에 의해 치바 현에서의 신문 판매 부수가 보고된 바 있다. 이에 따르면 1885(M18)년 11월 1개월 사이에 『조야신문』 4천 909부, 『시사신보』 3천 75부, 『마이니치신문』 2천 121부, 『우편호치신문』 1천 45부, 『도쿄일일신문』 586부, 『회입조야』 1만 5천 547부, 『자유등』 2천 933부, 『도쿄회입신문(東京繪入新聞)』 2천 752부, 『치바신보[千葉新報]』 1만 2천 부였다고 한다.

『회입조야』를 펀드는 편향된 데이터임은 부정할 수 없지만 당시의 지방 진출 현황을 살필 수 있다.

광고에서는 『회입조야』의 편성 방식이 주목된다. 창간호에 제시된 광고요금표는 『자유신문』을 모방한 형식으로 광고의 스페이스를 1~10행, 11~25행, 26~40행, 41~55행, 56행 이상의 5단계로 광고 게재 기간을 5일까지 6~10일, 11~20일, 21~30일, 31일 이상의 5단계로 나누어 그것을 조합하여 1행당 최고 7전부터 최하 5전까지 할인요금을 매겼다. 덧붙이자면 『자유신문』에서는 최고요금은 10행 이하 5일까지 1행 5전, 최저는 56행 이상 31일 이상으로 1행 3전 2리로 소신문의 광고 요금 단가가 높게 설정되었다.

이에 대하여 『회입조야』에서는 1~10행으로 1일 1행당 7전, 11행 이상은 6전 5리, 1주간 이상은 1할 할인, 후리가나를 달면 5할 증가하는 요금으로 설정되었다. 이것은 『조야신문』이 내건 1행 7전 5리와 거의 마찬가지이지만 1885(M18)년 10월의 개정에서는 1일 1행당 10전, 2~ 4일은 1행 7전 5리, 5일 이상으로 1행 6전, 10행 이상은 1할 할인되어 발행 부수의 신장에 따라 광고 요금이 인상되었을 것으로 추정된다.

『자유등』은 창간 당초 1행 7전이었지만 이후 1행당 10전, 1주간 이상 1할 할인으로 요금을 인상하여 1885(M18)년 11월의 지면 변경시 『회입자유』와 동일한 요금표를 내걸었다. 이에 따르면 최고 요금은 1~10행 1일 한으로 1행 8전, 최저요금은 51행 이상 31일 이상으로 1행 5전이었다. 당시 『도쿄회입신문』은 1행 5전, 『요미우리신문』은 1행 10전이었으므로 이상 세 신문의 광고 요금은 그 중간치거나 약간 높은 편으로 발행 부수는 거의 비례하는 관계였음을 짐작할 수 있다. 이와 같이 광고 요금의 정가는 상세하게 정해져 있는데 발행 부수에서 새롭게 부상하는 것은 광고 수입이 경영에 기여하는 비율이 커지게 되고 광고에 대한 합리적인 의식이 높아졌다는 점이다.

이 시기의 『회입자유』『회입조야』 및 『자유등』의 광고건수를 조사해보면 『회입자유』는 발행 정지 등으로 위축된 부분도 있지만 거의 시종 일관 한 호당 평균 12~16건 정도의 광고를 게재한다(도표 8-1참조). 또한 『회입조야』는 1884(M17)년 중반 무렵부터 지면의 확대나 개혁과 함께 개혁에도 힘을 기울여 한 호당 건수가 평균 8건 정도에서 16건 정도 증가했다(도표 8-2참조). 『자유등』도 광고의 건수는 호당 10건을 넘고 또한 4면째를 대부분 광고로 온통 메우는 형태가 되었다. 광고 건수 및 광고량도 1881(M14)년경까지 소신문보다도 확실히 증가하여 광고는 소신문 경영의 든든한 중추적 역할을 하게 되었다.

## 6. 정당계 소신문의 평가와 소신문론

1883(M16)년 신문지조례와 『관보』창간은 정당간의 알력과 다툼을 야기하는 등 대신문의 쇠퇴를 초래하는 결정적인 타격을 주었지만 소신문은 세력을 확장하는 기회였다. 이러한 상황에서 정당계 소신문은, 후리가나신문은 결코 경멸해야 할 것이 아닌 대신문과 당당히 어깨를 나란히 하거나 대신문 이상으로 영향력을 발휘할 수 있는 존재임을 선

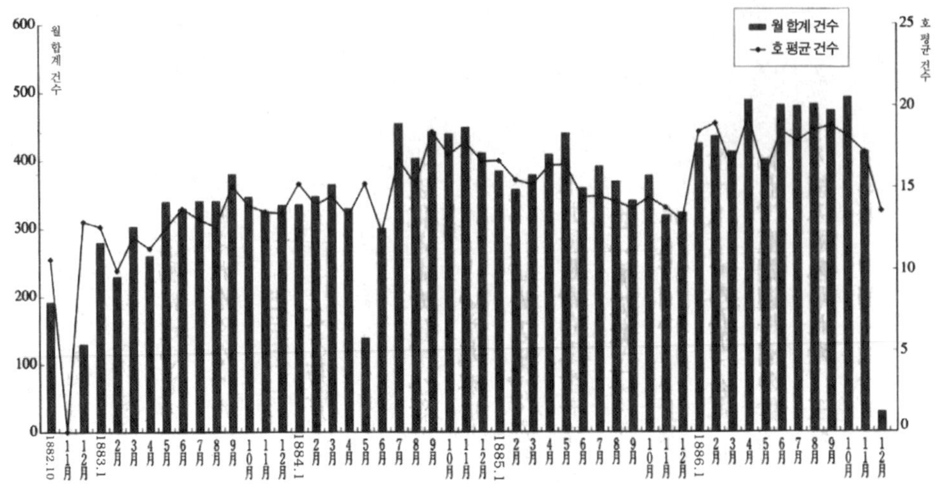


〈도표 8-1〉 『회입자유』의 광고 건수

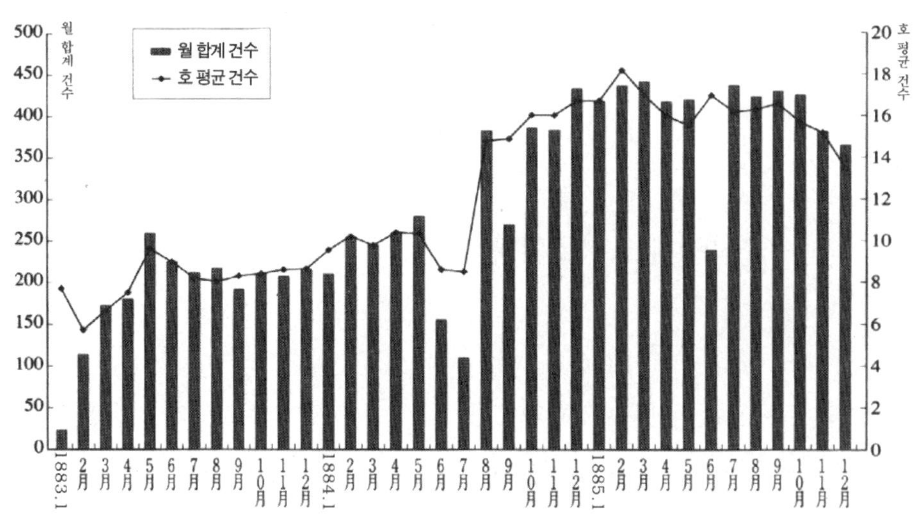


〈도표 8-2〉 『회입조야』의 광고 건수

언하면서 소신문의 틀을 깨는 다양한 시도를 전개했다. 이와 병행하여 소신문의 존재 방식에 관한 논의가 자주 지상에 전개되었다.

일찍이 소신문에 대한 차별을 비판하고 소신문의 가능성을 옹호한 자는 나루시마 류호쿠이다. 그는 『회입조야』가 『조야신문』의 경영하에 두어지자 즉각 「○ 신문 대소의 구별은 무엇인가」(1882(M15).5.4)라는 제목의 소신문론을 『회입조야』에 기고하여 소신문도 식견을 높여 사회적 책임을 다해야 할 것을 설파했다. 전술한 바와 같이 실제로 그는 『회입조야』에서 그 개혁을 실행한 것이다.

또한 『개화신문』이 『개진신문』으로 개제하여 개진당계의 소신문으로 된 무렵 모태가 된 신문격인 『우편호치신문』의 기자 후지타 모기치[藤田茂吉]는 그 축사(1884(M17).8.3)에서 대신문도 소신문도 원점은 동일하지만 대신문은 정치 사회에 필요한 문명 기관에 발달한 반면 소신문은 진보하지 않고 이러한 사회적 세력을 갖지 못했다고 과거의 소신문을 단호히 단정 지으며 현재의 소신문은 논설 기사를 게재하는 등 개량에 의하여 대신문에 근접한 중신문이 되려 한다고 정당계 소신문의 동향을 평가했다.

그러나 소신문의 독자수의 우위에도 불구하고 소신문에 대한 저조한 평가는 계속 따라다녔다. 예를 들면 "관에 대해서도 타인을 향해서도 대소신문 동등한 권리와 의무를 짊어지면서 소신문 기자 여러 선생을 앞에 두고 게사쿠 작자류의 사람인가 교겐[狂言]인가 하는 이상한 괴짜와 같이 대하여 그 지위도 또한 일등 아래의 자로 여기는 것은 누구의 잘못인가" 하고 소신문 독자가 분개할 정도였다.[53] 이와 같은 상황에서 정당계 소신문은 소신문을 개혁하고 지위를 상승시키는 중신문화의 과정을 솔선했지만 대소신문의 구분 자체를 완전히 뒤집고 무효로 하는 것에는 미치지 못했다. 정당계 소신문은 결국 모태가 되는 대신문의 식견과 권위에 떠받쳐지면서 강점과 동시에 한계를 지녔다. 이 때문에 정당의 와해 등으로 대신문이 쇠퇴하자 이들 소신문은 독자를 유인하는 구심력이 약화되었다. 소신문 개혁의 주도권이 선행지인 『요미우리신문』, 『아사히신문』 및 신흥의 『야마토신문』, 『미야코신문』의 두 가지 타입으로 이동하여 다카다 사나에[高田早苗]가 『요미우리신문』 지상에서 대신문 소신문의 호칭 폐지를 선언한 것은 야노 류케[矢野龍溪]에 의해 『우편호치신문』의 대개혁이 단행된 이듬해 1887(M20)년 이후이다.

53 『東京繪入新聞』, 1882(M15).3.14, 투서.

제9장
# 오사카 소신문의 전개 양상

## 1. 오사카의 신문과 신문사

오사카에서 탄생한 2대 신문 『오사카아사히신문[大阪朝日新聞]』과 『오사카마이니치신문[大阪每日新聞]』이 메이지 후반부터 다이쇼에 걸쳐 전국지로 성장하여 다이마이[大每] 다이조[大朝]로 불리며 나란히 한 시대를 풍미한 것은 일본신문사에 감출 수 없는 사실이다. 그런데 메이지 초기의 오사카는 훗날의 번영을 전혀 예상할 수 없는 신문 불모지였다. 도쿄에서 속속들이 발행되는 신문의 융성에도 불구하고 오사카에서 신문은 좀처럼 정착하지 못했다. 1879(M12)년에 창간한 『아사히신문』이 1888(M21)년 『도쿄아사히신문』을 간행하여 도쿄에 진출하더니 『오사카마이니치신문』이 성립하는 메이지 20년대에 이르러서 드디어 오사카의 신문 사업은 안착했다. 도대체 왜 오사카에서는 신문의 정착이 늦어진 것일까. 또한 메이지 20년대 이후 신문사업의 중심지로 전환한 것은 무엇 때문인가. 왜 오사카지가 전국지로 성장하게 된 것인가. 이러한 의문에 답하기 위하여 신문 불모지에서 강력한 2대지의 거점으로 변모한 메이지 10년대 오사카의 미디어의 실태를 조명할 필요가 있다.

메이지기 오사카 신문에 관한 선행연구에서 주의해야 할 것은 다음의 두 가지이다. 하나는 신문 연구 그 자체가 오사카에서 발전한 2대지, 즉 『오사카아사히신문』 또는 『오사카마이니치신문』의 지원을 받는 경우가 많으므로 공정하게 오사카 신문의 역사를 다룬 자료는 이외로 적다. 이를테면 오노 히데오 『일본신문발달사』(1922)가 오사카마이니치신문사·도쿄일일신문사의 후원에 힘입은 것임은 익히 알려진 바이다. 또한 메이지기 오사카의 신문을 아는 데 필수 서적인 『오사카의 신문』(1936)도 『도쿄일일』의 기자 출신인 후쿠라 도라오[福良虎雄]에 의한 편서로 『오사카마이니치신문』의 전통 있는 점포판매점 오카지마신문점에서 출판되었다. 메이지기 오사카 신문계의 핵심 인물이고 『오사카아사히신문』, 『오사카마이니치신문』의 양편에서 붓을 쥔 우다가와 분카이[宇田川文海]의 회상기 「아사히 신문 창간 이전의 오사카 신문」(1923)도 필독 문헌의 하나이지만 이것도 본래 『오사카아사히신문』지상에 게재된 것이다.[1]

또 하나는 이와 같이 오사카에서 전개한 신문사의 후원에 의해 일본의 신문사가 만들어져왔음에도 불구하고 그 기술에서는 도쿄의 신문

---

1 宇田川文海, 앞의 책 참조.

을 중심으로 도쿄지의 틀의 연장에서 오사카의 신문도 서술되는 경향이 있다는 점이다. 분명히 메이지 전기에 신문은 먼저 도쿄에서 발달하여 연구에서도 선진적으로 추진되어 온 것은 당연할지도 모른다. 그러나 신문 후진 지역으로서 타 지역과 한데 묶어 취급되는 정도에 지나지 않았던 오사카에서 어떻게 압도적으로 많은 판매 부수를 자랑하는 신문이 성장하고 도쿄의 신문을 능가하는 전국지로 발전하게 되었는가. 마치 유명기자들이 활약한 도쿄지에 의한 영광의 역사를 면류관으로 쓰면서 그 몸은 기업으로서의 오사카지에 의해 체현되는 듯한 기묘하게 비틀린 일본 신문사의 기술에서 오사카지의 비약의 과정은 그 결절점에 해당하는 부분이다. 또한 이것은 대신문과 소신문이 접근하여 중신문으로 거듭 나 일본형 신문을 형성했다는 논고를 검증하기 위해서도 중요한 포인트가 된다. 그럼에도 불구하고 이 과정은 명백하게 밝혀졌다고 하기 어렵다. 물론 어느 쪽의 자료에서도 『오사카아사히신문』이 1889(M22)년 제국헌법발포 당시 그 전문을 전보로 발송하고 그 다음날 즉각 호외를 내 독자를 놀라게 한 에피소드나 1890(M23)년 고성능의 마리노니 윤전 인쇄기를 프랑스에서 제일 먼저 구입한 경위, 혹은 청일전쟁 전후에 『오사카마이니치신문』이 『오사카아사히신문』을 따라잡아 발행 부수를 다투게 된 정황 등의 사실이 기술되었다. 그러나 이러한 표식이 되는 사상(事象)의 배후에 작동하는 구조적인 메커니즘의 과정을 해명하지 않으면 미디어라는 사회 현상을 심층적으로 파악할 수 없는 것은 아닐까.

이와 같은 관점에서 주목해야 할 선행 연구는 두 가지이다. 쓰카네자와 도시히로[津金澤聰廣] 외 저 『근대 일본의 신문 광고와 경영—아사히 신문을 중심으로』(1979)와 오카 미쓰오[岡滿男] 의 『오사카의 저널리즘』(1987)이다. 전자는 신문 광고의 변화를 추적한 실증적 연구로서 그 서장과 제1장 가운데 청일전쟁까지의 『아사히신문』을 타 오사카지와 비교하여 자세하게 검토한다. 후자는 『오사카아사히신문』, 『오사카마이니치신문』 2대지의 전개를 정면에서 다루어 오사카지의 특질을 규명했다. 양쪽 모두 정치적 논의의 무대로서 도쿄의 신문 중심의 연구의 통념을 벗어나 오사카의 신문을 그려내었다. 다만 자료적 제약도 있지만 2대지 중심으로 기술이 편향될 경향을 부정할 수 없고 그 이외의 신문에 관한 연구의 축적은 그다지 많지 않다.

이 장에서는 이와 같은 선행 연구를 바탕으로 신문의 원본을 기초 자료로 하여 메이지 전기 오사카 신문의 전개를 특히 소신문의 실태를 중심으로 고찰한다. 오사카에서는 도쿄와 같이 복수의 대신문의 진용이 확고하게 구축되지 않고 통상적으로 소신문이 주도권을 잡았을 것으로 여겨진다. 이러한 가설을 주로 『아사히신문』에 선행 혹은 대항한 신문의 동향에서 검증할 것이다.

## 2. 세이난 전쟁 전후의 오사카 신문

오사카에서 최초로 일간지 『나니와신문[浪花新聞]』이 창간된 것은 1875(M8)년 12월이다. 최초의 일본어 일간지 『요코하마 마이니치신문』이 창간된 것이 1870(M3)년 12월, 도쿄에서 최초의 일간지 『도쿄일일신문』의 탄생은 1872(M5)년 2월로서 도쿄보다 3년 남짓 늦었다. 오사카에서도 막부 말부터 『내외신문(內外新聞)』을 필두로 하여 월 수차례 간행에서부터 격일 간행에 이르는 형태로 몇몇 신문 잡지가 발행되었다. 1년 이상 간행이 지속된 것은 1872(M5)년 4월에 폐간한 서적회사 발행의 『오사카신문』뿐이었다.

『나니와신문』의 창간자이고 주필로서 활약한 우다가와 분카이[宇田川文海]는 1875(M8)년 8월에 아키타[秋田]의 『하이신문(遐邇新聞)』을 사직하고 다음 달부터 형인 시게나카 사다츠구[茂中貞次]가 창간한 『고베항신문[神戶港新聞]』의 기자로 근무했다. 그는 오사카에 신문이 없는 것을 알고 오사카에서의 신문 발행을 꿈꾸어 그 해 11월에 『오사카신문』을 발행한 서적회사를 방문하여 조언을 구하자 그 지배인은 "신문발행 (…중략…) 안 되요, 안 됩니다. 그만두세요. 나쁜 것은 말할 수 없습니다. 실례합니다만 당신들이 온통 힘써도 아마 500장도 팔릴 가능성은 없으니까요" 하고 매정하게 잘라 말했다고 전한다.[2]

『나니와신문』은 실제로 신문 발간을 만류하던 이의 말 그대로 여러 난관에 직면했다. 1875(M8)년 12월 14일[3]에 우다가와 분카이[宇田川文海], 시게나카 사다츠구[茂中貞次], 함께 고베항신문사에 있던 아카하기 분페[赤萩文平]의 세 명이 의기투합하여 오사카 하쿠로초 4번지[大阪博勞町四丁目]의 나니와신문사에서부터 그 제1호가 발행되었다. 앞뒤 2면, 모두 후리가나를 단 소신문으로 관령(공고)·잡보(이야기)·기서(寄書, 보

2 宇田川文海, 앞의 책, 20~21면.

3 위의 책에는 '12월 10일'로 기술되었지만 오기(誤記)이다.

내온 글)·시세(상장, 相場)·아뢰는 글(알림, 稟告)의 난을 둔 체재는 도쿄의 소신문 『요리우미신문』을 전범으로 했다. 우다가와와 아카하기의 두 사람이 오사카에서 원고를 수합하여 그 날 오후에 고베에 지참하여 시게나카가 고베항신문사에서 인쇄, 이튿날 아침 오사카에 가져와서 오전 중에 배달하는 공정이었다.[4] 그 만큼 많은 이들의 수고와 발품을 들인 신문이지만 판매는 신통치 않았다. 에가미 아사카시[江上朝霞]의 회상에 따르면[5] 창간 당초 하루에 150부, 그 가운데 유가지(有價紙) 부수 100부, 1부 1전이므로 일일 총 수입이 1엔 정도라니 제반의 경비도 충당할 수 없는 상태였다. "신문이란 게 뭡니까. 윗분의 포고였던가요"라는 것이 많은 독자의 반응이었다고 한다. 여기에서 『요미우리신문』이 가두판매하던 것을 흉내 내어[6] 네 명의 판매원을 하루 18전 정도의 임금으로 고용하여 팔게 했지만 "사람은 모여들었지만 손을 내 사는 이 없이"[7] 한 달 고작해야 독자는 200명 미만, 하루 판매 부수 500부도 채 되지 않는 상태가 계속되었다.

사태가 호전하기 시작한 것은 1876(M9)년 중반 무렵인 듯하다. 1876(M9)년 6월에 자수를 늘려 4면 세로조판으로 지면을 확대했을 때에는 전량 판매한 곳이 오사카에서 여섯 군데로 교토·도쿄·고베를 합쳐 아홉 군데로 늘었다. 이 무렵에 교토 출신으로 『나니와신문』의 투서가였던 이토 이치에[伊東一英](필명은 川図樂水)가 기자로 채용되어 네 명의 탐방자

---

4 宇田川文海, 앞의 책, 24면.

5 江上朝霞, 「昔の大阪新聞」, 『大阪朝日新聞』, 1909(M42).3.10.

6 『讀賣新聞』은 1876(M9)년 6월부터 오사카에 지점을 두고 판매를 위하여 시내를 돌아다니기도 했다. 『浪花新聞』(1876(M9).6.27)의 기사에 의한다.

7 江上朝霞, 앞의 글.

가 입사했다. 이 네 명은 모두 훗날 『아사히신문』에 관계하지만 골동상으로 차(茶)·하이카이[俳諧]의 스승인 사에키 큐사쿠[佐伯久作](아호는 화인(華人)·려옥(廬屋), 정가(情歌)로 불려진 도도이쓰[どどいつ]라는 속곡의 스승 노구치 이치헤[野口市平](필명은 노무구치 이치헤[野ムロ一瓶]), 신마치[新町]의 요릿집의 아들 가토 신지로[加藤信次郎], 가면음악극인 노가쿠[能樂]의 피리 부는 모리타[森田] 유파의 종가 장남인 모리타 사쿠지로[森田作次郎]와 전 지역의 문화인 혹은 그 탕자들이다.[8] 그들에게 대표되는 지역의 문화적 네트워크가 뉴스를 제공하고 투서에 참가함으로써 신문의 보급에 가세했다.

이것을 상징하는 것이 신문 연설회이다. 이것은 신문투서가의 유지가 조직한 모임으로서 일에 매진하여 신문을 읽을 틈이 없는 사람, 혹은 글을 읽을 수 없는 여성이나 아이 등 '하등사회'를 위하여 신문 기사 중에서도 특히 유익한 사항을 알기 쉽게 들려준다는 취지였다. 1877(M10)년 2월 16일에 발기인 야마모토 요스케[山本與助]의 자택에서 열린 것이 최초로 그 이후로는 사찰에서 매월 5일 날에 정기적인 자리를 갖게 되었다. 날씨가 좋으면 300명에서 500명의 청중이 모였다.[9] 연설회의 연사의 그룹은 광연사(廣演社)로 자처하여 후에는 동서의 광연사로 나뉘어 각각 정기적인 자리를 열었다.[10] 이 밖에도 변설회(辯舌會) 등으로 부르는 유사한 모임이 다소 있었던 듯하다.[11]

---

8 宇田川文海, 앞의 책, 22면. 또한 『産業資料』(1895(M28).5.10)의 기사에 따르면 이 밖에 서무원으로서 小西藤兵衛라는 오사카 사람이 있었다.

9 『浪花新聞』, 1877(M10).2.12·2.20·4.4·4.17 등의 기사에 의한다.

10 『大阪新聞』, 1879(M12).2.5, 3.14 등의 기사에 의한다.

11 『浪花新聞』, 1877(M10).2.17 등의 기사에 의한다.

이처럼 신문연설회가 시작된 것은 때마침 세이난 전쟁이 발발한 시기로서 전쟁에 대한 관심이 급증하고 아울러 투서가 서클의 지원에 힘입어 오사카의 신문은 크게 부수를 확장했다. 1876(M9)년 가을 무렵 『나니와신문』의 부수는 1천 400~1천 500부로 적어도 2천 부 발매가 신문사의 포부였다.[12] 이것이 구마모토[熊本] 신풍련(神風連)의 난 등 사족의 반란이 발생하자 점차 증가하여 세이난 전쟁으로 일변했다. 매일 3, 4천 명의 판매원이 1인 4, 500부를 팔아 신문사의 배달원도 열 명 이상으로 한 때는 3, 4만 부에 달했다고 한다.[13] 내무성 연보의 수치에 기초하여 계산하면 『나니와신문』의 호당 평균 발행 부수는 1876(M9)년 6월까지는 천 부였지만 1876(M9)년부터 이듬해 1877(M10)년 6월까지의 1년간은 2천 590부로 비약적인 증가를 확인할 수 있다. 『나니와신문』보다 2개월 후에 창간된 『오사카일보』는 사설을 내건 대신문이었지만 1876(M9)년 6월까지는 호당 평균 발행 부수 900부가 채 되지 못했지만 1876(M9)년 7월부터 이듬해 1877(M10)년 6월까지의 1년 사이 3천 부가 넘었다. 도쿄의 각 신문이 1만 부에서 2만 부에 가까웠던 것과는 비교할 수 없는 숫자이지만 드디어 오사카에도 신문이 정착하기 시작한 제1단계였다(권말 부록 표 1 참조).

그러나 이 호황은 결과적으로 『나니와신문』 『오사카일보』의 양 지에 마이너스로 작용한 것 같다. 『나니와신문』에서는 증면한 지면을 보

---

12 江上朝霞, 앞의 글에 의하면 1876(M9)년 가을부터 10년 동안에도 역시 2천 부에 미치지 못했다. 그러나 『浪花新聞』(1876(M9).12.14)의 사고는 창간 1주년에 이르러 "매달 거의 3천에 달했다"고 기술했다. 통계상의 수치와 견주면 1876(M9)년 12월 말에는 2천 부 이상에 달했다고 보는 것이 타당하다고 생각된다.

13 宇田川文海, 앞의 책, 24~26면.

다 신속하게 인쇄하기 위하여 전 돗토리현[鳥取縣] 참사인 구로카와 마사하루[黑川正治]가 사장으로 취임하여 자금을 제공하고 1876(M9)년 10월에 기타하마[北浜]에 인쇄소를 설치하여 신문사도 이사했다. 그러나 지대와 직공의 급료도 인상하고 회계는 어려웠다. 게다가 구로카와 사장의 경영방침은 우다가와 분카이와 의견이 분분하여 1877(M10)년 8월경에 우다가와는 신문사를 사직했다. 결국 『나니와신문』은 그 해 11월 말경에 폐간되어 버린다.[14]

한편 자료와 기재를 정비한 『오사카일보[大阪日報]』는 세이난 전쟁으로 뜻밖의 이익을 얻었지만 그 이익의 배분과 발행권을 둘러싸고 사주 니시카와 하지메[西川 甫]와 사장 히라노 반리[平野萬里]가 충돌했다. 양자의 대립 끝에 히라노는 편집자 수명을 이끌고 퇴사하고 단명한 『나니와실생신문[浪花實生新聞]』의 주식을 사 『오사카신보』라는 경쟁지를 창간(1877(M10).12.18) 『오사카일보』 때리기에 뛰어들었다. 그러나 『오사카일보』는 전격 야마와키 다카시[山脇巍]를 기용하고 후쿠치 오치[福地櫻痴]의 주선으로 도쿄에서 센가와 기사간이치[千河岸貫]와 호키야마 가게오[甫喜山景雄]를 입사시킨 편집 진용으로 수 년간 양 대신문이 경합하게 되었다.[15]

세이난 전쟁으로 판로가 확장된 신문 사업에 눈을 돌려 1877(M10)년에는 7월 6일에 『나니와실생신문[浪花實生新聞]』, 8월 3일에 『오사카신

---

14 폐간의 정확인 일자는 분명하지 않지만 원지에서는 1877(M10).11.15일자까지 확인했다. 또한 『大阪日報』(1878(M11).5.9)의 기사에는 오랫동안 휴간한 『浪花新聞』이 5월 7일 폐업신고를 부의 관청에 제출했다고 기술되었다. 『商業資料』(1895(M28).5.10)의 기사에 따르면 1878(M11)년 2월에 폐사했으므로 그 무렵까지 신문사는 존속했을 가능성이 있다.

15 宇田川文海, 앞의 책, 26~35면.

문』이 탄생했다.[16] 전자는 후리가나를 단 2면 세로짜기의 소신문으로 주류 소매업을 하던 다카다 기고로[高田喜五郎]가 사주, 『나니와신문[浪花新聞]』에 있던 사에키 구사쿠[佐伯久作]가 기자와 탐방을 겸했다. 후자는 사설을 마련한 4면 세로짜기의 대신문으로 사주 우에노 간조[上野寬三]가 잡어장의 생선도매업자 수명의 원조를 받고 시게나카 사다츠구[茂中貞次]가 인쇄 담당, 고베에 있던 세키노리[關德]나 전각가(篆刻家)였던 하베 슈이치[波部主一]가 편집에 관여했다. 『나니와신문』을 그만둔 분카이는 형의 권유로 『오사카신문』에 입사하는 한편, 8월 18일부터 『나니와실생신문浪花實生新聞』에도 기고했다.[17]

전술한 바와 같이 『나니와실생신문』은 1877(M10)년 10월 중반에 휴간한 뒤 매수되어 『오사카신보[大阪新報]』로 개제했다. 한편 『오사카신문[大阪新聞]』도 반년 정도 부진을 면하지 못하다가 장기 휴간이 되었지만 『오사카일보』의 슈쇼사[就將社]와 합병하여 지면 내용을 소신문으로 전환, 1878(M11)년 3월 28일 146호부터 복간되었다. 세키 노리[關德]도 우다가와 분카이도 그대로 『오사카신문』과 『오사카일보』의 편집을 겸했다.[18]

이러한 『오사카신문』을 둘러싼 일련의 움직임에 오사카의 대신문과 소신문의 장벽은 낮아졌다. 도쿄에서도 『오사카신문』과 같이 대신문에서 소신문으로 전환한 예가 없는 것은 아니지만 이 경우 통상적으로 신문을 개제하고 편집인은 교체함으로써 주필격이 그대로 계속되는 사례는 없다. 또한 분카이와 같이 소신문 기자가 대신문의 편집을 겸하는 것

16 각지의 창간일자에 대해서는 『浪花新聞』, 1877(M10).7.6·8.1; 『大阪日報』, 1877(M10).8.1 참조.
17 宇田川文海, 앞의 책, 36면; 福良虎雄 編, 앞의 책, 60면.
18 八木信夫도 마찬가지였던 듯하다(宮武外骨·西田長壽, 앞의 책).

도 이례적일 것이다. 같은 신문사에서 대소신문이 발행되어 그 양 지를 겸한 예로서는 가나가키 로분의 선례가 있지만 로분의 경우는 먼저 『요코하마 마이니치신문』의 기자가 되어 그 지원으로 『가나요미신문』을 창간, 1년 남짓 양 지를 겸했다. 이 밖에도 정당계 소신문과 같이 도쿄의 경우는 대체로 대신문의 기자가 소신문에 기고하는 형태를 취했다.[19]

지면 내용의 차이도 여기에 대응한다. 창간 당초 『오사카신문』도 『오사카일보』도 논설이 있고 후리가나 없는 한자 가타카나 혼용의 문장이 투서란에 게재되는 대신문이었지만 잡보에는 삽화 없이 소신문과 마찬가지로 쓰즈키모노의 연재물이 게재되어 이것이 강담이나 단행본으로도 발간되었다. 예컨대 당시 유명한 강담사 이시카와 히도쿠치[石川一口]가 『오사카신문』의 쓰즈키모노를 강담으로 하기도 하고[20] 『오사카일보[大阪日報]』에 실린 복수담 「복수 와카의 파도[復讐和歌之浦浪]」가 서양식 체재의 그림책으로 출판되었다.[21] 우다가와 분카이도 『오사카일보』에 30회에 걸쳐 연재한 「서남습유(西南拾遺)」를 1879(M12)년 7월에 출판했다.[22] 또한 1879(M12)년 당시의 『오사카일보』의 지면을 봐도 "○ 사이토 오마쓰[齊藤おまつ]의 이야기 어제의 계속", "○ 길상순례이야기[吉常巡礼

---

19 이에 대해서는 제8장 참조.

20 『大阪新聞』, 1877(M10).10.16.

21 『大阪新聞』, 1877(M10).11.12.

22 『大阪新聞』, 1877(M10).7.20. 『大阪日報』에서는 1879(M12)년 5월 8일~6월 26일까지 연재되어 책자로서는 1877(M10)년 7월~11월까지 간행되어 5권으로 완결했다. 국립국회도서관 소장의 『西南拾遺』에 따르면 "小室信介閱·宇田川文海編集"으로 되어 있다. 小室信介는 1879(M12)년 1월부터 『大阪日報』의 편집인으로 참여한 무사집안 출신으로 훗날 민권파 기자로 유명하다. 昭如女子大學文學研究室, 『近代文學 叢書』 31卷(1969, 231~241면)의 저작연표에 의하면 文海로서는 이것이 최초의 저작본인데 대신문의 집필을 바탕으로 했다는 점은 주목할 만하다. 아울러 『かなよみ』(1879(M12).8.29)에는 다음과 같이 소개되었다. "○ 大坂新聞의 인쇄장 宇田川文海 군의 저서인 西南拾遺卷의 1卷의 2가 大坂日報社로부터 발행되었습니다만 시대의 추세를 따라 인정을 파고든 세련된 책자입니다." (후리가나 생략)

物語]어제의 계속"이라는 긴 잡보기사가 자주 게재되었다. 도쿄의 대신문에서 이러한 잡보에 쓰즈키모노의 연재가 편제되는 것은 1881(M14)년 3월에 『동양자유신문』이 정치소설을 실은 것이 최초로 이후에도 『자유신문』을 제외하면 메이지 20년대까지 대신문에는 쓰즈키모노의 연재물은 정착하지 않았다. 이에 비하여 오사카에서는 대신문이 이른 시기부터 연속물을 실어 잡보기사에 주력, 소신문과의 절충적인 형태를 취했다.

『오사카신문』에 이어 우다가와 분카이를 흠모하는 투서가 그룹이 측면 지원했다. 분카이의 회상을 바탕으로 주요 멤버를 열거해 보자.[23]

**다무라 오헤에**[田村大兵衛](心齊橋筋의 유명 포목점으로 다카시마야[高島屋]의 전신인 마루카야[丸龜屋]의 주인, 뒤에 초대 오사카 시장), **도요다 분자부로**[豊田文三郎](미쓰이사점[三ツ井糸]의 가업을 물려주고 젊은 나이에 은퇴, 뒤에 부회의원 및 중의원 의원, 필명은 半眠舍夢三로 추측), **고모리 리이치로**[小森理一郎](도매상 주인, 뒤에 오사카부회 시회의원), **센야 고헤**[扇屋五兵衛](필명은 末廣要. 선박도구상, 후에 오사카부회 시회의원), **야모모토 요스케**[山本與助](아호는 鶴步. 책대여상으로 하이카이[俳諧]의 스승), **야마모토 간스케**[山本勘助](與助의 동생으로 아호는 仝九, 하이카이의 스승), **야마다 준코**[山田淳子](필명은 三平二滿. 반슈[播州] 지역의 여성으로 유명한 가인(歌人)이자 교육가), **나카무라 젠베**[中村善兵衛](필명은 中村眞, 잡하이쿠[雜俳]의 스승, 후에 『아사히신문』 탐방자), **오노 요네키치**[小野米吉](미곡상, 뒤에 『아사히신문』 기자), **와다 기사부로**[和田喜三郎](아호는 風月, 연극·조루리본[院本]·소설 창작에 재능, 후에 『아사히신문』 탐방자), **도쿠사키 야스조**[德崎安三](웅변가, 심학도학(心學道話) 강사), **요시다 지**

---

23 宇田川文海, 앞의 책, 22~23면; 福良虎雄, 「明治初期大阪の新聞投書家に就いて」, 『上方』 25號, 1933; 『大阪新聞』, 『浪花新聞』 참조.

로[吉田次郎](필명은 鈴目忠太夫, 뒤에 철도국 관리), 이 밖에 다카하시 후사키치[高橋房吉](필명은 雨狸家爲人), 이토 산포[伊東三甫](필명은 勉强堂), 고바야시 주키치[小林重吉] 등을 들 수 있다. 이 가운데 야마모토 요스케[山本與助], 도쿠사키 야스조[德崎安三], 나카무라 젠베[中村善兵衛] 등이 중심이 되어 신문연설회를 연 것은 전술한 바이지만 이것은 세이난 전쟁이 종결된 후에도 활발하게 지속되었다. 이러한 지역 투서가들의 적극적인 활동을 바탕으로 도쿄로부터의 투서도 지면을 풍성하게 했다. 『나니와신문』에는 우키카와 아야코[浮川福平](본명 다케우치 후쿠노스케[竹內福之輔])나 노자키 사분[野崎左文]의 투서가 종종 게재되었으며 다카바다케 란센[高畠藍泉]이 1878(M11)년 4월에 오사카에 와서 『오사카신문』의 편집에 관계하자 나카자카 마토키[中坂まとき](본명 나카가와 사누다케요[中川眞節]), 고도 도쿠치[幸堂得知](본명 다카하시 도베[高橋兵衛]), 니시무라 겐파치로[西村賢八郎], 미나미 신지[南新二](본명 다니무라 요스케[谷村要助]), 시타야[下谷]의 통신사(通新舍) 등 도쿄의 소신문에 친숙한 멤버 면면이 투서가로 활기를 불어넣었다. 또한 소신문 최초의 필화로 10일간 구금(禁獄)형을 받고 그 후 병사한 이토 이치에의 일주기로서 추선(追善)의 서화회가 동년 6월 16일에 개최된 때에는 스즈키다 마사오[鈴木田正雄], 가나가키 로분[仮名垣魯文], 마에다 나쓰시게[前田夏繫] 등 도쿄의 소신문 기자와 함께 미나미 신지[南新二], 고도 도쿠치[幸堂得知] 등 유명 투서가도 개최협력자에 이름을 나란히 했다.[24] 란센[藍泉]은 「오월우일기(五月雨日記)」를 연재한 뒤 6월 말에 귀경했지만 그의 오사카행은 도쿄의 소신문과의 교류에

24 『大阪新聞』, 1877(M10).10.6 · 15 · 18.

〈표 9-1〉 메이지 전기 오사카 신문의 호당 평균 발행 부수

| 신문명 | 창간일 | 1876 | 1877 | 1878 | 1879 | 1880 | 1881 |
|---|---|---|---|---|---|---|---|
| | | 1875(M8).7 ~1876(M9).6 | 1876(M9).7 ~1877(M10).6 | 1877(M10).7 ~1878(M11).6 | 1878(M11).7 ~1879(M13).6 | 1879(M12).7 ~1880(M13).6 | 1881(M14).1 ~12 |
| 浪花新聞 ★ | 1875.12.14 | 1,010[151] | 2,598[278] | 600[125′] | — | — | — |
| 浪花實生新聞 ★ | 1877.7.6 | — | — | 240[120′] | — | — | — |
| 大阪新聞 ★ | 1877.8.3 | — | — | 1,816[275′] | 2,185[300′] | 1,331[250′] | — |
| 大阪뎃치[でっち]新聞* ★ | 1878.12.19 | — | — | — | 1,040[152] | 732[54] | — |
| 朝日新聞 ★ | 1879.1.25 | — | — | — | 2,586[127] | 7,474[300] | 11,361[281] |
| 大阪日報(就將社) | 1876.2.20 | 897[112] | 3,364[297] | 7,587[303] | 7,689[299] | 6,302[300′] | 3,636[297] |
| 大阪新報 | 1877.12.18 | — | — | 751[160′] | 1,163[300′] | 2,046[300′] | 2,067[280] |
| 합계 | — | 1,907 | 5,962 | 10,994 | 14,663 | 17,885 | 17,064 |

| 신문명 | 창간일 | 1882(M15) | 1883(M16) | 1884(M17) | 1885(M18) | 1886(M19) | 1887(M20) |
|---|---|---|---|---|---|---|---|
| 朝日新聞 ★ | — | 13,802[209] | 21,493[301] | 24,925[301] | 32,042[299] | 31,413[299] | 35,744[298] |
| 此花新聞** ★ | 1881.9 | 2,295[294′] | 3,938[300′] | 5,648[300′] | 12,782[300] | 7,827[250′] | — |
| 浪華新聞 ★ | 1886.8 | — | — | — | — | 12,205[125′] | 14,635[278′] |
| 大阪日報(就將社) | — | 2,487[30′] | — | — | — | — | — |
| 大阪新報 | — | 6,254[215′] | 1,324[244′] | — | — | — | — |
| 大阪毎朝新聞 | 1881.10 | 458[284′] | — | 1,649[286′] | 1,781[125′] | — | — |
| 日本立憲政党新聞*** | 1882.2.1 | 4,086[250′] | 2,912[286′] | 2,458[250′] | 2,349[251′] | 2,806[286′] | 5,482[300′] |
| 大東日報**** | 1882.4.4 | 1,069[225′] | 829[300′] | 547[300′] | 594[300′] | 1,274[300′] | 972[75′] |
| 합계 | — | 30,451 | 30,496 | 35,227 | 49,548 | 55,525 | 56,833 |

※ ① 호당 평균 발행 부수를 내무성연보(1876(M9)~1880(M13)년), 오사카부통계서(1881(M14)~1887(M20)년) 기재의 총발행고를 기초로 작성자가 산출했다. ② [ ] 안은 산정에 사용한 발행 호수. ③ ′은 1개월 25회 발행으로 가정하여 정간 휴간 등을 고려하여 작성자가 산출한 수치. ④ ★은 소신문.

* 『大阪뎃치[でっち]新聞』은 『大坂繪入新聞』으로 개제하여 통계는 그 지명으로 나와 있다.

** 『此花新聞』은 1885(M18)년 10월 폐간과 동시에 후속지 『日本繪入新聞』을 발간하여 그 수치를 가산했다.

*** 『日本立憲政黨新聞』은 1885(M18)년 9월부터 『大阪日報』로 개제하여 그 수치를 연속적으로 기재했다.

**** 『大東日報』는 1885(M18)년 5월에 『內外新報』로 개제하였으므로 그 수치를 연속적으로 기재했다.

박차를 가했다.[25]

『오사카신문』에는 본래 삽화는 없었지만 소신문으로 전환하고 나서 수개월 후인 1878(M11)년 6월경부터 주 1회 꼴로 삽화를 게재했다. 삽

25 三品蘭溪, 「明治初期文學余話」(『早稲田文學』, 1926.4)에 의하면 高畠藍泉은 1882(M15)년 4월 창간된 『大東日報』에 초기 1년 반 정도 재직했다.

화가는 알려져 있지 않지만 조야한 삽화였다. 그럼에도 불구하고 『오사카신문』은 안정적으로 독자를 확보하면서 호당 평균 1천 800부에서 2천 200부 정도의 발행 부수를 올렸다. 『오사카일보』도 평균 7천 500부를 넘고 『오사카신보』는 천 부 전후에는 이르지 못했지만 오사카지 전체로는 마침내 만 부 이상의 부수에 달하게 되었다(표 9-1 참조).

## 3. 『오사카뎃치신문』과 『아사히신문』의 창간

1878(M11)년 말경부터 새로운 움직임이 일었다. 1878(M11)년 12월 19일 『오사카뎃치신문[大阪でっち新聞]』이 오사카뎃치신문사에서 창간되었다.[26] 잇달아 이듬해 1879(M12)년 1월 25일 『아사히신문[朝日新聞]』이 아사히신문사에서 창간되었다. 양쪽 모두 삽화가 있는 후리가나 소신문이었다.

『오사카뎃치신문』은 오사카혼마치[大阪本町]의 서점보옥당[書肆寶玉堂]의 오카마치 신시치[岡島眞七]가 1875(M8)년에 설립한 자기 비용 활판 인쇄소로 일반 서적을 인쇄·출판하는 한편 발행을 시작한 것이다. 편집장

26 창간 일자에 대해서는 창간호의 원지를 확인할 수 없기 때문에 12월 23일(福良虎雄, 앞의 책)과 24일이나 25일로 하는 것 등 기술에 차이가 있다. 그러나 12월 25일자로 발행된 것은 3호이고 그 사고에 따르면 3호는 본래 24일에 발행될 예정이었다. 『大阪日報』 및 『大阪新聞』(1879(M12).12.18)의 사고에는 "저희회사 여러 일 정돈함으로 인하여" 24일부터 "일일발행" 등의 광고를 냈지만 『東京繪入新聞』(1878(M11).12.20)에는 19일에 창간호가 나와 이튿날 2호를 낸 후, 3일 정도 쉬고 나서 통상적으로 간행되기 시작했다는 기사가 있다.

은 요시쓰미 준조[善積順藏]로 그는 반슈[播州] 출신의 변호사로 후에 입헌 정당의 간부가 되어 『일본입헌정당신문』에서 붓을 잡았지만 당시의 지면에는 분[白粉]이나 신발명 상품의 광고를 게재했다. 인쇄장에 서명한 도요다 분자부로[豊田文三郎]는 전술한 바와 같이 『나니와신문』 이래의 투서가였다. 이 밖에 『오사카신문』에 있던 오쿠자와 노부유키[奥澤信行]도 입사했던 것으로 보인다.[27]

지면의 체재는 타이틀화인 천사상을 포함하여 『도쿄회입신문(東京繪入新聞)』에 따랐다.[28] 2면과 3면에 곁들인 삽화는 최초의 것은 2대째 하세가와 사다노부[長谷川貞信]가 담당했다.[29] 매일 게재된 삽화의 세밀함이 호평이었던지 "발행해서 얼마 지나지 않아 3천 400~3천 500부를 팔"았다고 한다.[30] 그러나 이러한 호황은 3개월도 지속되지 못했을 것이다. 왜냐하면 한 달쯤 후에는 강력한 경쟁지 『아사히신문[朝日新聞]』이 창간되었기 때문이다.

『아사히신문』은 잘 알려진 바와 같이 오사카의 전통 있는 간장가게의 기무라 히라야[木村平八]가 출자하여 그 손자 기무라 노보루[木村騰]가 경영을 맡고 무라야마 류헤[村山龍平]의 소유로 『오사카신보[大阪新聞]』의 주필이었던 쓰다 데이[津田貞]를 주간으로 맞이하여 창간되었다. 창간 당시의 편집진에는 이 밖에 『오사카신문』에 있던 나미베 슈이치[波部主一]나 무라다 다케료타[村田武良多], 『오사카신보』에서 옮긴 오카노 다케

---

27 『大阪新聞』(1879(M12).2.28)에 "丁稚新聞의 奧澤信行 씨는 이번 鴨上郡의 서기가 되셨습니다"라는 기사가 있다.

28 『大阪新聞』(1878((M11).12. 26)에 "그 체제는 『東京繪入新聞』 대로"라는 기술이 있다.

29 福良虎雄, 앞의 책, 39면.

30 岡島新聞舗, 一二〇年史編集委員會 編, 『歩み續けて百二十年』, 岡島新聞舗, 1992, 19면; 「聞きとりでつづる新聞史岡島眞藏」, 『別冊新聞研究』 1, 1975.10 참조.

헤[岡野武平], 화가인 다케베 요시미네[武部芳峰]가 있다. 창간 이듬해 2월의 한 호당 평균 발행 부수는 992부였다고 한다.[31]

당시 소신문 독자의 동향을 장악하고 있던 것은 투서가 그룹이다. 이들이 『오사카신문』, 『오사카뎃치신문』, 『아사히신문』의 어느 쪽에서 활약할 것인가는 중요한 문제였다. 그러므로 『아사히신문』은 투서가 그룹을 적극적으로 포섭하기 위한 노력을 기울였다. 예를 들면 독자의 요망에 답하여 2월 21일부터 쓰즈키모노를 연재하기 시작함과 동시에 '도쿄기서[寄書]'란을 두어 다카바다케 란센[高畠藍泉], 고도 도쿠치[幸堂得知] 등 도쿄의 유명투서가에 의한 기고를 연일 게재했다. 투서가 그룹이 중심이 되어 개최한 연설회가 1879(M12)년 4월 15일에 100회를 맞이한 무렵에는 지면 1면을 할애하여 관계자의 축사를 실어 연설회 당일에 그 호를 청중에 무료로 배포했다.[32] 나아가서 투서가의 유력 멤버였던 오노 요네키치[小野米吉]를 기자로 채용했다.[33] 이러한 적극적인 공세에 대해서 1878(M11)년 12월 11일에 사이카 도요타로[雜賀豊太郎](필명 彩霞園柳香)가 가세하여 분카이와 함께 편집진을 통솔하던 『오사카신문[大阪新聞]』은 이듬해 2월 23일에 제자(題字)를 『오사카신문[大坂新聞]』으로 바꾸어 자수가 많았던 『아사히신문』에 대항하도록 지면을 확대했다. 또한 「신마을고양이평판기[新町猫評判記]」라는 제목의 『가나요미[かなよみ]』를 흉내 낸 게이샤 가십이나 극평을 연재하거나 삽화의 게재 횟수를 늘리

31 朝日新聞百年史編修委員會 編, 『朝日新聞社史 明治編』, 朝日新聞社, 1990, 14~15면.

32 『朝日新聞』, 1879(M12).4.15·17; 『大阪新聞』, 1879(M12).4.17.

33 宮武外骨·西田長壽, 앞의 책, 「小野米吉」의 항목에는 "明治十二(1879)年五月 『朝日新聞』에 들어감"으로 기술되어 있지만 『大阪でっち新聞』(1879(M12).7.5)에 의하면 7월 4일부터라고 한다.

기도 했다. 그러나 6월경에는 광고 건수는 현저하게 줄었다.

한편 『오사카뎃치신문』은 2월 4일에 투서가 출신의 도요다 분자부로[豊田文三郎]가 퇴사한 뒤[34] 다케우치 후쿠노스케[竹內福之輔](필명은 浮川福平)가 『서경신문(西京新聞)』으로부터 이적하여 4월 5일에 『오사카회입신문[大阪繪入新聞]』으로 개제, 지면을 확장했다. 그러나 5월 7일에는 편집장 요시쓰미 준조[善積順藏]가 사임하고 『오사카신보』에 입사하자 3월경부터 무가 출신의 나가모토 겐조[永元源藏]도 『아사히신문[朝日新聞]』으로 옮겨버린다.[35] 요시쓰미[善積] 대신에 이노시타 교이치[井下敎一]가 편집장이 되어 투서가 나카무라 젠베[中村善兵衛]가 입사했지만 이노시타는 7월에 유행병 콜레라에 걸려 아깝게도 21세로 요절한다.[36]이와 같이 잦은 교체와 변동으로 편집진은 불안정하여 지면 내용에도 영향을 미쳤다. 이렇게 해서 타지가 유효한 대항책을 취할 수 없는 사이 『아사히신문』은 투서가 그룹을 확실하게 사로잡아 독자를 확대했다. 6월 19일에는 지면을 확대하여 도쿄에서 가나가키 로분까지 기고할 만큼 활기찼다. 7월 11일에 게재된 '아사히신문 투서표'에는 『나니와신문』이래의 오사카 투서가와 도쿄의 투서가의 이름이 나란히 명기되어 『아사히신문』이 투서가 그룹을 중심으로 독자의 지지를 받는 현황을 살펴볼 수 있다. 1879(M12)년 6월의 『아사히신문』의 일일 평균 발행 부

---

34 福良虎雄, 앞의 책, 68면.

35 宮武外骨·西田長壽, 앞의 책, 「永元源藏」의 항목에 의한다.

36 『大坂新聞』(1879(M12).7.30)의 추도 기사에 따르면 井下敎一은 山口縣士族으로 岩國鎭台砲兵支廠에 근무하여 회계군리보까지 승급하고 위계를 하사받았지만 부득이한 이유로 1878(M11)년 1월 사직. 新町의 창기 小光을 돈 70엔으로 낙적(落籍)하여 부부와 같이 생활하는 한편, 『大坂繪入新聞』에 고용되었으나 6월 小光이 콜레라로 사망. 小光을 7월에 묘석을 세워 공양한 후, 같은 병으로 사망했다고 한다.

수는 3천 400여 부수에 달했다.[37]

그러나 동시에 투서가들의 시대는 정점을 지나고 있었다. 6월경부터 유행한 콜레라로 인하여 신문연설회가 휴회되는 것을 기화로 투서가 그룹의 열기는 쇠락해갔다.[38] 세상의 관심은 날로 높아가는 자유민권운동의 방향으로 기울었다. 11월 23일에 나니와신치[難波新地]에서 투서가 친목회가 열렸지만 이미 과거의 활기는 감지할 수 없게 되었다. 이러한 분위기를 간파한 『오사카회입신문』은 1879(M12)년 8월 1일에 화가 야마자키 도시노부[山崎年信]를 삽화 담당으로 영입했음에도 불구하고 8월 말에 휴업 선언으로 사실상 폐업했다. 이후 오카지마 신시치[岡島眞七]는 서적의 인쇄 출판과 신문 판매에 전념했다.

한편 정치의 계절의 도래에 『아사히신문』은 신속하게 대응했다. 1879(M12)년 4월에 오사카부 회의 개최에 즈음하여 방청기를 부록으로 발행한 『아사히신문』은 앞서의 지면 확대에서부터 3개월도 지나지 않아 9월 7일의 광고에서 지면 개혁을 단행했다. 그 취지는 투서의 게재를 삭감하고 논설란을 편성하여 사람들의 교도에 주력한다는 것이었다. 이에 앞서 9월 초 『오사카일보』의 주필 야마와키 다카시[山脇巍]가 퇴사하고 『아사히신문』에 입사했다.[39] 그는 9월 13일 및 14일에 「신문 논설

37 朝日新聞百年史編修委員會, 앞의 책, 22면.

38 『大坂繪入新聞』, 1879(M12).7.1; 『朝日新聞』, 1879(M12).6.9 기사 참조. 그 후 신문연설회가 언제 재개했는지 확인할 수 없지만 『朝日新聞』(1880(M13).6.16)의 기사에 집회 조례 발효 후 잠시 중단했던 신문연설회를 末廣要 등 수명이 다시 일으켰다고 하므로 1880(M13)년경까지는 활동한 것으로 짐작된다.

39 『大阪日報』(1879(M12).9.2)에 山脇巍의 퇴사광고가 있지만 宮武外骨·西田長壽, 앞의 책에서는 1879(M12)년 3월에 朝日新聞社에 입사한 것으로 되어 있다. 그 근거는 명확하지 않지만 『朝日新聞』의 창간호에 '大坂日報編輯課'의 서명으로 축사를 보낸 것은 山脇일 터이므로 창간시부터 어떤 형태로든 관계가 있었던 것 같다.

을 논함」이라는 논설을 집필한다. 소신문의 후리가나 단 논설이라는 기념비적인 시도였다. "논설과 후리가나는 그 당시에는 매우 모순으로 받아들여졌습니다. 대신문은 모두 후리가나를 사용하지 않아서 가나가 아니고는 읽을 수 없는 사람에게는 논설을 보여도 안 된다는 결론이었습니다" 하고 무라가미 류헤가 회상한 바와 같이 대신문과 소신문의 벽을 깨고 "소신문이 대신문을 겸한다는 고안"을 실행하려고 한 것이다.[40]

야마와키 다카시는 오카야마[岡山]의 의사집안 출신으로 도쿄의 『평론신문(平論新聞)』에서 필화로 유명해져 『오사카일보』의 위기 구원 투수인 주필기자로 활약했지만 『아사히신문』으로 옮겨간 때에는 아직 스물넷이었다. 한편 사족 출신으로 역시 『오사카신보』의 주필이었던 쓰다 데이[津田貞]를 주간으로 발탁한 당시 36세였다. 1879(M12)년 10월의 급료지급표에 따르면 쓰다는 50엔, 야마와키는 30엔의 급여로 오카노 다케헤[岡野武平](31세) 20엔, 하베 슈이치[波部主一](30대로 추정) 이 15엔, 나가모토 겐조[永元源藏](24세)의 12엔, 화가인 다케베 요시[武部芳峰] 10엔, 오노 요네키치[小野米吉] 8엔, 무라타 다라타[村田武良多] 8엔으로 타 편집자에 비해 파격적인 조건의 대우를 받았다.[41] 즉 오사카의 양 대신문 『오사카일보』와 『오사카신보』의 전 주필 이인이 소신문의 개혁을 주도한 것이다.

이것은 커다란 파문을 던졌다. 먼저 주필 야마와키 다카시가 빠진 『오사카일보』에서는 호키야마 가게오[甫喜山景雄], 세키 신고[關新吾], 센가시 칸이치[千河岸貫一]가 차례로 떠나 1880(M13)년 7월에 고지(高知) 출신의 민

40 朝日新聞社社編修室 編, 『朝日新聞の九十年』, 朝日新聞社, 1969, 13면.

41 朝日新聞百年史編修委員會, 앞의 책, 15~17면.

권론자 후루사와 시게[古澤滋]가 사장으로 취임하여 실권을 쥐자 편집진은 일변했다. 같은 오사카일보사에서 낸 『오사카신문』도 1880(M13)년 4월에 휴업하기에 이르렀다.[42] 『아사히신문』은 휴간한 두 소신문의 독자를 흡수하고 『오사카일보』의 독자 일부를 빼앗을 기세로 부수를 확대했다. 〈표 9-1〉에 보는 바와 같이 1879(M12)년 7월부터 이듬해 1880(M13)년 6월까지 호당 평균 발행 부수는 『오사카신문』 약 1천 300여 부, 『오사카회입신문』이 732부였던 데 비하여 『아사히신문』은 7천 474부로 오사카 발행의 신문 톱의 자리에 섰다. 한편 『오사카일보』는 그 이전 천 부 이상이나 부수가 격감되었다. 두 소신문이 폐간한 뒤 1880(M13)년 10월 8일자 『아사히신문』의 "일일 만 수천 부 수량의 신문지를 인쇄"했다는 사고가 반드시 과장만은 아니다.

그런데 본 궤도에 오른 『아사히신문』에서는 내분이 발생한다. 주간 쓰다 데이[津田貞]와 출자자 기무라 헤이[木村平八]의 대립이다. 문예잡지 『낭화총담겸가구좌(浪華叢談蒹葭具佐)』(1879(M12)년 10월 창간, 이듬해 1880(M13)년 4월에 20호로 폐간)이나 『조반신문[常磐新聞]』(1880(M13)년 3월 교토에서 창간, 동년 5월 폐간)[43]을 발행하고 새롭게 대신문을 창간하려고 제안하는 쓰다[津田]의 적극책은 기무라에게는 수지가 맞지 않는 낭비로서 본지만으로 업무를 줄이고 재정을 긴축해야 한다는 것이 기무라의 주장이었다. 지속적인 부수의 확장에도 불구하고 기무라 노보루[木村騰]의 방탕함도 한 몫하여 실제 신문사의 자금 조달은 적자를 면하지 못했다.[44]

---

42 『朝日新聞』, 1880(M13).4.9.

43 【역주】 지금의 이바라기 현[茨城縣]과 후쿠시마 현[福島縣]의 동부.

44 朝日新聞百年史編修委員會, 앞의 책, 28~36면.

결국 쓰다는 1880(M13)년 5월 말에 서무·탐방·인쇄공 등의 동료를 데리고 분연히 퇴사하여 동년 8월 20일에 삽화와 전부 후리가나를 단 소신문 『사키가케신문[魁新聞]』을 창간한다. 그 편집에는 우다가와 분카이, 『가나요미신문』에 있던 와카나 사다미쓰지[若菜貞爾], 『조야신문』에 있던 고미야 게이스케[小宮桂介], 『서경신문(西京新聞)』에서 나카라이 도스이[半井桃水]가 참가하고 삽화는 야마자키 도시노부[山崎年信]가 그렸다. 정가는 1부 1전 3리로 『아사히신문』의 1전보다 비쌌지만 충실한 기사와 깨끗한 인쇄로 『사키가케신문』은 『아사히신문』을 위협하여 양 신문의 치열한 사투가 벌어졌다.

이러한 곤경을 타개하기 위하여 『아사히신문』은 1880(M13)년 10월 영업 담당으로서 우에노 리이치[上野理一]를 영입하고 잇달아 판매의 중추를 담당하는 고니시 가쓰이치[小西勝一]를 더하여 영업을 강화했다. 더욱이 야마와키가 10월 말에 퇴사하는 대신에 『오사카일보』에 근무하던 고무로 노부스케[小室信介]를 11월에 오사카일보사에 재적한 채로 주임을 맞이했다. 그러나 그의 기용은 결과적으로 역효과를 냈다. 동년 12월 1일부터 이듬해 1월 25일까지 게재된 고무로의 「히라가나국회론」이 원인이 되어 1881(M14)년 1월 25일부터 3주간의 발행정지를 받았다. 『사키가케신문』과의 격렬한 경쟁이 한창 치열하던 와중에 커다란 타격이었다. 한때 『사키가케신문』은 만 부를 넘어 『아사히신문』은 5천 부 정도까지 감소했다.[45] 이에 수뇌부는 방향을 전환하여 4월에 고무로가 물러나 논설란을 없애고 상황란(商況欄)의 충실을 기하여 통신

45 岡田翠雨, 「創生期における大阪の新聞界」, 『上方』 23号, 1933.1, 27~35면.

망과 판매망을 확대하고 보도를 강화했다.

한편 『사키가케신문』도 내분과 방만한 경영으로 내부 사정은 불안하고 복잡했다. 우선 와카나가 1880(M13)년 12월에 『아사히신문』으로 이직했다. 나카라이도 연체되는 급여에 이직할 결심을 굳혀 1881(M14)년 초여름에 은밀히 와카나를 통해 『아사히신문』으로부터 도항 비용을 얻어 조선에서 통신을 보내 이듬해 11월에 정식으로 특파통신원의 약정을 교환했다. 이어 같은 해 8월에 『사키가케신문』이 발간하자 그 독자는 『아사히신문』으로 유입됨으로써 결국 1881(M14)년 호당 평균 발행 부수는 1만 1천 부를 넘었다. 『사키가케신문』과 『아사히신문』의 경쟁으로 독자를 빼앗기고 손해를 입은 것은 『오사카일보』인 듯한데 발행 부수는 3천 600여 부로 최전성기의 반 이하로 줄었다. 그리고 폐간의 이듬 해 9월에는 우다가와 분카이도 『아사히신문』에 입사했다. 막대한 손실에 허덕이면서 가까스로 『아사히신문』은 경쟁을 이겨내고 한층 우수한 기자와 많은 독자를 손에 넣었다.

## 4. 『고노하나신문』과 『아사히신문』의 경쟁

1881(M14)년 10월의 정변은 신문계의 재편을 촉진했다. 정당의 결성에 따라 기존의 각 신문은 정당별로 나뉘었다. 오사카에서는 「민선의원설립건백서」를 기초한 후루자와 시게를 중심으로 자유당의 별동대로

서 일본입헌정당이 결성되었다. 후루자와 등은 『오사카일보』를 매수하고 1882(M15)년 2월에 일본 초유의 정당기관지 『일본입헌정당신문』을 창간했다. 도쿄에서는 동년 6월 자유당 기관지 『자유신문』이 발간되어 대신문이 당파로 갈리는 것만이 아니라 『회입자유신문[繪入自由新聞]』, 『개진신문(改進新聞)』 등 정당계 소신문이 잇달아 창간되었다. 그러나 오사카에서는 제정당(帝政党) 기관지 『대동일보(大東日報)』가 창간되어 개진당계로 된 『오사카신보[大阪新報]』가 대체지로서 『오사카매조신문[大阪每朝新聞]』을 발간하여 대신문은 당파별로 정립되었음에도 불구하고 소신문은 정당에 전혀 연루되지 않았다.

1882(M15)년 7월 1일 『아사히신문』은 「우리 아사히신문의 목적」이라는 제목의 글에서 "신문은 단지 정담(政談)을 싣는 것만의 그릇이 아니라"고 주장하면서 사람들을 교화하여 "덕의의 배양"에 힘쓰는 것이 신문의 목적이라고 비정당적인 중립의 입장을 선언했다. 이러한 사정에는 1882(M15)년 4월부터 미쓰이[三井] 은행을 개재한 정부로부터의 자금 공여를 아리야마 데루오[有山輝雄]가 논증했다.[46] 이에 따르면 공공연한 어용신문이 아니라 표면적인 불편부당의 중립적 입장을 위한 신문에 정부의 조성금의 혜택을 주어 '반관(半官)의 신문'으로서 정부를 간접적으로 지원시키는 편이 언론정책상 바람직하다고 판단한 이노우에 고와시[井上毅]·마쓰카타 마사요시[松方正義]가 중심이 되어 정부가 주식 소유라는 형태로 아사히신문사에 만 엔을 출자하고 또한 은행으로부터의 차입금 1만 5천 엔의 반환을 떠맡는다는 밀약을 교환했다. 경영난

46 有山輝雄, 「中立新聞の形成—明治中期における政府と朝日新聞」, 『成城文芸』 117号, 1986, 30~54면.

에 빠져 있던 『아사히신문』의 방침과 정부의 의중이 일치한 것이다.

그 결과 정치논쟁에 제살을 깎아 먹고 극심한 언론 탄압에 곤란을 겪는 대신문에 아랑곳하지 않고 『아사히신문』은 착실히 부수를 확장했다. 1882(M15)년 호당 평균 발행 부수는 약 1만 3천 800부였지만 이듬해 1883(M16)년 3월에 일본입헌정당이 당 해체에 몰리자 합하여 만 부 이상이던 대신문의 수많은 독자가 『아사히신문』으로 이동하여 2만 부 이상 대폭 증가했다. 이러한 오사카에서 『아사히신문』의 과점 상태에 도전한 것이 『고노하나신문[此花新聞]』이었다.

『고노하나신문』은 1881(M14)년 7월 창간된 『기내신보(畿內申報)』를 전신으로 한다. 『기내신보』는 거의 원지가 남아있지 않아 상세한 것은 알 수 없지만 일단 폐간한 후 9월에 제1호를 재간한 뒤 1882(M15)년 1월 4일에 『고노하나신문』으로 개제했다.[47] 우다가와 분카이의 입사와 교대로 『아사히신문』을 그만둔 와카나 사다미쓰[若菜貞爾]와 고미야마 게이스케[小宮山桂介]가 중심이 되어 다테노 지사로부터 보조금을 얻어 발간했다고 한다.[48] 『기내신보』는 전부 후리가나를 달고 삽화를 곁들인 조금 큰 편인 4면 세로짜기의 지면으로 동구 요코호리 2가[横堀2丁目] 기내신보사에서 간행되었다. 『고노하나신문』도 원래는 같은 지면 구성을 이어 동구 혼마치 1가[本町1丁目]의 『고노하나신문』 신보사에서 발행되었다.[49] 개제 후 곧 2월 8일부터 수일간 발행 정지를 명령받았으나 자세한

---

47 『いろは新聞』, 1881(M14).9.20·1882(M15).1.10; 『朝日新聞』, 1881(M14).12.24, 광고; 『讀賣新聞』, 1882(M15).1.8; 西田長壽, 『明治時代の新聞と雜誌』, 至文堂, 1961, 118~119면 참조.

48 岡田翠雨, 앞의 글 참조.

49 1882(M15)년 3월 4일 이전의 원지는 거의 현존이 확인되지 않지만 『기내신보』 11号(1881(M14).10.1, 明治新聞雜誌文庫所藏) 및 『此花新聞』 82号(1882(M15).1.11, 中谷作次氏所藏)를 참조했다.

것은 알려져 있지 않다.[50] 3월 4일부터 화지(和紙) 4장 8면에 체재를 변경한 즈음에는 가나가키 로분[仮名垣魯文]이 오사카에 와서 「가나가키 진문[仮名雅記珍文]」을 약 한 달에 걸쳐 연재하여 제자 와카나를 조력했다.[51] 이 시기에는 와카나[若菜]·고미야마[小宮山] 외에도 고레사와 마사요시[是澤正義]·사카베 세지로[坂部清二郎]·사이카 도요타로[雑賀豊太郎](彩霞園柳香)·오카다 시게우마[岡田茂馬]·도요시마 사주로[豊島佐十郎]·히사다 요시노리[久田義宜]·야스이 쇼이치[安井昌一] 등이 편집진으로 야마자키 도시노부[山崎年信]가 삽화를 담당했다. 이 가운데 고레사와[是澤]는 5월 4일부로 참훼의 죄를 물어 형법으로부터 중금고 15일 벌금 5엔에 처해지게 되는데 이 체험을 「감옥의 꿈」이라는 제목으로 3회 정도 연재했지만 그 문장으로 보아 무가출신의 지식인으로 짐작된다.[52] 체재를 6월 3일부터 다시 양지 4면 세로짜기로 고친 뒤 『단단신문[団々新聞]』『이로하신문[いろは新聞]』에 집필한 가네코 니시키지[金子錦二](가네코 치라카시[可猫散史])가 입사 와카나와 함께 교열의 명목으로 편집을 담당했다.[53]

『고노하나신문』이 도쿄의 로분 일파와의 관계에서 이탈한 것은 1882(M15)년 7월 1일에 쓰다 데이[津田貞]가 주간이 되어 적극 관여하게 된 이후이다. 그는 지면을 축소하고 일부 1전 3리, 1개월 25전이었던 정가를 1부 1전, 1개월 20전으로 인하하여 '불편부당 소위 중립을 추진하

---

50 『いろは新聞』, 1882(M15).2.10;『讀賣新聞』, 1882(M15).2.14.

51 『此花新聞』, 1882(M15).3.4~4.6 참조.

52 『此花新聞』, 1882(M15).5.5·5.20~23 참조. 또한『日本繪入新聞』(1886(M19). 5.16)에 따르면 是澤正義는 愛媛縣 출신으로 愛媛와 도쿄의 후리가나신문에 종사한 뒤 오사카의『此花新聞』에 근무했으며, 1886(M19)년 5월 15일 28세에 콜레라로 사망했다. 필호는 桂洲로 1884(M17)년 1월경『いろは新聞』에 근무하여 동년 5월 창간된『自由燈』에 참가했다. 若菜貞爾의 제자였던 듯하다.

53 『いろは新聞』, 1882(M15).6.6.

려는 신문'을 지향했다.[54] 『아사히신문』에 대항 의식이 존재했던 것은 분명할 것이다. 7월 하순에 발생한 임오군란의 보도에서는 8월 25일에 『일본입헌정당신문』, 『오사카신보』와 함께 발행정지처분을 받는 등 대신문에도 손색이 없는 충실한 기사 내용이었다.[55] 이와 병행하여 그는 후쿠이[福井]에서 삽화 있는 신문인 『남월회입신문[南越繪入新聞]』 창간에 와카나와 함께 착수했지만 동년 9월 24일에 급사한다.[56]

이후 약종상일야구랑병위(藥種商日野九郎兵衛)가 소유주로 되었다고 하는데[57] 원자료의 결락으로 확인할 수 없다. 1883(M16)년 3월 초까지 고노하나신문신보사[此花新聞申報社]에서 고노하나신문사[此花新聞社]로 사명이 변하여, 혼마치 2가[本町二丁目]로 이전했다. 이 무렵에는 와카나 사다지[若菜貞爾]는 전출하고 가네코 긴지[金子錦二]·니시카와 호지로[西川保二郎]·요시다 이타로[吉田伊太郎], 야마모토 사쿠헤[山本作兵]·모리모토 요시이치[森本義一] 등이 편집을 맡았다. 사주의 기재는 사카네 다츠로[坂根達郎]에서 사이토 죠스케[齊藤丈輔]로 교체하는 등 불안정했지만[58] 충실한 보도 기사, 류테 다네히코[柳亭種彦](다카바다케 란센[高畠藍泉]), 바이데이 긴가[梅亭金鵞](본명 瓜生政和)의 쓰즈키모노, 그리고 야마자키 도시노부[山崎年信]를 대신하여 『아사히신문』에서 이적한 요시미네[芳峰]의 삽

---

54 『いろは新聞』, 1882(M15).6.27.

55 『いろは新聞』, 1882(M15).8.25·26.

56 『此花新聞』, 1882(M15).9.27, 사고. 동지(1887(M10).10.12)의 사고에 따르면 장의는 10월 15일에 이루어졌다.

57 岡田翠雨, 앞의 글 참조.

58 『此花新聞』(1883(M16).3.21)에는 "주간 坂根達郎"로 기재되었다. 동지(1883(M16).5.25)에서는 "사주 坂根達郎·편집인 牧田實憲·인쇄인 片岡武輔"에서 1883(M16).6.15 "소유주 齊藤丈輔"로 교체되었다. 1883(M16)년 후반은 원자료가 누락되어 불명. 1884(M17)년 1~2월은 "사주 겸 인쇄인 牧田實德·편집인 伊藤昌壽"로 기술되었다.

화가 일정한 독자를 확보한 듯하다. 통계에 따르면 1882(M15)년 호당 평균 발행 부수는 약 2천 300부, 이듬해 1883(M16)년에는 약 3천 900부로 착실히 부수를 늘려갔다. 그러나 이미 2만 부를 넘은 『아사히신문』과는 커다란 격차가 있다.

1884(M17)년에 『고노하나신문』은 더욱 비약적인 발전을 목표로 했다. 1월 6일의 지면에 탐방원의 증원모집 사고를 내 취재망을 확충하고 6월 6일의 800호부터 지면 폭을 확대했다. 동시에 당시 삽화를 담당한 하야시 모토하루[林基春]에 더하여 도쿄에서부터 화가 우타가와 구니마쓰[歌川國松]를 영입했다. 또한 기자 후루카와 세이치[古川精一](호는 가이라이시[魁蕾子])를 초청하여 「고노하나신문」이라는 제목의 사설란을 두었다.[59] "소신문의 명칭을 바꾸어 중신문의 위치로 나아갔다"는 시도였다.[60] 통계에 따르면 1884(M17)년의 호당 평균 발행 부수는 『고노하나신문』이 약 5천 600부, 『아사히신문』이 2만 5천 부였지만 물밀듯이 좁혀오는 기세에 위협을 느낄 터인 『아사히신문』은 동년 6월 13일에 "후리가나신문의 본색"이라는 글을 내걸어 지면 폭을 확대하고 동시에 논설란을 부활시키려고 대항했다. 이 양 신문의 경쟁 구도는 도쿄에도 전달되었다.[61]

1884(M17)년 후반부터 1885(M18)년 전반은 6월에 발발한 청불전쟁,

---

59 『讀賣新聞』(1884(M17).6.14)의 기사 "○ 신문개량 오사카의 『此花新聞』은 이제까지 동지 『朝日新聞』과 마찬가지인 소신문이었던 것을 지면을 넓히는 지면 개량을 더하여 도쿄에서 古川魁蕾子 및 화공 歌川國松 두 사람을 초빙하고 또 일일 사설 있어 좋은 신문이 되어"라는 글에 의한다. 원지에서는 1885(M18)년 1월 게재 분부터 확인했다.

60 『此花新聞』(1885(M18).2.27)의 사고에서 전년 여름의 개혁을 뒤돌아보면서 이렇게 표현했다.

61 『讀賣新聞』(1884(M17).6.13)의 기사 "○ 회입신문의 경쟁" 또한 朝日新聞百年史編修委員會(앞의 책, 111면)에는 사설란의 부활은 설명도 없이 돌연한 것이었다는 식으로 기술되어 있다.

〈그림 9-1〉 우타카와 구니마츠[歌川國松]에 의한 강둑 재방 홍수 때의 『고노하나신문[此花新聞]』 삽화(1885(M18).7.4)

12월에 일어난 갑신정변에 관한 보도가 연일 양 지의 지면을 메웠다. 대신문과 서로 『아사히신문』은 특파원으로서 나가노 히도에다[長野一枝], 소미 준이치[早見純一], 마쓰모토 미키이치[松本幹一]를 상해 · 천진 · 인천에 보내 『고노하나신문』도 호시자키 고타로[星崎孝太郎]를 천진에 파견하여 인천이나 마관으로부터의 통신을 게재했다. 이 시기 도쿄 신문의 대부분이 불황에 허덕여 부수는 보합 상태 내지는 점멸했던 데 비해서 오사카의 양 지는 크게 부수를 늘렸다. 『고노하나신문』은 1885(M18)년 2월 27일에 다시 지면 확장을 알리는 사고에서 "목하 수만 장의 신문을 발행"했다고 진술, 기자 탐방을 증원하여 전국적으로 통신자를 두고 신속한 보도를 행하여 "순연한 중신문의 위치로 나아가려는 태세"라고 선

〈그림 9-2〉『고노하나신문[此花新聞]』에 실린 홍수 피난민을 위한 가건물 삽화(1885(M18).7.11)

언했다. 『아사히신문』도 1885(M18)년 전기 평균 3만 3천 부에 달했다.[62] 이 무렵 『고노하나신문』의 판권에 서명한 것은 이토 요시카즈[伊東昌壽], 호시자키 고타로[星崎孝太郎], 홋타 이소지로[堀田磯次郎] 등이지만 편집의 기둥은 후루카와 세이치[古川清一]와 산핀 린케[三品藺溪] 로 과거 『도쿄아케보노신문』, 『동양신보』에 있던 히사쓰 미켄무라[久津見蕨村], 호리에 겐무라[堀江蕨村]의 서명으로 논설 등을 썼다.[63] 또한 1884(M17)년 후반에 사주는 나카무라 세이시치[中村清七], 발행소도 동구 도쇼마치[道修町] 2가의 고노하나신문고분사[此花新聞好文社]로 변경되었지만 원지가 결락되어 있어 언제 어떠한 사정으로 변경되었는지 여부를 확인할 수 없다.

---

62 朝日新聞大阪本社廣告局 編, 『近代日本の新聞廣告と経營 資料編』, 朝日新聞社, 1979, 269~270면.

63 福良虎雄編, 앞의 책, 89~90면에는 久津見이 주필이었다는 기술이 있지만 미확인. 또한 三品藺溪는 그 자신의 회상(「開明期の大阪と東京文壇」, 『早稲田文學』 255, 1927.4 초출, 十川信介 編, 『明治文學回想集』 上(岩波文庫, 1998, 159~174면)에 따르면 1885(M18)년 초여름에 오사카로 와 『此花新聞』에 참여했다고 한다.

다만 고베[神戸]와 나고야[名古屋]에 지국을 설치하여 도쿄부터의 전보를 게재하고 상황(商況)물가란은 별지 부록으로 하는 등 『고노하나신문』은 뚜렷하게 상승 기세를 탔다. 또한 청불전쟁, 갑신정변 등 전쟁의 보도가 일단락지어지자 『언어의 화원』으로 부르는 문예투고 책자의 부록을 월 1회 정도 발행하여 독자 서비스에 진력했다.[64]

이렇게 하여 양 지가 서로 독자 확장을 위한 경합이 벌어지던 1885(M18)년 6월 하순 강둑의 제방이 무너져 83년만의 기록적인 대홍수가 오사카를 덮쳤다. 당시 종업원 총수가 120명을 넘던 아사히신문사는 6월 24일에 나카노시마[中之島] 3가의 신사옥에 이전하여 7월 2일 신사옥이 침수하는 사태에서 7월 4일 간신히 호외를 발행하는 난국에 처하면서도 피해구제의 '의금모집'을 서둘러 호소했다.

한편 『고노하나신문』은 피해를 면하여 침수지역의 바깥에서 홍수의 현장을 그린 2단 크기의 커다란 삽화를 7월 4일부터 연일 게재했다. 여기에는 "현장에 당도하여 목격한 대로를 그린다"는 우타가와 구니마쓰[歌川國松]의 주가 덧붙어져 탁류에 삼켜지는 다리, 도롱이 삿갓차림으로 허리까지 물에 잠긴 상태에서 풍우를 피하는 사람들, 지붕 위에서 배의 원조를 기다리는 사람들, 임시 가건물에 피난하는 사람들 등 오늘날 텔레비전 중계를 보는 것 같은 박진감 넘치는 정황이 생생하게 그려졌다(그림 9-1, 9-2 참조). 이것은 엄청난 반향을 불러일으켜서 『아사히신문』도 7월 6일부터 얼마간 수해 현장을 그린 삽화를 실었지만 구니

64 『此花新聞』(1885(M18).6.5)의 사고에 의하면 3회까지 간행했는데 청불(淸仏) 사변이나 조선 소동으로 중단한 것을 이번 달부터 부활한다고 했으므로 1884(M17)년 6월경에 시작되었다고 여겨진다.

마쓰의 그림에 비하면 조악했다. 여기에서 "아사히의 단골을 빼앗는 것 7, 8천이나 미쳤다"[65]는 풍평이 전해지는 등 『고노하나신문』의 부수는 비약적으로 신장했다.

더욱이 『고노하나신문』은 수해보도의 열기가 식지 않은 7월 12일에 '차화잡담'이라는 도쿄의 유명 투서가에 의한 수필란을 동월 25일에는 '영어 안내(Guide to the English)'라는 제목의 초급영어강좌를 연재하기 시작했다. 이것은 교토에서 1885(M18)년 4월에 『중외전보』의 자매지로서 창간된 『일출신문(日出新聞)』이 동년 7월 14일에 연재하기 시작한 'Private Study of the English'라는 영어 학습란을 따른 것으로 생각된다. 당시 교토에는 『아사히신문』이 지국을 『고노하나신문』은 출장소를 설치하여 지역의 『일출신문』과 격심한 판매전의 접전을 벌였다. 이러한 배경에서 1885(M18)년 5월부터 『회입조야신문』의 로마자학습란의 선례가 있었다고는 하나 영어강좌란의 편성이 의욕적인 시도임은 부정할 수 없다.

그런데 동년 10월 25일에 2천 216호로 『고노하나신문』은 돌연 폐간되어 사주 이하 직원 전원이 거의 그대로 일본회입신문사와 간판을 바꾸어 건 사옥에서 『일본회입신문』을 10월 26일에 창간했다. 이때 『아사히신문』으로부터 우다가와 분카이가 발탁되어 편집진에 합세했다. 이러한 사정은 잘 알려져 있지 않지만 『고노하나신문』의 사주가 회사를 사주조직으로 다시 조정하려는 목적이 있었던 것으로 추측된다.[66]

---

65 「● 朝日此花 兩新聞の競爭」(『自由燈』, 1885(M18).7.17) 또는 三品, 앞의 글에 따르면 홍수를 계기로 『此花新聞』의 이름이 인근지역에 널리 알려지게 되었다고 한다.

66 三品, 앞의 글. 다만 『此花新聞』에는 1885(M18)년 8월 9일부터 『日本繪入新聞』의 광고가 나기 시작할 뿐 『此花新聞』과의 관계는 확연하지 않다. 또한 『日本繪入新聞』(1885(M18).10.28)

창간 당일에 나카노지마자유정[中之島自由亭]에서 발간기념의 향연을 열었을 때 찍은 기념사진에 의하면 사장 히노 구로베에[日野九郎兵衛], 중역의 호소미 사다[細見貞]와 도리이 리나[鳥居利郎], 기자는 우다가와 분카이[宇田川文海]·히사츠 미켄무라[久津見蕨村]·후루카와 세이치[古川精一]·미시나 린케이[三品藺溪]·요시다 가오리[吉田香], 화가는 우타가와 구니마쓰[歌川國松]와 고토 요시카게[後藤芳景], 그 밖에 고레사와 마사요시[是澤正義] 등 사무원·직공을 포함한 30여 명의 진용이었다.[67] 더욱이 분카이를 따라서 하야미 준이치[早見純一], 와다요시 사부로[和田喜三郎], 시게나카 데이지[茂中貞次]가 『아사히신문』을 그만두고 입사했다.[68]

이렇게 새로운 진용으로 바짝 따라붙어 추월하려 했지만 『아사히신문』 수비의 장벽은 견고했다. 1885(M18)년 후반에는 평균 약 2만 7천 부까지 떨어졌지만 동년 12월에 『일출신문』으로부터 오다 준이치로[織田純一郎]를 중역보다도 고액의 월급 100엔으로 스카웃하여 논설란을 충실하게 하고 물가란이나 광고란을 개량하는 등 수완을 발휘하여 1886(M19)년 전반에는 평균 3만 부까지 회복시켰다. 한편 『일본회입신문』은 1885(M18)년의 호당 평균 발행 부수는 약 1만 3천 부에 달했지만 그 이상으로 늘지 않았다. 1886(M19)년 1월 24일의 논설에서 "대소신문의 명목"이란 이제 발행 부수의 대소 구별이 있을 뿐이라는 호언도 무색하게 사카이[堺]·교토[京都]·고베[神戶]·히메지[姬路]·오쓰[大津]·욧카이치[四日市] 등에 개설

의 사고에는 中村淸七의 이름으로 "본 자제호 양보하고 발행하옵니다"고 하여 사주 명의를 교체했다고 기술되었다. 혹은 『日本繪入新聞』(1885(M18).10.29)의 中上川彦次郎의 기고를 보면 『時事新報』 내지는 福澤諭吉 문하가 얽혀 있었을 것이라는 추정도 가능하다.

67 三品, 앞의 글. 또한 『公私月報』 52号(1934.12, 5면)에도 전재되어 있으므로 참조.

68 『此花新聞』, 1885(M18).11.10, 광고.

된 지국에서도 의도만큼 부수는 증가하지 않고 결국 부담만 늘린 셈이 된다. 동년 4월 3일에 지면을 새롭게 했지만 생동감 없이 6월 말에 분카이가 퇴사하여 다시 『아사히신문』으로 옮기자 점점 침체 상태에 빠졌다.[69] 마침내 11월 10일을 마지막으로 휴간하여 그대로 폐간했다.[70]

『일본회입신문』과 엇갈리듯이 1886(M19)년 8월 『나니와신문[浪華新聞]』이 창간되었다. 이것은 『일본입헌정당신문』이 1885(M18)년 9월에 『오사카일보[大阪日報]』로 개제한 후 경영 부진을 타개하기 위해 발행한 삽화가 있는 소신문으로 『오사카일보』의 간부 오자키 다카아쓰이[岡崎高厚]를 사주로 하여 『자유등』 등에 있던 사카자키 빈[坂崎斌](호 시란[紫瀾])과 노자키 사분이 창간 멤버였다.[71] 창간해인 1886(M19)년 12월에 사카자키[坂崎]·노자키[野崎]의 두 사람이 떠나고 미시나 린케이[三品藺溪]가 입사하여 도쿄에서부터 고미야마 게이스케[小宮山桂介], 오카다 시게바[岡田茂馬], 오타 나오카쓰[多田直勝]가 입사,[72] 호당 평균 발행 부수는 1만 2천 부 정도에 달했다. 추측컨대 『일본회입신문』 독자의 적지 않은 수를 잠식했을 것이다. 그러나 경영은 순조롭지 않아 1887(M20)년 가을에 『오사카일보』와 『나니와신문』을 가네마쓰 부사나오로[兼松房治郎], 데라무라 도미에[寺村富榮], 구와바라 후카조[桑原付深造] 3인이 물려받았지만 이듬해 6월에 양 지 다 휴간하기에 이르렀다. 결국 오사카 실업계의 협력을 요청하여 이 두 신문을 일체화한 『오사카마이니치신문』이

69 『朝日新聞』, 1886(M19).6.27, 광고.

70 당일만 휴간한다는 11월 11일자의 유례없는 호외(中谷作次氏 소장)가 남아 있지만 『朝日新聞』(1886(M19).11.14)에는 三品藺溪 등의 퇴사 광고를 내 이 시점에서 폐간은 결정적인 것으로 받아들여졌던 것 같다. 『東京繪入新聞』, 1886(M19).11.18 참조.

71 『浪華新聞』 2号, 1886(M19).8.14, 부록 참조.

72 三品, 앞의 글, 참조.

1888(M21)년 11월 20일에 탄생한다. 통계에 따르면 1887(M20)년의 『오사카마이니치신문』의 호당 평균 발행 부수는 약 5천 500부이고 『나니와신문』은 약 1만 1천 600부이므로 『오사카마이니치신문』은 호수와 품격에서는 대신문의 『오사카일보』를 계승했지만 경영 기반은 소신문의 『나니와신문』을 모체로 했다고 하겠다.

## 5. 오사카 신문의 특징

이상에서 본 바와 같이 오사카의 신문은 도쿄의 신문과는 다른 방식으로 발전하여 『오사카아사히신문』과 『오사카마이니치신문』 2대지를 탄생시키기에 이르렀다. 그 특징은 다음 세 가지로 정리할 수 있겠다. 우선 첫째, 오사카에서는 대소신문의 장벽이 낮아 기자의 이동도 대소의 차이에 구애받지 않고 이루어졌다. 예를 들면 쓰다 데이[津田貞]는 『오사카신보』의 주필이고 또한 『아사히신문』, 『사키가케신문』의 주간이기도 했다. 야마와키 다카시[山脇巍]도 『오사카일보』의 주필이었지만 『아사히신문』의 주필이기도 했다. 우다가와 분카이[宇田川文海]·세키노리[關德]·고무로 노부스케[小室信介] 등도 마찬가지로 대소신문의 편집에 관계했다. 도쿄에서는 1884(M17)년 이후에 정당계 소신문으로 같은 계열의 대신문에서 기자가 이동한 예를 제외하고 주필격의 기자가 대신문과 소신문 사이를 이동한 예는 거의 전무하다.

이것은 오사카가 신문의 후진 지역으로 대소 미분화 상태의 신문이 먼저 성립했기 때문일 것으로 생각할 수 있다. 1884(M17)년부터 기자층에서 대소신문의 구별이 확연히 나뉘어졌던 도쿄와 달리 오사카에서는 오히려 1882(M15)년에 『일본입헌정당신문』이 성립하고 나서 대소신문의 상위점이 확연해졌다. 그러나 이 차이도 1884(M17)년까지의 2, 3년간 두드러졌던 것에 지나지 않았다. 이 이후의 중신문화의 진행으로 대소신문의 경계는 무너져 버린다. 오사카의 신문에는 당초 대소신문 기자를 구별하지 않는 기풍이 처음부터 저류에 흐르고 그것이 자유민권운동에 의하여 일시 중단되어 1884(M17)년 이후 재생했다고도 볼 수 있다.

그 배경으로 오사카에서는 에도시대의 전통을 계승한 게사쿠 작자가 없었던 것이 지적된다. 도쿄에서는 소신문 기자의 대부분을 '에도에서 살아남'은 게사쿠 작자나 그 제자들이 차지하는 데 비해서 오사카에서는 그와 같은 게사쿠 작자가 드물다. 다카바타케 란센[高畠藍泉]이나 가나가키 로분[仮名垣魯文]과 같이 에도 게사쿠의 전통을 계승하여 쿠사조시[草双紙]도 쓰고 소신문도 편집하는 타입의 문필가는 원래 게사쿠의 층이 얇은 오사카에서는 배출될 수 없었다. 우다가와 분카이라 하더라도 출신은 에도의 도구상의 자제로서 출가하여 절의 주지가 된 후 형의 활판인쇄사업에 힘을 보태 직공에서 편집자가 되었다. 그 후 『서남습유(西南拾遺)』, 『춘하축파서(春霞築波曙)』 등의 소설을 출판했다고는 하지만 그것들은 모두 활자를 사용한 신식의 쿠사조시로 그는 최초의 활자인간이었다.

또한 분카이는 로분과 같이 일파를 형성했다고는 하지만 그 규모는 작고 기자를 곳곳의 신문사로 보내는 수령은 되지 못했다.[73] 실제 오사카 소신문의 연파기자나 쓰즈키모노와 같은 연재물은 종종 도쿄에서 기고나 기자 파견의 방식으로 조달되었다. 도쿄의 소신문기자는 화가나 배우·강담사 등과 함께 친숙한 일종의 문예 네트워크를 형성하여 광고문안 작성이나 쿠사조시의 집필 등 신문 편집 이외의 일도 맡아하는 공방과 같이 기능했다.[74] 그러나 오사카에서는 게사쿠 전통이 희박하고 문필층이 두텁지 않아 대신문과 소신문기자들의 문턱이 낮고 경계는 명확하지 않았다.[75] 그 결과 대신문과 소신문이 서로의 요소를 받아들이는 데 비교적 저항이 적었다.

제2의 특징은 신문의 경영 측과 편집 측의 힘의 관계이다. 『아사히신문』에서 주필 쓰다[津田]와 출자자 기무라[木村]의 대립에서 전형적으로 볼 수 있는 바와 같이 오사카의 신문에서는 경영 측의 의향이 크게 신문을 좌우했다.[76] 『오사카회입신문』이나 『고노하나신문』의 폐간도 경영 측이 일방적으로 결단하여 단행되었다고 볼 수 있다. 도쿄에서는

73 宇田川는 그의 호 '半痴'에서 '半'의 자를 받은 岡野半牧·牧野半醉·瀨戶半眠 등의 문인이 일파를 이루었지만 魯文과 같이 소신문 기자 및 소설가를 파견하는 것과 같은 수령의 존재였는지는 명확하지 않다. 왜냐하면 宇田川는 "당시 關西 신문소설가의 태두"로 "신문의 쓰즈키모노[續き物]는 옹의 붓에 제한하도록 극구 칭송"되었으므로 자사의 몫은 宇田川가 스스로 새롭게 쓰지만 "타사의 몫은 별도로 대작자(代作者)가 있어 대략적인 골격을 만든 것을 文海 옹이 윤색해서 보내"는 방식이 이루어졌다. 이러한 방법은 關西의 소설가들 사이에서 많이 행해졌다고 한다. 野崎左文, 앞의 책(1927), 79~80면 참조.

74 도쿄의 당시 소신문 기자의 생활에 대해서는 伊東專三의 처의 담화를 바탕으로 한 「소신문 기자의 처」(篠田鉱造, 『明治百話』, 四條書房, 1931)에 상세하다. 또한 오사카에서도 『朝日新聞』에 연재한 宇田川 등의 소설이 道頓堀의 극장에서 상연된 바와 같이 연극과 연계되었다.

75 『商業資料』(1894(M27).4.10)의 기사에 따르면, 도쿄에서는 메이지 20년대도 대신문 기자와 소신문 기자는 구별되어 전자는 후자를 낮추어 보았는데 오사카에서는 그러한 구별은 없었다고 한다.

76 이 점은 西田長壽가 「1878(M11)~1881(M14)年の新聞界」(『日本ジャーナリズム史研究』, みすず書房, 1989)에서 이미 지적되었다.

먼저 주필이 있고나서 신문이고 출자자는 주필의 비위를 맞추고 전권을 위임하는 게 당시로서는 보통이었다. 따라서 강력한 주필하에 파벌이 형성되었다. 도쿄에서 신문에 출자하는 자는 "대체로 모두 심상한 속물 속에서 조금 색다른 별난 무리"였다고 후쿠치 오치[福地櫻痴]가 회상록에 술회한 바와 같이[77] 화족이나 부호 등 호기심 많은 부자가 많은데 이들은 단지 이익을 목적으로 하지 않는 신문 발행에 가세했다. 이에 대해서 오사카의 출자자는 타 사업과 마찬가지로 신문을 상품판매로 여겨 손익 계산이 맞지 않는 기자 쪽이 쫓겨났다.

세 번째 특징은 신문이라는 미디어에 대한 인식의 상위이다. 도쿄의 신문에서는 먼저 그 내용을 문제로 하여 정치 논의든 연재물이든 서적의 연장인 문필의 도구로 간주했다. 이에 대하여 오사카에서는 신문의 정보 매체로서의 측면에 관심이 높았다. 전신을 활용하여 도쿄나 조선 등의 정보를 보다 빠르게 입수하는 신속함이 요청되고 사실 보도가 중시되었다.

이것을 방증하는 것이 시세 정보를 중심으로 한 경제전문지의 발달이다. 1876(M9)년 12월에 도쿄에서 미쓰이[三井] 물산 회사에 의한 주간지 『중외물가정보』가 창간되어 이것이 주 2회 간행된 1878(M11)년 4월에 오사카일보사는 그 중개 판매를 착수했지만[78] 이때 이미 오사카에는 여섯 종류의 상장정보지가 발행되어 그중 적어도 한 신문은 일간이었다.[79] 이들 경제정보지는 메이지 10년대 후반에는 10종류를 넘어 그 대

---

77 福地櫻痴, 『新聞紙實歷』, 民友社, 1894(M27)(明治文化研究會 編, 『明治文化全集 第四卷 新聞篇』, 1968) 참조.

78 『大阪新聞』, 1878(M11).4.13, 사고.

79 경제 전문지의 발행 부수는 『內務省統計年報報告書』, 『大阪府統計書』의 통계자료에 따른다.

표격인 『상요신보(商要新報)』는 1882(M15)년부터 일간으로 평균 1천 200~1천 700부를 발행했다. 메이지 20년대에는 『오사카상황신보(大阪商況新報)』가 2천~3천 부 이상의 평균 발행 부수를 올려 안정적인 지위를 구축함으로써 신문 사업의 일각을 차지했다. 도쿄의 『중외물가신보』가 일간으로 된 것은 1885(M18)년이고 평균 발행 부수가 2천을 넘은 것이 이듬해 1886(M19)년이었던 것에 비하면 그 발달 현황이 명료하게 파악된다.

이들 경제전문지는 일반지에 필적할 만한 세력은 지니지 못했지만 상인의 마을 오사카의 시장 정보를 구하는 사람들 때문에 오사카의 신문은 이러한 요소를 서둘러 도입했다. 『나니와신문』을 필두로 하는 소신문이 스모대진표·물가란의 충실함에 주력했던 것은 물론이고 대신문 『오사카일보』조차 연일 한 장짜리 물가표를 부록으로 끼워 넣었다. 1885(M18)년에 『아사히신문』은 상황시세 전문 탐방을 배치하여 물가 정보 편집에 힘을 기울여 경제전문지의 독자도 흡수하게 되었다고 한다.[80] 경제전문지는 원자료도 적고 연구가 그다지 이루어지지 않았기 때문에 일반지의 경제란과의 관계는 아직 알려져 있지 않은 것이 많지만 이와 같은 경제 정보에 대한 지향성이 보도 중시의 신문을 낳은 독자 지향성과 중첩된다고 봐도 무방할 것이다.

요컨대 오사카에서는 게사쿠를 중심으로 하는 출판업의 전통이 도쿄에 비하면 훨씬 미약하기 때문에 새로운 신문의 미디어 능력을 보다 즉물적으로 이해하고 추진시켜 갈 가능성이 열렸다. 사업으로서의 안

80 朝日新聞百年史編修委員會, 앞의 책, 141~142면.

정과 실리를 추구하는 경영자가 전통이나 파벌에 얽매이지 않는 기자들과 맞잡고 독자들과 함께 그 가능성을 탐색해 가던 과정이 메이지 10년대 오사카 신문의 궤적이었다. 그 도상에서는 상품판매로서 유리한 쓰즈키모노와 사실 보도라는 소신문적 요소가 주도권을 장악하고 일찍부터 소신문이 대신문의 요소를 도입하여 신속하고 정확한 보도를 주안으로 중신문으로 탈피했다. 이와 함께 도쿄와 같이 기자의 개성에 의한 신문 만들기가 아니라 오사카에서는 인쇄나 전신, 판매망에 투자하는 조직적인 신문 만들기를 추진함으로써 오사카의 2대지를 전국지로 발돋움시켜 가는 발판을 다졌다.

# 제10장
# 소신문의 새로운 시도 – 초기의 『미야코신문』과 『야마토신문』

## 1. 후기의 소신문

메이지 10년대 후반 정당의 해산과 함께 대신문은 쇠퇴하는 한편 소신문은 변모를 거듭하여 유력한 신문의 지위를 구축하게 되었다. 오노 히데오는 이것을 소신문이 마침내 "신문계의 중심 세력"이 된 시기로 1885(M18)년부터 1887(M20)년까지를 "제2기소신문의 전성시대"로 명명했다.[1] 이러한 시대 구분은 오노 자신도 포함하여 이후는 계승되지 않았지만 1880(M13)년경까지의 소신문이나 자유민권운동이 활발했던 1881(M14)년부터 1884(M17)년까지의 중기의 소신문과 비교해보면 메이지

---

1 小野秀雄, 앞의 책, 167~176면 참조.

10년대 말부터 20년대에 걸쳐서는 이와는 다른 소신문의 전개를 보이는 시기로서 파악할 필요가 있다. 여기에서는 이것을 후기의 소신문이라고 부를 것이다.

전술한 바와 같이 『자유등』, 『회입자유』, 『회입조야』, 『개진신문』 등의 정당계 소신문은 이 무렵부터 소유자나 명칭을 바꾸어 중신문화의 조류에 휩쓸려 소멸해 간다. 그 한편에서 『아사히신문』이나 『요미우리신문』은 지면을 확대하고 논설을 편성하여 독자적으로 중신문화를 추진해 갔다. 이들의 동향은 1883(M16)년 4월의 신문지조례 개정, 7월의 『관보』 창간, '독립불패(獨立不覇)'를 표방한 『시사신보(時事新報)』가 높은 평가를 받던 상황을 배경으로 하는 가운데 몇몇 새로운 소신문이 도쿄에서 탄생했다. 이들은 예를 들면 『일본 타임스[日本たいむす]』(1885(M18)년 8월 창간)와 같이 구미의 신문을 직접적으로 의식한 것도 포함하여 당시의 소신문이 구래의 틀에서 탈피하여 대신문의 식견과 품격을 수용하여 새로운 신문을 창조해가는 다양한 시도였다.

이 장에서는 이 가운데 1884(M17)년에 창간한 『금일신문(今日新聞)』과 『경찰신보(警察新報)』라는 두 소신문에 초점을 두고자 한다. 이 양 지는 어느 쪽이나 이제까지의 소신문에는 없는 새로운 도전을 감행하여 훗날 각각 『미야코신문[都新聞]』과 『야마토신문[やまと新聞]』으로 다시 태어나 제2차 세계대전기까지 존속하는 신문의 출발점이 되었기 때문이다. 이두 소신문은 당시 어떠한 위치를 차지하고 또한 어떠한 영향을 미친 것일까. 여기에서는 주로 그 두 신문의 성립을 고찰하면서 후기 소신문 변화의 한 단면을 해명할 것이다.

## 2.『금일신문』과 가나가키 로분

『금일신문(今日新聞)』은 1884(M17)년 9월 25일에 석간지로서 창간되었다. 종종 사실과 다르게 일본 최초의 석간지로 기술되기도 하지만[2] 최초의 석간지는 1877(M10)년 11월 다카바타케 란센[高畠藍泉]이 간행한 『도쿄매석신문[東京每夕新聞]』으로 정확하게는 두 번째 시도이다. 최초의 『도쿄매석신문』은 3개월도 채 발행되지 못했지만 『금일신문([今日新聞)』은 1887(M20)년 2월에 조간지로 대체되기까지 약 2년 4개월 동안 석간지로 발행되었다. 그 창간호에 게재된 「○ 발간의 취지」는 그 지향점을 다음과 같이 명쾌하게 밝혔다.

> 우리나라의 신문 이미 최선을 다하여 격을 갖추었다고 생각되는 것도 더욱더 얼마간의 개선을 꾀하지 않을 수 없다. 그 개선을 도모하는데 무언가 가장 급히 해야 할 것은 이것 외 없다. 당일 신문을 당일에 간행하는 것뿐. 지금의 신문 보도 신속하지 않음이 아니고 기사 힘쓰지 않음이 아니지만 금일 보도하는 것은, 전날의 것으로 내일 싣는 것은 그사이에 자연 유감없을 수 없음으로 인하여 이번 여러 벗과 도모하여 여기에 금일신문을 발행하기에 힘써 당일의 일을 당일에 간행하여 이를 저녁에 배달하여 세상사람 처음으로 당일의 일을 당일에 아는 것을 기뻐할 것을 기대함. 아마도 태서의 『이브닝 포스트』에 배우는 것이라

2 小野秀雄(앞의 책, 169면)의 "『今日新聞』은 (…중략…) 우리나라 최초의 석간신문으로"라는 기술을 참조했을 것으로 여겨지는 문헌이 있지만 이미 山本文雄(앞의 책, 120면)에서 바로잡았다.

그 신문지 작게 하여 저급하다고 하더라도 이것 역시 바람직한 상태에서 시작하려는 뜻이라.

제일로 주로 하는 것은 위에 말한 것과 같다 할지라도 다음으로 주로 하는 바는 조금 소신문류의 범위를 넘어 상업자 그 밖의 일반 독자로 하여금 읽어 반드시 이익을 얻는 바 있어 소신문은 오히려 장난감이라는 비방 없을 것을 기대함.

즉 당일 뉴스를 그 날 중에 보도한다는 신속성과 상업에 종사하는 사람들을 비롯하여 보다 광범위한 독자를 대상으로 한 유익성이라는 두 가지의 목표를 내걸어 종래의 소신문 틀을 넘는 차원의 비전을 이 소신문은 제시했다. 이 두 가지 목표를 향해 어떠한 시도가 전개되었는가를 다음에서 살펴본다.

『금일신문』은 노자키 사분의 회상에 따르면[3] 『우편호치신문[郵便報知新聞]』의 사주를 1882(M15)년에 쫓겨나듯이 사직한 고니시 요시게[小西義敬]의 은행사업 실패를 도우려는 친구가 출자하여 기획되었다. 고니시를 사주로 가나가키 로분[仮名垣魯文]을 주필로 하여 조역에 노자키 사분, 탐방장에 로분의 장남 가나가키 구마타로[仮名垣熊太郎], 영업부장에 오카 조지[丘讓二]가 앉혀지고 기자에는 나가이 로크[永井碌], 시미즈 이치지로[清水市次郎] 등 소신문의 경험자가 결집되었다. 당시 55세의 가나가키 로분에게는 『가나요미신문』, 『이로하신문』에 이어 세 번째의 주필을 역임하여 가나가키파의 기자들이 주위에 장벽을 치고 숙달된 일로 생각되었던 데 반해 석간지의 편집은 이제까지와는 다른 분주함을

3 野崎左文, 앞의 책(1927), 84~118면.

편집진에 요청했다.

창간 당시의 지면에는 어제의 "배달인 전부출타" 시간, 즉 신문배달인이 출발하여 끝난 시간이 기재되어 있는데 이에 따르면 오후 5시부터 7시 반까지의 사이에 발송된 것 같다. 그리고 나서 한 시간 정도 걸려 배달되었다고 하니 독자의 수중에 배달되는 것은 6시부터 8시 반 경 사이였을 것으로 짐작할 수 있다. 전등 없는 당시는 여름철에는 그래도 낫지만 해가 빨리 저무는 겨울의 그 무렵에는 문을 닫고 잠자리에 드는 집도 있었다고 한다.[4] 이로 인하여 편집은 마감에 쫓겼다. 당초는 "늦어도 오후 한 시까지 마감한다"[5]는 요청이었지만 창간 머지않아 발행 부수가 만 부를 넘자[6] 편집 시간은 한층 압박되었다. 아직 윤전기가 없고 "만장 인쇄하는 데 10시간 이상이나 걸"리는 당시 인쇄 능력의 한계로 인하여 기자들은 편집국에 머물거나 이른 시각 출근했다.[7] 로분도 스스로 "본사신문의 건은 늘 금일 저녁에 쫓김에 따라서 업무 분주 다망 종일 촌음도 남기지 않고…… 제군 자연히 노생과 면담하려고 하면 오후 6시 이후 신도미초[新富町]…… 의 신 거처를 물어보게"라는 사사(謝辭)를 지면에 실을 정도였다.[8]

또 하나는 배달의 문제로써 판매소로 배송하는 외에 본사에서 직접

4 野崎左文, 앞의 책(1927), 90면.

5 위의 책, 86면.

6 『今日新聞』 12号, 1884(M17).10.10, 3면, 「○ 본지 만장 빼곡히 간행」에는 "금일 금석 초간부터 고작 12호로 하여 실로 정말로 인쇄 수량 만 장 결코 허풍 아닌 증거는 매일 저녁 점포 앞의 혼잡한 군집 찌르릉 찌르릉 방울 소리 울림에 근린 이웃의 예의 소동"이라고 하며 본사 안에서 자축한다고 기술했다. 또한 『警視廳事務年表』에서 추산한 1885(M18)년 및 1886(M19)년의 『今日新聞』의 호당 평균 발행 부수는 대략 6천 500~7천 부이다.

7 野崎左文, 앞의 책(1927), 88면.

8 『今日新聞』 13号, 1884(M17).10.11.

배달하는 판매원을 고용하여 ○에 '금(今)'으로 물들인 겉옷을 입고 나니게 했다. 그러나 순식간에 만 부를 넘었기 때문에 "본사로부터 날아온 배달인 75명은 충분하지 않아 작금 서양 각국의 도 부에 설치한 신문 각사의 상업을 모방하여 15세 이하의 아동 100명을 모집 도쿄 부하 일반에 판매하게 했다"[9]고 지면에 기술한 바와 같이 12세에서 50세까지의 판매원을 대량 모집했다. 이것은 1879(M12)년 말에 요비우리가 금지된 이후 조간 배달을 위해 정비된 오사카 부하 제 신문판매소 동맹조합[府下諸新聞賣捌同盟組]과 충돌하게 된 것 같다. 자세한 경위는 알려져 있지 않지만 동맹조합이 광고를 낸 것을 계기로 가까스로 1884(M17)년 12월 중순에 중재하여 상업상의 중개가 성립하고 동맹 조합으로부터 판매·배달도 이루어지게 되었다.[10]

이와 같은 문제를 극복하면서 발행된 석간지는 신문계에 적지 않은 충격과 파문을 던졌다. 그 사정을 「○ 제 신문의 영향」이라는 제목의 투서는 다음과 같이 말한다.[11]

> 금일신문 저녁마다 발행하는 일 한 번 부(府)하에 시작하자마자 도쿄 여러 신문에 그 영향을 미쳐 각사의 사주, 주주 등 모두 지병인 신경통 두통을 앓아 자, 자 큰일 대소 깔린 종이신문 (…중략…) 유유 한한 전날의 보도를 이튿날의 지상에 실어 한 장의 신문 양면에 많게는 먼 나라의 신문으로부터 초록한 기삿거리 아니면 강세(降世)하던 왕년의 전성기를 지난 게사쿠 작자 (아니) 늙은이가 만

9 『今日新聞』 12号, 1884(M17).10.10.
10 『今日新聞』 65号, 1884(M17).12.13.
11 『今日新聞』 105号, 1885(M18).2.4, 4면.

든 이야기 쓰즈키모노를 한 회 얼마간의 윤필료로 사들여 그 날의 책임을 막는 시절이니만큼 급히 그 날의 것을 그 날에 기재 인쇄하여 그날 저녁마다 배달하는 재빠름이 뛰어남이 비할 바 없는 신문 세상에 내어 (…중략…) 선입관이 되니 빠른 게 제일 (…중략…) 종래의 각 신문은 달마다 쇠퇴하고 날마다 인쇄 양을 줄이니 금일에 장래를 보는 것 같음.

당시 관보나 그 밖의 신문 기사를 재료로 하여 이튿날 지면을 작성하는 것은 대신문에서도 소신문에서도 큰 차이 없는 편집의 기본 방식이었다. 그러므로 당일 관보의 기사를 6, 7시간 늦어져도 값싼 가격으로 볼 수 있다면 그것만으로 경쟁에서 커다란 우위를 확보할 수 있었다.[12] 석간지의 속보성에 위협을 느낀 각지의 대응을 로분[魯文]은 이렇게 기술했다.[13]

하루 먼저를 넘겨서는 대동소이의 보통 기삿거리 전야의 새벽 이튿날 아침의 전철을 밟아 이봐 이렇게 해서는 안 된다 와 하고 갑자기 지면의 폭을 넓혀 글자 행수를 늘려 정기적 경축일 기념일 경축일 일요일의 휴가를 폐하고 1월 1일부터 12월 31일까지 쉬지 않는 큰 공부에 기자 직공의 급료 늘고 배달 인원은 이전의 배로 하여 회계의 어림짐작 주판알 놓을 수 없고…….

분명히 『요미우리신문』, 『회입자유』 등의 소신문은 지면을 확대하고 자수를 늘렸지만 그것은 『금일신문』의 창간 이전부터의 경향으로

12 『今日新聞』 388号(1886(M19).1.12, 1면)의 논설에서 관보의 1/3 값으로 6, 7시간 늦어질 뿐인 관보의 기사 내용을 읽을 수 있고 게다가 그림을 곁들인 연재물·잡보·광고도 있다고 선전한다.

13 「○ 新聞の未來記」, 『今日新聞』 152号, 1885(M18).4.2, 4면.

로분이 기술한 대로 당지의 영향으로 간주할 수 있는 것은 아니다. 영향을 받은 것은 소신문보다 오히려 대신문 쪽이었다. 종래 주 1회의 정기 휴일 외에 연말연시·경축일·기념일을 휴간으로 한 『도쿄일일신문(東京日日新聞)』의 관례를 깨고 1885(M18)년 초부터 『도쿄일일』과 『조야신문』이 연중무휴를 단행했다. 뿐만 아니라 『도쿄일일』은 기존의 8면의 지면을 조간 4면, 석간 4면으로 나누어 발행하기 시작했다. 무료배부조차 감소하는 대신문의 독자를 더 이상 소신문이나 석간지에 빼앗기지 않겠다는 대책이었을 것으로 여겨진다. 이 조석간 발행의 시도는 1885(M18)년의 1년간밖에 계속되지 않았지만 『금일신문』 발행이 미친 위협을 방증하는 것이라 하겠다.

그러나 석간 발행은 여러 난관이 따랐다. 먼저 소신문 특유의 경찰기삿거리, 즉 살인·강도·방화·정사 등의 사건은 주로 오후에서 심야에 발생하므로 오전 중의 취재만으로는 경찰도 아직 조사 중인 상태가 많아 상세한 기사를 작성하기에 어려웠다. 또한 취재가 충분해도 전화라는 통신 수단도 기차나 자전거도 거의 없고 교통 기관은 인력거 정도밖에 없는 상황에서는 속보성을 확보하는 것은 기술적으로도 경제적으로도 용이하지 않았다. 또한 상업관계자에게 중요한 시세 정보는 부록으로 배포했지만 후자의 거래 행위가 오후 4시까지 이어졌기 때문에 1885(M18)년 9월부터 이것은 생략하게 되었다.[14]

또한 연극이나 요세[寄席][15]의 흥행 예정을 알리는 '안내'란은 『금일신

---

14 『今日新聞』 285号, 1885(M18).9.5, 사고.

15 **【역주】** 라쿠고[落語]·만담[漫才]·강담(講談)·나니와부시[浪花節] 등을 흥행하는 대중적인 공연장.

# 今日新聞

每夕發刊

(驛遞局認可) 明治十八年三月十七日 火曜日 第百參拾九號

官令

新聞

〈그림 10-1〉『금일신문(今日新聞)』, 1885(M18).3.17, 1면

今村亮先生口述　門人林毅筆記
○麻疹袖暦　全一冊定價金十錢　但シ郵税共
此書ハ今村亮先生ノ講述セラレタル本邦麻疹病流行年代及ヒ治療ノ方法食禁等ヲ門人林毅氏詳細筆記スルモノニシテ方今麻疹流行ノ際ニ付病家ハ勿論醫家ニ於テモ座右缺ク可カラサル良書ナリ
發兌通壁須原屋　同二山城屋　同三丸善
書肆芝三島町泉市　南傳二小林

不換金　壯眼水　定價　大瓶代金五錢　小瓶代金三錢五厘
内藤新宿一　せんきくすり
健請丸本舗　磯山善兵衛

昨晩近火ノ際ハ早速御見舞被下候處雜沓ニ紛レ貴名伺洩モ難計候ニ付不取敢新聞紙ヲ以テ御禮申上候也
三月十四日
兜町五番地　三井物産會社

昨夜類燒ノ節早速御馳付被下難有候混雜ノ際貴名伺洩モ有之ニ付乍略儀茲ニ深ク奉鳴謝候
三月十三日
日本橋區元大工町六番地假住　代言人梅田貞次
當時在靜岡　代言人梅田謹藏

近火之節ハ迅速御馳付御盡力被下殊ニ御見舞物等頂戴仕難有直ニ參趨御禮可申上之所匆卒之際貴名伺洩レモ可有之ニ付乍略儀新聞紙ヲ以テ奉鳴謝候謹言
第百三十二國立銀行
平松銀行
兜町　泉屋兩換本店

昨夜火災ノ節ハ直ニ御見舞被成下難有厚ク御禮奉申上候定テ伺洩モ可有之候ニ付新聞紙上ヲ以テ御禮申上候也
明治十八年三月十三日
日本橋區南茅場町四番地　小川勘助

今朝近火ノ節ハ早速御見舞被下御厚志之段奉鳴謝候直ニ參趨御禮可申上ノ處匆卒之際貴名伺洩モ難計候ニ付乍略儀不取敢御禮申上候謹白
三月十三日
日本橋區蠣殼町壹丁目廿八番地　宮本新右衛門

近火之際罹災者ヘ差出シ候見舞金之名義社務所ト記載アレド右者[illegible]ニ付此段爲念氏子各町ヘ廣告候也
芝太神宮世話人

〈그림 10-2〉 풍자화글 시리즈 '일본지(日本地)', 『금일신문』, 1885(M18).3.17.

문』이 신설한 기획의 하나였지만 도쿄의 독자는 기사가 나가기 전에 이미 알고 있어 원격지의 독자를 위해서는 유익해도 지면이 협소하다는 이유로 1886(M19)년 1월 말에 폐지되었다.[16] 이와 같이 석간지의 속보성을 간판에 내걸면서 그 이상에 따라갈 수 없어 벅찼던 것이 실정이었다. 그럼에도 불구하고 일정수의 독자가 확보된 것은 역시 가나가키 로분의 인기에 힘입은 것이다. 예를 들면 "귀사의 신문 가나요미 이로하의 첫 호부터 계속 읽어 온 단골 옛고양이 가나가키 씨도 다시 근무하시는"[17] 하는 투서를 보내는 가나가키 팬의 독자에 로분도 화답하듯이 다시 해학과 풍자의 필봉을 휘둘렀다.

먼저 '일본지(日本地)'라는 풍자화글 시리즈가 3호부터 시작되었다. 이 제목에서 명료하게 과거 1874(M7)년에 로분이 화가 가와나베 교사이[河鍋曉齋]와 창간한 일본 최초의 풍자회화잡지 『회신문일본지(繪新聞日本地)』를 원류로 하여 『이로하신문』의 '이로하폰치'의 계보를 잇는 새로운 풍자화의 시도였다. 그러나 당초 2, 3호 간격으로 게재된 '일본지'의 풍자는 필화를 겪은 탓인지 이전의 풍자화에 비해 표현이 간접적이고 매우 알기 어렵다. 예를 들면 「이바라기 동자[茨鬼童子]」[18](4호, 1884(M17).10.1)는 '자멸당(自滅黨)'으로 표기한 폭탄을 안은 아이의 그림에서 자유민권운동인 가파산(加波山) 사건의 풍자일 것으로 짐작되는 익살스런 희문(戲文)을 해독하기란 상당히 어렵다. 이를테면 '오주문(誤駐問)'(10호, 1884(M17).10.8)이나 '도유관(逃幼關)'(18호, 1884(M17).10.18) 등과 같이

---

16 『今日新聞』 426号, 1886(M19).1.27.

17 『今日新聞』 4号, 1884(M17).10.1, 寄書.

18 **【역주】** 교토의 라쇼몬[羅生門]의 전설상의 귀신.

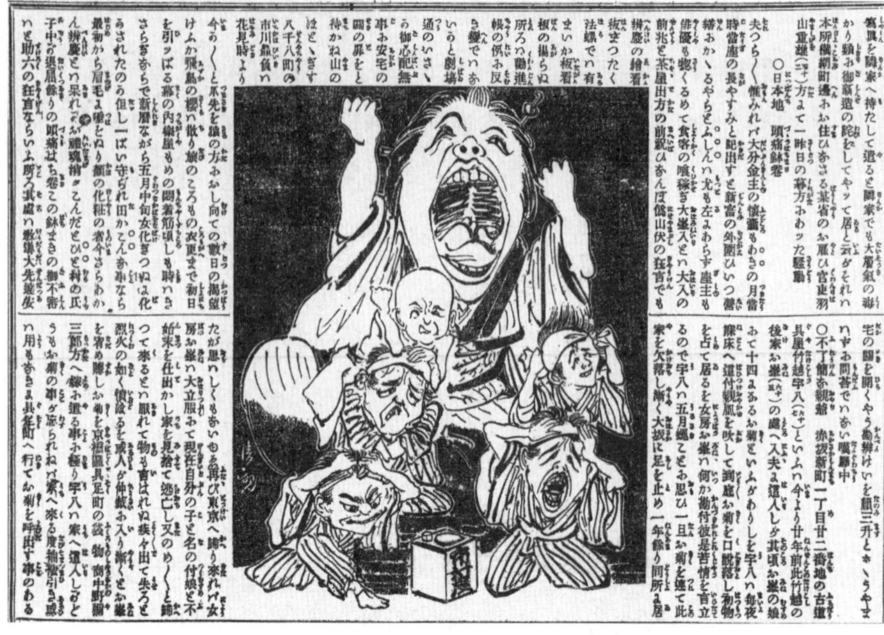

寫眞を隣家へ持たして遣ると隣家でも大層氣の毒かり類ゐ御新造の詫をしてやッて居と云ばそれハ

本所横網町邊ゐお住ひあさる某省のお雇ひ官吏羽山重雄(二十)方よて一昨日の暮方ゐわッた騒動

○日本地　頭痛鉢卷

夫つら〳〵惟みれバ大分金主の懷都もわきの月當時當座の長やすみと睨出すと新富の外圍ひいつ爾繕おかゝるやらとふしんハ尤も左よあらず座主も俳優も惣くるめて食客の喰稼ぎ大盤入とハ大入の前兆を茶屋出方の前觀ひあんぽ僞山伏の狂言でも辨慶の繪看板まつたく法螺でハ有まいか板看板の揚らぬ所ろハ勸進帳の例ふ反き變でハあいらと劇場通のいさゝの御心配無事ふ安宅の關の扉をと待かねる山のほとゝぎす八千八町の市川贔負ハ花見時より今の〳〵と爪先を猿の方ゐおし向ての數日の揭盤けふか飛鳥の櫻ハ散り旗のころもの衣更まで初日を引ッぱる幕の内樂屋もめの悶着筋頃しも時ハさらぎあらで新暦ながら五月中旬女化きつねは化あされたのゐ但し一ぱい守られ田かてんお事なら最初から眉毛よ唾をぬり顏の化粧の当今さらあかん辨慶とハ呆れごのゐ禮魂消ゞこんだとひと料め氏子中の退屈餘りの頭痛はち卷この鉢まきの御不審ハと助六の狂言ならいふ所ろ其處ハ敷錦大先達佐

宅の鬪を開くやう勧辨けいを組三升とホゝうやまハずゐ問答でハあい嘆願中

○不丁簡な親爺　赤坂新町一丁目廿二番地の古道具屋竹越宇八(六十)といふハ今より廿年前此竹越の後家お峯(五十)の處へ入夫よ這入しゞ其頃お峯の娘ゐて十四よあるお菊といふがありしを宇八ハ毎夜寐床へ這付親風を吹して到底お菊を口說落し初物を占て居るを女房お峯ハ何か勘付彼是苦情を言立るので宇八ハ五月蠅てとゐ思ひ一旦お菊を連て此家を欠落し漸く大坂に足を止め一年餘り同所よ居たが思ハしくもあいゐる再び東京へ歸り來れバ女房お峯ハ大立服ゐて現在自分の子と名の付娘と不始末を仕出かし家を見捨て逃亡し又のめ〳〵と歸つて來るとハ厭れて物も言はれぬ疾々出て失ろと烈火の如く憤ゐるを或人が仲裁ゐ入り漸くとお峯を宥め賺しお菊を京橋區具足町の袋物商中野彌三郎方へ嫁ゐ遣る事ゐ極り宇八ハ家へ這入しゞどうもお菊の事が忘られねバ家へ來る度袖褄引き或ハ用もなきよ具足町へ行てお菊を呼出す事のある

〈그림 10-3〉 清親에 의한 '일본지' 풍자화(『금일신문』, 1885(M18).6.3)

한자를 구사한 표현을 많이 볼 수 있다. 기존과 마찬가지로 「제의의원[堤の蟻員]」(16호, 1884(M17).10.15)이라는 관원 비판만이 아니라 「가부키 단호[歌舞伎団護]」(45호, 1884(M17).11.21)와 같이 다양한 각계의 인물을 도마위에 올리는 것이 특색이지만 그림이 작고 생기 넘치는 색채감이 결핍되었다. 그 때문인지 '일본지'의 게재는 51호(1884(M17).11.27) 이후 월 1, 2회 정도였다.[19]

대신에 43호(1884(M17).11.18)부터 편성되었던 것이 역시 로분에 의한

19 『今日新聞』, 388号(1886(M19).1.2)의 「내상상담(內商相談)」은 지면에서 확인되는 마지막 풍자화이다. 또한 화가의 서명이 들어간 그림은 적지만 清親이나 國峰의 이름이 보인다. 〈그림 10-3〉 참조.

캥캥치기 일명 늙은 여우소식

「금금치기 일명 로고통[今今痴記一名老狐通]」이라는 희문(戱文)의 난이다. 여기에는 매회는 아니지만 자주 실린 삽화와 함께 '일본지'의 풍자화글과 유사한 취향이지만 사회풍자의 강도는 훨씬 약하다. 예를 들면 56호(1884(M17).12.3)에서 시작한 '괴화인물백기야행(怪化人物百奇野行)' 시리즈에서는 「이목구비 없는 귀신[のっぺらばう]」(63호, 1884(M17).12.11)이라든가 게이샤를 야유하는 「고양이[寝兒股]」(69호, 1884(M17).12.18)나 「설녀랑(雪女郎)」(85호, 1885(M18).1.10) 등 시정의 인간들 모습을 동물 등에비유하여 재미있게 그린 것이 대부분이다.

이 두 가지 시리즈는 창간 광고에서 "때때로 '폰치'풍의 익살스런 화풍도 더하여 모두 신속함과 재미를 취지로"[20]하는 광화(狂畫)에 해당하는 것이지만 반년도 채 되지 않아서 사그라져 그다지 게재되지 않게 되어 버린다. 1885(M18)년 9월의 지면 확장 시 광고에는 논설이나 광화도 싣는다는 예고가 있었지만[21] 그 이후도 새로운 움직임은 보이지 않아 마침내 그대로 부활하지 못하고 사라졌다.

이러한 해학이 넘치는 풍자가 오래 지속되지 못했던 것은 말할 나위 없이 개정된 신문지조례에 의한 언론 탄압이 주요 요인일 것이다. 예를 들면 『금일신문』 최초의 필화 사건으로 사주 가나가키 구마타로(仮名垣熊太郎, 26세)는 중금고 25엔 벌금 7엔, 편집인 세키네 유키치(關根友吉, 41세)는 중금고 1개월 벌금 7엔을 1884(M17)년 11월 12일에 선고되었다.[22] 이것은 제14호에 게재한 「무전유흥」이라는 기사가 『회입조야[繪入朝

20 『東京繪入新聞』 2,784号, 1884(M17).9.20, 4면, 광고란.

21 『今日新聞』 304号, 1885(M18).9.29, 사고.

22 『今日新聞』 40号, 1884(M17).11.14, 1면.

野]』의 기자 이시이 벤이치로[石井弁一郎]를 폄훼 비방하였다고 하여 처벌된 것으로 기사문 속에서는 『회입조야』는 '긴자[銀座] 근처의 소신문사', 벤이치로[弁一郎]의 필명 '도리에[鳥江]'도 '우교(迂校)'로 바뀌어져 누구인가 금방 알아챌 수 없도록 우회적으로 표현했지만 신문지조례 제18조와 형법 제358조에 저촉되었다.

이후로도 『금일신문』은 수차례 필화를 겪었지만 그 가운데에는 위와 같은 타사의 기자에 관계되는 사건이 눈에 띈다. 이 시기 로분의 비판의 눈은 정부의 동향만이 아니라 동업자인 기자들에게도 날카롭게 향해졌던 것 같다. 예를 들면 1885(M18)년 8월 29일에 도쿄경죄재판소에서 가나가키 구마타로[仮名垣熊太郎]와 이도 가와료스케[井戸川良助](21세)가 각각 중금고 25일 벌금 7엔과 중금고 20일 벌금 6엔을 선고받았을 때의 원인은 184호 잡보에 실린 「여백파오미이 이야기[女白波おみいの話]」라는 제목의 기사였다. 그 글 가운데 "○○○○○"로 기술된 부분이 분별없이 견광사(見光社)의 『자유등』 전 편집인 오가와 이주로[小川伊十郎]를 비방·훼손했다고 고소되었던 것이다.[23]

이러한 기자의 추행을 폭로하는 기사는 게사쿠 작자가 전문으로 하는 무대 뒤의 사정에 밝은 이들이 꾸민 내막으로 파악될 염려도 있지만 여기에는 기자의 존재 방식에 대한 로분의 깊은 우려를 엿볼 수 있다. 이러한 비판과 경계를 늦추지 않는 태도는 아래로는 탐방원과 허위의 당사자의 사사로운 개인의 신상을 기삿거리로 보내는 무리로부터[24] 위로는 정부의 관리로 변신하여 기자 시대의 이빨 빠진 지식인에 이르기

23 『今日新聞』 280号, 1885(M18).8.31; 282号, 1885(M18).9.2.

24 『今日新聞』 239号, 1885(M18).7.14, 사고.

까지 두루 미치는 것으로 생각된다. 「구신문기자의 관리님」이라는 제목의 기사에서 "한 번 신문사의 밥을 먹은 뒤 관리님으로 영전하신 분들도 꽤 적지 않고"라는 비아냥거리는 투의 첫머리나 두 차례에 걸쳐 전 신문기자였던 관리의 성명과 현직, 혹은 이전 근무한 신문사의 명칭을 병기한 리스트를 게재한 기사 등이 이를 방증한다. "어느 한가로운 사람[閑人]"으로부터의 투서로 말하고 있지만 주필 로분에 의한 것이라 하겠다. 이에 대해서는 이미 야마모토 다케토시[山本武利]가 언급한 바 있지만[25] 여기에는 그 명부만을 재록해 두겠다.

| 西園寺公望君 | 特命全權公使 | 自由新聞社 | 久保田貫一君 | 內務權大書記官 | 日々新聞社 |
|---|---|---|---|---|---|
| 關 新吾君 | 參事院議官補 | 大阪日報社 | 小松原英太郎君 | 外務書記官 | 評論新聞社 |
| 原 敬君 | 天津領事 | 大東日報社 | 磯部物外君 | 外務省御用掛 | 函右日報社 |
| 波多野承五郎君 | 同 | 時事新報社 | 橫瀨文彦君 | 三等主稅官 | 朝野新聞社 |
| 木庭 繁君 | 太政官御用掛 | 草奔雜誌社 | 吉田次郎君 | 工部省御用掛 | 每日新聞社 |
| 草間時福君 | 同 | 政党新聞社 | 依田百川君 | 文部少書記官 | 報知新聞社 |
| 矢田堀鴻君 | 農商務省御用掛 | 同 | 池上三郎君 | 檢事 | 日々新聞社 |
| 福原恭輔君 | 司法少省御用掛 | 明治日報社 | 太田 實君 | 內務省御用掛 | 同 |
| 關 謙之君 | 司法省御用掛 | 鳳鳴新誌社 | 杉村 濬君 | 仁川副領事 | 每日新聞社 |
| 山脇 巍君 | 大藏一等屬 | 大阪日報社 | 窪 章造君 | 太政官二等屬 | 草奔雜誌社 |
| 澤田直溫君 | 同判任御用掛 | 朝野新聞社 | 大江孝之君 | 同 | 函右日報社 |
| 小室信介君 | 外務省判任御用掛 | 見光新聞社 | 林部金三郎君 | 工部三等屬 | 報知新聞社 |
| 渡辺玄包君 | 司法省御用掛 | 明治日報社 | 森本 駿君 | 大藏八等屬 | 同 |
| 荒野文雄君 | 文部五等屬 | 教育新報社 | 高橋 克君 | 大阪府六等屬 | 評論新聞社 |
| 中島勝義君 | 樺戶集治監判任御用掛 | 近事評論社 | 吉田喜聞君 | 同 | 繪入朝野新聞 |
| 今泉勇作君 | 文部省判任御用掛 | 都新聞社 | 古壯嘉門君 | 青森縣大書記官 | 紫暝雜誌 |
| 平山陣平君 | 一等警察使 | 函右日報社 | 牛場卓造君 | 四等主稅官 | 報知新聞社 |
| 三崎龜之助君 | 外務書記生 | 明治日報社 | 笠原忠家君 | 大藏省御用掛 | 鎭西新聞社 |
| 渡辺修次郎君 | 同 | 農學雜誌社 | 群 利君 | 參事院書記生 | 福岡新聞社 |
| 木村絃雄君 | 學習院幹事 | 紫暝雜誌社 | 武笠原昌藏君 | 太政官判任御用掛 | 明治日報社 |
| 高橋辛義君 | 農商務省同御用掛 | 同 | 岡部則光君 | 神奈川縣六等屬 | 東洋新報社 |

25 『今日新聞』 182号, 1885(M18). 5.8, 185号, 1885(M18).9.2; 山本武利, 앞의 책(1990), 157~158면 참조. 또한 宮武外骨도 「新聞記者たりし官吏1891(M24)年の表」(『公私月報』, 32号)라는 기사를 쓴 것으로 보아 『今日新聞』의 이 기사에도 주목했을 것으로 생각된다.

총 42명에 달하는 기자 일람은 필화 사건을 단지 처벌 대상자와 형벌을 나열했을 뿐인 기사를 게재한 『가나요미신문』의 시절[26]과 마찬가지로 무언의 저항이 담겨져 있는 것이다. 대소신문의 차이가 있을지언정 함께 권력과 언론 탄압에 맞서 싸웠던 기자들과 어제까지 공격해온 정부의 회유책에 편승하는 관계로 변신해 가는 모습을 한 자루의 붓에 의지할 수밖에 없는 로분은 서민의 눈으로 고통스럽게 바라보았던 것은 아닐까. 지식인이 기자를 관계로의 등용문으로 여김을 부끄러워하지 않는 풍조에 대한 실망감을 감출 수 없었던 것처럼 보인다. 그러나 저널리스트의 존재에 대한 깊은 회의와 질타의 상념이 로분에게 있었는가의 여부는 확연하지 않다. 다만 자신이 제작하는 소신문에도 기자들을 향하는 것과 동일한 엄격한 시선을 주었던 것은 분명하다.

로분은 창간의 취지에서 "그 문장을 평이하게 하여 또한 후리가나를 다는 것과 같은 것은 부녀 동몽으로 하여금 읽기 쉽게 하려는 것이라고 말하지만 이를 위하여 문자 품위 없고 천하여 언어 외설 난무하여 애증 편파적인 속(俗)에 이른바 한쪽만 편드는 잘못을 만들지 않는 것은 기자의 날에 세 번 다시 돌아봐야 할 바"[27]라고 기술한 바와 같이 후리가나를 달면서 야비(野卑) 외설을 배제한 소신문의 새로운 가능성을 탐색했다. 이것을 상세하게 논한 것이 「소신문의 지위」(1885(M18).11.7·9·10)라는 논설이다. 이것은 『시사신보』에 게재된 「일본의 신문」(1885(M18).11. 7·9·10)의 논설이 신문의 현황을 "불만족 천만"이라며 소신문과 대신문 및 신문 독자의 신문계를 비판한 것에 호응하여 쓰여졌다. 『시사

---

26 이 책의 제6장 참조.

27 『今日新聞』 1号, 1884(M17).9.25.

신보』의 비판은 "문정천보홍화가영년간(文政天保弘化嘉永年間)"의 고사(古事)에 의한 것과 같은 "뿌리도 잎도 없는 만들어 낸 이야기"를 두서넛이나 실어 지면을 채우고 논의도 기사도 관보나 타 신문을 손질한 재탕으로 기자 자신이 최초로 쓴 것이 없다고 소신문 기자를 문책하는 한편, 이에 대해 통쾌하게 웃는 대신문의 기자도 자신의 정론을 펴는 일 없이 정부 발표와 관리의 담화에 의한 기사로 시종 일관한다고 비난했다. 이에 대해 로분은 이 논설에서 "소신문은 대신문으로부터의 충고를 기다리지 않고 한결같이 대소 동등한 지위에 달하는 개량을 도모하고 세상 사람으로 하여금 다시 대소의 호칭으로써 신문을 구별하지 않도록 하려는 것을 바라는 바 실로 금일의 급무"라고 설파하여 소신문의 개량을 주창했다.

먼저 그는 일본의 과거 10년간에 걸친 눈부신 신문 발달의 역사를 회고하면서 현재는 논설이나 후리가나의 유무로는 대신문·소신문의 구별이 유효하지 않게 된 현상을 지적한다. 그 위에서 또한 대소의 거리를 두는 폐해는 소신문의 품위 없고 천박한 기사 내용에 의한 것이므로 이것을 개량해야 한다고 역설했다. 이를 위하여 로분은 착수해야 할 두 가지 사항을 꼽았다. 하나는 소신문의 논의를 "고상"하게 하여 "아순(雅淳)하게 하는" 것이다. 이것은 난해한 문장을 쓰는 것도 세상의 대문제만을 다루는 것도 아닌 기자의 시야를 폭넓게 하여 고상한 정신을 함양하여 기사를 쓰는 것이라고 로분은 말한다. 두 번째는 소신문에 딸린 「회입쓰즈키모노[繪入續き物]」에 개량을 더하여 "한층 고등한 지위로 상승하게 하"는 것이다. 쓰즈키모노는 게이오[慶応] 연간인 1865년 이전의 요미혼쿠사조시[讀本草双紙]와 같은 통속적인 그림책을 고쳐 다시 펴낸 것 같은 유행에 뒤처진 무용지물이라고 비판하지만 구미의 신문잡지에도 쓰즈키모노를 싣는 예는 있는 만큼 "남녀의 치정에 의탁하여 문학 종교의 특질을 강변하거나 일개인의 이력으로써 정치 정당의 연혁을 기술하는 등"의 개선을 추구해야 할 것이라고 논했다.

이 논의의 지적은 정곡을 찌르는 것이지만 개선책으로서는 구체성이 미흡하다. 첫 번째에 대해서는 기자의 자세를 타이르는 것에 머무르고 두 번째 사항도 당시 막 출판된 쓰보우치 쇼요[坪內逍遙]의 『소설신수(小說神髓)』를 의식한 발언으로 보이지만 충분한 설득력이 있다고는 하기 어렵다. 추측컨대 로분은 쓰보우치 등이 지적한 소설의 새로운 방향의 필요성을 느끼면서도 그 뚜렷한 비전을 제시할 수 없었던 것 같다. 왜냐하면 로분이 소신문 저널리스트로서 날마다 상대해야 할 대상은 그가 논설에서 진술하는 다음과 같은 독자였기 때문일 것이다.

> 많은 독자 중에는 우리들이 하루라도 빨리 제군에게 보도해드리려고 일부러 의도적으로 지상에 기재하는 정치 · 문학 · 농공상공 그 밖의 유익한 사항에는 눈길도 주지 않고 오히려 신문을 손에 들자마자 삽화가 있는 쓰즈키모노를 읽어 내려가거나 혹은 절부박명(節婦薄命)을 가엾이 여기거나 혹은 흉적의 간악함을 미워하고 그 사람들의 행태를 보기를 원하여 이튿날 신문을 기다리는 것, 마치 대여점에서 미처 다 읽지 못하고 남은 쿠사조시가 오기를 기다리는 것 같이 이 쓰즈키모노에 연연한 마음을 기울이게 되는 분들도 있다던가…….

이러한 독자에 대해서 쓰즈키모노는 신문의 재미를 더하는 '상품' 즉 사랑과 존경의 부록에 지나지 않는 것이어서 이 부록만을 애독하고 본지를 소홀히 여긴다면 신문의 값어치를 잃어버리게 되므로 신문을 능숙하게 읽게 되도록 로분 자신이 호소하지 않으면 안 되었다.

이렇게 하여 『금일신문』은 소신문의 탈피를 겨냥했지만 그 높은 목표는 당시의 인쇄 기술·취재 체제·기자의 의식 혹은 독자의 요구와 잘 맞물리지 않는 현상을 타파하지 못하는 시련을 거듭했다. 더욱이 1884(M17)년 및 1885(M18)년 말에 사옥을 이전하거나 1년도 채 지나지 않은 사이 제목의 제자를 변경하거나 확고한 새로운 노선이 안착하지 못한 불안정한 신문 만들기로 시종일관했다. 1886(M19)년 5월에 가나가키 로분이 퇴사할 즈음에는 지면은 활력을 잃고 결국 1887(M20)년 1월에 고니시 요시케[古西義敬]는 매석사(每夕社)에서 손을 떼고 이를 물려받은 유곽 요시와라[吉原]의 도변루(稻弁樓) 주인 구로타 소키치[黑田惣吉]가 금일신문사로 새롭게 하여 이듬해 2월부터 조간지로 교체했다.[28] 이것도 이도 교토[伊東橋], 사이토 료쿠[齊藤綠雨], 사이카 도요타로[雜賀豊太郎] 등 가나가키 파의 기자들이 편집을 담당했지만 1887(M20)년 5월 5일부터 6월 말까지 치안방해의 혐의로 발행 정지되었다. 이후 편집진을 일신하여 사카자키 시란[坂崎紫瀾]·와다 이다쓰미[和田稻積] 등이 입사했지만 1887(M20)년 말에 보안조례로 도쿄 퇴거의 명령을 언도받았다. 이로 인하여 신문사의 세력이 부쩍 쇠약해지면서 마침내 1888(M21)년 9월 1천 62호로 휴간하고 매각에 나섰다. 당초 모리다 간야[守田勘彌]가 천 엔에 사들여 극장사좌(四座)의 기관지로 한다는 설도 있었던 듯하지만[29] 최종적으로는 출판업자 금항당(金港堂)의 하라 료사부로[原亮三郎]가

28 土方正巳, 『都新聞復刻版解說』, 柏書房, 1994 참조.

29 『やまと新聞』, 1888(M21).11.7, 3면.

출자하여 『시사신보』에 적을 둔 와타나베 나오루[渡辺治]와 함께 경영을 맡게 되었다. 그리고 미야코신문사(都新聞社)로 고쳐 1888(M21)년 11월 16일부터 『미야코신문[みやこ新聞]』으로 개제하여 발행하고 『금일신문』의 호수를 계승했다.

눈부신 변천에 요동치던 『금일신문』은 신문으로서는 성공적이었다고 할 수 없다. 그러나 두 사람의 전혀 다른 유형의 소설가가 데뷔하는 무대로 된 것은 기억해 둘 만한 값진 것이다. 한 사람은 사이토 료쿠[齊藤綠雨]이다. 로분 문하생으로 『금일신문』에 입사하여 1886(M19)년 1월 '에도 미도리[江東みどり]'라는 필명으로 「선악압회우자판(善惡押繪羽子板)」이라는 쓰즈키모노[續き物]를 처음 연재할 당시 그는 19세였다. 이후 그는 『국회(國會)』, 『이육신보(二六新報)』 등의 신문기자로 일하면서 소설을 써 나갔다. 또 한사람은 구로이와 루이코[黑岩淚香]로서 1888(M21)년 1월 휴 콘웨이(Hugh Conway)의 "The Dark Days"를 번역한 탐정소설 「법정의 미인」을 '루이코[淚香]'라는 호로 연재하기 시작했다. 당시 26세였던 그는 이미 『일본 타임스』나 『회입자유』에서 주필로서 활약했지만 번안소설은 이것이 처녀작이다. 수입을 보탤 요량으로 시도했던 여기(余技)였지만 삽화가 없어도 뜻밖의 호평을 받아 그는 잇달아 번안소설을 쓰게 되었다. 1889(M21)년 2월 『미야코신문[みやこ新聞]』이 『미야코신문[都新聞]』으로 개제[30] 한 후 루이코는 주필로 영입되어 그 소설을 독점한 『미야코신문[都新聞]』은 1892(M25)년에 그가 퇴사하여 『요로즈초호[萬朝報]』를 창간하기까지 절대적인 인기를 과시했다.[31] 종전의 소신문의 틀을 넘는

30 【역주】『みやこ新聞』의 『都新聞』으로의 제호 변경은 みやこ에서 都로 변화한 것이므로 양쪽 모두 '미야코'로 읽는 한글 표기에서는 그 변화가 드러나지 않는다.

모색 속에서 『금일신문』이 뿌린 씨앗의 일부는 새로운 시대를 향해 그 싹을 틔워갔던 것이다.

## 3. 『경찰신보』와 『도쿄일일신문』

『금일신문』이 창간한 다음 달 1884(M17)년 10월 4일 『경찰신보(警察新報)』는 발간되었다. 이른바 소신문 크기 4면 세로조판으로 후리가나도 달았지만 내용은 다른 소신문과는 매우 달랐다. 그 창간의 취지에서 "도쿄변에 각 부현 각 지방에서 대체로 경찰관 취급에 관계하고 경찰상의 처분에 속하는 사건은 대소를 막론하고 크고 자잘함을 논하지 않고 모두 확실한 보도에 따라 더욱이 신속하게 이것을 매일 간행하여 지상에 기재하고 또한 때로는 의심스러운 해석에 따른 의견을 개진하고 또한 때로는 구미 제국의 경찰에 관한 기사 논의도 등재해야 하며 독자 제군에게 편익을 주는 것은 조금도 적지 않아야 한"다고 기술한 바와 같이 경찰이 다루는 사건이나 경찰 관련 사항을 보도하는 것이 이 신문의 목적이었다. 이에 따라 '관령 / 논설 / 공판 / 경찰사항 / 잡보 / 경시청품목알림[警視廳品触][32] / 득유실물(得遺失物) / 기고[寄書] / 광고' 등의 난

31 도쿄부 통계서에 따르면 1887(M20)년부터 1888(M21)년의 호당 평균 발행 부수는 5천~6천 정도였지만 涙香이 퇴사한 1892(M25)년에는 부수가 약 3배로 급증했다고 한다. 伊藤秀雄, 『黒岩涙香』, 三一書房, 1988, 96면 참조.

32 【역주】 분실물이나 도난품 등을 찾기 위해 경찰이 품목과 그 특징을 적어 고물상 전당포 등

이 편성되어 이 가운데 '경찰사항'에서는 자살이나 도박범의 처분·조례위반·영업의 개업 폐업이나 정지·금지 등의 사건을, '잡보(雜報)'는 보다 일반적인 뉴스를 다루되 쓰즈키모노도 삽화도 없이 고지식하고 소박한 지면이었다.

이 『경찰신보』는 오노 히데오[小野秀雄]에 따르면 "『도쿄일일신문』을 퇴사한 조노[條野]·니시다[西田]·오치아이[落合] 등이 창간"[33]했다고 한다. 또한 『매일신문 70년』에 의하면 조노[條野]가 "일보사를 퇴사 후 『경찰신보』를 발간하고 이것을 1886(M19)년 『야마토신문』으로 발전시켰다"[34]고 한다. 그러나 이러한 통설에는 다소 의문이 제기되었다.[35] 우선 『도쿄일일신문』의 창시자로서 알려진 조노 덴페[條野伝平]·니시다 덴스케[西田伝助]·오치아이 이쿠지로[落合幾次郎]·히로오카 고스케[廣岡幸介] 는 각각 다른 시기에 『도쿄일일신문』의 발행처인 일보사를 떠난다. 1881(M14)년 12월에 후쿠치 모토이치로[福地源一郎]가 일보사의 주주조직을 개편할 당시 오치아이와 히로오카는 주주의 위치를 상실하고 관계를 단절했다.[36] 니시다[西田]는 오랫동안 회계를 담당했지만 1891(M24)년 11월 세키 나오히코[關直彦]가 사장직을 사임하고 이토 미요지[伊藤巳代治]의 경영으로 자리를 옮겨 퇴사했다. 전후의 사정이 명확하지 않은 이는 조노[條野]이다. 게사쿠 작자 산산데이 아린도[山々亭有人]로서도 닌조본[人情本] 작가 조노 사이기쿠[條野採菊]로도 명성 높은 인물이지만 자신에 관한 기록이나 상

---

에 알리는 글.

33 小野秀雄, 앞의 책, 169면.

34 毎日新聞社社史編纂委員會 編, 『毎日新聞七十年』, 毎日新聞社, 1952, 568면.

35 松本三之介·山室信一校注, 『日本近代思想大系11 言論とメディア』, 岩波書店, 1990, 184면.

36 相馬基 編, 『東日七十年史』, 東京日日新聞社·大阪毎日新聞社, 1941, 57~59면.

세한 전기를 남기지 않았다. 이에 관해서는 현재 자료를 조사하는 중이지만 1884(M17)년부터 1887(M20)년경 사이에 작성된 것으로 보이는 문서에 따르면, 조노[條野]는 니시다[西田]와 동일한 액수인 2천 500엔의 주를 소유하고 '지배인'의 지위에 있었다.[37] 『경찰신보』를 개변하여 1886(M19)년 10월 4일에 『야마토신문』을 발간하여 주재한 것은 분명 조노[條野]이므로 그 무렵 그는 일보사를 떠난 것으로 추측된다.

이상을 정리하면 먼저 오치아이 이쿠치로[落合幾次郎]는 『경찰일보』와는 무관한 것으로 짐작된다. 그는 본래 우키요에 화가여서 일보사를 떠난 이후도 『도쿄회입신문』 등의 소신문에서 화필을 잡고 활약하였으므로 삽화가 없는 『경찰일보』에는 특히 관여한 형적도 없고 연루된 필연성도 없는 것으로 사료된다. 한편 니시다와 조노는 일보사에 근무하면서 『경찰신보』 창간에 관여하게 된다. 『도쿄일일신문』의 주요 간부로 재직한 채 별도의 신문을 발행하는 셈이다. 더욱이 창간호부터 1885(M18)년 말경까지 편집인으로서 서명한 다케베 고키치[建部孝吉]는 니시다의 회상담에서 일보사의 "회계부에서 애써 온" 사람으로 꼽혔다.[38] 게다가 『경찰일보』는 도쿄 교하시구 오와리초 2가 1번지(東京京橋區尾張町2丁目1番地)의 경찰신보사에서 발행되긴 하지만 인쇄소는 오와리초 1가 1번지(尾張町一丁目1番地)의 일보사였다.

37 위의 책 참조. 또한 條野伝平의 이력에 관한 자료는 興津要, 「山々亭有人(採菊散人)硏究」, 『轉換期の文學—江戶から明治へ』, 早稻田大學出版會, 1960; 「條野採菊翁逝く」, 『東京日日新聞』, 1902(M35).1.28, 4면; 鏑木淸方談, 「條野採菊翁逝く」, 『東京日日新』, 1909(M42).3.29, 9면; 微笑小史, 「條野君を吊ふ」, 『日出國新聞』, 1902(M35).2.2, 4면; 今古賢一郎, 『每日新聞の源流』, 每日新聞社, 1988.

38 『東京日日新聞』, 1904(M37),11,10,12면. 메이지 10년대의 회고담에서 "또한 회계부에서 일하다 지금 건재한 사람은 南鍋町의 新聞賣捌業新榮社의 建部孝吉氏"라고 기술되었다.

결론적으로『경찰일보』는 일보사에서 기획하여 발행한 소신문일 것으로 생각된다. 유력한 방증의 하나는『도쿄일일신문』(1884(M17).10.6)에 게재된「○ 경찰신보발간」이라는 제목의 기사이다. 다른 소신문에 관한 언급은 실로 짤막한 토막기사밖에 실을 수 없는 격식 있는 대신문에서 29행, 약 1단에 걸쳐 이 소신문의 창간을 알리는 것은 그것만으로 심상치 않는 관계를 풍기게 한다. 그 전문을 인용해 두자.

발간 전부터 세상에 이름 높았던 경찰신보는 그저께 4일 그 제1호를 발행했다. **원래 동신보(同新報)와 본사와는 완전히 타인이라고만 할 수 없다.** 여기에 그 지면의 모양을 말하면 기사도 정밀하여 탐방도 사실에 오류가 없고 서두에 경찰의 주지를 진술한 문장 등 과연 그 사의 사람 있음을 알아야 할 것이다. 하지만 그 인쇄의 선명함은 본사 즉 일신보(일보사의 잘못인듯—인용자) 인쇄소의 솜씨라고 해야 할까. 그런데 당일의 사정을 본사에서 본 바를 기술하려고 아침 일찍부터 가게 앞은 마차 인력거 끊임없이 서로 밀 정도로 군집하여 필시 대책을 강구하는 손님이라 할 것이라. 그중에 검은 모자 대검 엄연히 부록의 경리일람표를 거듭 보이는 것은 경찰의 관리되는 당사(唐棧)의 하오리[羽織]에 감(紺)색 보자기로 싸 손에 든 전당포 고물상의 사람으로 이것은 경찰이 쓴 품목서[品触]를 빨리 보는 것을 기뻐하는 손님이 될 것이다. 높은 신분의 귀공자들을 동행하고 여러 홍행의 항목에 눈을 주는 세발의 틀어 올린 머리의 예기 감찰원[39]에 눈동자를 향하는 이러한 혼잡함 속에 밤이 되어서는 예의 긴좌[銀座]의 국익(國益)의 대장 이와야 마쓰히라[岩谷松平]가 동사의 부탁에 응하여 환등 사

39 【역주】영업이나 행위등이 정당함을 증명하기 위해 관청에서 교부하는 허가증.

진 광고를 가게 앞에서 행했다. 이것을 보려는 구경꾼 남녀는 낮에 군집하고 두루 구석구석 늘어 그 떠들썩함은 형언할 수 없다. 미리 놓아 둔 동사(同社)의 제1호는 뜻밖에 평판 좋고 그저께부터 어제에 걸쳐 이미 수천의 주문 있어, 사원도 앞 다투어 한층 기사 탐방에 힘을 써서 또한 경찰의 일에 구애되는 크고 작은 것 없이 모두 등록하기 애써서, 『경찰신보』의 이름에 걸 맞는 일을 결심한다고 한다면 사운의 날에 융성함으로 나아가려는 것 기약하는 것이라고 생각한다. (후리가나는 생략, 강조—인용자)

일보사와 『경찰신보』가 반드시 '타인'인 것만은 아니라고 기술하여 그 기자의 질의 높음을 상찬하고 즉각 수천의 주문이 있었다고 판매에 영향을 미치는 노골적인 선전까지 행하는 것은 『도쿄일일신문』의 자매지였을 추론을 보다 설득력 있게 한다. 또한 당일 가게 앞에 모인 사람들이 사실이었는가의 문제는 논외로 하더라도 창간을 알리는 기사에 보도되는 풍경과 여기에 등장하는 사람들은 『경찰신보』의 각종 기사에 각각 상정된 독자상으로 간주된다. 긴좌의 벽돌만들기의 가게를 붉게 칠한 화려한 선전으로 '덴구담배[天狗煙草]'를 팔아대는 이와야 마쓰히라[岩谷松平]에 의한 환등을 사용한 연출도 어쩌면 일보사의 후원에 힘입은 선전[40]의 가능성이 있을 것이다.

이러한 예측을 뒷받침하는 기사가 『회입조야』(1884(M17).10.15)에 게재된다. 다카이 슌[高井俊]의 서명이 있는 「경찰신문」이라는 제목의 논설이 그것이다. 여기에는 "요즘 경찰신보되는 것 세상에 선을 보여 어

---

40 岩谷松平에 대해서는 山本武利·津金澤聰廣, 「煙草廣告合戰—岩谷松平と村井吉兵衛」, 앞의 책, 114~129면.

쩌면 어용신문으로 들리는 도쿄일일신문일보사의 손이 된다고 함"이라는 기술과 같이 일보사와의 관계가 암시되었다. 일보사가 『경찰신보』를 창간했다고 한다면 그 목적은 무엇이었을까. 생각할 수 있는 가장 큰 이유는 『도쿄일일신문』의 조락(凋落)이다. 통계자료로부터 호당 평균 발행 부수를 시산(試算)한다면 최전성기 1877(M10)년부터 1881(M14)년까지는 8천~1만 부 정도였던 데 비해 1883(M16)년 이후는 4, 5천 부로 떨어진다.[41] 당시 회계장이었던 니시다[西田]에 따르면 1882(M15)년 당시 일보사 전체의 유지비는 3천 부의 매상고로 충당되어 그 이상의 구독료, 광고 등은 고스란히 이익으로 남아 족히 한 달에 4천 500엔의 순익을 올렸다고 한다.[42] 그런데 후쿠치[福地]에 의한 제정당(帝政黨) 결성에 자금이 흐르고 또한 관보의 창간으로 관리 독자가 감소함으로써 채산의 가이드라인 6천 부를 밑돌게 되었다. 이 구멍을 메우는 하나의 방책으로서 타사의 예를 따라 소신문 발행을 계획한 것으로 짐작된다.

이것을 방증하는 것은 『금일신문』(1884(M17).10.29)의 기사이다. 전술한 풍자화글 시리즈 '일본지(日本地)'의 하나로 〈신문지의 성쇠[新聞紙の盛衰]〉라는 상자를 멘 채 신문을 파는 사람의 그림이 곁들여졌다. 아마도 로분의 것으로 여겨지는 이 문장은 "영고성쇠의 땅이 바뀌는 것은 세계 일반의 통상적인 인정(通情)이면서 특히 도회(都會)를 일별하여 그 일부분으로써 전체를 헤아리는 격이다 우리 도쿄일일의 사정 즉 그 일

41 시산(試算)은 『東京府統計書』 『警視廳事務年表』 등에 기재된 발행 부수를 기초로 하여 1년간에 300호로 추산한 것임. 福地源一郎이 『新聞紙實歷』(民友社, 1894(M27))에서 "그 발행고와 같은 것도 메이지 12, 13(1879, 80)년에 비하면 3할이나 줄어 점차 생기와 의욕을 잃어"라고 진술한 것과 거의 합치한다.

42 每日新聞社社史編纂委員會 編, 앞의 책, 586면.

부분으로 보면 작년의 부호는 올해 파산을 보여"로 시작하여 『도쿄일일신문』의 조락을 화제로 한 것이 명백하다. 또한 일보사에서는 "시세에 기우는 당파"가 생겨 사내에서 내부 분열이 있었던 형편을 암시하고 "그러므로 신문사 땅의 복전 점점 척박한 땅이 되려하는 때 문필로 생계를 꾸리는 기지 발휘하여 다른 신문사에 하나의 새로운 밭을 개간하여 더욱 풍년 풍작의 가을을 기대함으로써 황폐한 땅으로 변하려는 이것이나 대신문사 각사에 후리가나신문의 지국 있는 연유가 있으니 이 또한 의심할 것이 못 된다"라고 하였다. 즉 지명하지는 않았지만 『우편호치신문』이나 『조야신문』과 같은 대신문에 각각 『개진신문』이나 『회입조야』라는 '후리가나신문의 지국' 요컨대 소신문의 자매지가 있는 것은 대신문의 부진을 새로운 소신문의 간행으로 메우려는 각 신문사의 의도가 있다고 풀이한 것이다. 문맥으로 보자면 『도쿄일일신문』이 포함되어 있는 게 자명하지만 그 자매지에 해당하는 소신문이란 『경찰신보』를 가리키는 것으로 여겨진다.

두 번째 이유로서 정부기관지로 될 수 없었던 『도쿄일일신문』 대신에 '관보'의 소신문판을 겨냥한 것으로 추정할 수 있다. 즉 종전과 같은 소신문이 아니라 관리에게도 게이샤에게도 널리 읽혀지는 신뢰성 있고 실익과 품위를 겸비한 새로운 타입의 소신문을 창출하려고 한 것으로 간주된다. "사실의 확실함과 보도의 신속함을 주로 하겠사옵니다"라는 『경찰신보』의 광고 문안은 소신문의 기사는 불확실하고 신용할 수 없다는 비판에 대한 의식의 표현일 것이다.[43] 또한 소신문의 인기 있

43 『警察新報』의 창간 광고는 『東京日日新聞』(1884(M17).10.1~6), 『郵便報知新聞』(1884(M17).10.2~4), 『東京繪入新聞』(1884(M17).10.2~4), 『今日新聞』(1884(M17).10.6) 등에 게재되었다.

는 전략 상품으로서 지식인으로부터 속악함이라는 비난을 면치 못했던 쓰즈키모노를 게재하지 않음으로써 단지 영리를 목적으로 하는 것이 아닌 새로운 소신문을 시도하려는 의욕을 보여주는 것이라 하겠다. 그것은 또한 『도쿄일일신문』의 자매지에 부합하는 방향이라 하겠다.

그러나 『경찰신보』의 판매실적은 하위에서 맴돌았다. 『경찰신보』가 취지로 하는 정확한 경찰 사건의 보도는 '도둑·정사·살인·남자들의 싸움·사기' 등 경찰기삿거리를 재미있게 전하는 타 소신문을 능가할 수 없었을 것이다. 결호가 많은 『경찰신보』의 원자료에서 추정한 발행 부수와 『경시청사무연표』에 의한 총발행 부수에서 한 호당 평균 발행 부수를 대략적으로 계산하면 약 1천 700부에서 2천 부가 된다. 당시 대부분의 소신문이 5천에서 1만 부 이상의 발행 부수였던 것에 견주면 비교할 수 없는 숫자이다. 총수입도 『도쿄일일신문』의 12%에 지나지 않은 금액으로는 필시 일보사의 경영에 보탬이 되지 않았을 것이다. 자료의 한계로 『경찰일보』가 정확하게 언제까지 발행되었는가는 명확하지 않지만[44] 이와 같은 부진으로 인하여 1886(M19)년 중반에는 개변이 착수되었던 듯하다. 이후 새로운 소신문의 시도는 『야마토신문』에게 그 바통을 물려주게 된 것이다.

---

44 東京大法學部明治新聞雜誌文庫 소장의 『警察新報』는 452号(1886(M19).4.16)까지 철해있다.

## 4.『야마토신문』과 1886(M19)년의 신문 개혁

1886(M19)년 가을에 거세게 불어 닥친 신문계 재편의 폭풍은『우편호치신문』의 대담한 변신 선언으로 막을 열었다. 9월 16일 제1면에 게재된 개량 의견서는 그 전달에 구미제국의 신문 사업을 조사하고 돌아온 야노 후미오[矢野文雄]에 의한 것이다. 여기에는 정가를 약 1/3로 내려 종전의 1부 4전 1개월 83전에서 1부 1전 5리, 1개월 30전으로 인하, 소신문 크기로 지면의 축소, '사군자'와 '부인' 대상의 두 종류의 사설 게재, 속어를 써서 알기 쉽고 공손한 문장의 문체 사용, 어려운 한자에는 후리가나를 달고 한자 사용의 감소, 잡보는 정확함을 최우선으로 할 것, 잡보란에 독자와의 문답란 신설, 하아카이[俳諧]·와카[和歌]의 현상모집 실시, "사회의 실상을 비추는 거울 같은 얼굴"과 같은 공정한 논조, 광고는 가격을 반액 인하하여 종류별로 나누어 표제어를 달 것 등의 항목이 포함되었다.

이것은 가격·형태·문체·기사 내용에서 대신문과 소신문의 벽을 허무는 일대 개혁이었다. 그 충격은 순식간에 연쇄적인 가격 인하의 사태로 나타났다. 보다 재빠르게 반응한 것은『시사신보』로 9월 28일에 1부 3전, 1개월 65전에서 1부 2전, 1개월 50전으로 인하한다고 발표되었다. 이어 30일에는『도쿄일일신문』이 1부 4전, 1개월 85전이었던 가격을 1부 2전 5리, 1개월 50전으로 내린다고 통고하여 소신문의『요미우리신문』도 같은 날에 1부 1전 5리, 1개월 33전이었던 종전의 가격을 1부 1전 3리, 1개월 28전으로 낮춘다고 선언했다. 10월 5일에는『도쿄회입신문』이 1부 1전 3리, 1개월 25전에서 1부 1전, 1개월 22전으로 인하하고 이튿날 6일에는 『마이니치신문』도 1부 3전, 1개월 60전을 1부 1전 5리, 1개월 25전이라는 경이적인 저가로 발표했다. 이로 인하여 1부의 정가가 대신문은 3전에서 4전, 소신문은 1전에서 1전 5리라는 이제까지의 시세는 일시에 무너지고 대소신문 뒤엉켜 가격 인하 경쟁에 돌입했다. 이러한 행태를 『도쿄일일신문』(1886(M19).10.14)의 「신문의 비직[新聞の非職]」이라는 제목의 기사는 야유조로 개탄하고 타 신문이 "죽음을 재촉하는 광기의 형상을 띤다"고 인하 경쟁에 어쩔 수 없이 휘말려들었지만 "인하는 잇달아 출납에 막대한 영향을 미친다고 회계과는 푸념"하는 상황이라고 기술했다. 실제 『우편호치신문』은 세 배 이상 부수를 늘리는 한편[45] 『도쿄일일신문』은 한때는 1일 3천 부밖에 내지 않는 상태로까지 떨어지게 되어[46] 1888(M21)년 7월에는 사장이 후쿠치 겐이치로[福地源一郎]에서 세키 나오히코[關直彦]로 교체하기에 이르렀다.

이러한 대변동의 한복판에서 1886(M19)년 10월 7일에 『야마토신문[やまと新聞]』은 창간되었다. 정가는 1부 1전, 1개월 25전이었다. "본사는 구 경찰신보사의 자취이다"[47] 고 전하는 바와 같이 발행처 야마모토 신문사는 오와리초[尾張町] 2가 1번지의 경찰신보사였던 사옥을 사용했다. 통설과 같이 『경찰신보』를 개혁하고 『야마토신문[やまと新聞]』으로 개제

45 小栗又一의 『龍溪矢野文雄君伝』(春陽堂, 1930, 242면)에 따르면, "종이 수는 4, 5배로 순식간에 격증하고 수지의 균형이 맞아 떨어지게 되었을 뿐만 아니라 몇 개월 지나지 않아 이번에는 매월 어느 정도의 이익을 내게 되었다"고 한다. 또한 山本文雄, 앞의 책, 138면에서는 井上正明 編, 『伯爵清浦奎吾伝』에 기초하여 "5, 6천에서 2만 5천으로 증가"했다고 기술되었지만 『警視廳事務年表』 등의 통계자료로 미루어 계산한다면 1885(M18)년경의 5, 6천에서 1888(M21)년에는 2만 2천 정도 늘어 3배에서 4배로 증가했다고 보는 것이 타당할 것이다.

46 關直彦, 『七十七年の回顧』, 三省堂, 1933, 118면.

47 『東京繪入新聞』, 1886(M19).9.28, 2면.

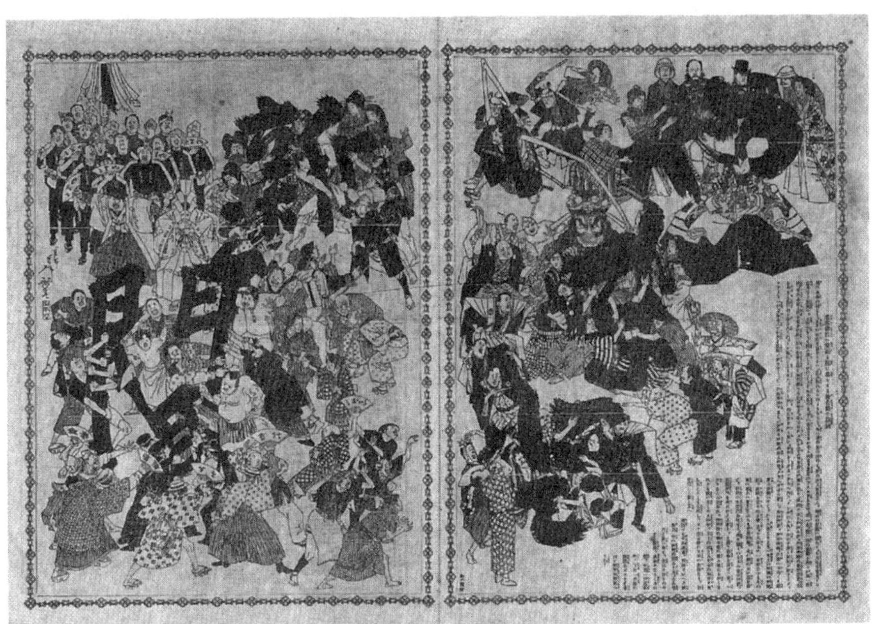

〈그림 10-4〉『야마토신문』의 창간호 부록. 요시토시[芳年]에 의한 인물군상은 신문관계자인 듯. 일본신문박물관 소장.

했을 것으로 생각되지만 호수는 계승되지 않는다. 그러나 조노 사이기쿠[條野採菊]가 『도쿄일일신문』과 완전히 무관하게 독립적으로 신규로 시작했는가 하면 여기에도 의문이 남는다. 왜냐하면 창간호 부록 〈그림[繪口條]〉에서 "많은 인물 중 매일의 지상에 많고 적은 관계를 가져다 주시지 않는다고도 말하기 어렵다. 자, 여기에 문외의 행간의 의미가 있다. 제군 잘 살피어주게" 하고 독자를 향해 말한 것은 『도쿄일일신문』과의 관계를 암시하는 것으로 읽을 수 있기 때문이다(그림 10-4 참조).

실제 『도쿄일일신문』의 관계자로 『야마토신문』의 창간에 관계한 자는 많다. 1878(M11)년부터 『도쿄일일신문』 기자였던 쓰카하라 세[塚原靖](澁柿園主人)는 창간호부터 「모든 일에 돈이 붙는 욕정신화」를 연재했다. 또한 1880(M13)년에 『도쿄일일신문』에 입사한 미야자키 산마이[宮崎三昧]는 퇴사하여 『야마토신문』으로 옮겨[48] '모지산마이로슈진(文字三昧樓主人)'이라는 필명으로 논설 등을 썼다. 삽화는 다이소(쓰키오카) 요시토시[大蘇(月岡)芳年]와 미즈노 도시카타[水野年方]가 주로 그렸지만 때때로 오치아이 요시이쿠[落合芳幾]가 가세했다. 더욱이 이 신문의 가장 전략 상품이었던 산유테 엔초[三遊亭円朝]의 구술필기의 연재는 후쿠치 겐이치로[福地源一郎]가 번역한 외국의 소설을 조노[條野]가 윤색하고 엔초에게 들려준 것을 바탕으로 한 게 많았다. 예를 들면 창간호부터 연재된 「소나무 절개 미인의 생매장[松の操の美人の生埋]」은 "이것은 이케노하타[池の端]에 사시는 후쿠치[福地] 선생이 입으로 옮겨 주신 이야기로 불란서의 협객이 절부(節婦)를 돕는다는 취향. 원서는 『베리드 어 라이프(*buried a life*)』라는 책제목이라고 하는데 취했을 때는 좀 말하기 어려운 외국제목입니다만"이라 하여 서두에서 말한 대로이다. 또한 『야마토신문』에서 새롭게 '사이기쿠산진[掬菊散人]'의 필명으로 소설 집필에 복귀한 조노의 쓰즈키모노의 대부분도 후쿠치의 번역이 밑바탕이 되었다고 한다.[49] 뿐만 아니라 니시다가 조노 등과 "『야마토신문』을 창립했다"는 언급도 있다.[50] 이러한 것이 단지 인적인 연계만인지 일보사의 금전 등을 포함한 지원을 의미하는지 혹은 일보사 안의 후쿠치와 친근한 주변 인물들에 의한 집단적 동향인지 또한 어떻게 『경찰신보』를 정산했는지의 여부는 『도쿄일일신문』에 관련한 기술에서 드러나는 바

48 昭和女子大學文學硏究室 編, 「宮崎三昧」, 『近代文學硏究叢書』 18券, 昭和女子大學近代文學硏究科, 1976, 425~426면.

49 『東京日日新聞』, 1909(M42).3.29, 9면. 鏑木清方에 의한 기사.

50 「西田菫坡翁逝く」, 『都新聞』, 1910(M43).4.23, 5면.

明治二十年一月二十日　水曜日　やまと新聞　第八百三號　（三）

〈그림 10-5〉『야마토신문』, 1887(M20).1.20. 엔초[円朝]의 이야기에 곁들여진 요시토시[芳年]전단 삽화

없어 상세하게 알 수 없다.

이러한 『도쿄일일신문』의 인맥의 조력에 힘입어 조노는 주도면밀하게 『야마토신문』의 창간을 준비했다. 가격 면에서는 더 이상 인하할 수 없는 소신문으로 지면의 충실함이 무엇보다 중요했다. 먼저 1884(M17)년에 낸 속기본 『괴담목단등롱(怪談牧丹灯籠)』에서 새로운 문체의 가능성에 자극을 주어 당시 인기 절정이었던 산유테 엔초[三遊亭円朝]의 구술필기를 근간으로 하여[51] 이 시기 대표적 화가 요시토시[芳年]·도시카타[年方]의 삽화를 더하여 쓰즈키모노 두 편을 상설적으로 실어 관보·논설·잡보를 배분하는 지면을 편성했다. 이에 더하여 부록에도 힘을 기울였다. 창간 광고에서 "1개월 2회 혹은 3회 최극상 인쇄의 니시키에[錦繪]를 부록으로 내야 할 것이다 그 그림은 요시토시옹[芳年翁]특유의 묘필(妙筆)이거니와 요염하고 미려함(艶麗)과 신비로운 운치를 겸비한 고금의 독보적인 것이 될 것이다"라고 노래한 바와 같이 대형 니시키에[錦繪]를 주로 정기구독자에게 월 2, 3회 배포할 계획이었지만 발행 부수의 급격한 증가에 일손이 많이 들어가는 목판 인쇄의 속도가 따라가지 못하여 결국 월 2회 발행이 되었다.[52] 이것이 후에 오노 히데오 『신문니시키에[新聞錦繪]』에 수록된 '야마토신문 부록 니시키에[やまと新聞付錄錦繪] 근세 인물지' 시리즈이다. 실물에서 확인한 한도 내에서는 1888(M21)년 5월까지 20점 발행되어 그 문장에는 산마이 로슈진[三昧樓主人]이나 시부

51 三遊亭円朝는 『やまと新聞』의 연재에서 한 푼도 보수를 받지 않았다고 한다(鈴木古鶴, 「円朝遺聞」, 『円朝全集』 13券, 春陽堂, 1926~1928, 611면)이 현재 전집 등에서 전해지는 그의 이야기의 대부분은 『야마토신문[やまと新聞]』게재에 의한 것이 많다.

52 『やまと新聞』, 1886(M19).10.30, 2면·1886(M19).12.4, 2면·1886(M19).12.5, 4면·1887(M20).1.23, 3면 등의 사고 참조.

가키 엔슈진[澁柿園主人] 등의 서명이 보인다. 나아가 이 니시키에가 부록으로 나가지 않는 동안에는 흑백 인쇄의 그림부록이나 산다이바나시[三大噺][53] 가부키 극장 나카무라좌[中村座]의 상연 목록, 니시키에의 표지를 붙인 쓰즈키모노 등이 제공되었다(권두화 참조). 1889(M22)년 중반부터는 「야마토 총담[やまと叢談]」이라는 제목의 소책자가 부록으로 배포되어 그 표지 그림을 조노 덴페[條野伝平]가 직접 그렸다.[54] 또한 판매 면에서 창간호부터 오사카의 오카지마[岡島]서점과 제휴하여 판로를 확보한 점도 소신문으로서는 드물다.

처음으로 신문에 라쿠고[落語] 강담(講談) 연재를 도입한 『야마토신문[やまと新聞]』은 급속히 부수를 확장했다. "아무튼 지면의 세로로 반 정도나 단을 차지하는 큰 삽화가 아까울 것도 없이 엔초[円朝]의 이야기와 함께 나간 것이다. 속기연재물의 평판 엔초[円朝]의 평판, 삽화의 평판, 야마토신문이 술술 팔렸던 일은 실로 눈부신 것이었다"라고 오카키 타로[岡鬼太郎]가 술회[55]한 바와 같이 창간 뒤 얼마 지나지 않아 만 부에 달하더니 창간 이듬해 1887(M20)년에는 호당 평균 약 1만 6천 부, 1889(M22)년 초에는 2만을 넘어 도쿄에서 발행하는 신문의 톱으로 도약했다.[56] 『야마토신문』의 성공은 연재 읽을거리의 재미야말로 독자의 발을 묶는 최대의 요소라는 인식을 신문계에 확산시켰다. 이로써 이후 대신문, 소신문 가리지 않고 소설을 연재하게 되었다. 『야마토신문』의 선풍적인 인기

53 【역주】 라쿠고[落語]의 한 가지로 관객에서 제목 세 가지를 받아 즉석에서 그것을 하나의 라쿠고로 만드는 일.

54 『公私月報』 61号, 1935년 10월에 몇몇 표지가 사진으로 소개되었다.

55 岡鬼太郎, 「円朝雜觀」, 『円朝全集』 13, 春陽堂, 1926, 668면.

56 『警視廳事務年表』 등의 통계 자료 및 『やまと新』, 1889(M22).1.3, 1면.

는 중신문화의 과정을 촉진한 것이다.

그러나 이러한 전성기는 오랫동안 지속되지 않았다. 엔초[円朝]는 1895(M28)년까지 구술필기의 연재를 계속했지만 이미 만년의 내리막길을 맞이했다. 한편 1889(M22)년 11월 구로이와 루이코[黑岩淚香]가 『미야코신문』의 주필로 취임하자 그의 탐정소설은 독자의 인기를 독차지하여 『야마토신문』은 독자를 빼앗기게 되었다. 게사쿠[戲作]의 전통을 이은 쓰즈키모노가 아니라 새로운 유형의 소설이 폭넓게 독자를 움직이는 시대로 접어들고 있는 것이다. 이것은 또한 새로운 대중지의 개막을 알리는 것이었다.

## 종장
# 소신문의 종언과 대중지의 출발

1874(M7)년부터 1886(M19)년까지 존속한 소신문과 대신문의 이중 구조는 1880년대 후반에서 1890년대에 이르는 메이지 20년대 붕괴해갔다. 『요미우리신문』이 겐유사[硯有社] 일파의 소설로 문학신문으로서의 명성을 굳히고 『도쿄일일신문』이 역사소설로 대항하는 식으로 대신문 소신문의 양자가 내용·편집 방식에서 접근하여 중신문화로 거듭났다. 또한 『국민신문』(1890(M23)), 『요로즈초호[萬朝報]』(1892(M25)), 『이육신보(二六新報)』(1893(M26)) 등 새로운 독자적인 신문이 탄생하면서 신문계의 재배치라는 지각 변동이 이루어졌다. 이 가운데 전부 후리가나를 다는 방식과 삽화, 쓰즈키모노 등 소신문의 선구적인 고안은 거의 모든 신문으로 확대되어 일본 신문의 기본 틀로 정착했다. 이와 함께 사실상 소신문의 범주는 소멸한 것이다.

신문의 근대 미디어의 보급이라는 측면에서 보자면 소신문은 일본

신문 대중화의 초기 단계로 자리매김된다. 이것은 1840년대 미국의 페니 프레스(penny press)로 부르는 오락중심의 염가지나 혹은 영국에서 1840년대 일요신문의 출범과 1860년대에는 『포르 모르 가젯트(*Pall Mall Gazette*)』를 서두로 잇단 석간지 창간으로 대중지와 고급지의 대립 구조가 구축되는 방식과 비견된다. 이러한 현상은 사회계층이 신문 독자의 계층과 연루된다는 점에서 동일한 구조이지만 정당과 의회의 관계에서 결정적으로 다르다.

영국이나 미국에서도 고급지와 대중지는 보수당과 자유당, 노동당 또는 민주당과 공화당이라는 정당의 대립과 연관된 것으로 의회와 이를 떠받치는 참정권을 전제로 하는 구조이다. 이에 대하여 일본의 대신문, 소신문의 구조는 의회나 선거, 정당 제도도 아직 정비되지 않은 미발달의 단계에서 나타났다. 자유민권운동의 한가운데에서 태어난 자유당이나 개진당, 제정당의 대립은 정부 정책에 대한 비판적 여론을 형성했지만 의회에서의 생산적인 언론 활동에 이르기 전에 탄압과 분열로 와해했다. 즉 의회제 민주주의가 확립되기 이전의 상황에서 민주적인 언론은 어떻게 가능한 것인가 라는 명제를 둘러싼 전장이 당시 일본이 처한 신문의 상황이었다.

법적 제도에 의한 뒷받침이 없는 민주적 언론의 가능성을 메이지 초기의 신문은 도쿠카와 막부[德川幕府] 정권하에서 배양된 문학 세계를 계승하여 여기에서 동력을 이끌어냈다. 대신문은 한학이나 국학 또는 양학의 교양을 바탕으로 하는 문인들의 클럽으로 나루시마 류호쿠[成島柳北]나 후쿠치 오치[福地櫻痴]라는 지식인 리더들이 견해를 피력하고 토론하는 광장이었다. 한문·한어에 능통한 소양이 있는 자라면 누구든지 이 클럽에 출입할 수 있었다. 하찮은 하급무사의 자식이든 시골의 대지주이든 고급관리이든 가난한 서생이든 신분계급차를 넘어 누구라도 접근 가능한 언론과 정보의 세계가 대신문에 의하여 열렸다.

한편 소신문은 에도라는 도시에서 배태된 게사쿠[戯作] 문학을 토양으로 한문·한어의 식자 능력이 없는 비지식인을 민주적 언론의 세계로 유도하려 했다. 문명개화와 권선징악이라는 민중 교화의 기치를 내걸면서 소신문은 도시 사회 문예 살롱의 기능을 담당했다. 이미 기술한 바와 같이 도쿄의 소신문 투서란은 이러한 살롱 문예의 발표장이 되었으며 투서가 집단은 신문사라는 문턱 없이 자주 드나들고 친목회 등의 활발한 교류를 했다. 오사카에서도 투서가들이 주최하는 신문연설회가 열리는 등 소신문을 거점으로 하는 문예활동이 이루어졌다.

하버마스(Jurgen Habermas)의 말을 빌린다면 전시대에 싹이 튼 '문예적 공공성'의 씨앗을 키워 확산한 것이 대신문과 소신문인 것이다. 따라서 쓰가네자와 도시히로[津金澤聰廣]도 논한 바와 같이 초기 소신문의 성립을 신문을 매개로 한 막부 말기 게사쿠[戯作]의 부활로 파악하는 것은 적절하다. 그러나 소신문은 구습의 문예 살롱의 부활만이 아닌 문예 살롱의 발전적 해소라고 해야 할 과정이었다. 쿠사조시[草双紙]와 같은 시각적 요소를 도입하고 하이카이[俳諧]나 도도이쓰(どどいつ)와 같은 노래 서클 동호회를 끌어들이고 연극이나 강담과 연대 제휴하면서 소신문은 대신문과 함께 보다 광범위한 문예적 공공성을 지향하여 새로운 시대의 문예를 모색했다. 이러한 의미에서는 단지 부활이 아니라 시대의 첨단을 창출해간 것이다.

당시의 문예는 근본적으로 정치와 문화라는 대립 축에서 파악되는 비정치적인 것은 아니었다. 예컨대 나루시마 류호쿠가 소동파(蘇東坡)의 「적벽부(赤壁賦)」를 비튼 패러디 「벽이부(辟易賦)」에서 정부의 언론탄압을 풍자하여 신문독자를 감탄시킨 바와 같이 문예는 곧 정치적 행위이기도 했다. 진지하고 정색을 띤 권력 비판이 아니라 야유와 비웃음·풍자·조소, 서민적인 조롱 등의 민중적인 정치의 유희 방식이었다. 가나가키 로분이 소신문에서 펼친 화류계의 가십 기사도 해학과 풍자를 담은 이면에서의 정부 비판이고 이 점은 대신문과 소신문의 저류를 관통한다. 그러나 이러한 살롱 문예 세계는 1880(M13)년경부터 해체하기 시작한다.

자유민권운동과 1881(M14)년의 정변과 이에 대한 반동의 작용은 이제까지의 문예적 공공성을 크게 뒤흔들었다. 정당계 소신문은 정담(政談)연설회의 내용이나 후쿠시마[福島] 사건,[1] 다카다[高田事件] 사건[2] 등의 재판방청기록을 보도하고 논설을 실어 정면에서 정치나 법을 논의하는 스타일을 도입하여 소신문의 개혁을 단행했다. 이것은 대신문의 한학적 문예와 소신문의 게사쿠식 문예의 분단을 넘어 하나의 시민적 공공성을 창출하려는 시도였다. 정당계 소신문에 연재된 정치소설은 종래의 유곽을 배경으로 한 문예 살롱에 의거하는 것이 아니라 새로운 독자 공중을 창출하고자 했다. 정담연설회는 그것의 중요한 장으로서 여기에서는 민간의 예능인 강담과 정치 논의가 접근했다.

그러나 자유민권운동은 아래로부터의 민중 문화를 발아시킨 것이

---

1 【역주】자유민권운동 속에서1882(M15)년 후쿠시마현[福島縣]의 자유당원 농민이 현령 미시마 미치쓰네[三島通庸]의 압정에 반항한 사건.

2 【역주】1883(M16)년에 발생한 니가타 현[新潟縣] 다카다[高田] 지방의 자유당원들을 대상으로 한 자유민권운동 탄압 사건.

아니라 여기에 담겨진 오락적 부분을 민주적 논의에는 불필요한 유흥으로 폄하하여 부정하려 했다. 이러한 움직임은 논설의 개설과 게사쿠식 쓰즈키모노의 개량이라는 소신문의 두 방향으로 구체화했다. 이로써 문예 살롱의 세계를 국민적 통일을 가능하게 하는 문학으로 발전적으로 해체하는 계기가 열렸지만 동시에 정치 언론과 학문 문예의 분리도 이끌었다. 독자층의 적극적인 참가와 교류의 장으로서의 문예의 기능은 상실하여 논설이 정치적 논의를 맡는 한편 문예는 점차 비정치적 영역으로 물러나게 되었다.

정부에 의한 언론 탄압과 관보의 창간은 대신문을 쇠퇴시켜 소신문의 비정치성을 강화했다. 서민에 대한 교도의 임무를 자인하여 정부 공보의 역할을 자처한 소신문은 국가의 언론 기관의 대의명분을 상실함으로써 상품으로서의 신문의 전환이 불가피해진 것이다. 정치적인 풍파로부터 비껴나 오락적인 읽을거리와 보도를 중심으로 하는 기업화가 소신문의 행보가 되었다. 대신문도 유력한 자금제공자나 특정한 정당의 후원을 얻을 수 있는 것이 아니라면 사정은 대체로 마찬가지였다. 부수를 확대하고 판매 수입만이 아니라 광고 수입을 올릴 필요가 있었다. 자본주의 생산의 미디어가 안는 숙명을 수만 단위 부수를 발행하는 단계에서 일본의 신문은 인식하기 시작했다.

신문의 기업화를 견인한 것은 대신문에서는 『시사신보』, 소신문에서는 『아사히신문』이었다. 게사쿠 스타일을 계승한 『이로하신문』, 『도쿄회입신문』과 같은 소신문은 그것을 지지하는 문예 살롱의 쇠퇴와 함께 영향력은 미미해졌다. 정당기관지화한 대신문과 제휴하여 개혁을 단행한 『회입자유신문』 등 정당계 소신문은 정치운동의 와해와 대신문의 몰락과 함께 세력을 잃어갔다. 결국 문예 살롱에도 정당에도 의거하지 않고 정치적 중립으로 신속한 보도를 내걸고 광고와 취재망의 충실함을 도모한 『아사히신문』이나 『시사신보』는 신문 경영이 조직적 사업이고 주필이라는 개인의 문재에 의하여 유지할 수 있는 것은 아니라는 것을 이른 시기부터 꿰뚫어 보았다.

이와 같은 인식은 유곽을 배경으로 하는 문예 살롱에 친숙한 사람들로부터는 배태되지 않았다. 그들은 신문을 언론과 문예의 도구로 간주하여 자본주의적 사업으로서의 미디어의 성격을 명확하게 인식하지 않았다. 문예 살롱에 무연(無緣)한 사람들이 대신문 소신문 사이를 넘나들며 이중 구조를 적극적으로 무너뜨리고 보도 매체로의 신문·광고 매체로의 신문·상품으로의 신문의 가능성을 열게 되었다.

메이지 10년대 후반인 1880년대 소신문은 대신문의 배 이상의 발행부수를 올려 신문계의 주도권을 장악했다. 상품으로서 성공의 원동력은 '사기, 도둑, 정사, 도피, 불륜, 싸움, 살인, 강간, 음란'이라는 사건, 이른바 경찰특종의 기사였다. 다만 경찰 사건 보도는 소신문에서 처음 채택한 것이 아니라 『도쿄일일신문』이 태정관(太政官) 일지 안에서 시정의 사건을 발췌하여 사법성에서 재판이 종결된 사건을 게재한 것으로 출발했다.[3] 이것을 재미있는 가십으로 다루어 독자층의 폭을 넓혔다.

이러한 기사의 서술 방식에 특징적인 것은 '끝'으로 부르는 말미의 언어이다.[4] 예를 들면 도난이나 살인 등의 사건 보도에서는 "나쁜 일을

3 근대 저널리즘의 성립이 경찰제도의 성립과 결부되는 논의는 Michel Foucault, 田村俶 譯, 『監獄の誕生』, 新潮社, 1977; 村上直之, 『近代ジャーナリズムの誕生』, 岩波書店, 1995 참조.

4 無記名, 「聞きとりでつづる新聞史 岡島眞藏」, 『別冊新聞研究』 1, 日本新聞協會, 1975.10.

하여 알려지지 않을 수 없습니다" "증오해야 할 놈입니다" "어리석기 짝이 없습니다" 등의 교훈적인 말을 더하거나 부모 효행 등의 미담에는 "이것도 감탄" "갸륵한 뜻 아니겠습니까" 신변의 트러블을 다룬 기사에서는 "부모들은 잘 주의합시다" "아무래도 가엾기 그지없습니다" 등으로 동정을 표하고 진기한 이야기에서는 "실로 진기한 이야기 아니겠습니까" "그런데 바보같네" "엉뚱한 탕자도 있도다" "그것 참 좁은 소견" "어떠한 속셈인가" 하고 사건의 결착이나 이유에 의문을 나타내는 코멘트도 더해졌다. 이러한 독자의 공감이나 반응을 유도하는 표현이 가미된 잡보 기사는 이윽고 쓰즈키모노를 낳아 악한이나 독부가 활약하는 파란만장한 이야기를 전략 상품화했다.

이와 같이 소신문은 범죄와 처벌을 둘러싼 사건 보도를 기반으로 문명개화와 권선징악을 사람들에게 설파했다. 새로운 사회의 규범을 제시하고 일탈자를 재단하는 가치 기준을 무지한 사람들에게 주입시키기 위하여 계몽을 내건 점에서 소신문은 정치권력이 선전 선동으로 조작하고 동원하려고 하는 대상으로서의 '대중'의 틀과 동일한 대중성을 내재했다. 다만 다마키 아키라[玉木明]가 논한 바와 같이 소신문에서 다루어지는 사건의 대부분은 당사자의 비리를 규탄하는 추문 즉 스캔들이 아니라 오히려 독자가 즐겨하는 재미있는 이야기는 가십기사였다.[5] 소신문의 잡보를 읽는 독자는 어쩌면 자신에게도 일어날지 모르는 친근함과 호기심으로 타인의 이야기를 즐겨했다. 따라서 여기에는 비동조자를 규탄하고 배제하는 격렬함이 없는 것은 아니지만 아직 어딘가

5 玉木明,『ゴシップと醜聞－三面記事の研究』, 洋泉社, 2001, 제2장.

"서로 피차일반, 주의합시다"라는 여유로움이 풍겼다.

왜냐하면 소신문의 독자는 만을 넘는 다수이기는 했지만 오락에 반응하는 소비자 수에 지나지 않은 시장 경제의 대상으로서의 흩어진 대중이 아니며 또한 신민이나 국민이라는 국민 국가로의 귀속에 완전히 포섭되지도 않았다. 기자와 독자 또는 독자층 집단이 연대감을 안고 실제로 도시의 살롱적인 집단 활동도 형성하여 오히려 타르도(Jean-Gabriel de Tarde)가 말한 '공중'에 가깝다. 그러나 소신문 독자는 공중에게 중요한 요건인 당파성을 거부했다. 고우치 사부로[香內三郎]에 따르면 "아래로부터의 커뮤니케이션 수렴이라는 '당파성'에 있어서 본질적인 기능을 상실한" 정당 신문이 당파 상호간의 비방으로 시종일관한 것에 대한 반발로서 대치된 것이 일반 사회를 대표하는 '중립성'이다.[6] 소신문은 예의 그 불편부당의 중립성을 표방했다.

이로써 일본에서는 당파와 계급을 배경으로 한 고급지 대중지가 성숙하는 최초의 계기는 상실했다. 영국의 무인지 신문이 부르조아에 대립하는 노동자 계급의 독자적인 언론 공간을 발견한 것과 같은 독립성은 소신문에서는 추구되지 않았다. 대립하는 계급이 아니라 '위'의 아래로 통합되는 신민은 계층이나 역할의 차는 있더라도 평등함을 추구한 것과 같이 대신문 소신문도 본디 같다고 강조되었다. 실제 『도쿄일일신문』에서 『도쿄회입신문[東京繪入新聞]』이나 『경찰신보』가 『요코하마 마이니치신문』에서는 『가나요미신문』이 태어난 바와 같이 대신문에서는 항상 계몽을 향하는 소신문의 지향을 볼 수 있는 한편 소신문에

6 香內三郎, 「マス・メディアとイデオロギー」, 『思想』 403号, 岩波書店, 1958.1.

서는 대신문과 제휴하여 대신문의 요소를 도입하는 소신문 개량의 방향을 취했다. 이러한 대신문과 소신문의 상호 접근은 사회 계층과 연루된 민중적인 담론 스타일이 고루하고 게사쿠식 속악함으로 추방됨에 따라 한층 가속화 되었다.

그 한편에서 정치와 문예는 별도의 독립적인 장르가 되어 메이지 후반에는 일면의 논설란에서 정치적 논의를 하는 정치 기자가 상위로 삼면의 사회소재(이른바 3면기사)나 문예담당자는 하위의 서열에서 편제되어 이것을 모두 망라하는 종합적인 신문의 형태가 만들어졌다. 과거의 살롱적인 문예는 부정되어 국민문학 혹은 대중문학의 이름 하에 재편성됨으로써 쓰즈키모노는 연재소설로 정착했다. 이러한 상업신문의 일환으로 『요로즈초호』와 같은 대중지가 태어나 마침내 국민형 대중지가 성립한 것이다.

이와 같이 소신문은 신문 대중화의 출발이고 대중지의 원류이다. 그러나 소신문은 미디어 대중화의 중요한 요건인 여성을 독자로서 충분히 흡수했다고는 하기 어렵다. 이 글에서 기술한 바와 같이 후리가나와 삽화라는 방법을 도입하여 '여자들'을 최초로 호명했다는 것은 소신문의 공적이지만 실제로 독자가 되어 투서를 한 여성은 제한된 극히 소수이고 여성기자도 전무했다. 소신문은 '여성을 말하'거나 혹은 '여성을 향하여 말하는' 것은 많아도 여성이 참가하고 '여성이 말하는' 언론공간이 되지 못했다. 그러나 '여자들에게도' 호명하는 자세를 표명한 데서 대중지의 길을 열었다.

이 글에서 남겨진 과제는 적지 않다. 『회입자유신문』, 『회입조야신문』과 나란히 정당계 소신문 『개진신문』의 분석이 이루어지지 못한 아쉬움이 있다. 또한 자료의 제약으로 신문 흥망사와 같은 기술에 치우친 측면도 없지 않다. 차후의 과제로서는 제국의회의 개시에서 러일전쟁 전후까지의 구로이와 루이코[黑岩涙香]가 이끈 『요로즈초호』가 신문의 대중화를 리드하는 제2단계의 분석이 될 것이다. 소신문과 대신문의 이중 구조의 종언이 국민형 대중지 형성의 출발로 가정한다면 1890년부터 1900년대 '폭로신문[赤新聞]' 스캔들리즘, 캠페인 저널리즘이 제1단계의 소신문의 어떠한 것을 공유하고 어떠한 차이가 있는지 분석되어야 할 것이다. 또한 이것과 동시대의 아메리카 합중국의 황색 저널리즘과의 비교도 이루어져야 하겠다. 나아가서 『시사신보』와 『아사히신문』의 대중화 방식을 검토할 필요가 있다.

대중지의 역사를 되묻는 작업은, 이러한 소신문의 계통을 이은 상업화한 신문이 전전의 지배체제를 온존하고 파시즘의 주구로 전락한 사실, 나아가 이를 전후에도 존속시켜 현대 일본 미디어의 기반 조직을 구성해 온 현상까지 연속적으로 일관된 신문 역사로서 논할 것을 지향하는 것만은 아니다. 이것은 동시에 현재의 미디어도 시야에 넣은 대중과 대중성에 대한 질문이기도 하다. 스포츠지나 사진주간지, 텔레비전의 와이드 쇼, 만화잡지 등에 저속하다는 비판이 퍼부어지면서도 제대로 분석된 바 없는 다양한 미디어의 양태를 고찰하기 위해서도 대중지 분석은 기본적 과제이다.

대중 미디어로서의 대중지 연구에서 중요한 것은 정부나 지배 체제에 대한 반권력적인 면보다도 사회 통합의 기능면에서의 분석이다. 이를 누가 어떠한 입장에서 어떠한 목적으로 평가할 것인가. 이것은 근년 타블로이드화를 둘러싼 논의에서 부상해온 문제, 즉 저널리즘의 준거

기준을 『더 타임즈(*The Times*)』 등을 전범으로 하는 성실한 고급지에 두어 이것만이 민주주의를 실현한다는 사고의 밑바탕에는 지식인의 언론 사회에서 배척당해 온 여성 · 저소득층 · 병자 · 노인 등 약자 소수의 계층을 배제해 온 엘리트주의가 자리한다는 논점과 연계된다.[7] 다시 말하면 대중지의 전유물 센세이션이나 인물 중심 보도 등의 특징적인 스타일을 지식인이 대중에 대한 일방적인 혐오나 이상적인 대중상의 잣대로 속악함이나 소박함으로 단정해서는 안 된다는 것이다. 대중지는 소신문의 분석에서 본 바와 같이 비지식인을 대표하는 것이 아니라 오히려 지식인이나 엘리트들의 외부와의 교섭과정의 흔적으로서 지식인의 지성이나 이상과 대중의 상식이나 일상성이 섞이고 충돌하는 파도의 역동적인 장이기 때문이다. 따라서 공중과 여론이라는 19세기적인 시민적 공공성의 도구로서의 인식을 넘어 또한 국민이나 신민이라는 20세기적 담론을 돌파하면서 리터러시와 민주주의를 둘러싼 미디어의 사회성 발견의 원점으로서 대중지는 21세기에도 현재 진행형의 질문을 던져야 할 대상인 것이다.

---

7 林香里, 「タブロイド化論争とジャーナリズム」, 『綜合ジャーナリズム研究』 167号, 1999.1, 52~57면.

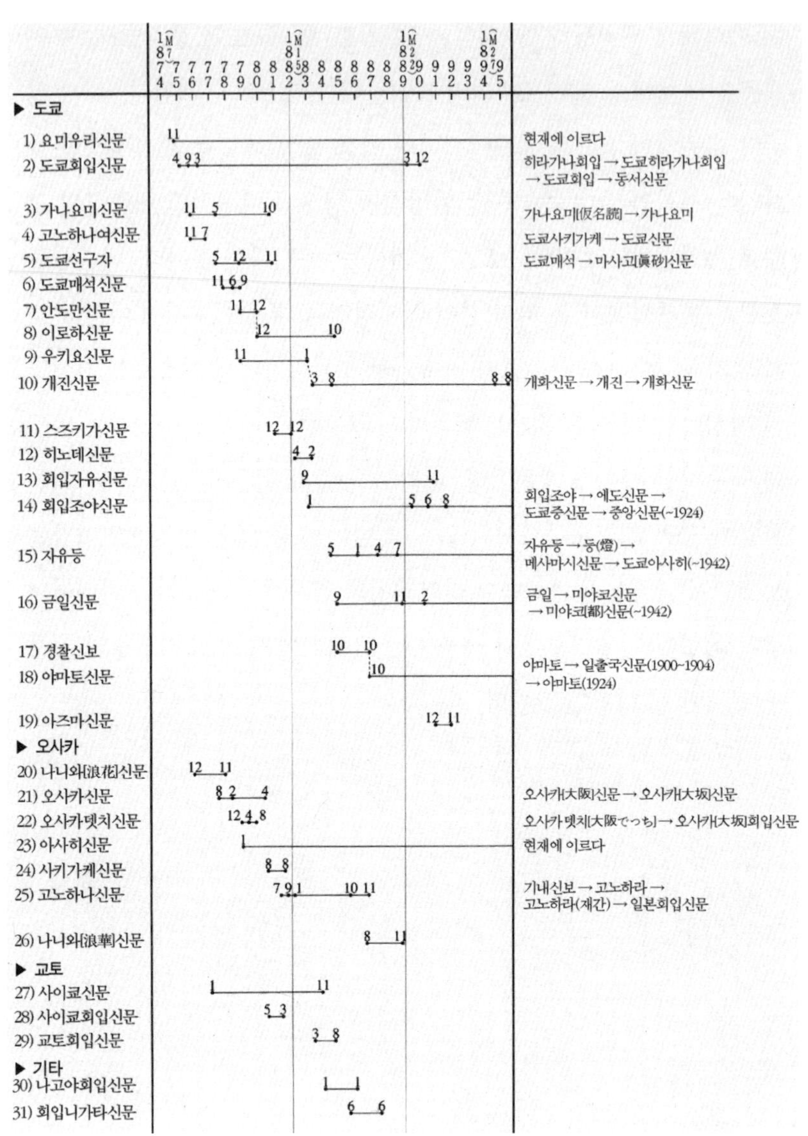


〈부록 도표 1〉 소신문 일람표

〈부록 표 1〉 메이지 전기 주요 신문의 호당 평균 발행 부수 (1)

| 신문명 | 창간연월일 | 1875년 (M7.7~M.8.6) | | 1876년 (M8.7~M9.6) | | 1877년 (M9.7~M10.6) | | 1878년 (M10.7~M11.6) | | 1879년 (M11.7~M12.6) | | 1880년 (M12.7~M13.6) | | 1881년 (M14.1~M12) | |
|---|---|---|---|---|---|---|---|---|---|---|---|---|---|---|---|
| ●도쿄지 | | | | | | | | | | | | | | | |
| 도쿄일일신문[東京日日新聞] | 1872(M5).2.11 | 7,430 | [300*] | 9,780 | [300*] | 10,951 | [300*] | 10,915 | [300*] | 8,231 | [300*] | 8,094 | [300*] | 8,207 | [300*] |
| 우편호치신문[郵便報知新聞] | 1872(M5).6.10 | 6,881 | [300*] | 7,144 | [300*] | 7,978 | [300*] | 6,907 | [300*] | 7,708 | [300*] | 8,080 | [300*] | 9,580 | [300*] |
| 조야신문[朝野新聞] | 1874(M7).9.24 개제 | 1,827 | [300*] | 3,929 | [300*] | 17,732 | [300*] | 6,925 | [300*] | 6,964 | [300*] | 9,159 | [300*] | 10,609 | [300*] |
| 도쿄아케보노신문[東京曙新聞] | 1875(M8).6.2 개제 | 2,666 | [300*] | 2,716 | [300*] | 6,448 | [300*] | 7,765 | [300*] | 7,768 | [300*] | 7,772 | [300*] | 6,008 | [300*] |
| 요코하마마이니치신문[横浜毎日新聞] | 1870(M3).12.1 | 978 | [300*] | 648 | [300*] | 623 | [300*] | 856 | [300*] | 992 | [300*] | 2,919 | [300*] | 불분명 | [300*] |
| 대신문계 | – | 19,782 | – | 24,217 | – | 43,732 | – | 33,368 | – | 31,663 | – | 36,024 | – | 34,404 | – |
| 요미우리신문[讀賣新聞] | 1874(M7).11.2 | 8,357 | – | 15,009 | [290] | 17,832 | [306] | 21,741 | [302] | 20,884 | [298] | 20,822 | [300] | 17,721 | [300*] |
| 도쿄회입신문[東京繪入新聞] | 1875(M8).4.17 | 1,813 | – | 4,025 | [256] | 6,101 | [303] | 7,233 | [303] | 8,159 | [299] | 14,333 | [301] | 20,000 | [300*] |
| 가나요미신문[仮名讀新聞] | 1875(M8).11.1 | – | – | 1,962 | [118] | 5,458 | [286] | 6,221 | [301] | 5,237 | [298] | 3,381 | [300] | – | – |
| 개진신문[改進新聞](우키요[有喜世]) | 1878(M11).1.3 | – | – | – | | – | – | 6,500 | [150*] | 8,502 | [300*] | 8,503 | [300*] | 9,525 | [300*] |
| 이로하신문[いろは新聞] | 1879(M12).12.4 | – | – | – | | – | – | – | – | – | – | 2,371 | [300*] | 2,195 | [300*] |
| 소신문계 | – | 10,170 | – | 20,996 | – | 29,391 | – | 41,695 | – | 42,782 | – | 49,410 | – | 49,441 | – |
| 도쿄지계 | – | 29,952 | – | 45,213 | – | 73,123 | – | 75,063 | – | 74,445 | – | 85,434 | – | 83,845 | – |
| ●오사카지 | | | | | | | | | | | | | | | |
| 나니와신문[浪花新聞] | 1875(M8).12.14 | – | – | 1,010 | [151] | 2,598 | [278] | 600 | [125*] | – | – | – | – | – | – |
| 오사카신문[大阪新聞] | 1877(M10).8.3 | – | – | – | | – | – | 1,816 | [275*] | 2,185 | [300*] | 1,331 | [250*] | – | – |
| 아사히신문[朝日新聞] | 1879(M12).1.25 | – | – | – | | – | – | – | – | 2,586 | [127] | 7.474 | [300] | 11,361 | [281] |
| 오사카일보[大阪日報] | 1876(M9).2.20 | – | – | 897 | [112] | 3,364 | [297] | 7,587 | [303] | 7,689 | [299] | 6,303 | [300*] | 3,636 | [297] |
| 오사카신보[大阪新報] | 1877(M10).12.18 | – | – | – | – | – | – | 751 | [160*] | 1,163 | [300*] | 2,046 | [300*] | 2,067 | [280] |
| 오사카지 통계 | – | – | – | 1,907 | – | 5,962 | – | 10,754 | – | 13,623 | – | 17,153 | – | 17,064 | – |

※ ① [ ] 안은 연간발행호수 ② *표시는 추정.
자료 : 『내무성연보』, 『경시청사무연보』, 『도쿄부통계서』, 『오사카부통계서』를 기초로 작성

〈부록 표 2〉 메이지 전기 주요 신문의 호당 평균 발행 부수 (2)

| 신문명 | 창간일 | 1882(M15)년 | | 1883(M16)년 | | 1884(M17)년 | | 1885(M18)년 | | 1886(M19)년 | | 1887(M20)년 | | 1888(M21)년 | | 1889(M22)년 | |
|---|---|---|---|---|---|---|---|---|---|---|---|---|---|---|---|---|---|
| ●도쿄지 | | | | | | | | | | | | | | | | | |
| 도쿄일일신문(東京日日新聞) | — | 8,492 | [300*] | 5,496 | [300*] | 5,314 | [300*] | 4,132 | [311] | 4,549 | [309] | 10,648 | [305] | 11,243 | [303] | 12,990 | [306] |
| 우편호치신문(郵便報知新聞) | — | 8,154 | [300*] | 6,746 | [300*] | 5,692 | [300*] | 5,497 | [312] | 6,572 | [309] | 14,963 | [304] | 21,866 | [304] | 19,428 | [306] |
| 조야신문(朝野新聞) | — | 9,024 | [300*] | 9,069 | [300*] | 6,836 | [300*] | 5,121 | [301] | 5,440 | [313] | 5,762 | [291] | 5,950 | [313] | 12,284 | [280] |
| 도요코마이니치신문(東横毎日新聞) | — | 4,902 | [300*] | 3,811 | [300*] | 2,894 | [300*] | 2,967 | [311] | 4,790 | [298] | 9,554 | [292] | 10,360 | [303] | 10,974 | [307] |
| 시사신보(時事新報) | 1882(M15).3.15 | 2,874 | [238*] | 4,947 | [300*] | 5,502 | [300*] | 7,256 | [306] | 9,184 | [313] | 8,521 | [316] | 8,809 | [365] | 11,775 | [365] |
| 자유신문(自由新聞) | 1882(M15).6.25 | 4,566 | [148] | 4,988 | [295] | 3,387 | [301] | 3,713 | [24*] | — | — | — | — | — | — | — | — |
| 대신문계 | — | 38,012 | — | 35,057 | — | 29,625 | — | 28,686 | — | 30,535 | — | 49,448 | — | 58,228 | — | 67,451 | — |
| 요미우리신문(讀賣新聞) | — | 17,405 | [300*] | 15,911 | [300*] | 16,813 | [300*] | 15,452 | [300] | 13,232 | [303] | 11,818 | [304] | 13,352 | [303] | 15,357 | [294] |
| 도쿄회입신문(東京繪入新聞) | — | 19,760 | [300*] | 12,277 | [300*] | 8,885 | [300*] | 6,041 | [300] | 4,757 | [302*] | 5,320 | [304] | 5,844 | [301] | 13,660 | [213] |
| 이로하신문(いろは新聞) | — | 4,367 | [302] | 3,643 | [299] | 4,477 | [300*] | 3,564 | [300*] | — | — | — | — | — | — | — | — |
| 개진신문(改進新聞)(우키요(有喜世) | 1883(M16).8.17개제 | 8,680 | [300*] | 5,356 | [300*] | 6,427 | [300*] | 9,322 | [289] | 18,004 | [302] | 22,240 | [303] | 15,501 | — | 15,817 | [300] |
| 회입자유신문(繪入自由新聞) | 1882(M15).9.1 | 7,134 | [32] | 10,017 | [298] | 9,761 | [285] | 7,337 | [300] | 6,256 | [279] | 6,116 | [255] | 6,169 | [301] | 6,709 | [304] |
| 회입조야신문(繪入朝野新聞) | 1883(M16).1.22 | — | — | 3,706 | [278] | 6,066 | [304] | 9,740 | [313] | 10,327 | [313] | 8,492 | [313] | 7,419 | [313] | 11,792 | [297] |
| 자유등(自由燈)(도쿄아사히(東京朝日新聞) | 1884(M17).5.11 | — | — | — | — | 19,506 | [151] | 13,854 | [299] | 11,773 | [284] | 7,960 | [184] | 8,396 | [302] | 17,992 | [304] |
| 금일신문(도)(今日新聞)(都) | 1884(M17).9.25 | — | — | — | — | 8,907 | [78*] | 6,593 | [301] | 7,092 | [304] | 6,459 | [251] | 5,804 | [266] | 8,491 | [302] |
| 야마토신문(やまと新聞)(경찰신보(警察新報)) | 1884(M17).10.4 | — | — | — | — | 1,587 | [73*] | 2,021 | [300*] | 10,124 | [68] | 15,992 | [303] | 19,512 | [302] | 21,821 | [294] |
| 소신문계 | — | 57,346 | — | 50,910 | — | 82,429 | — | 73,924 | — | 81,565 | — | 84,397 | — | 81,997 | — | 111,639 | — |
| 도쿄지계 | — | 95,358 | — | 85,967 | — | 112,054 | — | 102,610 | — | 112,100 | — | 133,845 | — | 140,225 | — | 179,090 | — |
| ●오사카지 | | | | | | | | | | | | | | | | | |
| 아사히신문(朝日新聞) | — | 13,802 | [299] | 21,493 | [301] | 24,925 | [301] | 32,042 | [299] | 31,413 | [299] | 35,744 | [298] | 36,029 | [304] | 42,281 | [303] |
| 고노하나신문(此花新聞)(일본회입신문(日本繪入新聞)) | 1881(M14).9 | 2,295 | [294*] | 3,938 | [300*] | 5,648 | [300*] | 12,782 | [300] | 7,827 | [250*] | — | — | — | — | — | — |
| 나니와신문(浪花新聞) | 1886(M19).8 | — | — | — | — | — | — | — | — | 12,205 | [125*] | 14,635 | [278*] | 26,163 | [300*] | — | — |
| 입헌정당(立憲政党)(오사카마이니치(大阪毎日)) | 1882(M15).2.1 | 4,086 | [250*] | 2,912 | [286*] | 2,458 | [250*] | 2,349 | [251*] | 2,806 | [286*] | 5,482 | [300*] | 5,307 | — | 21,389 | [300*] |
| 오사카신보(大阪新報) | — | 6,254 | [215*] | 1,324 | [244*] | — | — | — | — | — | — | — | — | — | — | — | |
| 대동일보(大東日報) | 1882(M15).4.4 | 1,069 | [225*] | 829 | [300*] | 547 | [300*] | 594 | [300*] | 1,274 | [300*] | 927 | [75*] | — | — | — | |
| 동운신문(東雲新聞) | 1888(M21).1.15 | — | — | — | — | — | — | — | — | — | — | — | — | 22,808 | [290*] | 34,481 | [256*] |
| 오사카지 계 | — | 27,506 | — | 30,496 | — | 33,578 | — | 47,767 | — | 55,525 | — | 56,788 | — | 90,307 | — | 98,151 | — |

※ ① [ ] 안은 연간발행호수 ② *표시는 추정.

자료 : 『내무성연보』, 『경시청사무연보』, 『도쿄부통계서』, 『오사카부통계서』를 기초로 작성

〈부록 표 3〉 주요 도쿄 신문의 발행부수 및 도쿄·지방 발행부수 비율

| 신문명 (%) | 1884(M17)년 | | | 1885(M18)년 | | | 1886(M19)년 | | | 1887(M20)년 | | | 1888(M21)년 | 1889(M22)년 | | |
|---|---|---|---|---|---|---|---|---|---|---|---|---|---|---|---|---|
| | 도쿄부 내 | 각 부현 | 총 부수 | 도쿄부 내 | 각 부현 | 총 부수 | 도쿄부 내 | 각 부현 | 총 부수 | 도쿄부 내 | 각 부현 | 총 부수 | | 도쿄부 내 | 각 부현 | 총부수 |
| 도쿄일일신문 | 764,950 | 821,421 | 1,594,159 | 533,231 | 724,376 | 1,285,324 | 524,599 | 854,525 | 1,404,781 | 1,457,682 | 1,777,131 | 3.247,718 | | 2,010,142 | 1,929,711 | 3,975,223 |
| [東京日日新聞] | 48.0% | 51.5% | | 41.5% | 56.4% | | 37.3% | 60.8% | | 44.9% | 54.7% | | | 50.6% | 48.5% | |
| 우편호치신문 | 808.793 | 886.228 | 1,707,453 | 812,968 | 889,897 | 1,715,157 | 957,264 | 1,061,956 | 2,030,824 | 2,751,610 | 1,792,652 | 4,549,050 | | 3,610,085 | 2,318,400 | 5,944,997 |
| [郵便報知新聞] | 47.4% | 51.9% | | 47.4% | 51.9% | | 47.1% | 52.3% | | 60.5% | 39.4% | | | 60.7% | 39.0% | |
| 조야신문[朝野新聞] | 845.668 | 1,203,133 | 2,050,718 | 751,201 | 787,775 | 1,541,448 | 891,947 | 804,521 | 1,702,954 | 748,018 | 926,943 | 1,676,950 | | 1,967,535 | 1,541,743 | 3,439,674 |
| | 41.2% | 58.7% | | 48.7% | 51.1% | | 52.4% | 47.2% | | 44.6% | 55.3% | | | 57.2% | 44.8% | |
| 도요코마이니치신문 | 335,864 | 528,798 | 868,121 | 379,105 | 539,602 | 922,783 | 667,023 | 745,811 | 1,427,610 | 1,918,173 | 857,981 | 2,790,006 | 마이니치 | 2,378,660 | 966,486 | 3,369,207 |
| [東橫每日新聞] | 38.7% | 60.9% | | 41.1% | 58.5% | | 46.7% | 52.2% | | 68.8% | 30.8% | | [每日] | 70.6% | 28.7% | |
| 시사신보(時事新報) | 945,387 | 696,402 | 1,650,745 | 1,231,169 | 972,222 | 2,220,560 | 1,312,951 | 1,534,254 | 2,874,683 | 1,226,708 | 1,462,144 | 2,692,752 | | 2,295,818 | 1,951,810 | 4,298,199 |
| | 57.3% | 42.2% | | 55.4% | 43.8% | | 45.7% | 53.4% | | 45.6% | 54.3% | | | 53.4% | 45.4% | |
| 자유신문[自由新聞] | 325.193 | 686,442 | 1,019,443 | 28,333 | 59,983 | 89,117 | – | – | – | – | – | – | | – | – | – |
| | 31.9% | 67.3% | | 31.8% | 67.3% | | | | | | | | | | | |
| 대신문계 | 4,025,855 | 4,822,424 | 8,890,639 | 3,736,007 | 3,973,855 | 7,774,389 | 4,353,784 | 5,001,067 | 9,440,852 | 8,102,191 | 6,816,851 | 14,956,476 | | 12,262,240 | 8,708,150 | 21,027,300 |
| | 45.3% | 54.2% | | 48.1% | 51.1% | | 46.1% | 53.0% | | 54.2% | 45.6% | | | 58.3% | 41.4% | |
| 요미우리신문 | 3.915,684 | 1,117,582 | 5,043,819 | 3,602,078 | 1,016,339 | 4,635,782 | 3,559,756 | 447,724 | 4,006,582 | 3,179,716 | 412.352 | 3,592,751 | | 3,978,637 | 529,343 | 4,515,051 |
| [讀賣新聞] | 77.6% | 22.2% | | 77.7% | 21.9% | | 88.8% | 11.2% | | 88.5% | 11.5% | | | 88.1% | 11.7% | |
| 도쿄회입신문 | 1,638,985 | 1,025,310 | 2,665,600 | 995,370 | 816,342 | 1,812,300 | 485,500 | 948,317 | 1,436,848 | 773.075 | 844.262 | 1,617,337 | | 2,471,526 | 1,027,995 | 3,502,624 |
| [東京繪入新聞] | 61.5% | 38.5% | | 54.9% | 45.0% | | 33.8% | 66.0% | | 47.8% | 52.2% | | | 70.6% | 29.3% | |
| 개진신문 | 1,735,578 | 192,493 | 1,928,071 | 2,272,536 | 421.620 | 2,694,156 | 4,316,231 | 1,120,167 | 5,437,255 | 5,679,855 | 1,059,031 | 6,738,886 | | 4,071,986 | 671,448 | 4,745,177 |
| | 90.0% | 10.0% | | 84.4% | 15.6% | | 79.4% | 20.6% | | 84.3% | 15.7% | | | 85.8% | 14.2% | |
| 회입자유신문 | 2,206,328 | 575,451 | 2,781,779 | 1,885,649 | 315,235 | 2,201,159 | 1,321,745 | 423,780 | 1,745,525 | 1,212,333 | 347,292 | 1,559,625 | | 1,485,307 | 553,292 | 2,039,740 |
| (繪入自由新聞) | 79.3% | 20.7% | | 85.7% | 14.3% | | 75.7% | 24.3% | | 77.7% | 22.3% | | | 72.8% | 27.1% | |
| 회입조야신문 | 1,334,843 | 508.542 | 1,843,935 | 2,169,101 | 878,441 | 3,048,641 | 1,872,419 | 1,357,877 | 3,232,553 | 1,655,292 | 1,002,530 | 2,658,464 | 에도[江戶] | 2,471,526 | 1,027,995 | 3,502,624 |
| (繪入朝野新聞) | 72.4% | 27.6% | | 71.1% | 28.8% | | 57.9% | 42.0% | | 62.3% | 37.7% | | | 70.6% | 29.3% | |
| 자유등(自由燈) | 2,282,154 | 662,624 | 2,945,337 | 3,056,624 | 1,081,395 | 4,139,739 | 1,834,515 | 1,508,405 | 3,343,709 | 1,082,085 | 382,587 | 1,464,672 | 도쿄아사히 | 4,590,070 | 878,734 | 5,469,826 |
| | 77.5% | 22.5% | | 73.8% | 26.1% | | 54.9% | 45.1% | | 73.9% | 26.1% | | [東京朝日] | 83.9% | 16.1% | |
| 금일신문(今日新聞) | – | – | -- | 1,885,781 | 98,770 | 1,984,551 | 2,031,279 | 124,883 | 2,156,231 | 1,527,189 | 94,224 | 1,621,413 | 미야코[都] | 2,161,435 | 402,122 | 2,564,308 |
| | | | | 95.0% | 5.0% | | 94.2% | 5.8% | | 94.2% | 5.8% | | | 84.3% | 15.7% | |
| 야마토신문 | – | – | – | – | – | – | 608,042 | 80,441 | 688,483 | 3,857,950 | 987,640 | 4,845,590 | | 5,745,793 | 665.131 | 6,415,398 |
| [やまと新聞] | | | | | | | 88.3% | 11.7% | | 79.6% | 20.4% | | | 89.6% | 10.4% | |
| 소신문 계 | 13,113,372 | 4,082,002 | 17,208,541 | 15,867,139 | 4,628,142 | 20,516,328 | 16,029,487 | 6,011,594 | 22,047,186 | 18,967,495 | 5,129,918 | 24,098,738 | | 26,976,279 | 5,756,060 | 32,754,748 |
| | 76.2% | 23.7% | | 77.3% | 22.6% | | 72.7% | 27.3% | | 78.7% | 21.3% | | | 82.4% | 17.6% | |

※ 총 부수는 도쿄부 내, 각 부현의 발행 부수에 외국인 및 해외로의 발송 부수를 더한 수치
자료 : 『경시청사무연보』

## 참고문헌

### 1. 기본자료

大阪府,『大阪府統計書』, 1881(M14).
警視廳書記局,『警視廳事務年表』, 警視廳書記局記錄課, 1889(M22).
高瀨紫峯,『全國新聞雜誌評判記』, 高瀨巳之吉, 1883(M16).
東京府,『東京府管內統計表明治9年』, 1877(M10).
福地櫻痴,『新聞紙實歷』, 民友社, 1894(M28).
松本君平,『新聞學』, 博文館, 1899(M32).
松本万年,『東京日日新文初集』, 文昌堂, 1876(M9).
『日本帝國文部省第八年報』, 文部省, 1881(M13).

### 2. 논저

#### 1) 단행본

朝倉龜三,『本邦新聞史』, 雅俗文庫, 1911.
朝日新聞大阪本社廣告局 編,『近代日本の新聞廣告と経營 資料編』, 朝日新聞社, 1979.
朝日新聞大阪本社社史 編修室 編,『村山龍平伝』, 朝日新聞社, 1953.
朝日新聞社社史編修室 編,『上野理一伝』, 朝日新聞社, 1959.
________________________,『朝日新聞の九十年』, 朝日新聞社, 1969.
朝日新聞百年史編修委員會編,『朝日新聞社史 明治編』, 朝日新聞社, 1990.
荒瀨豊他,『名作挿繪全集』, 平凡社, 1980.
有山輝雄,『德富蘇峰と國民新聞』, 吉川弘文館, 1992.
________,『近代日本のジャーナリズムの構造』, 東京出版, 1995.
市村芳香,『新聞販賣史』, 新聞情報社, 1950.
伊藤秀雄,『黑岩淚香』, 三一書房, 1988.
乾照夫 編,『成島柳北 讀賣雜談集』, ペリカン社, 2000.
井上正明 編,『伯爵清浦奎吾伝』, 伯爵清浦奎吾伝刊行會, 1935.
猪木正道,『評伝吉田茂』上, 讀賣新聞社, 1978.
今西一,『メディア都市·京都の誕生一近代ジャーナリズムと風刺漫畵』, 雄山閣出版, 1999.
今古賢一郎,『毎日新聞の源流』, 毎日新聞社, 1988.
鵜飼新一『朝野新聞の研究』, みすず書房, 1985.
宇田川文解,『喜壽記念』, 宇田川翁喜壽記念會, 1925.
內川芳美,『マス メディア法政策史研究』, 有斐閣, 1989.
大阪電報通信社,『創立十五周年 新聞博覽會報告』, 1920
大阪本社販賣百年史編集委員會 編,『朝日新聞販賣百年史 大阪編』, 朝日新聞大阪本社, 1979.
大阪毎日新聞社,『大阪毎日新聞五十年』, 1932.
大西林五郎,『日本新聞販賣史』, 新聞通信社, 1931.
岡鬼太郎,「円朝雜觀」,『円朝全集』13, 春陽堂, 1926.
岡滿男,『大阪のジャーナリズム』, 大阪書籍, 1987.
岡島新聞舖一二〇年史編集委員會, 『步み續けて百二十年』, 岡島新聞舖, 1992.
小木新造,『東京庶民生活史研究』, 日本放送出版協會, 1979.
興津要,『轉換期の文學―江戶から明治へ』, 早稻田大學出版會, 1960.
______,『明治開化期文學の研究』, 櫻楓社, 1968.
______,『仮名垣魯文ー文明開化の戲作者』, 有隣堂, 1993.
奧武則,『スキャンダルの明治』, ちくま新書, 1997.
______,『大衆新聞と國民國家ー人氣投票· 慈善·スキャンダル』, 平凡社, 2000.
小栗又一,『龍溪矢野文雄君伝』, 春陽堂, 1930.
尾佐竹猛,『明治警察裁判史』, 邦光堂, 1926.
越智治雄 解說 · 山田有策 · 前田愛 注釋,『日本近代文學大系二 明治政治小說集』, 角川書店, 1974.
小野秀雄,『日本新聞發達史』, 大阪毎日新聞社 東京日日新聞社, 1922.
________,『新聞原論』, 東京堂, 1947.
________,『日本新聞史』, 良書普及會, 1949.
________,『新聞の歷史ー瓦版から輪轉機時代まで』, 同文舘, 1955.
________,『かわら版物語』, 雄山閣出版, 1960.
________,『新聞研究五十年』, 毎日新聞社, 1971.
小野秀雄 編,『新聞錦繪』, 毎日新聞社, 1972.
菊池久一,『〈識字〉の構造』, 勁草書房, 1995.

木下直之・吉見俊哉『ニュースの誕生-かわら版と新聞錦繪の情報世界』, 東京大學總合研究博物館, 1999.
近代日本研究會編,『近代日本と情報』, 年報・近代日本研究12, 山川出版社, 1990.
倉田喜弘,『芸能の文明開化ー明治國家と芸能近代化』, 平凡社1999.
小池洋二郎,『日本新聞曆史』, 嚴々堂, 1882.
國立國語研究所,『明治初期の新聞の用語』, 1959.
佐佐木隆,『日本の近代 14 メディアと權力』, 中央公論新社, 1999.
佐藤卓己,『現代メディア史』, 岩波書店, 1998.
篠田鉱造,『明治百話』, 四條書房, 1931.
島屋政一,『日本版畵変遷史』, 大阪出版社, 1939.
ジャーナリズム史研究會,『新聞錦繪展』, 図錄, 1988.
昭和女子大學近代文學研究室 編,『近代文學研究叢書』1~76, 昭和女子大學近代文學研究科, 1956~2001.
進藤咲子,『明治時代語の研究』, 明治書院, 1981.
新聞研究所,『新聞學研究講座速記錄』, 新聞研究所, 1923.
杉浦正,『新聞事始め』, 毎日新聞社, 1971.
杉本つとむ,『近代日本語』, 紀伊國屋書店, 1966.
_________,『東京語の歷史』, 中公新書, 1988.
鈴木健二,『ナショナリズムとメディア』, 岩波書店, 1997.
鈴木行三 編,『本邦新聞の起源』, クリオ社, 1959.
鈴木秀三郎,『円朝全集』, 春陽堂, 1926~1928.
鈴木古鶴,「円朝遺聞」,『円朝全集』13, 春陽堂, 1926.
關直彦,『七十七年の回顧』, 三省堂, 1933.
相馬基 編,『東日七十年史』, 東京日日新聞社・大阪毎日新聞社, 1941.
高木健夫,『新聞小說史』, 國書刊行會, 1974~1981.
高村光雲,『幕末維新懷古談』, 岩波文庫, 1995.
田中克彥,『ことばのエコロジー』, 農山漁村文化協會, 1993.
玉木明,『ゴシップと醜聞-三面記事의 研究』, 洋泉社, 2001.
津金澤聰廣,『現代日本メディア史研究』, ミネルバ書房, 1998.
津金澤聰廣他,『近代日本の新聞廣告と経營ー朝日新聞を中心に』, 朝日新聞社, 1979.

津金澤聰廣・山本武利,『日本の廣告』, 日本経濟新聞社, 1986.
土屋礼子,『復刻 仮名讀新聞』, 明石書店, 1992.
土屋礼子 編,『日本錦繪新聞集成』CD-ROM版, 文生書院, 2000.
遠山茂樹・佐藤誠朗,『自由黨史』中, 岩波書店, 1958.
十川信介 編,『明治文學回想集』上, 岩波文庫, 1998.
永田生慈,『資料による近代浮世繪事情』, 三彩社, 1992.
西田長夫・松宮透治,『幕末・明治期の國民國家と文化変容』, 新曜社, 1995.
西田長壽,『明治時代の新聞と雜誌』, 至文堂, 1961.
________,『日本ジャーナリズム史研究』, みすず書房, 1989.
西田長壽 編,『明治文化資料集 第十二卷 新聞編』, 風間書房, 1972.
日本経濟新聞社,『私の履歴書』29, 日本経濟新聞社, 1967.
日本新聞協會,『地方別日本新聞史』, 1969.
日本新聞販賣協會新聞販賣百年史刊行委員會 編,『新聞販賣百年史』, 日本新聞販賣協會, 1969.
日本電報通信社,『日本電報通信社史』, 1938.
野崎左文,『私の見た明治文壇』, 春陽堂, 1927.
長谷川如是閑,『長谷川如是閑選集』第4卷, 栗田出版會, 1970.
林香里,『マスメディアの周緣 ジャーナリズムの核心』, 新曜社, 2002.
春原昭彦,『日本新聞通史』, 新泉社, 1985.
土方正巳,『都新聞復刻版解說』, 柏書房, 1994.
平井德志,『新聞小說の研究』, 朝日新聞調査研究室報告, 1950.
平田由美,『女性表現の明治史ー樋口一葉以前』, 岩波文庫, 1999.
廣瀨順皓他 編,『近代日本政党機關誌記事總覽』, 柏書房, 1988.
福良虎雄 編,『大阪の新聞』, 岡島新聞舗, 1936.
藤原勘治,『新聞紙と社會文化の建設』, 下出書店, 1923.
本田康雄,『新聞小說の誕生』, 平凡社, 1998.
毎日新聞百年史刊行委員會 編,『毎日新聞百年史』, 毎日新聞社, 1972.
毎日新聞社社史編纂委員會 編,『毎日新聞七十年』, 毎日新聞社, 1952.
牧原憲夫,『客分と國民のあいだ』, 吉川弘文館, 1998.
松井利彦,『近代漢語辭書の成立と展開』, 笠間書院, 1990.
松尾章一 編,『自由燈の研究』, 日本経濟評論社, 1991.
松本三之介・山室信一校注,『日本近代思想大系11 言論とメディア』, 岩波書店, 1990.
南博他編,『講座現代芸術IV マス・コミのなかの芸術』, 勁草書房, 1961.
宮武外骨,『筆禍史』, 改訂增補版, 朝香屋書店, 1926.
________,『宮武外骨著作集』第4卷, 河出書房新社, 1985.
________,『明治の錦繪新聞 全』(橋本).
宮武外骨 編,『公私月報』, 嚴南堂書店, 1981.
宮武外骨・西田長壽,『明治大正言論資料20 明治新聞雜誌關係者略伝』, みすず書房, 1985.
棟尾松治,『新聞學概論』, 巖松堂書房, 1930.
村上直之,『近代ジャーナリズムの誕生』, 岩波書店, 1995.
明治文化研究會 編,『明治文化全集 第四卷 新聞篇』, 明治文化研究會, 1968
文部省 編,『國民の讀み書き能力』, 大藏省印刷局, 1961.
柳田泉,『政治小說研究』, 春秋社, 1935~1939.
柳田國男,『國語の獎來』, 講談社學術文庫, 1977.
矢野文雄,『日本文体文字新論』, 報知社, 1988.
山田忠雄,『近代國語辭書の步み』上卷, 三省堂, 1981.
山中古洞,『挿繪節用』, 芸艸堂, 1941.
山本武利,『新聞と民衆』, 紀伊國屋書店, 1973.
________,『近代日本の新聞讀者層』, 法政大學出版局, 1981.
________,『廣告の社會史』, 法政大學出版局, 1984.
________,『新聞記者の誕生』, 新曜社 1990.
山本文雄,『日本新聞發達史』, 伊藤書店, 1944.
________,『日本新聞史』, 國際出版, 1948.
山本正秀,『近代文体發生の史的研究』, 岩波書店, 1965.
吉田映二,『浮世繪辭典·定本』, 畵文堂, 1990.
吉野作造 編,『明治文化全集』, 第9卷 第5号, 日本評論社, 1936.
吉見俊哉,『メディア時代の文化社會學』, 新曜社, 1994.
________,『カルチュラル·スタディーズ』, 岩波書店, 2000.
讀賣新聞百年史編集委員會,『讀賣新聞百年史』, 讀賣新聞, 1976.
讀み書き能力調査委員會,『日本人の讀み書き能力』, 東京大學出版部, 1951.

Benedict Anderson, 白石隆·白石さや 譯,『想像の共同体』, リブロポート, 1987.
Carlo M Cipolla, 佐田玄治 譯,『讀み書きの社會史』, お茶の水書房, 1983.
Floran Coulmas ed., *Linguistic Minorities and Literacy*, Mouton Publishers, 1984.
Graeme Turner, 溝上由紀他 譯,『カルチュラル·スタディーズ入門』, 作品社, 1999.
Harry Emerson Wildes, *The Press and Social Currents in Japan,* University of Chicago Press, 1927.
Herbert Passin, 國弘正雄 譯,『日本近代化と教育』, サイマル出版會, 1969.
J.Marshall Unger, *Literacy and Script Reform in Occupation Japan*, Oxford University Press, 1996.
Jürgen Habermas, 細谷貞雄 譯,『公共性の構造轉換』, 未來社, 1973.
Kevin Williams, *Get Me A Murder A Day! —A History of Mass Communication in Britain*, St. Martin's Press, 1998.
Kisaburo Kawabe, *The Press and Politics in Japan*, University of Chicago Press, 1921.
Marius B.Jansen, 細谷千博 譯,『日本における近代化の問題』, 岩波書店, 1968.
Marshal Mcluhan, 栗原裕·河本仲聖 譯,『メディア論—人間の擴張の諸相』, みすず書房, 1987.
Max Horkheimer · Theodor W.Adorno, 德永恂 譯,『啓蒙の弁証法』, 岩波書店, 1990.
Michael Schudson, *Discovering the News —A Social History of American Newspapers*, Basic Books Inc., 1978.
Michel Foucault, 田村俶 譯,『監獄の誕生』, 新潮社, 1977.
Minko Sotiron, *From Politics to Profit*, McGill—Queen's University Press, 1997.
R.B.Le Page, "Sociolinguistic aspects of literacy", kingsley Bolton Helen Kwok(eds.) *Sociolinguistics Today —International Perspectives Routledge,* 1992.
Walter J.Ong, 櫻井直文他 譯,『聲の文化と文字の文化』, 藤原書店, 1991.

### 2) 논문

有山輝雄,「'中立'新聞の形成—明治中期における政府と朝日新聞」,『成城文芸』117, 1986.
安藤良雄,「共濟五百名社の歷史的意義」,『安田生命百年史』, 日本経濟新聞社, 1986.
乾照夫, 「成島柳北と自由民權一明治14年以後の『讀賣新聞』を中心にして」, 『経營情報科學』 2巻 4号, 東京情報大學, 1990.3.
內川芳美, 「近代新聞史研究方法論序說」, 『東京大學新聞研究所紀要』 3, 東京大學新聞研究所, 1954.
_______, 「明治初期の新聞と讀者」, 『言語生活』 99号, 筑摩書房, 1959.12.
リチャ-ド・ル-ビンジャー, 「識字能力の東西—19世紀のヨーロッパと日本について」, 梅棹忠夫・小川了 編, 『ことばの比較文明學』, 福武書店, 1990.
穎原退藏, 「俗談平話を正すおよび俗談平話」, 『穎原退藏著作集』 10巻, 中央公論社, 1980.
蛯原八郎, 「明治文學前史考」, 『月刊日本文學』, 1932.7.
_______, 「言文一致の先驅」, 『明治文學雜記』, 學而書院, 1935.
大井眞二, 「センセーショナリズムを考える一アメリカ・ジャーナリズム史の文脈から」, 『マス・コミュニケーション研究』 43, 三嶺書房, 1993.12.
大阪府立中之島図書館, 『大阪本屋仲間記錄』 7・10, 1983・1985.
岡田翠雨, 「創生期における大阪の新聞界」, 『上方』 23, 1933.1.
小野秀雄, 「我が國初期とその文獻について」, 吉野作作 編, 「新聞編解題」, 『明治文化全集』 4巻, 日本評論社, 1928.
梶原滉太郎, 「大新聞・小新聞の語彙」, 佐藤喜代治 編, 『講座日本語の語彙 第六巻 近代の語彙』, 明治書院, 1982.
勝岡寬次, 「日本人の「讀み書き能力」調査について一占領軍の日本語政策の一環として」, 『早稻田大學大學院文學研究科紀要 哲學・史學編別冊』 13, 1987. 1 .
加藤信明, 「'俗語'から口語へ一"colloquial"の譯語の変遷」, 『駒澤女子短期大學研究紀要』 23号, 駒澤女子短期大學, 1990.3.
無記名, 「聞きとりでつづる新聞史 岡島眞藏」, 『別冊新聞研究』 1, 日本新聞協會, 1975.10.
淸川郁子, 「リテラシーの普及と壯丁敎育調査」, 川合隆男編, 『近代日本社會調査史』 II, 慶應通信, 1991.
京極興一, 「漢字仮名交じり表記の一考察(2)」, 『信州大學敎育學部紀要』 34号, 筑摩書房, 1976.3.
_______, 「振り仮名表記について」, 『信州大學敎育學部紀要』 44号, 1981.

香内三郎, 「マス·メディアとイデオロギー '中立性' '党派性'の歴史的系譜について」, 『思想』 403号, 岩波書店, 1958.1.
國立國語研究所, 「明治時代語の調査研究」, 『國立國語研究所年報』 10~16号, 1960.2~1965.11.
小林惠胤, 「明治一四年の識字調ー当時の北安曇郡常盤村の場合」, 『長野縣近代史研究』 5号, 銀河書房, 1974.
齋藤咲子, 「明治初期の振り仮名」, 『近代語研究』 2集, 1968.
_______, 「ふりがなの機能と変遷」, 森岡健二他編, 『講座日本語學』 6, 明治書院, 1982.
三品蘭溪, 「明治初期文學余話」, 『早稲田文學』, 1926.4.
進藤咲子, 「明治初期の言語の生態」, 『言語生活』 90号, 1959.3.
_______, 「明治初期の小新聞にあらわれた談話体の文章」, 『國立國語研究所論集1ことばの研究』, 國立國語研究所, 1959.2.
_______, 「新聞の文章」, 森岡健二他 編,『現代語の成立』 講座現代語 2, 明治書院, 1964.
鈴木仁一, 「ジャーナリズム化せる末期浮世繪(1~3)」, 『書物展望』 4巻 1~3号, 書物展望社, 1934.1~2.
鈴木英夫, 「新聞の文章の近代化-明治12~20年の朝日新聞を中心として」, 『國語と國文學』 4巻 4号, 1967.4.
多治比郁夫, 「明治初年の草紙屋仲間資料」, 『大阪府立中之島図書館紀要』 23号, 1987.3.
田中克彦, 「差別としての文字」, 『日本語學』, 明治書院, 1991.3.
玉井乾介, 「新聞小説史-創成期より『金色夜叉』の誕生まで」, 『文學』 22巻 6号, 1954.6.
津金澤聰廣, 「"小新聞"成立の社會的基盤ー日本マスコミュニケーション史研究ノート(1)」, 『關西學院大學社會學部紀要』 第11号, 1965.8.
土屋礼子, 「明治初期『讀賣新聞』における詩歌の社會的性格」, 一橋大學修士論文, 1989.
_______, 「『仮名讀新聞』投書欄の詩歌と作者たち」, 『一橋論叢』, 一橋大學, 1991.2.
戸坂潤, 「現代哲學講話」, 『戸坂潤全集』 第3巻, 剄草書房, 1966.
野崎左文, 「昔の新聞談」, 『明星』 巳年 第五号, 1905.5.

________, 「明治初期の新聞小説」, 『早稲田文學』 229号, 1925.3.
________, 「「今日新聞」の三ヶ年間」, 『早稲田文學』 232号, 1925.6.
________, 「明治初期の著述家の面影」, 『早稲田文學』 243号, 1926.4.
________, 「再び明治の小新聞に就て」, 『早稲田文學』 229号, 1925.3.
林香里, 「「タブロイド化」論爭とジャーナリズム」, 『綜合ジャーナリズム研究』 167号 東京社, 1999.1.
林茂, 「解題」, 『復刻 自由新聞』 5巻, 三一書房, 1972.
原秀成, 「新聞錦繪と錦繪新聞―その出版狀況と構造の変化」, 近代日本研究會 編, 『近代日本と情報(年報·近代日本研究12)』, 山川出版社, 1990.
平田由美, 「物語の社會空間―近代メディアと「毒婦」言說」, 『文學增刊 明治文學の雅と俗』, 岩波書房, 2001.10.
細川英雄, 「振り仮名一近代を中心に」, 佐藤喜代治 編, 『漢字講座第4巻 漢字と仮名』, 明治書院, 1989.
堀川直義, 「新聞の文体史」, 『言語生活』 230号 筑摩書房, 1970.11.
前田愛, 「音讀から默讀へ」, 『近代讀者の成立』, 有精堂, 1973.
______, 「幕末·維新期の文体」, 『前田愛著作集』 第2巻, 筑摩書房, 1989.
松井利彦, 「漢語辭書の世界」, 『近代漢語辭書の成立と展開』, 笠間書院, 1990.
宮武外骨, 「明治筆禍史資料(4)」, 『新旧時代』 第1年 第4冊, 明治文化研究會, 1925.5.
________, 「自由民權論者に加へたる刑罰」, 『新旧時代』 第2年 第4·第5冊, 明治文化研究會, 1926.8.
八鍬友廣, 「19世紀末日本における識字率調査一滋賀·岡山·鹿兒島縣の調査を中心として」, 『新潟大學教育學部紀要 人文·社會科學編』 32巻 1号, 新潟大學教育學部, 1990.10.
______, 「近世民衆の識字をめぐる諸問題」, 『日本教育史研究』 12号, 日本教育史研究會, 1993.8.
山中古洞, 「芳年伝備考 第1～14稿」, 『浮世繪志』 15～32号, 1930～1931.
山本武利, 「『日本新聞年鑑』と永代靜雄」, 『復刻版 日本新聞年鑑』 19巻, 日本図書センター, 1986.
山本正秀, 「小新聞談話体文章の實体」, 『茨城大學文理學部紀要人文科學』 10号, 1959.12.

吉見俊哉,「メディアを語る言說ー兩大戰間期における新聞學の誕生」, 栗原彬他,『內破する知』, 東京大學出版會, 2000.

吉田東朔,「「俗語」から「口語」へーその1」,『放送大學研究年報』5号, 放送大學出版局, 1988.3.

Robato E.Baku, 學習院大學社會學硏究室 譯,「新聞の博物學」, Wilbur Lang Schramn 編,『新版マス・コミュニケ―ションーマス・メディアの總合的研究』, 東京創元新社, 1968.

※ 부기

열독한 신문의 원자료, 마이크로 필름 및 복간판에 대해서는 기재를 생략한다. 또한 원자료의 조사에 즈음하여 다음의 소장 기관 및 개인의 협력을 받았다. 여기에 기재하여 감사를 표한다.

東京大學 法學部明治新聞雜誌文庫(宮武外骨コレクション)·東京大學社會情報學 硏究所(小野秀雄コレクション)·早稲田大学図書館西垣文庫·京都大学経済学部上野文庫·毎日新聞社新屋文庫·朝日新聞社藤原文庫·国立国会図書館古典書籍資料室·江戸東京博物館·大阪城天守閣(南木芳太郎コレクション)·大阪府立中之島図書館郷土資料館·大阪市立博物館·岡島新聞舗·東洋文化新聞研究会新聞資料ライブラリー(羽島知之コレクション·山名新聞資料館(山名隆三コレクション)·凸版印刷株式会社印刷資料館·熊本市立熊本博物館·灸まん美術館·日本新聞博物館·新聞文化資料館(中谷作次コレクション)

## 참고 사이트

- 국립도서관소장사진장(國立圖書館所藏寫眞帳) 메이지[明治] 다이쇼[大正] 지명(地名) 검색 :
  http://www.ndl.go.jp/scenery/index.html
- 요코하마 개항자료관[横浜開港資料館] :
  http://www.kaikou.city.yokohama.jp
- 도쿄대학 근대일본법정자료 센터[東京大學 近代日本法政資料センター](明治新聞雑誌文庫、原資料部) :
  http://www.j.u-tokyo.ac.jp/lib/meiji
- 도쿄대학사회정보학연구자료센터[東京大學社會情報學研究資料センター] :
  http://www.center.iii.u-tokyo.ac.jp
- 와세다대학도서관소장자료 막부 말 메이지의 미디어전[早稲田大学図書館所蔵貴重資料 幕末・明治のメディア展] :
  http://cork.wul.waseda.ac.jp/TENJI/virtual/bakumei
- 오노 히데오 콜렉션[小野秀雄コレクション] :
  http://www.iii.u-tokyo.ac.jp/archives/digital_archives/ono_collection/contents/index.html
- 하지마 도모유키 콜렉션[羽島知之コレクション] :
  http://www.toyo.ac.jp/library/publication/cosmos/pdf/140.pdf
- 오사카역사박물관 난기요시타로 콜렉션[大阪歴史博物館 南木芳太郎コレクション] :
  http://www.mus-his.city.osaka.jp/news/2009/tenjigae/091208.html
- 일본신문박물관(日本新聞博物館) :
  http://newspark.jp/newspark
- 에도도쿄박물관(江戸東京博物館) :
  http://www.edo-tokyo-museum.or.jp
- 오사카조텐몬카쿠[大阪城天守閣] :
  http://www.osakacastle.net/link/index.html
- 凸版印刷株式会社印刷資料館 :
  http://www.printing-museum.org

소신문을 연구한 지 어느 덧 10년 이상의 세월이 흘렀다. 그동안 도서관이나 자료실에서 불완전한 목록에 의지하여 신문의 원문이나 마이크로 필름을 하나하나 읽어나가면서 확인하고 필사하던 작업은 신문 복각판이나 마이크로필름 복사 인쇄로 수고를 많이 덜게 되었다. 더욱이 인터넷이나 CD-ROM에 의한 검색이 보급되고 연구의 절차나 속도만이 아니라 사람들의 독서 양상도 변화했다.

일본에서는 30세 이하의 젊은 세대의 20%가 신문을 전혀 읽지 않는다는 내각의 조사결과가 신문에 발표된 바 있지만 최근 신문도 책도 읽지 않는 비독서계층과 독서계층의 분열이 급속하게 진행되고 있다. 현대의 비독서계층은 문자를 읽지 못하는 것은 아니지만 텔레비전이나 라디오에서 정보를 입수하고 휴대폰으로 메일을 보내며 인터넷뱅킹으로 현금을 인출하고 투표후보의 이름을 골라 특별히 문자를 쓰지 않아도 불편함이 없다. 펜이나 연필을 잡을 기회는 대폭 줄어들어 손으로 문자를 쓰는 능력은 눈으로 문자를 고르는 능력으로 대체되고 있다. 이러한 문자의 시각 편중, 즉 단편적 정보로 테이터베이스화한 문자에 대한 반발이 최근의 음독이나 서도의 복권 주장논의 유행을 낳았다고 하겠다. 어찌 보면 미디어 발달은 문자에 대한 관계 방식의 변화를 촉구하고 문자를 쓸 기회를 격감시켜 읽는 힘도 쇠퇴시키는 영향을 미쳤을지도 모른다. 근대화론자라면 식자율 저하의 위기적 징후라며 우려할 터이지만 오히려 나는 이 변화가 인간의 언어의 의의를 어떻게 바꾸어 갈 것인가라는 문제를 직시하게 하는 것으로 삼고자 한다.

활판 인쇄가 사회를 변동시키기 시작한 18세기 『언어기원론』을 펴낸 루소는 "문자가 언어를 변질시켰다"고 갈파했다. 근대는 신문이 리드하여 독서하는 대중 시대를 쌓아올렸다. 여기에는 도시에서 발생한 문어에 의한 일원화, 표준화가 추진되어 지역의 구어를 지도 교정하는 구축(驅逐)이 이루어진 것이다. 디지털 통신 기술을 기반으로 한 정보 네트워크가 새로운 미디어로 우리를 뒤덮고 있는 현대 사회에 적응하기 위하여 미디어 리터러시의 필요성이 강력하게 요청되지만 종래의 식자 능력과 마찬가지로 그것은 사람들을 동원하여 고도 문명사회를 조직하는 데 유용할지라도 이것이 사람들을 행복하게 할 것인가는 별도의 문제이다.

도대체 인간의 행복을 위하여 필요한 것은 무엇인가. 언어의 양태는 문명의 양태이다. 언어가 인간의 영민한 지혜라면 그것은 한 줌의 엘리트가 독점하는 것이 아니라 다수의 사람들을 향해 열려지고 공유되어야 할 것이다. 신문은 누구나 그 영민한 지혜를 서로 나누고 자유롭게 말하는 근대의 이상을 체현하여 읽기쓰기 능력의 평준화가 지향하는 열린 평등한 사회관계를 꿈꾸었다. 그러므로 신문 미디어는 동시에 인쇄된 언어에 의한 권력 투쟁이 여론의 형태로 펼쳐지는 장인 것이다. 전자미디어는 그것을 어떻게 계승하고 혹은 변화시키려 한 것인가. 종종 일탈한 활자가 난무하는 낡은 신문을 넘기면서 이러한 막연한 의문이 늘 뇌리를 스치곤 했다.

이 책은 이와 같은 십여 년의 세월을 배경으로 쓰인 다음과 같은 각론을 모아 제출한 박사논문을 수정 가필한 것이다.

「메이지 초기 소신문의 투서와 커뮤니케이션[明治初期小新聞における投書とコミュニケーション」, 『新聞學評論』 41,1992→제5장

「메이지 초기의 언론 통제와 소신문 필화[明治初期の言論統制と小新聞の筆禍」 『미디어사연구[メディア史研究]』 1, 1994→제6장

「뉴스·미디어로서의 니시키에신문[ニュース·メディアとしての錦繪新聞」, 『매스 커뮤니케이션 연구[マス·コミュニケーション研究]』 46, 1995→제4장

「『이로하신문』으로 보는 자유민권운동의 소신문[『いろは新聞』にみる自由民權運動の小新聞」 『미디어사연구[メディア史研究]』 6, 1997→제7장

「후리가나론의 시좌—근대일본의 문자와 리터러시[ふりがな論の視座 : 近代日本における文字とリテラシー]」, 『現代思想』 26-10,1998→제2장

「정당계 소신문으로 보는 메이지 10년대 후반의 소신문의 변모[政党系小新聞にみる明治十年代後半の小新聞の変貌」, 『미디어사연구[メディア史研究]』 8,1999→제8장

「초기의 『미야코신문』과 『야마토신문』에 대하여[初期の『都新聞』と『やまと新聞』について]」, 『大阪市立大學文學部紀要人文研究』 51, 1999→제10장

「오사카의 소신문[大阪の小新聞]」 『大阪市立大學文學部研究紀要 人文研究』 52, 2000→제9장

분명 나의 관심문제와 연구 활동은 선인에 의한 연구 축적에 힘입어 수많은 사람들의 자극과 도움으로 성장했다. 대학원이나 근무처의 대학, 미디어사 연구회를 비롯한 각종 연구회에서 만난 연구자, 귀중한 자료를 내주신 여러 수집가분들, 도쿄대학 법학부 메이지 신문잡지 문고, 마이니치신문사 신옥문고를 필두로 각종 문고·도서관·자료실 등에서 신세를 지게 된 분들 등 여기에 일일이 그 존함을 열거할 수 없지만 모든 분들께 감사드리고 싶다. 또한 언어에 대한 근본적이고 원리적인 관심으로 시사해 주신 다나카 가쓰히코[田中克彦] 선생님, 소신문의 연구 가치를 일깨워 주셨던 야마모토 다케토시[山本武利] 선생님 두 분께는 연구자의 길을 이끌어 주신 것에 거듭 감사의 말씀을 올린다. 또한 이 책의 출판을 권해 주신 세계사상사의 아키야마 요이치[秋山洋一]씨, 까다로운 도표와 저자의 요구를 마다하지 않고 응해 주신 다나카 나이호세[田中奈保生]에게 고마움의 뜻을 전하고 싶다.

마지막으로 부모님, 그리고 후지모토 아키미쓰[藤本彰三] 헤렌[ヘレン]부부에게 이 책을 바친다.

2002년 8월

나가노켄 이타아미산토[長野縣飯綱山東]에서

쓰치야 레이코[土屋礼子]

대략 10년 전쯤 박사논문을 바탕으로 하여 집필해 간행한 이 책이 이번에 권정희 씨 덕분에 한국어판으로 출판하게 되었다. 집필 무렵에는 이 책이 한국에 독자를 얻게 될 줄은 꿈에도 생각지 않았다. 그래서 2009년에 돌연 낯선 사람으로부터 이 책을 한국어로 번역해 출판하고 싶다는 제안을 메일로 받고는 놀랐다. 우연히 그 해 여름 서울에 가는 기회에 그녀를 만나 열정 가득한 이야기에 이끌려 번역 출판을 승낙했다. 그 후 나는 근무하던 오사카시립대학 문학연구과를 떠나 2010년 4월부터 와세다 대학 정치 경제학술원에서 근무하게 되었다. 한동안 권정희 씨로부터 소식이 없었기 때문에 어떻게 된 걸까 생각했는데 금년 여름으로 접어들면서 번역이 끝났으니까 서문을 써 달라는 연락을 받았다. 그녀의 3년에 걸친 노력 덕분에 드디어 이 번역서는 세상에 나오게 되었다. 권정희 씨의 노고에 감사하고 싶다.

현재 종이에 인쇄된 신문은 세계적으로 보면 수량적으로 감소 일로에 있다. 그것은 문자로 쓰여진 뉴스의 주력이 네트 공간으로 이동하고 있기 때문이다. 바야흐로 유력지는 모두 웹 사이트를 구축하여 웹 사이트와 연동한 편집을 진행하고 있다. 그러나 웹 사이트만으로 뉴스의 취재에서 제공까지 자립적으로 채산이 맞는 기업은 아직 적다. 인터넷 시대의 뉴스가 어떻게 될까 하는 미래의 비전은 21세기 초가 10년 정도 지난 시점에서는 아직 뚜렷이는 보이지 않지만 「대중지의 원류」에서 논한 메이지 초기와 같이 문자에 의한 뉴스·미디어는 분화해 계층화할 가능성이 높을 것이다. 사회에 의해서 그 분화의 방식은 다르겠지만 문자와 언어는 학습과 지식을 필요로 하여 교육을 얻는 시간과 금전의 여유에 상관관계가 있기 때문이다. 데이터베이스를 구사해 방대한 정보를 얻는 사람들과 단편적인 네트 정보에 우왕좌왕 하는 사람들의 양극화가 확산되고 정보의 격차가 증폭되는 가운데 어떠한 지적 중간층이 형성되는지 본서에 그려진 19세기 말과 현대를 비교하면서 사유하는데 보탬이 된다면 행복할 것 같다.

쓰치야 레이코

근대소설의 기원을 거슬러 올라가면 근대 초기 신문의 연재 서사와 맞닥뜨리게 된다. 정론지의 이미지로 굳어져 있는 근대 초기 서사물이 연재된 신문은 엄밀하게는 대신문(Great-Nespaper)이 아니라 논설을 싣지 않았던 잡보 중심의 소신문(popular paper)이다. 신문의 정론지의 탈각화에 근대 소설의 연원이 내재하는 기원의 역설은 신문의 역사와 문학의 미묘한 관계에 조응하여 사실과 허구, 인간의 이성과 욕망의 근본적인 문제들을 함축하는 것처럼 보인다. 세계 어느 국가에서든 명명은 달라도 신문의 대중화와 관련하여 소설이 출현한 역사는 인간의 이야기 욕망의 보편성을 말해준다. 하여 현존하는 후기 자본주의의 위기에도 미래의 미디어의 존재 방식이 어떠하든 인간이 존속하는 한 이야기 욕망은 소멸하지 않을 것이라는 확신은 흔들림이 없다. 저자가 소신문을 대중지의 원류로 보는 이유는 소신문이 인간의 이야기 욕망에 부응하는 '오락'의 원형을 제공하기 때문이다.

'정론 위주'와 '오락 위주'로 변별되는 대신문과 소신문을 저자는 '후리가나 = 소신문'의 의미를 재조명함으로써 '멸칭'으로서의 부정적인 위치를 전도하여 소신문의 "혁명적"인 문체의 의의를 규명했다. 일본

어로 '고신분(こしんぶん)'으로 읽는 소신문을 원음대로 표기하는 시대의 추세를 거스르듯 굳이 소신문으로 표기한 것은 일본어로 '오'와 '고'로 읽는 대신문과 소신문의 짝을 이루는 관계를 '오신문', '고신문'으로 치환하는 한국어음에서는 표상할 수 없기 때문이다. 소신문은 대신문과 대립하는 시스템에서 존속했으며 대신문의 종언은 곧 소신문의 종언을 뜻하는 동반 관계이다. 메이지 초기인 1874(M7)년에서 1887(M20)년 경까지 존속했던 대신문-소신문의 시스템은 메이지 30년대인 1900년대 '중신문' 으로 통합된다.

한국 신문이 일본과 조우하는 지점은 바로 여기이다. 이인직이 편집부 기자로 근무했던 일본의 『미야코신문[都新聞]』도 소신문의 일종이다. 또한 근대 초기 소신문의 유산에서 이룬 일본 신문의 제2단계 '중신문' 을 대표하는 『요로즈초호[萬朝報]』를 '국민형 대중지'의 반열로 올려놓은 자가 구로이와 루이코[黑岩淚香]라는 점은 눈여겨보아야 할 대목이다. 『요로즈초호[萬朝報]』는 번안소설을 위시하여 문예란에 역점을 두고 사회주의·노동문제에 관심을 나타냈다. 정치 사회의 현안에 개입하는 형태의 국민형 대중지로 '중신문'을 장악했던 핵심 인물 구로이와 루이코의 번안소설이 한국에서도 '1910년대 초반부터 1920년대 중반까지 십여 편 재번안'[1]되었다는 사실에서 한국의 번안소설을 비롯한 출판문화의 지형에 미친 『요로즈초호[萬朝報]』의 영향을 추론할 수 있다.

한국의 근대 초기 발간된 『한성순보』, 『독립신문』, 『황성신문』이 대신문이라면 1910년대 『매일신보』의 대중성의 근원은 일본의 소신문과

1 박진영, 『번역과 번안의 시대』, 소명출판, 2011, 368면.

무연하지 않다. 남루하여 부정하고 싶은 익숙한 우리의 '대중성' 패턴의 시원을 거슬러 올라가면 일본의 소신문과 맞닿아 있다. 그러므로 대신문과 소신문이 각축하는 역사를 떠안은 중신문 이후로만 소급하는 것으로는 충분하지 않다. 이 번역서의 의의는 그간 뭉뚱그려 왔던 집합명사 일본신문을 개별 고유명사로 '대신문 / 소신문 / 중신문'의 범주에서 자리매김하는 인식 체계를 제공하고 '대중성'에 관한 근원적인 발본의 장으로서 분기와 통합의 원점으로서 대신문-소신문 시스템을 호명한다는 점에 있다. 대신문과 소신문의 이중 구조는 언어와 미디어의 문제에서 파생된 시스템이다. 한자와 가나 문자로 구성된 일본어 체계에 입각한 언어적 차이와 사회 계층의 차이에서 결정되는 미디어 편제는 IT시대를 맞는 오늘날과 그 구체적 양태는 다르지만 여전히 유효성을 상실하지 않는다. 한어 중심의 대신문과 한자를 훈과 음으로 두 가지 방식으로 읽는 일본어의 후리가나를 단 소신문의 언어 전략은 '구연성(orality)'이 도입된다는 점에서 '문자성(literacy)'에 입각한 대신문과 질적인 차이가 있다. 소신문의 대중성의 중핵을 이렇게 명료하게 짚어내는 저자의 혜안이 이끄는 소신문 연구는 한국 근대 신문의 국한문체·국문체의 언어에 따른 매체의 문체 분할 방식과 '대중성'의 문제에도 시사하는 바가 크다. 식자층 / 비식자층 혹은 지식인 / 대중의 단순한 이항도식으로 수렴될 수 없는 언어와 미디어의 다양한 문제를 내포하는 것이다. 한자와 가나의 일본어 체계의 식자의 차이는 구어 / 문어, 한자 / 가나의 단선적인 언어 차이를 넘어 교육과 문화를 대응시킨 미디어 계층성으로 분할하는 상호 연관되는 체계에서 독자를 재편성하면서 다양한 소통 방식을 구축해 갔다.

식자의 계층 차이를 전제로 한 소신문의 언어 공간이 독자층의 열렬한 환영을 받았던 대중성의 관건은 언어 즉 '속담평화(俗談平話)' 문체에 기인한다는 것이 저자의 설명이다. 소신문 특유의 '속담평화(俗談平話)'의 문체는 언문일치 운동으로 성립한 구어문이나 보통문에 가까운 형태로 언문일치의 밑바탕이 되었다. 문어와 고어라는 아어(雅語)의 확고한 지배적인 언어 규범을 뒤흔든 평이한 문체 '속담평화(俗談平話)'는 '부녀자 아동' 을 위한 미디어 최전선의 기자에 의해 만들어졌다. 훗날 언문일치 운동에 의한 구어문과 구별하기 위하여 '담화체(談話體)'로 정의되는 '俗談平話(속의 이야기)'를 채용한 소신문은 후리가나와 함께 '~어요', '~습니다'의 문말어미와 속어를 구사하여 '이야기하는(談話) 것'과 같은 '俗談平話(말투)'로 한문훈독체의 대신문과 변별했다. '구어'라는 용어조차 없었던 메이지 초기인 1880년대 '속어'와 '보통말(平話)'을 표방한 소신문은 문장에 입말을 도입하는 구어화의 쾌거를 앞당겼다. 한어에 한어의 가나를 다는 것이 아니라 속어에 의한 훈을 다는 속훈(俗訓)의 방식으로 후리가나를 소리 내어 읽는 것을 중심으로 한자 가나를 혼용하여 입말이 주가 되고 문장이 종속되도록 철저하게 구연성에 입각한 방식을 채용했다는 점이 소신문 후리가나의 의의이다. 이러한 언어 공간이 구연성에 입각한 게사쿠[戲作]와 연속적인 맥락을 마련하면서 전통적인 대중독자로 그 폭을 확장시켰으며 일본 대중 연예와 접맥되는 세계를 열었다. 소신문이 신문의 낭독을 '듣는' 독자를 포괄하여 독자의 저변을 확장한 것은 과거의 '요미우리가와라반[讀賣瓦版]'을 계승한 '요비우리[呼び賣り]'의 음성에 의한 판매 방식에 의존한 것임을 당시의 소신문의 풍부한 예시로 생생하게 신문 풍경을 재현하여 구체적으로 입증했다. 판매 방식을 독자의 향유 방식과 언어의 문제로 신문 미디어가 갖는 문제를 근본적인 층위에서 조명함으로써 '요비우리' 금지라는 자유 민권 운동 시대의 언론 통제가 가두의 음성에 입각한 저널리즘시대를 종결하며 문체의 변화를 야기한 주된 요인이라는 저자의 설명도 소신문의 역사를 새롭게 주목하게 하는 참신함이 돋보인다. 이러한 소신문을 지탱하는 제 구조에 대한 깊이 있는 분석이 실증적인 방법으로 구현되었다는 점이 논의의 설득력을 높이게 하는 이 책의 미덕이라 할 것이다.

니시키에[錦繪]라는 일본의 전통적인 다색도 판화의 풍속화를 신문에 도입한 『니시키에신문[錦繪新聞]』이 신문 역사 초기인 1874(M7)년에 출현하고 오늘날 『요미우리신문[讀賣新聞]』과 함께 일본 신문의 양대 산맥을 이루는 『아사히 신문[朝日新聞]』이 1879(M12)년 삽화 소신문으로 등장하는 역사 또한 흥미롭다. 일본을 상징하는 우키요에[浮世繪]와 같이 일련의 다색인쇄목판화 전통의 밑바탕에서 대신문의 뉴스와 우키요에를 융합한 새로운 비주얼 출판물이 태동했다. 각종 소신문의 대중성 전략으로 시각성을 적극적으로 활용하는 방식은 소신문을 현대의 대중지의 원류로 자리매김하는 저자의 주장을 선명하게 뒷받침하면서 만화 강국의 연원을 실감하게 한다. 이와 같이 1874(M7)년부터 1887(M20)년경 소신문의 탄생에서 소멸에 이르는 치열한 생존 경쟁과 시대를 예감하려는 저널리즘의 예리한 감각이 부각되는 신문의 부침(浮沈)의 역사를 언어와 미디어의 일관된 문제의식과 방대한 자료를 섭렵한 심층적인 분석으로 아카데미즘의 영역으로 이끌어낸 것은 저자의 역량이다. 이로써 일본 신문의 계보를 추적하는 저널리즘 연구만이 아니라 언어와 근대소설 및 미디어의 대중성을 근간으로 하는 다방면의 관심 영역에서도 접근할 수 있는 다층적인 세계가 구축되었다.

'소신문'의 역사적 용어의 역사를 추적하고 한 세기에 걸쳐 산포하는 소신문 연구사의 논지를 간파하면서 후리가나나 속어, 비주얼한 삽화를 사용하여 폭넓은 독자층을 개척, 필화사건에 연루되면서도 해학과 풍자로 민중적인 정치를 즐기는 방식을 추구한 점이 소신문의 매력이라는 것이 저자의 암묵적인 비판의 핵심이다.[2] 소신문의 '해학과 풍자와 씩씩함'을 특징으로 하는 건강한 대중성이 상실되는 지점에서 '국민형 대중지'가 출발한 소신문 역사의 구연성과 문자성은, 소셜네트워크서비스(SNS)·페이스북·스마트폰 등 첨단 테크놀로지의 다양한 미디어에 의한 소통 방식의 변화가 세대·정보·문화의 새로운 격차를 생성하며 언어를 변형시키는 현대의 언어와 미디어의 관계로 형태를 달리하여 반복된다. 근년 글로벌화의 지표를 영어로 하는 급격한 언어 모드 전환의 한 가운데 메이지 초 한자를 배제하고 전문 가나를 사용한 신문이 한자에 후리가나를 단 소신문에 밀려 퇴각하는 역사의 한 단면은 한국어와 영어라는 이질적인 새로운 언어 갈등이 미디어의 변화와 맞물려 과거와는 다른 형태로 리터러시와 계층 차이를 직면하게 하는 한국 사회의 성찰을 위한 '타자의 거울'인 것이다. 문자, 앎에 대한 대중 독자의 인식 욕구, 이야기 욕망은 한자의 배제가 아니라 한자를 읽게 하는 후리가나를 채용한 소신문을 선택했다는 점은 의미심장하다. 메이지 초 한자 폐지론의 주장이 철퇴를 맞이했던 일본 사회 식자의 계층차,

---

2 가와무라 구니미츠[川村邦光], 『아사히 신문』, 2003.2.9.

언어의 차이를 극복하려는 엄정한 독자의 요구가 미디어를 변화시키는 동력임을 보여주는 소신문 '대중성'의 양날의 위력을 반추하는 작업은 한국 근대 신문 미디어와 언어가 맺는 관계를 다시 살펴보기 위한 기나긴 여정의 첫걸음이 될 것이다.

2009년 성균관 대학교 동아시아 학술원 BK21 공동 세미나에서 동아시아학과 박사 과정 신동준 군과 하영미 양과 함께 번역 초고 원고를 읽고 토론했던 그 해의 시간들이 있었기에 이 번역서는 빛을 보게 되었다. 뒤늦게나마 이들에게 고마움을 전하면서 이 작은 결실이 위로가 되길 바랄 뿐이다. 출판사 섭외에서 메이지 초기의 일본어 고문(古文)과 씨름하기까지 도움을 주신 한기형 교수님, 신재인 선생 등 동학을 비롯한 지인들에게도 깊이 감사드린다. 기꺼이 번역·출판을 수락해 주신 소명출판 박성모 사장님과 공홍 편집장님, 도표와 통계로 고생스럽게 한 편집부에도 감사함을 잊을 수 없다. '번역'으로 만난 저자 쓰치야 레이코 선생님과의 인연도 기쁘고 오래 간직할 일이다. 무엇보다 부모님께 한 권의 책을 안겨드릴 수 있기에 마음의 짐을 한결 더는 듯하다.

2012년 8월

권정희